GEP Buch

Wolfgang Wunden (Hrsg.)

Wahrheit als Medienqualität

Beiträge zur Medienethik
Band 3

Gemeinschaftswerk der Evangelischen Publizistik
Frankfurt am Main

Redaktion: Johannes Gawert / Thomas Hammerschmidt

Die Deutsche Bibliothek - CIP-Einheitsaufnahme

Beiträge zur Medienethik / Wolfgang Wunden (Hrsg.). -
Frankfurt am Main : Gemeinschaftswerk der Evang.
Publizistik, Abt. Verl.
(GEP-Buch)
Früher außerdem im Verl. Steinkopf, Hamburg, Stuttgart
NE: Wunden, Wolfgang [Hrsg.]

Bd. 3. Wahrheit als Medienqualität. - 1996

Wahrheit als Medienqualität / Wolfgang Wunden (Hrsg.). -
Frankfurt am Main : Gemeinschaftswerk der Evangelischen
Publizistik, Abt. Verl., 1996
(Beiträge zur Medienethik; Bd. 3)
ISBN 3-921766-88-5
NE: Wunden, Wolfgang [Hrsg.]

Druck und Verarbeitung: Memminger Zeitung Verlagsdruckerei, Memmingen

Inhalt

Hans Norbert Janowski

Vorwort

„Er lügt wie ein Augenzeuge"- so stellt ein russisches Sprichwort lapidar fest. Die Subjektivität des Zeugen und Betrachters schränkt den Blick ein, legt ihn auf eine Perspektive fest, bindet ihn womöglich an ein Interesse. Die Medien - ob gedruckt, gezeichnet oder elektronisch - fügen diesen Rahmenbedingungen noch weitere Konditionen hinzu: Sie geben nur einen Ausschnitt, sie wählen aus, fügen das Dargestellte in einen neuen Kontext ein, sie interpretieren, womöglich nach künstlerischen, dramaturgischen Gestaltungsregeln; sie inszenieren, auch wenn sie informieren und dokumentieren.

In den elektronischen Medien verschwimmen zudem Realität und Fiktion ineinander. Darüber hinaus gestattet die Computertechnik heute Bildersimulationen und Manipulationen, die Realitäten bewußt fingieren. Die Fälschung zieht sich von der Konstantinischen Schenkung bis zu den Hitler-Tagebüchern, der Golfkriegsberichterstattung und den Manipulationen der Born-„Reportagen" in einer ansteigenden Linie durch die Geschichte der Medien. Heute dringt sie weit über die Grenzen der naturgegebenen subjektiven Perspektivität der Berichterstattung bis in die gehütetsten Bezirke der Nachrichtenmedien vor. Dabei mischt sich nicht selten ein unschuldiger „Gestaltungswille" unter die treuherzig vorgetragene Tatsachenbehauptung.

Sind die Medien also nur beschränkt wahrheitsfähig? Dagegen sprechen nach wie vor unzählige Indizien. Allein die Genauigkeit, mit der Schiedsrichterentscheidungen im Fußball überprüft werden können und bei Attentaten Investigationshilfe geleistet werden kann, macht deutlich, daß die natürlichen Gegebenheiten und Grenzen der Medien als Instrumente der Vermittlung und Interpretation dem Willen zur Übermittlung von Tatsachen und wahren Sachverhalten nicht im Wege stehen müssen. Es kommt auf den Umgang mit den Realitäten und insofern auf das Verhalten des Berichterstatters an. Das Kriterium „Realitätsnähe" hängt aufs engste mit dem Willen zur Wahrhaftigkeit zusammen; die Beherrschung des Handwerkszeugs und der Einsatz der Mittel haben dabei eine notwendige, aber dienende Funktion.

Vertrauen in die Berichterstattung und Erwartungssicherheit sind die konstitutiven Elemente einer öffentlichen Kommunikation in demokratischen Gesellschaften. Dies gilt zumal, wenn zutrifft, daß im Vollsinn wirklich ist, worüber in den Medien berichtet wird. Wird das Fundament der

Glaubwürdigkeit brüchig, zerfällt auch das Gebäude der sozialen Institutionen. Die Autorinnen und Autoren dieses Bandes setzen sich mit den Möglichkeiten und den Grenzen, den Konditionen, Versuchungen und Tücken einer wahrheitsgemäßen Berichterstattung und Darstellung in den Medien auseinander. Sie untersuchen in Einzelanalysen, was Realitätsnähe, Qualität, Unabhängigkeit und Glaubwürdigkeit hier bedeutet und schlagen den Bogen von Prinzip und Norm zu den schwierigen Konkretionen im professionellen Alltag.

Wolfgang Wunden

Einleitung

1. Seit dem Erscheinen des 2. Bandes der *Beiträge zur Medienethik (Öffentlichkeit und Kommunikationskultur)* im Jahr 1994 hat sich die Diskussion über den Zustand und die Leistungen der deutschen Medien, besonders des Kommerz-Fernsehens und der Boulevardpresse, noch einmal verändert. Stießen seinerzeit - vor allem unter dem Eindruck von Ausschreitungen gegen Ausländer - Gewalt- und Katastrophen-TV („Reality-TV") und vielfache Tabubrüche auf heftige Kritik, so traten alsbald noch umfassendere Zweifel zutage. Waren die Medien (vor allem die Programme der Fernsehanbieter) überhaupt noch imstande, Realität sichtbar zu machen? Verstellten sie nicht vielmehr mit einer Flut von Unterhaltungsstoffen und unterhaltsam präsentierten News den Blick der Bürger auf das, was wirklich im vereinten Deutschland und anderswo auf der Welt vor sich ging? Verhinderten sie nicht den fälligen Mentalitätswandel, den erforderlichen raschen Umbau von Wirtschaft und Gesellschaft auf den Start in das zweite Jahrtausend hin? Eine wirksame Qualitätskontrolle des Fernsehens forderte deshalb eine vom Bundespräsidenten Richard von Weizsäcker einberufene Expertengruppe. Wie ein Paukenschlag wirkte es, als Anfang dieses Jahres ans Licht der Öffentlichkeit kam, daß getürkte Filme eines freien Produzenten für *stern tv* und andere Fernsehsender anstandslos gesendet worden waren. Manchem kam der Verdacht, dies sei nur die Spitze eines Eisbergs. In dieselbe Richtung deutete wenig später eine Rüge des Beschwerdeausschusses des *Deutschen Presserates* gegen die Zeitschrift *Bravo*: Sie hatte gestellte Fotos veröffentlicht und dabei den Eindruck erweckt, sie seien dokumentarisch.

Ein traditionelles Thema der Moralphilosophie, nämlich Wahrheit, Wahrhaftigkeit, Lüge und Täuschung wurde so im Medienkontext erneut aktuell. Der Publizistikwissenschaftler Otto B. Roegele hatte sich in einem Zeitschriftenaufsatz 1987 die Frage gestellt: *Gibt es Wahrheit in den Medien?* Es gebe, meinte er damals abschließend, gewiß Wahrheit in den Medien, aber es sei die Wahrheit, die Medien sammeln, zubereiten und weitergeben könnten. Angesichts der Fälschungen, die jetzt ans Tageslicht kamen, erscheint sein Urteil nachsichtig, ja geradezu barmherzig. Andere Autoren äußerten sich, wie schon im Titel ihrer Bücher erkennbar, gnadenlos: *Die Herrschaft der Lüge* (Revel); *Die meisten Nachrichten sind falsch* (Pross, nach Clausewitz); *Bestellte Wahrheiten* (Riehl-Heyse); *Unsere tägliche Desinformation. Wie die Massenmedien uns in die Irre führen* (Schneider). Angesichts des Verdachts, die Lüge könne vorherrschen statt der Wahrheit, und angesichts der Ahnung, die Medien könnten auch in dieser Hinsicht ein Spiegel der Gesellschaft und ihrer „Ökonomie des Lügens und Betrügens“ sein, scheint strenge Prüfung angesagt. Die Autoren, deren Beiträge in diesem Band versammelt sind, verlangen von den Medien nicht mehr, als diese leisten können; aber Medienqualität - davon gehen sie aus - bemißt sich zentral am Kriterium der Wahrheit, die man von den Medien erwarten kann und muß.

2. Was aber ist Wahrheit? Und was dann medienvermittelte Wahrheit? Um diese Frage geht es in diesem Buch vor allem. Eine Antwort wird in diesem Band nicht primär erkenntnistheoretisch und philosophiegeschichtlich gesucht, wie es beispielsweise Hermann Boventer über viele Seiten seiner *Ethik des Journalismus* getan hat. Der Ausgangspunkt der Überlegungen wird vielmehr im Medienalltag genommen: in der alltäglichen Medienproduktion, wie sie sich zum Beispiel einem reflektierenden Praktiker wie Rudolf W. Leonhardt zur Analyse darbot, und im alltäglichen Mediengebrauch. Dabei wird deutlich, daß Medien (in Wort, Bild und Schrift) in unterschiedlichem Sinn und Ausmaß Bezüge zur Realität aufweisen, und daß der Nachdruck, mit dem sie es tun, Hinweise auf die Qualität des betreffenden Medienproduktes gibt; „Realitätsnähe“ ist somit ein wesentlicher Qualitäts-Index-Faktor für Medienprodukte. Das Publikum als Adressat der Medienbotschaft erwartet beim Hören, Lesen, Sehen von Medienprodukten Realitätsnähe, weiß aber doch auch, daß dieser Realitätsbezug an den System-Strukturen und Arbeitsbedingungen der Medien Grenzen findet. Das Vertrauen auf die Realitätsnähe von Medien, aber auch die Entdeckung von falschen Medieninformationen und die Verarbeitung von Ent-Täuschungen führen beim Leser, Hörer, Zuschauer in dem Maße zum Erlernen von angemessenen Informationsverarbeitungsstrategien, als er Vertrauen auf die Medien und kritische Einstellung ihnen gegenüber zusammenzubringen und lebenspraktisch zu optimieren versteht - ähnlich wie im Feld zwischenmenschlicher Kommunikation. Die Reflexion auf diese Sachverhalte arbeitet Wahrhaftigkeit heraus als die ethische Grundnorm für eine Medienproduktion, die der Verantwortung der Produzenten für die Voraussetzungen realitätsorientierter Lebensführung der Menschen entspricht.

Anschließend wird in diesem Band der Realitätsbezug der Medien differenzierter dargestellt: vom Hinweis auf die Folgen und Ergebnisse politischen Handelns bis hin zur Wirklichkeitskonstituierung von Fernsehzuschauern bei der Rezeption von Serien, also fiktionalen Medien. Schließlich öffnet sich der Band vom Besonderen (der Wahrheitsproblematik) zum Allgemeinen (der Qualitätsfrage). Hier stehen Mediengenres, aber auch Verfahren der Qualitätssicherung von Medien und Verfahren der Erfassung von Medienqualität (immer mindestens auch auf die Wahrheitsthematik bezogen) im Mittelpunkt des Interesses.

Zwischen dem Dogmatismus einer absoluten Wahrheitspflicht der Medien (die den Eigengesetzlichkeiten der Medienproduktion nicht gerecht wird) und dem Zynismus purer Beliebigkeit jeglicher Aussage (die den großen Orientierungsbedarf auch und gerade moderner Gesellschaften ignoriert) suchen die Autorinnen und Autoren dieses Bandes einen Weg, der jenes Maß an Vertrauen zu sichern bemüht ist, das Qualitätsmedien ermöglichen.

3. In der geplanten Trias von *GEP*-Büchern (Band 2 bis 4 der *Beiträge zur Medienethik*) zu einer systematisch konzipierten Medienethik ist dieser Band der zweite. Hatte *Öffentlichkeit und Kommunikationskultur* (Band 2) auf die mediale Distributionsstruktur in Verbindung mit gesellschaftlicher Kommunikation (besonders in ihrer politischen Dimension) abgehoben, so beschäftigt sich *Wahrheit als Medienqualität* (Band 3) mit den medialen Produkten und fragt nach deren Qualität: dies insbesondere unter dem Aspekt von Wahrheit und Wahrhaftigkeit. Wahrheit wird hier - mit Käte Hamburger - als „leitender Wertbegriff des menschlichen Lebens und der menschlichen Gesellschaft" verstanden. Muß man auch der Realität und Zweck-Rationalität von Lügen und Betrügen ins Auge sehen - ohne wahre Information durch die Medien und entsprechendes Vertrauen auf Realitätsnähe des individuellen Denkens und gesellschaftlichen Bewußtseins wird Orientierung in dieser komplexen Gesellschaft zu schwierig. Der abschließende Band (Band 4) befindet sich in der Planung. Er wird die Frage nach individueller, gesellschaftlicher und politischer Freiheit in der Multimedia-Welt stellen und sie zur sittlichen Freiheit als dem Ziel des Ethischen in Beziehung setzen. Öffentlichkeit, Qualität und Freiheit sind damit als zentrale Dimensionen ethischer Reflexion auf die Medien vorgestellt.

4. Das fortlaufende Erscheinen dieser Reihe gibt Gelegenheit, jeweils auch ein paar Sätze zur Entwicklung der Medienethik hierzulande zu schreiben. Zunächst scheint eine Tendenz erkennbar zu sein, Wege einer Theoriebildung zu suchen (vor allem Rühl, mit der Frage nach der ethischen Norm in der Systemtheorie); dann auch die Frage, ob ein Entwurf wie der von Habermas/Apel (Diskursethik) Fundamente für eine tragfähige Theorie enthält (Lesch/Arens; Loretan). Sodann der Versuch Hausmanningers, aus der Darlegung ethischer Auseinandersetzungen mit einer bestimmten Mediengattung - dem Film - Grundlagen für eine künftige Medienethik zu erarbeiten. Drittens Karmasins Thematisierung des Zusammenhangs von Medien und Ökonomie im ethischen Kontext.

Schließlich die Darstellung internationaler medienethischer Bemühungen, Beispiel: die Sonderausgabe des *European Journal of Communication* (Dezember 1995) mit Clifford G. Christians Literaturübersicht *Current Trends in Media Ethics*; mit seinem Namen ist gleichzeitig auch die Hauptlinie internationaler Bemühungen angesprochen: der englisch-sprachige Raum und besonders die USA. Der unermüdliche Hermann Boventer und Stephan Ruß-Mohl haben hier wichtige Transferarbeit geleistet. Christians' (und seiner Kollegen Fackler und Ferré) *Good News - Social Ethics and the Press* ist der Versuch, Medienethik im Gedankengut des Kommunitarismus zu verorten und in einer gemeinwohlorientierten Perspektive zu bearbeiten.

5. Daß wahre Erkenntnis prinzipiell möglich sei, muß diesem Buch zufolge angenommen werden. Daß die Medien - mindestens in ihrem publizistischen Teil - wahre Informationen liefern sollen, nicht aber falsche, muß zum Ethos der Medien gehören - bei aller Einsicht in die Grenzen, die den Medien bei der Recherche, durch ihre ökonomische Struktur und angesichts ihrer Periodizität dabei gesetzt sind. Mit der Wahrheit in den Medien wird es nie so sein, wie es Paul Celan quasi allegorisch von der Wahrheit gesagt hat:

Ein Dröhnen: es ist die Wahrheit selbst unter die Menschen getreten, mitten ins Metapherngestöber.

Aber daß die Medienschaffenden - bei allen Mediensensationen und Medienlügen - permanent, wie Sisyphus, die „unendliche Anstrengung unternehmen, das Bewußtsein zu heben" (Harry Pross) - und daß es ihnen immer wieder abverlangt wird, realitätsnah zu informieren, sowohl seitens der Fachkritik als auch von einer breiteren Öffentlichkeit: dazu soll dies Buch wieder beitragen.

6. Daß ich neben angestrengter beruflicher Arbeit im Funkhaus des *Süddeutschen Rundfunks* Stuttgart die Arbeit an dieser Reihe fortsetzen konnte, verdanke ich vor allem meiner Frau Maria und meinen Kindern, die es freundlich ertragen haben. Zu danken habe ich Johannes Gawert, dem Redakteur von *medien praktisch* im *Gemeinschaftswerk der Evangelischen Publizistik,* der diese Buchreihe im *GEP* betreut. Thomas Hammerschmidt sei für seine redaktionelle Mitarbeit, für Korrekturlesen und die Erstellung des Registers gedankt.

7. Gewidmet sei dieser Band dem *ARD*-Programmbeirat zu einem runden Geburtstag: Am 26. März 1956 - also vor 40 Jahren - trat er in München zu seiner konstituierenden Sitzung zusammen; zum ersten Vorsitzenden des Gremiums wurde damals Oberkirchenrat Dr. Manfred Müller

gewählt, lange Jahre auch Vorsitzender des Rundfunkrats des *Süddeutschen Rundfunks* Stuttgart (*SDR*), „meines" Senders. Stellvertretend für die Mitglieder des *ARD*-Programmbeirats, die - wie Müller - in dieser Zeit in geistiger Unabhängigkeit für die Qualität des Programms und die Belange des Publikums eingetreten sind, sei dessen aktuelle Vorsitzende, Frau Erika Stöffler, genannt, die auch, entsandt von den evangelischen Frauenverbänden, Stellvertretende Vorsitzende des Rundfunkrats des *SDR* ist.

Literatur

Arens, E., *Die Bedeutung der Diskursethik für die Kommunikations- und Medienethik*, in: R. Funiok (Hrsg.), *Grundfragen der Kommunikationsethik*, Konstanz 1996, S. 73-96.

Balicki, J. / W. Wunden, *„And a Third of the Water Turned Bitter": Chernobyl, Truth, Media Technology, and the Flow of Information*, in: P. J. Rossi / P. A. Soukup (Hrsg.), *Mass Media and the Moral Imagination*, Kansas City 1994 (enthält mehrere Beiträge zum Thema „Wahrheit in den Medien").

Boventer, H., *Ethik des Journalismus. Zur Philosophie der Medienkultur*, Konstanz 1984.

Boventer, H., *Medienspektakel. Wozu Journalismus? USA und Deutschland*, Frankfurt a.M. 1995.

Celan, P., *Atemwende*, Frankfurt a.M. 1967.

Christians, C. G. / J. P. Ferré / P. M. Fackler, *Good News - Social Ethics and the Press*, New York/Oxford 1993.

Christians, C. G., *Review Essay: Current Trends in Media Ethics*, in: *European Journal of Communication* (Special Issue on Media Ethics), December 1995, Vol. 10, No. 4, S. 545-558.

Hamburger, K., *Wahrheit und Ästhetische Wahrheit*, Stuttgart 1979.

Hausmanninger, T., *Kritik der medienethischen Vernunft*, München 1993.

Karmasin, M., *Das Oligopol der Wahrheit. Medienunternehmen zwischen Ökonomie und Ethik*, Wien/Köln/Weimar 1993.

Leonhardt, R. W., *Journalismus und Wahrheit*, München/Zürich 1976.

Lesch, W., *Diskursethik als Basistheorie der Medienkommunikation?*, in: R. Funiok (Hrsg.), *Grundfragen der Kommunikationsethik*, Konstanz 1996, S. 97-105.

Loretan, M., *Grundrisse der Medienethik. Eine „Ethik des Öffentlichen" als Theorie kommunikativen Handelns*, in: *Zoom - Kommunikation und Medien*, Oktober 1994, Nr. 4, S. 56-62.

Pross, H., *Die meisten Nachrichten sind falsch. Für eine neue Kommunikationspolitik*, Stuttgart/Berlin/Köln/Mainz 1971.

Revel, J.-F., *Die Herrschaft der Lüge. Wie Medien und Politiker die Öffentlichkeit manipulieren*, Wien/Darmstadt 1990.

Riehl-Heyse, H., *Bestellte Wahrheiten. Anmerkungen zur Freiheit eines Journalistenmenschen*, München 1989.

Roegele, O. B., *Gibt es Wahrheit in den Medien?*, in: *Internationale Katholische Zeitschrift*, Nr. 6, 1987, Heft 4, S. 320-333.

Rühl, M., *Wie kommen bei der systemtheoretischen Betrachtung (N. Luhmann) Normen ins Spiel?*, in: R. Funiok (Hrsg.), *Grundfragen der Kommunikationsethik*, Konstanz 1996, S. 41-58.

Ruß-Mohl, S., *Der I-Faktor. Qualitätssicherung im amerikanischen Journalismus. Modell für Europa?*, Zürich 1994.

Schneider, W., *Unsere tägliche Desinformation. Wie die Massenmedien uns in die Irre führen*, Hamburg, 2. Aufl. 1984.

Wiese, H., *Ökonomie des Lügens und Betrügens,* in: *Kölner Zeitschrift für Soziologie und Sozialpsychologie,* Nr. 46, 1994, Heft 1, S. 65–79.

Wunden, W. (Hrsg.), *Medien zwischen Markt und Moral. Beiträge zur Medienethik, Band 1,* Stuttgart/Frankfurt a.M. 1989.

Wunden, W. (Hrsg.), *Öffentlichkeit und Kommunikationskultur. Beiträge zur Medienethik, Band 2,* Hamburg-Stuttgart/Frankfurt a.M. 1994.

I WAHRES UND FALSCHES IM MEDIENALLTAG

Ethik ist eine praktische Wissenschaft: Es geht ihr um das konkrete Handeln, die individuelle und soziale Praxis. Ethiker beobachten, beschreiben und analysieren menschliche Praxis. Medienethik befaßt sich also mit der Medienpraxis. Medienpraxis besteht darin, daß Medien (Artikel, Bildreportagen, Sendungen, Programme) hergestellt, verteilt und konsumiert („rezipiert") werden. Wo es in den Medienproduktionen um Informationen geht, wird eine Vielzahl von Perspektiven, Deutungen und Darstellungen über Sachverhalte sichtbar. Oft sind sie in ihrer Darstellung desselben Gegenstands einheitlich, öfter mehr oder weniger voneinander verschieden, zuweilen diametral einander entgegengesetzt.

Nicht alles also ist richtig dargestellt: Bei näherem Hinsehen kommen – neben unabsichtlich unzutreffenden Darstellungen – auch bewußte Verdrehungen und Fälschungen zum Vorschein. Kritik am Mißverhältnis zwischen Realität und medialer Darstellung ist möglich und wird auch vielfach geübt. In den Blick kommen so als Basis die Realität, zweitens die Medienwirklichkeit, drittens die sie konstruierenden Medien bzw. die in ihnen tätigen Menschen und die, die von den Medienprodukten Gebrauch machen und – in unterschiedlichem Ausmaß – Urteilsvermögen im Bezug darauf besitzen.

Daß die Medien im digitalen Zeitalter früher ungeahnte Fälschungsmöglichkeiten besitzen, macht die Sache nicht einfacher. Vertrauen nicht zu mißbrauchen, sondern durch realitätsnahe Information und Kommentierung zu stärken, wird damit schon bei der Analyse des Medienalltags als generelles sozialethisches Prinzip und als Verpflichtung für die Medien deutlich. Auf wen aber zielt sie: auf den einzelnen Journalisten oder auf Produktionskollektive? Und wer trägt jeweils die Verantwortung für das Produkt und die Folgen, die sein Gebrauch nach sich zieht?

Eduard W. P. Grimme

Runde Geschichten

Zur journalistischen Rekonstruktion der Wirklichkeit

„Achtung vor der Wahrheit und wahrhaftige Unterrichtung der Öffentlichkeit sind oberste Gebote der Presse.“ Schön klingt er, der Grundsatz Nummer 1 des deutschen Pressekodex. Doch wird er tagtäglich eingelöst? Ist er wirklich Leitlinie für die redaktionelle Praxis oder nur Mäntelchen der Selbstbeweihräucherung, Mittel der Respekterheischung? Wie mag es funktionieren, bei all der Eile, bei all der Konkurrenz, die Ereignisse und Hintergründe stets sauber zu recherchieren und auf ihren Wahrheitsgehalt hin abzuklopfen? Und wie steht es um die effekthaschenden Schlagzeilen? Sind sie nicht untrügliches Zeichen für ständige Fehltritte in der publizistischen Branche?

Nicht an Extrembeispielen aus der Boulevard-Presse, sondern aus der deutschen Medienprovinz soll hier der Stellenwert des journalistischen Wahrheitsethos ausgekundschaftet werden. Mit der These, daß es mit der Wahrheitssuche bei Journalisten so weit her nicht ist.

Beginnen wir mit Shenja, einer Medienfigur in zwei süddeutschen Lokalzeitungen. Er ist ein Bub aus der ukrainischen Stadt Cherson und krebskrank - ein Opfer der Reaktorkatastrophe von Tschernobyl. Ihm wurde schon ein Bein amputiert. Als er nach Deutschland kommt, wendet sich sein Schicksal. Die Lokalpresse wird auf den glatzköpfigen Jungen aufmerksam. Er wird zum „Star“. Die Zeitungen schildern sein Schicksal, zeigen sich interessiert an den Bemühungen der deutschen Helfer. Sie klären auf: über die politische Lage in der Ukraine, über die sozialen Verhältnisse und die (zu deutsch: katastrophale) medizinische Versorgung. Die Nachrichten werden so arrangiert, daß eine logische Kette von Informationen und daraus resultierenden Handlungen entsteht:

1. Für den Buben im Heimatland ist keine Hilfe möglich.
2. Daher die Einladung nach Deutschland.
3. Eine Behandlung kostet viel Geld.
4. Daher Aufruf zu Spenden - jeder kann helfen.

Eine Action-Story mit hohem Aufmerksamkeitswert. Die allgemeine Situation der Katastrophe im Jahre 1986 wird in Erinnerung gerufen, das Schicksal der Menschen auf eine Person beispielhaft fokussiert und aktionistisch aufbereitet. Die Leser fühlen sich betroffen, werden einbezogen, können nachempfinden und helfen.

Dieses Beispiel stammt aus dem Frühjahr 1995. Die Nachrichten, die transportiert wurden, haben einen auf den lokalen Raum orientierten Informationsgehalt.

Die Wirklichkeit ist freilich viel drastischer. Die Hilfsaktion für Shenja, die wochenlang die Druckspalten füllt, ist nur ein Tropfen auf den heißen Stein. Zehntausende von Kindern liegen in den Krebskliniken der Region um Tschernobyl, nicht nur in der Ukraine, noch mehr in Weißrußland.[1] Ihnen kann nicht geholfen werden wie Shenja. Die „Flucht" nach Deutschland ist - darüber wird in den Artikeln nicht groß reflektiert - nur dem „Medienknaben" möglich gewesen. Ein Glückspilz aus verseuchter Umgebung: Konstruktion von Realität.

Immerhin, könnte man wohlwollend feststellen, habe die Aktion etwas Gutes bewirkt. Eine deutsche Privatinitiative hat eine Spendenaktion in die Wege geleitet, das *Rote Kreuz* ein Spendenkonto eingerichtet. Viele tausend Mark gingen ein, soviel Geld, daß eine Behandlung in einem deutschen Krankenhaus möglich wurde.

Journalisten informieren nicht nur. Sie wecken Interesse, klären auf, legen die Finger auf die Wunden. Und, wie das Beispiel zeigt, sie sind nicht nur auf Negatives aus. Sie helfen sogar, die Wirklichkeit positiv zu verändern.[2]

Tschernobyl wird „ausgeschlachtet"

Doch nehmen wir Teil zwei der Geschichte. Nach Wochen der Nachrichtenpause in Sachen Shenja traf plötzlich ein „offener Brief" des *Roten Kreuzes* in der Redaktion ein. Abgegeben mit der Bitte, ihn möglichst noch in der morgigen Ausgabe zu veröffentlichen. Darin erfährt die Öffentlichkeit, daß das so fleißig gespendete Geld nun gar nicht mehr gebraucht werde. Die Mutter des Jungen habe vor kurzem einen Deutschen geheiratet, die Kosten für die Heilung des schwerkranken Buben übernehme jetzt die Krankenversicherung seines Adoptivvaters. Eine Geldzurück-Aktion also? Keineswegs. Das *Rote Kreuz* dankt den Privatorganisatoren für ihren „ehrenwerten" Einsatz und verkündet, die Summe werde dem nächsten Großkonvoi in die Ukraine übergeben. Medikamente und medizinisches Gerät für viele krebskranke Kinder sollen beschafft werden.

Mißtrauen verbreitet sich in der Redaktion beim gemeinschaftlichen Lesen des Papiers. Vor allem der hervorgehobene Passus mit dem Dank für den „ehrenwerten Einsatz". Irgendwas stimmt da nicht! Irgendwas war da doch! Beim Blättern in der „Akte Rotes Kreuz" findet sich einiges:

Der Kreisverband stand vor zwei Jahren vor dem Konkurs, es gab einen lebhaft diskutierten Hilferuf an die Politiker in den Gemeinden. Eine Rettungsaktion fand statt, der Vorstand wurde ausgewechselt. Ist also was „faul" an der Hilfsaktion? Urteile und Vorurteile unter den Redakteuren mischen sich. Rasch fällt die Entscheidung: Der Leserbrief wird nicht veröffentlicht. Statt dessen wird recherchiert und ein eigener Bericht verfaßt. Nichts soll übereilt werden, selbst wenn die Konkurrenz anders handelt. Einen Tag will man sich Zeit lassen.

The Show Must Go On

Der Redakteur telefoniert mit dem „Kopf" der Shenja-Initiative, und es stellt sich heraus, daß es hinter den Kulissen tatsächlich anders aussieht als im Brief dargestellt. Es hat einen Streit um die Verwendung der eingegangenen Spendengelder gegeben. Beide Organisationen beanspruchen das Geld: die Initiative, die aktive Spendenwerbung betrieben hatte und direkte Kontakte zu Bekannten und Kliniken in der Ukraine unterhält, die sie mit diesem Geld direkt und unter Umgehung der sonst üblichen Staatsformalitäten unterstützen wollten; und das *Rote Kreuz,* das das Spendenkonto treuhänderisch verwaltet und ebenfalls regelmäßig mit Konvois in das Land fährt.

Eine kontroverse, tolle Geschichte! Kurzzeitig wird spekuliert und geflachst. Im Vorgriff auf jedwede Rechercheergebnisse werden Schlagzeilen formuliert: „Rotes Kreuz kassiert Spendengelder". Der Artikel am übernächsten Tag fällt entsprechend aus.

Die Redaktion erreicht, was sie im Grunde will: eine „runde" Geschichte, mit publikumswirksamem Pro und Contra und Zündstoff aus dem Archiv. Die Nachrichtenfaktoren summieren sich auf einen ansprechenden Wert: jede Menge Betroffene (Hunderte von Spendern, noch mehr Mitglieder des *Roten Kreuzes*), Personality, Kontroverse und – das Beste daran – weitere Folgen sind garantiert. Bei aller Faktentreue und sauberen Recherche: Eine effektvolle Geschichte sollte es werden, ein paar Stereotype (David gegen Goliath), ein paar Erinnerungseffekte, unter dem Motto: The Show Must Go On.

Daß nun an der bisherigen Positiv-Story ein Makel bleibt, daß Spender abgeschreckt, Hilfsbereite sich vor den Kopf gestoßen fühlen – das sind Nebeneffekte, die die Redaktion nicht einkalkuliert oder billigend in Kauf nimmt.

Die Alternative zur eigenen Story wäre gewesen, den Leserbrief abzudrucken und auf die Reaktion der Gegenseite zu warten. Die Begründung für die Ablehnung des Leserbriefs aber war, er enthalte womöglich Unwahrheiten. Die Suche nach Wahrheit war der auslösende Faktor für die

Recherchen. Doch trat der Wahrheitsgedanke zunehmend in den Hintergrund. Nach gängigem Verfahren wurde eine Kontroverse aufgebauscht, wurden Behauptungen gegenübergestellt, der Brief des *Roten Kreuzes* und die Erwiderung der Privatinitiative „ausgeschlachtet". Um den Wahrheitsgehalt ging es gar nicht mehr. Über die Rechtssituation klärte der Artikel gar nicht auf. Chancen einer Lösung des Konfliktes wurden ebenfalls nicht aufgezeigt. Statt den Leserbriefschreiber nach seinen Beweggründen zu befragen, wurde nur die Gegenseite dazuformuliert. Und Sachverständige oder integrierende Oberinstanzen kamen auch nicht zu Wort.

Bei allen hehren Forderungen nach „Achtung vor der Wahrheit und wahrhaftiger Unterrichtung der Öffentlichkeit",[3] die Wahrheitssuche durfte - so unglaublich das klingt, so realistisch ist es - wieder mal nur ein paar Stunden in Anspruch nehmen. Bei großen Blättern mit dicken Archiven und größerem Rechercheetat kann es auch mal ein paar Tage dauern. Was bei dieser Kürze herauskommt, sind dann natürlich nur Annäherungen an die Wahrheit. Der Begriff „Wahrheit" wird deshalb in der Kommunikationswissenschaft längst pragmatisch und differenziert gesehen: Richtigkeit, Vollständigkeit, Sachlichkeit und Neutralität sind seine Elemente, Glaubwürdigkeit und Wahrhaftigkeit die neuen gültigen Oberbegriffe. „‚Glaubwürdigkeit' ... wird zum zentralen Maßstab, wenn ‚die Wahrheit' ausscheidet."[4]

Die Wahrheit liegt im Pro und Contra

Im Wissen darum, daß es „Objektivität" aus vielerlei Gründen nicht geben kann, hat sich der Journalismus auf eine Hilfsmethode eingelassen - die Gegenüberstellung von Wahrheitsbehauptungen. Das entbindet den schreibenden Journalisten vom eigenen Urteil, macht ihn frei gegenüber seinen Informationspartnern. Das Ziel der Information (in unserem Beispiel das Problem der krebskranken Kinder) darf zugunsten eines vordergründigen Schlagabtauschs aus den Augen verloren werden. Es ist inzwischen allgemein anerkannt, daß, sobald es andere Ansichten zum gleichen Thema gibt, deren Abdruck „erlaubt" ist. Diese Einsicht gehört zum unumstrittenen Teil des Geschäfts mit den Nachrichten. Nicht einmal die unterlegenen Gesprächspartner intervenieren nach der Veröffentlichung, sofern die Argumente der Gegenseite richtig wiedergegeben sind. Ein weiterer, durchaus positiver Effekt der Gegenüberstellungsmethode: Der Leser bleibt frei in der Auswahl der „richtigen" Variante.[5] Sofern sauber recherchiert wurde und die Behauptungen richtig zitiert sind, fragt niemand mehr nach der Wahrheit, die ja immerhin die Wirklichkeit annähernd abbilden sollte.[6] Die Medaille, so schön sie glänzen mag, hat nun einmal zwei Seiten.

Die Rundum-Recherche, das Nachfragen bei Informanten verschiedener Ansichten zum gleichen Thema ist beruflicher Standard und erfolgt „intuitiv". So war es auch in unserem „Spendenfall". „Audiatur et altera pars": Diese juristische Grundregel gilt auch für den Journalismus. Welche Seite recht hat, welche Argumente besser sind, das überläßt man gern dem Urteil der Leser.

Bei verfestigten gesellschaftlichen Strukturen ist der „Gegencheck" sogar zwingend: Was sagen die Regierungsparteien, was die Opposition? Wie urteilen die Gewerkschaften, wie die Unternehmer? Wie beurteilen die Krankenkassen das Gesetzesvorhaben, wie die Träger der Krankenhäuser? Die Ansichten werden von der Presse kontrovers gegenübergestellt. Dieses Verfahren gilt als fair; und nur, wer sich als Betroffener oder Experte im Detail auskennt, mag gelegentlich den Kopf schütteln über Aussagen. Wahrheit ist nicht das primäre Anliegen der Journalisten. Was heute falsch ist, kann morgen berichtigt werden. Es genügt der nach den „Regeln der Kunst" recherchierte Kenntnisstand ad momentum. Und es genügt, Diskussionsstoff geliefert zu haben.

Der Pflegenotstand und ein Medien-Skandal

Im Rahmen eines Seminars über die „Konstruktion von Realität in den Medien" an der Universität Augsburg wurden zwei deutsche Regionalzeitungen zum selben Thema untersucht: An bayerischen, vom Pflegenotstand bedrohten (oder schon heimgesuchten) Krankenhäusern wurden ungarische Krankenschwestern angestellt. Sie sollten fachlich weitergebildet, in der deutschen Sprache unterrichtet werden und nach einer gewissen Zeit in ihr Heimatland zurückkehren. Beiden Seiten sollte damit geholfen sein: der deutschen, die zusätzliche preiswerte Arbeitskräfte bekomme, der ungarischen, weil die „Töchter" mit höherer Qualifikation ins Land zurückkehren würden.

So gut die Idee, so schwierig die Ausführung. Warum, so fragten Politiker der *SPD* und die Gewerkschaften, sollte hier eine Privatfirma mit der Arbeitsvermittlung öffentlich subventionierte Geschäfte machen? Sie fanden Gehör bei der *Süddeutschen Zeitung*, deren Journalist eine beispielhafte Recherche anstellte, in deren Verlauf über mehrere Wochen sich ein Skandal auftat. Je tiefer er in die Materie eindrang, je mehr Interviewpartner er zu Wort kommen ließ, um so mehr kam ans Licht, daß die Rechtskonstruktion unzulässig war und von der „Patentlösung" am ehesten die Vermittlungsfirma profitierte.

Die *Bild-Zeitung* ließ die Sache sich auswachsen und faßte am 17. Juli 1990 alles in einer Sensationsstory über Menschenhandel zusammen: „Dieser Mann verdient am Pflegenotstand 30 000 Mark im Monat". Tatsächlich waren die Rechtmäßigkeit der Verträge mit einer privaten Betreuungsfirma und die sozialen Bedingungen strittig. Es gab zwei völlig konträre Ansichten über dieses bilaterale und interkommunale Abkommen. Während die Erfinder ihr Modell als Gewinn für beide Seiten ausgaben, kritisierten die Gegner einen hohen Ausbeutungsgrad der angeworbenen Pflegekräfte und Geschäftemacherei bei der deutsch-ungarischen Vermittlungsfirma, die durch Zutun von Seiten der Politik ihren Auftrag bekam. Und das in einer Zeit, wo ein Ministerpräsident nach dem anderen sich in Amigo-Affären verstrickt sah.

Legt man die Ausgaben beider Lokalzeitungen in jenen Wochen lebhafter Diskussion nebeneinander, mag man nicht glauben, daß sie denselben Vorgang erläutern. Die Überschriften deuten eher auf einen Kampf der Zeitungen gegeneinander, als auf das Bemühen, einen Sachverhalt neutral zu erläutern. Hier nur ein Beispiel. Die *Süddeutsche Zeitung* schreibt am 11. Juli 1990: „Der Menschenhandel muß gestoppt werden. Weiterbildung und Einsatz der ungarischen Pflegekräfte funktionieren in der Praxis nicht / Die Schwestern kommen sich vor wie ein Stück Ware". Das Konkurrenzblatt *Münchner Merkur,* das das Thema lange Zeit völlig ignoriert hatte, schreibt am 29. Juli 1990: „Chefärzte verfolgen mit Sorge ‚Hetzkampagne' / Erfolgreiche Aktivitäten der Krankenhausleitung nicht gewürdigt".

Wahrheit oder Nachrichten-Politik

Die eine Zeitung nennt den Schwesternaustausch ein „Modell" und lehnt sich mit dieser Terminologie der konservativen Leserschaft und ihrer politischen Repräsentanz *(CSU)* an, die andere vertritt die Meinung der Opposition und tituliert den Vorgang mit „Skandal". Aber nicht nur die Wortwahl ist konträr. Beide Medienlager stützen sich auf verschiedene Informantenkreise und kommen deshalb auch zu völlig unterschiedlichen Interpretationen ein und desselben Sachverhalts. Diese Tatsache stieß Augsburger Studenten der Kommunikationswissenschaft auf, die nach einer Analyse der Zeitungsartikel mit den seinerzeit beteiligten Journalisten und Politikern Interviews führten. Ergebnis: Nachrichtenpolitik sowohl beim *„Münchner Merkur"* als auch bei der *„SZ"*.

Das Lokalblatt *Dachauer Nachrichten* (*Merkur*) stellte sich von Anfang an hinter die regierende (und für die wegbereitenden Beschlüsse verantwortliche) *CSU.* Begründung des stellvertretenden Chefredakteurs vor den Studenten: „Wir sind politisch nicht neutral. Wir sind ein konservatives Blatt." Absicht der Redaktion sei es gewesen, die handelnden und von der Konkurrenz in die Zange genommenen Akteure (darunter der eigene Chefredakteur, der zugleich Inhaber der beauftragten Vermittlungsfirma war) in Schutz zu nehmen. Diese Vorgehensweise stieß im Seminar auf Unverständnis. Statt umfassend zu recherchieren, stützten sich die Berichterstatter des *Münchner Merkur* ausschließlich auf Informanten im Umfeld der Befürworter des „Dachauer Modells" und veröffentlichten nur positive Leserbriefe.

Kritik an der „Wächterpreis"-Jury

Anders die *SZ,* die kaum einen Tag vergehen ließ, ohne mit weiteren Neuigkeiten des Skandals aufzuwarten. Für die investigativen Recherchen wurde der Journalist freigestellt. Die dazu verfaßten politischen Kommentare waren gegen die herrschende politische Clique gerichtet und vom ideologischen Impetus an der sozial-liberalen Leserschaft orientiert. Und so kam es, Jahre später, zum Eklat. Während der Redakteur der investigativ recherchierenden Zeitung, Wolfgang Eitler, den „Wächterpreis der Tagespresse" verliehen bekam, beschimpfte die Redaktion des *Münchner Merkur* die Jury unter Vorsitz von Prof. Kurt Sontheimer, einer Kampagne aufgesessen zu sein und sich um den Wahrheitsgehalt der Artikelserie nicht gekümmert zu haben. Die Wunden auf beiden Seiten, die dabei gerissen wurden, waren Jahre später noch nicht vernarbt, wie die Aussprache im Vorlesungssaal der Universität Augsburg ergab. Böse Worte mußte sich vor allem der Journalist gefallen lassen, der investigativ vorgegangen war: Die investigativen „Angriffe" der *SZ* wurden als bloße Profilierungskampagne der auflagenmäßig schwächeren Konkurrenz abgetan.

Selbst unter demokratischen Verhältnissen tun sich Journalisten und Verlagshäuser, aber auch die (betroffene) Öffentlichkeit mit der Wahrheit offenbar schwer.

Ein weiteres Phänomen der Konstruktion von Wirklichkeit durch Medien ist die direkte Einflußnahme von Journalisten auf die Geschehnisse. Manchmal ist sie gewollt, manchmal unbewußt. Allein die Anwesenheit von Journalisten hat nämlich Auswirkungen auf den realen Ablauf von Geschehnissen. Eine Demonstration mit Presse verläuft anders als eine ohne. Der Journalistenpulk beeinflußt das Procedere, sowohl bei den Demonstranten als auch bei der Polizei. Die Anwesenheit eines Redakteurs verursacht regelmäßig einen veränderten Ablauf von Stadtratssitzungen. Es wird ausführlicher debattiert, pointierter geredet als hinter verschlossenen Türen. Weniger die Sache als die Wirkung auf Journalist und Leser rückt bei den Rednern ins Blickfeld. Man spricht vom „Schaufenstereffekt". Auch dies ist eine Verfremdung der Realität: Die politischen Akteure passen sich dem medialen Filter an und bringen das vor, was später auch mit großer Wahrscheinlichkeit zitiert wird: Konstruktion von Realität.[7]

Vergleicht man die Notizen eines Stadtratsprotokolls mit dem Bericht in der Morgenzeitung, dann wird deutlich, was Journalisten zusätzlich leisten. Nicht die nackte Notiz („Alternative B wurde mit 12 zu 6 Stimmen beschlossen") wird gebracht, sondern ein das Verständnis fördernder Kontext dazugeliefert. Ein Protokoll mag Bedenken und Wortmeldungen einzelner Ratsmitglieder aufführen, mehr nicht. Ein Pressebericht geht auf vorhergehende Fraktionsbeschlüsse ein, schildert die Stimmungslage, Publikumseinflüsse, die nicht einmal der aufmerksame Zuhörer im Sitzungssaal mitbekommt.

Da wird bei einem zu genehmigenden Bauprojekt der Beruf eines Stadtrates plötzlich wichtig, da werden zurückliegende Beschlüsse aus dem Archiv geholt und Kontroversen aufgedeckt, die in Vergessenheit geraten waren. Die aktuelle Debatte wird in ein Nachrichtengemenge eingebettet. Das Aufgewärmte gehört zum Nachrichtenmenü dazu. Ist das dann die Wahrheit? Oder ist der unbefangene Bericht eines Volontärs, der sich ausschließlich auf das Gesehene und Gehörte stützt, die richtige Darstellung?

Der politisch interessierte Leser und ein Betroffener werden diese Frage vermutlich unterschiedlich beantworten - je nach dem eigenen Nutzen oder Schaden, der durch die journalistische Aufbereitung entsteht.

Bekannt geworden sind sogenannte „Kommunikationsschäden"[8]: Übereifer von Staatsdienern und Journalisten hat bekanntlich zu Rufschädigungen geführt. *Birkel*-Eiernudeln sind seither aus den Lebensmittelregalen verschwunden. Auch hier mangelnde Wahrheit und Beeinflussung der Wirklichkeit durch den Journalismus. Erwünscht? Erlaubt?

Zerrbilder aus aller Welt

Gehen wir von den Lokalnachrichten zu den Weltnachrichten. Das Bemühen müßte sein, mit der Sammlung und Präsentation „typischer" Nachrichten das Weltgeschehen abzubilden. Doch das gelingt nicht. Das Aufmerksamkeitsspektrum der Medien ist so eingeengt, kennt so viele Tabuzonen und ist so ethnozentriert und auf die Kommunikation innerhalb der „etablierten" Welt ausgerichtet, daß „weiße Flecken" auf der Weltkarte des Journalismus zurückbleiben.[9] Über Afrika erfährt die deutsche Leserschaft - im Gegensatz zur französischen - nahezu nichts. Die Auswahl der Nachrichten beschränkt sich auf Hungerkatastrophen, politische Umstürze und Konflikte. Negativ-Berichte überwiegen.

Als kürzlich ein Pater mit Jugendlichen aus Ruanda über die entsetzlichen Vorgänge seit 1994 in diesem Lande berichtete, zeigte er sich enttäuscht über die „völlig unqualifizierte Medienberichterstattung". Als handle es sich um einen ethnischen Konflikt unter Urvölkern, seien „Wilde" (Hutus und Tutsis, welch illustre Namen!) gezeigt worden, die aus

Rassengründen mit Gewehren und Macheten aufeinander losgingen. Weder seien die wahren Hintergründe der Militärmacht einer politischen Regierung gezeigt, noch die Verantwortung der früheren Kolonialmächte für die derzeitige Situation problematisiert worden. Schon gar nicht aber sei die klägliche Rolle der *UNO*-Truppen zu erkennen gewesen, die keinerlei Anstalten gemacht hätten, helfend einzugreifen, sondern eher noch den Konflikt geschürt hätten.[10]

Die einzige Reaktion der Zeitung auf die Kritik des Kirchenmannes war ein Abdruck dieser seiner Ansicht, sozusagen als korrigierendes Pendant - im Lokalteil. Das entspricht der oben erläuterten „objektiven Gegenüberstellungsstrategie". Eine „Besinnung", eine Diskussion unter Kollegen - ein Austausch von Information zwischen Lokal- und Auslandsressort - blieb aus und wird weiter ausbleiben. Die Unzulänglichkeiten im Auslandsjournalismus werden bleiben wie sie sind. Wie soll auch ein Journalist mit Sitz in Nairobi und Zuständigkeit für ganz Schwarzafrika, lediglich mit Telefonleitung in die Hauptstadt Kigali verbunden, wahrheitsgemäß über ein angebliches Massaker berichten? Da nützen auch die verbesserten Telekommunikationsmittel nichts: Weniger der geographische und zeitliche Abstand als vielmehr der kulturelle Abstand zu den Ereignissen ist es, der die Wahrheit von Informationen nachhaltig beeinträchtigt und die Konstruktion der Ereignisse erschwert.

Berichte aus dem *UNO*-Quartier, staatliche Quellen, der Augenzeugenbericht eines Korrespondenten, der vor Ort geeilt ist - alles zu einem ausgewogenen Nachrichtenmix zusammengestellt, mag rekonstruierte Wirklichkeit sein, sofern Vorbildung, aktualisiertes Vorwissen, die Beherrschung der Landessprache(n) und eine politische Auffassungsgabe der berichtenden Journalisten vorhanden sind. Ob es Wahrheit ist?

Als Kritiker der Kirche und auch der internationalen Presse hat sich Abt André Sibomana, Chefredakteur von *Kinyamatika* und Preisträger von *Reporters sans frontières* 1994 gemeldet: „Depuis 1989, pourtant, le cri du peuple remplissait la presse rwandaise. Mais il criait dans le desert."[11] Die Medien hatten das Desaster in Ruanda erst zur Kenntnis genommen, als der Kampf bereits begonnen hatte und Blut in den Schlagzeilen die Neugier der Leser befriedigen konnte. Auch hier stand nicht die Wahrheit im Mittelpunkt des journalistischen Interesses.

Fassen wir zusammen:

Im Falle Shenjas war nicht der objektive Sachverhalt, sondern die publikumswirksame Aufbereitung konträrer Stellungnahmen mit einer Spur Negativismus das Bemühen der Redaktion. Die Recherche führte nicht zu einer objektiven Aufklärung, sondern zu einer die Fronten verhärtenden konträren Stellungnahme. Im Falle der ungarischen Krankenschwestern wurden die Berichte an der jeweiligen Leserschaft ausgerichtet. Eine Zeitung blendete mit parteipolitischen Erwägungen regierende Politiker beeinträchtigende Nachrichten sogar völlig aus. Die andere Zeitung nutzte die Chance, mit investigativer Recherche aufzufallen und ihre spezifische Leserschaft mit interessanten Skandal-Nachrichten zu versorgen. Kombiniert man die beiden hier vorgetragenen Analysen lokaler Berichterstattung mit der allgemeinen Erkenntnis, daß Journalisten überzeichnen, Aussagen und sogar Geschehnisse provozieren und Verlage keine Zeit zum Eruieren der Wahrheit aufbringen, dann wird deutlich: der Respekt vor der Wahrheit ist nur auf dem Papier ganz groß.

Anmerkungen

1. E. Leinfelder, *Die strahlenbelastete Bevölkerung in den Republiken der ehemaligen Sowjetunion braucht dringend Hilfe*, in: *IPPNW Forum*, 1993, Heft 1, S. 23f.

2. Was anderes war die Zusammenarbeit von Greenpeace und Medien bei der Brent-Spar-Aktion gegen Shell im Juni 1995?

3. Deutscher Presserat, *Publizistische Grundsätze (Pressekodex)*, i.d.F. vom 14.2.1990, Bonn, Oktober 1991.

4. S. Weischenberg, *Die Medien und die Köpfe. Perspektiven und Probleme konstruktivistischer Journalismusforschung*, in: G. Bentele / M. Rühl (Hrsg.), *Theorien der öffentlichen Kommunikation* (Schriftenreihe der Deutschen Gesellschaft für Publizistik und Kommunikationswissenschaft, Bd. 19), München 1993, S. 132.

5. S. Weischenberg, *Diener des Systems. Wenn Journalisten den Politikern zu nahe kommen*, in: *Die Zeit*, vom 27.3.1987, S.14.

6. Neben die Wahrheit der Aussagen muß auch die Wahrhaftigkeit der Kommunikator-Intentionen treten: Der Kommunikator muß es auch so meinen, wie er es sagt. Siehe R. Burkart, *Kommunikationswissenschaft. Grundlagen und Problemfelder. Umrisse einer interdisziplinären Sozialwissenschaft*, Wien/Köln/Weimar 1995, S. 445f.

7. Wer nun wen „instrumentalisiert", ob die Veröffentlichungsgrundsätze der Journalisten dominieren und sich die Politiker danach ausrichten oder ob die Entscheidungsträger in der Politik mehr Einfluß auf die Medien nehmen, sei hier dahingestellt. Jedenfalls ist das enge Verhältnis von Politik und Medien eindeutig erwiesen. Daraus resultiert eine ganz bestimmte Anschauung der Welt. Siehe U. Saxer, *Beziehungsspiele statt Streitkultur*, in: W. Donsbach / O. Jarren / H. M. Kepplinger / B. Pfetsch, *Beziehungsspiele – Medien und Politik in der öffentlichen Diskussion*, Gütersloh 1993, S. 317ff.

8. H. M. Kepplinger, *Kein Schadensersatz. Kommunikationsschäden – ein vernachlässigtes Problem*, in: *Die politische Meinung*, Nr. 249, 1990, S. 90–95.

9. Eine beeindruckende, sich über mehrere Druckseiten erstreckende Liste von Tabuthemen und selektiven Wahrnehmungen des Journalismus hat F. Böckelmann veröffentlicht: *Theorie der Massenkommunikation. Das System hergestellter Öffentlichkeit, Wirkungsforschung und gesellschaftliche Kommunikationsverhältnisse*, Frankfurt a.M. 1975.

10. Die ruandische Menschenrechtlerin Monique Mujawamariyma äußert sich differenziert und analysierend über die Ursachen des Massakers in einem Interview in der *tageszeitung*: *„Das Übel ist überall die Macht der Armee"*, vom 19.6.1995, S. 12.

11. *Afrika News Bulletin*, vom 15.4.1995, S. 6.

Christian Doelker

Getürkte Wirklichkeit

Vom Mißbrauch der Bilder

Was man mit eigenen Augen sieht oder gesehen hat, gilt normalerweise als verläßlich. Der Augenzeugenschaft kommt höchste Beweiskraft zu. Als wirklich, als wahr gilt, was ich wahrnehme.

So kommt auch dem durch technisch direkten Abklatsch der Wirklichkeit hergestellten Bildzeichen eine hohe Zeugniskraft für Faktizität zu. Nicht umsonst hatte Charles S. Peirce, der Begründer der modernen Zeichenlehre, der Fotografie einen Status von *Index,* eines Anzeichens, eingeräumt, das unmittelbar auf ein tatsächlich vorhandenes, singuläres Objekt verweist: Rauch auf Feuer oder eine Fußspur auf den Durchgang eines real existierenden Lebewesens. Dagegen sind Sprachzeichen lediglich *symbols,* Symbole, die losgelöst sind vom Gegenstand, den sie bezeichnen.

Eine besondere Ecke

Im Zusammenhang mit den optischen Medien muß deshalb im semiotischen Dreieck der Winkel rechts unten als eine ganz besondere Ecke betrachtet werden.

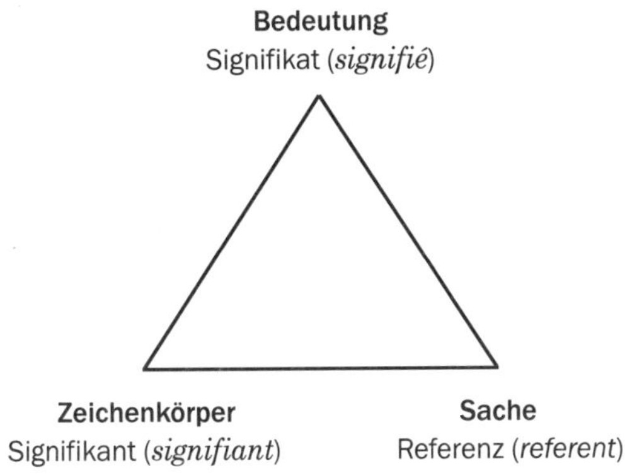

Neben andern semiotischen Modellen hat sich dieses triadische Modell seit den alten Griechen bis heute immer wieder behauptet.[1] Im dyadischen Modell von de Saussure wird bekanntlich auf die besagte Ecke verzichtet. Wenn der Genfer Begründer der modernen Linguistik und des Strukturalismus nur mit dem Zeichenkörper (*signifiant*) und der Zeichenbedeutung (*signifié*) auskommen will, bezieht er sich bezeichnenderweise auf die Verbalsprache. Das Bildmedium indessen, das eine bestehende Sache, eine bestehende Wirklichkeit abbildet, ist ja für den Vorgang dieser Abbildung auf die Existenz der Sache oder, wie man semiotisch sagt, der Referenz, des *referent* (Richard und Ogden) angewiesen.

Nimmt es diese Repräsentation mittels technischer optischer Medien vor, bildet es allerdings in der Regel den *referent* nicht „allgemein" ab, sondern als eine ganz bestimmte einzelne Sache, also nicht das Pferd, sondern ein bestimmtes Pferd, nämlich jenes Pferd, das sich vor der Kamera befindet. Mag auch ein solches Realbild eines kuranten Vertreters einer biologischen Art als „allgemeingültig" gelesen werden können, so wird bei der Abbildung von Individuen die Einmaligkeit der „Physiognomie" in der fotografischen Abbildung unvermeidlicherweise mit festgehalten. Der *referent* ist dann jeweils nicht gleichbedeutend mit „allen Pferden, die es in der Welt je gab, gibt oder geben wird",[2] sondern mit dem bestimmten Pferd oder eben der bestimmten Person *hic et nunc* im Moment der Abbildung.

Die Spezifität des fotografischen oder televisuellen Bildes gegenüber einem Wortzeichen ist deshalb doppelt motiviert gegenüber dem „beliebigen" Wortzeichen: Es bildet Wirklichkeit ab kraft seiner gestaltmäßigen Ähnlichkeit mit der Vorgabe (das gilt bereits für alle motivierten Bildzeichen, also auch für Piktogramme und Zeichnungen) und es ist zugleich die physiognomische Petschaft eines bestimmten Individuums oder singulären Phänomens. Aus dieser doppelten Motivation resultieren ebenso die leichte Lesbarkeit (Wiedererkennung aufgrund der Ähnlichkeit, der Ikonizität) wie die Zeugenschaft für eine *bestimmte* Faktizität.

Genau genommen ist zwar ein fotografisches, kinematografisches oder ein Fernsehbild, sobald es sich nicht um eine Live-Übertragung handelt, lediglich ein Beleg für die Faktizität, die zur Zeit der Aufnahme *bestand*, nicht unbedingt also für die zur Zeit der Betrachtung vorhandene Wirklichkeit. Aber im Sinne dieser inhärenten Vergangenheitsbezeugung kann das technisch hergestellte Abklatschbild, wenn nicht unbedingt durchgehend gültige Wahrheit, so doch War-heit in Anspruch nehmen: Der Sachverhalt *war* so im Zeitpunkt seiner medialen Aufzeichnung.

Eine besondere War-heit

Eine besondere War-heit liegt allerdings vor, wenn zwei verschiedene Vergangenheiten miteinander amalgamiert werden. In der seriösen gedruckten Presse ist es zwar üblich, bestehende Fotos, die zur Illustration eines aktuellen Ereignisses herangezogen werden, als „Archivbild" zu deklarieren. Für solche Nuancen hat die Regenbogenpresse nicht viel übrig; wie sollten entsprechende Skrupel auch aufkommen können, wo das Boulevard ja doch schon – als sogenanntes Faking – Begebnisse und Aussagen von Prominenten nach Bedarf erfindet?

Alarmierender ist dagegen, daß dieser sorglose Umgang mit Archivmaterial zunehmend auch zur Praxis von Fernsehstationen gehört. Der französische Fernsehjournalist Albert du Roi schreibt dazu:

„Ohne Kamera existiert ein Ereignis nur halb; heutzutage wird Information durch das Bild ausgemacht. Und wenn das Ereignis weit entfernt stattfindet und eine Equipe nur mit Schwierigkeiten hinkäme oder wenn die Übermittlung Probleme bringt, muß die *Tagesschau* gleichwohl darüber berichten, auch ohne die entsprechenden visuellen Belege. Wie soll sie den Ausfall des Bildes ersetzen? Durch den Rückgriff auf Archivfilme. Der Aufruhr in Algerien wird illustriert durch Reportagen, welche bei Demonstrationen vor mehreren Monaten gemacht worden waren; die Hungersnot im Sudan durch Aufnahmen der Hungersnot vom Vorjahr; die letzte irakische Operation gegen die Kurden durch die Bilder einer früheren militärischen Aktion. Freilich ist oft, wenn auch nicht immer, ein flüchtiger Einblender ‚Archivbild' in einer Ecke des Bildschirms zu sehen. Reicht indessen eine solche diskrete Erwähnung aus, um unsern unbändigen und undifferenzierten Bilderkonsum zu beeinflussen?"[3]

Die (undeklarierte) Illustrierung des Ereignisses von heute durch das Bild von gestern mag sich teilweise nur auf Nebenschauplätze beziehen, beispielsweise im Schweizer Fernsehen *DRS* auf die „heutige Sitzung des Bundesrates" mit dem stereotypen altbackenen Schwenk über die sieben Mitglieder der Regierung.[4] Allerdings wird dabei das „heute" der Wortnachricht vom Zuschauer unvermeidlicherweise auch auf das Bild übertragen, was nun nicht der eigentlichen Wa(h)rheit des Ereignisses entspricht.

Im Zug der Boulevardisierung des Fernsehens werden – nach unseren Beobachtungen im Schweizer Fernsehen – zunehmend auch Ereignisse inszeniert. In einer *Tagesschau*-Meldung über Wirtschaftskriminalität in der Schweiz taucht ein Mann mit Koffer auf, der zielstrebig durch eine Drehtür zu einem Bankschalter eilt und dort den aus prallen Bündeln von Geldscheinen bestehenden Inhalt übergibt. Der gleiche Mann mit dem Koffer tritt zehn Tage später auf, um die „Schweiz als Drehscheibe organisierten Verbrechens" zu illustrieren, und weitere zwei Monate später schließlich als visueller „Beleg" für Geldwäscherei.[5] Der Auftritte des Phantoms mit dem Koffer waren aber schon etliche vor dem Zeitpunkt dieser Programmbeobachtung. Eine solche Kofferübergabe ist aber nicht etwa nur eine Spezialität des Schweizer Fernsehens, - analoge Szenen wurden auch in den Nachrichten des *ZDF* und der *Tagesschau* der *ARD* festgestellt.[6]

Damit sei auf eine weitere Eskalierung hingewiesen: die *Aktenzeichen XY ungelöst* ...-ähnliche Inszenierung in Nachrichtensendungen. Bei einem Mordfall in der Schweiz wurden nicht nur während der Prozeßberichterstattung solche Schnippelkrimis ausgestrahlt, sondern auch später bei jeder sich bietenden Gelegenheit einer neuen Version der Hypothese des Verbrechens. Nur zeitweise war der Vermerk „nachgestellte Szene" eingeblendet.[7] Dies ist aus zweierlei Gründen höchst problematisch: Erstens kann bei der verbreiteten Praxis des Zappens nicht vorausgesetzt werden, daß ein Zuschauer eine solche Szene von Anfang an verfolgt und so den Hinweis „nachgestellt" nachvollziehen kann. Zum zweiten suggeriert der Terminus „nachgestellt", daß die Episode in Wirklichkeit tatsächlich in dieser Weise stattgefunden habe, was ja bei der Wahrheitsfindung allenfalls gerade in Frage zu stellen wäre. Wenn also schon eine fiktionale Textsorte in eine dokumentarische Sendung eingeschleust wird, soll diese wenigstens als solche gekennzeichnet werden. Aber generell ist die Verwendung von solchen fiktionalen Montageteilen fragwürdig, weil sich beim Zuschauer hinterher die Eindrücke verwischen, und genau so wenig zuverlässig, wie der Hinweis „gestellt" im Gedächtnis auftaucht, so unsicher bleibt bei einer Wiederverwendung des Krimischnippels aus dem Archiv der deklaratorische Einblender.

Mit solchen fragwürdigen, von der Infotainment-Philosophie her inspirierten Machenschaften wird insbesondere die War-heit geritzt, weil ein Ereignis nicht so war oder an diesem Tag nicht so war, wie vorgegeben wird. Einräumen darf man, daß in der Regel die Ereignisse in ihrer Pauschalität nicht unwahr sind. Allerdings kommt es vor, daß durch Inszenierungen eigentliche Fälschungen vorgenommen werden. Aufsehen erregt haben in diesem Zusammenhang Bildberichte des Filmemachers Michael Born, der rund zwanzig gefälschte Filme an private und öffentlich-rechtliche Fernsehstationen verkauft hat.[8]

Eine besondere Verlockung

Einer besonderen Versuchung ist indessen der Bildjournalismus mit der technischen Möglichkeit der Digitalisierung, dem Rechnen von Bildern, ausgesetzt. Zwei Aspekte stehen dabei im Vordergrund. Zum einen ist es erstmals in der Geschichte der technischen Medien möglich, „Fotografien" und „Filme" im phänomenologischen Kode des Realbilds ohne *referent,* ohne entsprechende Wirklichkeit herzustellen. Eine „Realität" wird so machbar, die nur aus dem Computer kommt und nirgends eine reale

Entsprechung zu haben braucht: eine journalistische Währung ohne Golddeckung. Zum andern sind bestehende Realbilder in digitalisierter Form beliebig veränderbar.

Bis zu einem gewissen Grad lassen sich zwar auch herkömmliche Fotografien modifizieren, etwa durch Variierung des Entwicklungs- und Kopierverfahrens, durch Einfärbung, durch Retuschierung oder dann mit den gröberen Mitteln der Fotomontage. Entweder sind aber solche Veränderungen meistens einigermaßen erkennbar, oder aber sie sind als klassische Fälschungen - etwa das berühmte Foto von Lenin auf der Rednertribüne einmal mit Trotzki und später ohne Trotzki - relativ selten. Meistens sind Änderungen auch betont grobschlächtig eigens dazu angebracht, um als solche aufzufallen und entsprechendes Schmunzeln auszulösen - etwa wenn auf einer Postkarte Bill Clinton als Bodybuilder oder die First Lady als Domina präsentiert werden.[9]

Auch auf die verblüffenden Möglichkeiten von elektronischer Fotomontage ist bislang eher in auffälligen Gags aufmerksam gemacht worden, z.B. durch Herstellung idealtypischer Bildschirmgesichter aus verschiedenen bekannten Fernsehmoderatorinnen oder -moderatoren.[10] Oder aber, die schweizerische Boulevardzeitung *Blick* ließ prominenten glatzköpfigen Bildschirmgesichtern über ein Computerprogramm Haare wachsen.[11] Haarsträubend wird die Sache erst, wenn die Veränderungen unmerklich und unerkennbar vorgenommen werden. In dieser Hinsicht aufgeschreckt wurden die Medienkonsumenten durch die virtuose Anpassung eines audiovisuellen Dokuments im Film *Forrest Gump*: Zwei Menschen - Präsident J.F. Kennedy und Tom Hanks als Forrest Gump -, die sich im realen Leben nie begegnet sind, reichen sich die Hand und tauschen einige Worte aus.[12]

Wird bei diesem technischen Stand von möglichen Bildmanipulationen oder - je nach nicht-fiktionalem Kontext - Fälschungen in Zukunft Film- und Fernsehbildern überhaupt zu trauen sein? Wenn einmal die Vornahme solcher Veränderungen bestehender Faktizitäten respektive die plausible Darbietung von nicht existenter „Wirklichkeit" nicht mehr wegen der heute noch weitgehend prohibitiven Kosten Ausnahmesituationen bleiben, sondern in alltägliche Reichweite eines durchschnittlichen Budgets rücken, wie kann dann der Versuchung einer beliebigen Umkrempelung von Realität ein Riegel vorgeschoben werden?

Eine besondere Deontologie

Zwar läßt sich abschätzen, daß im Bereich der Unterhaltung und der Freizeit die allmähliche Installierung von Virtual Reality die Grenze zwischen faktischer Wirklichkeit und eben nur virtueller, nur gedachter

Wirklichkeit verwischen wird; entsprechende Zukunftsszenarien sind mit antizipatorischer Phantasie entwickelt worden.[13] Darüber sollte aber die Unterscheidungs*fähigkeit* nicht verloren gehen, weder für den Medienkonsumenten noch für den Journalisten und Anbieter.

Es geht aber nicht nur um die differenzierende Wahrnehmung und Deklarierung der Darstellungsweise. Not tut eine generelle Bewußtseinsbildung im Hinblick auf den Umgang mit Bildern und die Förderung entsprechender Kompetenzen. Dazu gehört auch eine besondere bildspezifische Deontologie, die sich indessen in vielen Aspekten an elaborierten ethischen Richtlinien des Wortjournalismus orientieren kann.[14]

Miteinbezogen werden sollten Überlegungen zum inflationären Mißbrauch von Bildern, sei es in ihrer Verwendung als schieres bedeutungsloses Füllmaterial oder zur Forcierung von Aufmerksamkeit. Es wäre auch zu ächten, hochstehendes kulturelles Erbe wie Meisterwerke der Malerei als Steinbruch für Kommerz und Boulevard auszubeuten[15] und damit ein kollektives geistiges Eigentum einer unerträglichen Abnutzung und Banalisierung auszusetzen.

Anmerkungen

1. W. Nöth, *Handbuch der Semiotik,* Stuttgart 1985, S. 91f.
2. U. Eco, *Zeichen. Einführung in einen Begriff und seine Geschichte,* Frankfurt a.M. 1977, S. 29.
3. du Roy, *Le serment de Théophraste,* Paris 1992, S. 159 (Übersetzung durch d. A.).
4. M. Thalmann, *Aktuelle Bilder aus dem Archiv? Zur Bebilderung von Nachrichten im Fernsehen,* Unveröffentlichte Seminararbeit, Zürich 1994.
5. *SF-DRS Tagesschau* vom 5., 15.11.1993 und 12.1.1994.
6. *Die Illusion der Informiertheit. Von der Nachricht zur „Action-News“,* Südwestfunk Baden-Baden 1994. Redaktion: F. Haase / M. Buscher; Realisation: M. Klinksik / K. Nekouian.
7. *SF-DRS 10 vor 10,* vom 15.11.1993.
8. U. Kammann, *Der Moloch. Fernsehen und Fälschung: ein Marktgesetz?* In: *epd/Kirche und Rundfunk,* Nr. 10, vom 10.2.1996, S. 3; M. Bitala, *Als die Bilder lügen lernten,* in: *Süddeutsche Zeitung,* Nr. 34, vom 10./11.2.1996.
9. *SonntagsZeitung,* vom 16.10.1994, S. 99.
10. *Tele,* 1994, Heft 15, S. 6ff.
11. *Blick,* vom 8.7.1995, S. 3.
12. Vgl. H. A. Marsiske, *Bits per Generation. Film, kollektives Gedächtnis und Geschichtswissenschaft,* in: *Spiegel special,* Dezember 1994, S. 100.
13. *Das 21. Jahrhundert,* in: *GEO extra* 1995, Heft 1 (Schwerpunktthema)
14. H. Reitze, *epd/Kirche und Rundfunk,* Nr. 34, vom 3.5.1995, S. 16ff.
15. Z.B. Botticellis *Geburt der Venus* als Werbung für das Mineralwasser *Aqui.*

Weitere Literatur

Doelker, C., *„Wirklichkeit“ in den Medien,* Zug 1979.

Doelker, C., *Kulturtechnik Fernsehen – Analyse eines Mediums,* Stuttgart 1991.

Doelker, C., *Bildpädagogik - das chronische Defizit der Medienerziehung,* in: Bertelsmann Stiftung (Hrsg.), *Medienkompetenz als Herausforderung an Schule und Bildung,* Gütersloh 1992, S. 208-217.

Doelker, C., *Arme Bilder - Bilder für die Armen,* in: Heinz Bonfadelli / W. A. Meier (Hrsg.), *Krieg, Aids, Katastrophen ... Gegenwartsprobleme als Herausforderung der Publizistikwissenschaft,* Konstanz 1993, S. 109-120.

Doelker, C., *Bild und Bedeutung. Visuelle Kompetenz in der Informationsgesellschaft* (erscheint 1997 im Verlag Klett-Cotta, Stuttgart).

Michael Haller

Das allmähliche Verschwinden des journalistischen Subjekts

Die Bedeutung der redaktionellen Organisation für die Informationsproduktion

Die journalistische Medienproduktion der 90er Jahre folgt zwei widersprüchlichen, einander überlagernden Trendkomplexen, die das Problem journalistischer Handlungsethik in ein diffuses Licht rücken:

- Einerseits beobachten wir den Respektverlust vor menschenrechtlich fundierten Normen, vor allem ein Sinken der Hemmschwelle gegenüber Verletzungen des Persönlichkeitsrechts. Andererseits wächst die öffentliche Sensibilität und Skepsis gegenüber solchen Medien, die Ereignisse inszenieren und das Geschehene ins Spektakuläre überziehen: Nackter Sensationsjournalismus hat zunehmend Akzeptanzprobleme, der „harte" Newsjournalismus steckt in einer Glaubwürdigkeitskrise.
- Einerseits beobachten wir v.a. bei den elektronischen Medien das wachsende Renommee einzelner Medienmacher im Lichte der veröffentlichten Meinung; die Fernsehstars vom Zuschnitt der Schreinemakers, Bioleks, Böhmes, Wickerts besitzen eine größere öffentliche Reputation als Politiker, Wissenschaftler und Künstler; vor allem TV-Moderatoren werden als Ausdruck der gestiegenen Bedeutung des Individuums, überhaupt als Nachweis des fortschreitenden Individualismus im Journalismus der 90er Jahre gefeiert. Andererseits konstatieren wir die wachsende Abhängigkeit der journalistischen Individuen von den unternehmenspolitischen Vorgaben ihrer Arbeitgeber, die wiederum eingebunden sind in ein zusehends engmaschigeres Netz medienökonomischer Determinanten: Individuelle Handlungsspielräume schrumpfen, während zugleich die individuelle Verantwortung für den Markterfolg mehr denn je herausgekehrt wird.

Die folgenden Darlegungen versuchen die Zusammenhänge zu beschreiben, die diese so widersprüchlichen Trends verbindet, um dann Lösungen für das damit verbundene medienethische Problem zu skizzieren.

I. Ökonomisierung der Medienproduktion

Mit der raschen Vermehrung der Programmanbieter im Fernsehen, mit der Vervielfachung der Hörfunksender und der Pluralisierung der Titel im

Zeitschriftenmarkt hat sich in Deutschland seit 1985 die Zahl der Werbeträger je Gattung vervielfacht, während das Insgesamt der Werbeaufwendungen im selben Zeitraum nur um das Doppelte gestiegen ist[1]. Eine der Folgen davon ist, daß der Kampf um Reichweiten und Marktanteile zunehmend aggressivere Formen annimmt und immer höhere Investitionen verlangt, die nur mehr von Großverlagen aufgebracht werden können[2].

Durch diese Medienüberflutung steigt zwar das Informationsangebot; gleichzeitig wird jedoch die Aufmerksamkeit des potentiellen Nutzers zum knappen und raren Gut. So wird die Frage „Wie können wir soviel Aufmerksamkeit wecken, daß wir wahrgenommen und in der Folge auch als Werbeträger attraktiv werden?" zum zentralen Marketingproblem der Medienmacher.

Man könnte dieses Marketingproblem durch Investitionen in die redaktionelle Ausstattung mildern, gemäß der Devise: Eine personell starke Redaktion liefert eine höhere publizistische Leistung etwa in Form exklusiver Recherchen, interessant geschriebener Beiträge und aufregend fotografierter Bilder.

Doch das Gegenteil ist der Fall. Die sinkenden Werbeerlöse vor allem bei den Öffentlich-Rechtlichen und im Bereich der Publikumszeitschriften veranlassen die Verantwortlichen zur „Verschlankung" der redaktionellen Produktion. Die Schlagworte lauten: Verkürzung der Produktionsabläufe durch Automatisierung, Abbau an qualifiziertem Personal sowie Outsourcing im kreativen Bereich.[3]

Dieser in den 90er Jahren die Programmqualität zunehmend beeinflussende Trend wird vor allem im Fernsehbereich noch weiter verschärft durch den Wettbewerb zwischen Programm- und Sendeformen, die einander immer ähnlicher werden. Aktueller, spektakulärer, auf- und erregender zu sein als die Konkurrenten: Davon hängt es oftmals ab, ob ein Informationsprogramm oder ein Sendegefäß über Werbeeinnahmen weiter finanziert, ob der zuständige Journalist auf dem Posten gehalten werden kann.

Diese fortschreitende Ökonomisierung der Medienproduktion mag man als einen im Rahmen der Marktwirtschaft unweigerlichen, vielleicht notwendigen Prozeß deuten. Auf die journalistische Qualität hat er indessen verheerende Auswirkungen, sofern diese Qualität – in Abgrenzung zur publizistischen – nicht synonym verstanden wird mit „Markterfolg". Damit stellt sich die Frage, wie journalistische Qualität zu verstehen sei. Sie ist ja nicht schon dadurch hergestellt, daß die Medien Presserechtsverstöße tunlichst vermeiden. Wäre dem so, dann würde ja der Verweis auf die einschlägigen Bestimmungen der Rundfunkverträge und des Strafgesetzbuches sowie die mit der Sorgfaltspflicht verbundenen Handwerksregeln als Qualitätsrahmen voll genügen.

Man ist sich indessen weithin einig, daß der Qualitätsbegriff im Journalismus in erster Linie die Art der Thematisierung sowie die Art und Weise der Beschaffung, Umsetzung und Präsentation von Informationen umschließt und dabei - über die Gesetzesbestimmungen hinaus - auch die Einhaltung konsentierter Handlungsnormen voraussetzt. Eine gängige Definition lautet: „Die Qualität von Journalismus wird an seiner Fähigkeit gemessen, Themen der sozialen Wirklichkeit aufzugreifen, durch adäquate Recherchetechniken zu erfassen und durch entsprechende Vermittlungsformen dem Leser nahezubringen.“[4] Die ethisch relevanten Aspekte sind in dieser Umschreibung durch „black boxes“ ersetzt: „Fähigkeit“, „adäquat“, „entsprechend“. Anstelle dieser Formeln können wir immerhin für den Pressebereich die von den Medienakteuren geschaffenen und akzeptierten Standesregeln des *Presserats* heranziehen: Die im *Pressekodex* festgehaltenen Normen werden fortlaufend überprüft und erweitert; sie stellen so etwas wie „the state oft the art“ journalistischer Handlungsethik für den Informationsjournalismus der Tagespresse dar, unbesehen des Sachverhalts, daß sie keine Rechtsverbindlichkeit besitzen.

II. Der Journalist als Informationsproduzent

Die Kernfrage indessen lautet: Welche Bedeutung hat denn der Informationen beschaffende Journalist? „Medien leben von der Information ... Erfolgreiche Medienproduktion setzt daher zu einem wesentlichen Teil erfolgreiche Informationsbeschaffung voraus“, heißt es unter Medienrechtlern[5] - eine Formel, die tatsächlich nur mehr für einen kleinen Teil der real existierenden Medienproduktion zutrifft und dabei das Adjektiv „erfolgreich“ in vielen Farben schillern läßt. Denn infolge der genannten Pluralisierung der Medienträger und ihrer Funktionen - die Kommunikationsforschung spricht sachneutral von der Ausdifferenzierung des Mediensystems - hat die Berufsrolle der Journalisten ihre einst klaren Umrisse verloren: Annähernd drei Viertel der Sendezeit des Fernsehens bestehen heute aus fiktionalen und ludischen Produktionen; die traditionelle Informationsbeschaffung verflüchtigt sich zur Gelegenheitsaufgabe.[6]

Journalismus-Umschreibungen, die alle Facetten des aktuellen Berufsbildes der Journalisten berücksichtigen, fallen zwangsläufig abstrakt aus. Medienwissenschaftler sprechen vage vom „Gestalten aktueller Aussagen“[7] oder greifen zu systemtheoretischen Funktionsmodellen und sehen Journalismus darin, „aktuelles Wissen aus den diversen sozialen Systemen (Umwelt) zu sammeln, auszuwerten, zu bearbeiten und dann diesen sozialen Systemen (Umwelt) wieder zur Verfügung zu stellen.“[8]: An die Stelle des „newsgetting“ tritt die durch das Regelwerk der Medienmache determinierte, zunehmend selbstreferentielle Informationsproduktion.[9]

Hinter diesen abstrakten Umschreibungen verbirgt sich die Erkenntnis, daß journalistisches Handeln zu einer abhängigen Variablen der redaktionellen Organisation geworden ist, die wiederum auf die funktionalen Vorgaben des Mediensystems und seiner Ökonomie ausgerichtet ist.

Im Informationsjournalismus läßt sich journalistische Qualität nur mehr ausnahmsweise, etwa im Korrespondenten- und Hintergrundbericht, im (seltenen) Feld der Reportage oder des Feuilleton-Beitrags, mit dem individuellen Verhalten, mit der persönlichen Leistung der Akteure identifizieren. In der Regel jedoch ist sie Ausdruck redaktioneller Routinen oder unternehmerischer Zielvorgaben. Sie fällt nicht auf den Journalisten als Akteur zurück, sondern erscheint als Erfolg guten redaktionellen Managements. Selbst die Qualität eines Zeitungskommentars, der gern als Epaulette journalistischen Schöpfertums gehandelt wird, ist direkt abhängig von der Effizienz redaktioneller Produktionsabläufe, etwa, ob der zum Kommentieren abgestellte Redakteur eine halbe oder zwei Stunden Zeit, ob er eine Hausdokumentation oder nur seinen Zettelkasten zur Verfügung hat - unbesehen der Frage, ob sich die fragliche Redaktion fachlich hinreichend kompetente Kommentatoren überhaupt leisten kann.

III. Medienethisch reflektiertes News-Management

Wenn es zutrifft, daß journalistische Qualität je länger je weniger von der individuellen Qualifikation als von den redaktionellen Produktionsbedingungen abhängt, dann gilt dasselbe auch für die meisten der journalistischen Fehlleistungen, aus denen dann oftmals strafbare Handlungen hervorgehen[10]: Sie entstehen durch den enormen Erfolgsdruck, den die Redaktion gegenüber ihrem Reporter vor Ort erzeugt. Wir denken hierbei unter anderem an die von der Redaktion angestifteten Live-Interviews mit Geiselnehmern während der Geiselnahme; an Filmaufnahmen von Hinterbliebenen, die um den Tod ihrer bei einer Katastrophe umgekommenen Angehörigen trauern; an das sogenannte Witwenschütteln oder die namentliche Nennung und Veranschaulichung von Suizidenten - oder an die Publikation des Photos vom Leichnam eines Ex-Ministerpräsidenten, der in einer Badewanne liegt.

Nicht zuletzt der Fall Barschel, mithin der Fall des *Stern*-Reporters Sebastian Knauer, macht die Wirkweise redaktionellen Mißmanagements deutlich, die vor Ort zu entsprechenden Fehlleistungen verführt. Unter dem Profilierungsdruck, unter dem sich die *Stern*-Redaktion durch die Enthüllungen des Konkurrenten *Der Spiegel* gestellt sah, wurde der ansonsten für Ökologiefragen zuständige Inlandsredakteur Knauer - in Ermangelung eines gerade verfügbaren erfahrenen Rechercheurs - am 10. Oktober

1986 Hals über Kopf nach Genf verfrachtet und im Hotel *Beau-Rivage* auf die Barschel-Spur angesetzt. Als Knauer nach einer durchwachten Nacht „nachschauen" wollte, was sich in Barschels Hotelzimmer tue, wurde er von der Zentralredaktion in Hamburg telefonisch instruiert, wie er vorzugehen habe. Niemand klärte ihn über die Rechtssituation (Kollision mit dem Hausrecht des Betroffenen) und die Handlungsspielräume zur Vermeidung eines Rechtsbruchs auf. Unter dem Erfolgsdruck, die „heiße Story" als erster nach Hamburg liefern zu sollen, spionierte und fotografierte Knauer im Raum und Badezimmer Barschels und brachte dann „die Ware" nach Hamburg. Rechtskräftig verurteilt wurde Knauer vier Jahre später von der Genfer Justiz wegen Hausfriedensbruch.[11]

Es wäre unrealistisch, wollte man hier den Moralfinger heben und das Verhalten Knauers per se verurteilen. Der Schreibende hat Knauers Situation in zahlreichen Ethik-Seminaren durchgespielt. Der Befund ist eindeutig: Nur naive, unerfahrene Journalisten behaupteten, daß ihnen „so etwas" nie passieren könne.

Offenkundig entwickelt das „newsgetting" unter Aktualitäts- und Konkurrenzdruck eine für die meisten Reporter kaum noch kalkulierbare Eigendynamik. Sie sind in das Geschehen verstrickt und befinden sich in einer Art Ausnahmesituation, in der ein eherner Qualitätsgrundsatz keine Gültigkeit mehr hat: Distanz halten, um Unabhängigkeit zu wahren und Übersicht zu gewinnen.[12] Der vor Ort agierende Reporter kann die Verhältnismäßigkeit seiner Mittel oftmals nicht „adäquat" einschätzen; er verliert den handlungsethischen Bezugsrahmen aus den Augen, mit dem er sein Informationsziel nach Maßgabe des öffentlichen Interesses abwägen könnte. Hinzu kommt der von der Redaktion und durch die Konkurrenzangst gesetzte Aktualitäts- und Authentizitätsdruck: möglichst schnell, möglichst bizarr, möglichst exklusiv.

Um journalistische Qualität zu erreichen, wäre umgekehrt ein redaktionelles Management erforderlich, das den Reporter am Ort des Geschehens entlastet. Die Informationsproduktion müßte konsequent arbeitsteilig und zweistufig ablaufen, indem die Redaktion die Qualitätssicherung übernimmt.[13] Wenn der Reporter darauf bauen kann, daß die Mutterredaktion aus der Distanz - sine ira et studio - seine Informationen auch unter Ansehung ihrer Beschaffungsumstände prüft, könnte er sich gelegentlich sogar eine journalistische Fehlleistung erlauben: Sie würde in der Redaktion ausgebügelt.

Dieses Modell der Funktionsteilung hätte allerdings nur dann einen praktischen Sinn (und qualitätsbefördernde Effekte), wenn die zuständigen Redaktionsmitglieder auch zur Verantwortung gezogen und gegebenenfalls mit Sanktionen überzogen würden - was wiederum eine medienethisch viel profundere Redakteursausbildung bedingte.

Immerhin, auf der Basis von Einsicht und Freiwilligkeit funktioniert das medienethisch reflektierte redaktionelle News-Management hie und da. Nach dem Geiseldrama von Gladbeck schrieb *ZDF*-Chefredakteur Klaus Bresser: „Falsch war die Live-Berichterstattung im Fernsehen bei der Abfahrt der Verbrecher in Gladbeck. Der Tatort wurde zur Bühne, auf der vor aller Augen Entsetzliches hätte geschehen können ... Falsch war das Interview mit Geiseln und Geiselnehmern vor dem Gebäude des *WDR* in Köln, nachdem schon ein Mord geschehen war. Das brachte keinen Gewinn an Information, diente nur noch der Lust an der Sensation."[14] In der Folge wurden von der *ZDF*-Chefredaktion ein paar Konsequenzen gezogen. So werden unter bestimmten Gegebenheiten ad hoc geführte Interviews nicht mehr live ausgestrahlt.

IV. Redaktionelle Sorgfaltspflicht

Die Einsicht, daß die Redaktion für die journalistische Qualität die Hauptverantwortung zu tragen hat, fällt deutschen Medienwächtern aus vielen Gründen nicht leicht. Einer der Gründe liegt in der Rechtsprechung: Bei der Beurteilung von Inhaltsdelikten nach Maßgabe des Strafgesetzbuches wird als Urheber in aller Regel der „Verfasser" des Corpus delicti in Gestalt des Reporters oder Berichterstatters identifiziert.[15]

Es mag zudem mit dem überkommenen Bild des Pamphletisten und Schriftstellers und so mit dem Werk-Begriff zusammenhängen, daß die Rechtsprechung einen singulären Urheber als Schädiger auszumachen sucht. Inkriminierte Veröffentlichungen werden darum meist als Machwerk, nur ausnahmsweise als redaktionell zu verantwortende (Dienst-)Leistung einschätzt, für deren Qualität der zuständige Redakteur geradezustehen hat. Wie sehr hier das Rechtsbewußtsein fehlt, zeigt sich am schludrigen Umgang mit dem Impressum. Es wird häufiger für die Zurschaustellung von Eitelkeiten benutzt denn zur Kennzeichnung von Verantwortung für dieselbe Ausgabe (zu den raren Ausnahmen zählt hier das Impressum des *Spiegel*).

Verantwortliche Redakteure bzw. deren Verleger wurden bislang nur dann konsequent herangezogen, wenn es um die Zuständigkeit von anonym publizierten Texten ging (siehe die sogenannten „Mescalero"-Entscheidungen in Sachen „Buback-Nachrufe") oder um die Beurteilung veröffentlichter Bilder, die gegen Persönlichkeitsrechte verstoßen, und um die Sicherung des Rechtsgüterschutzes (wie: Anspruch auf Unterlassung, Berichtigung oder Widerruf).

Auch die Beurteilung der journalistischen Sorgfaltspflicht bei „selbstentdeckten Vorfällen" folgt – wenn es um die gerichtliche Prüfung von Schadensersatzansprüchen geht – meist dem Verfasserprinzip: Hat derjenige, der mit seinem Namen zeichnet, auch wirklich die nach den Umständen gebotene Sorgfalt walten lassen? Uns ist kein Prozeß bekannt, in dessen Verlauf das Gericht die Verfahrensweisen und Prozeduren der Redaktion pingelig überprüft hätte. Wenn überhaupt, dann wird die Redaktion nur als subsidiärer Schädiger gesehen, nie als primärer. Dabei wäre es unseres Erachtens ohne weiteres möglich, die Regeln der Sorgfaltspflicht nicht allein auf das Autorensubjekt zu beziehen, sondern ebenfalls auf die redaktionellen Verfahren der Informationsüberprüfung und -umsetzung.[16]

Diese Einseitigkeit ist um so erstaunlicher, als ja umgekehrt die Pressefreiheit den gesamten Herstellungsprozeß „von der Beschaffung der Information bis zur Verbreitung der Nachrichten und Meinungen" umfaßt (BVerGE 10, S. 118 ff.[121]). Die Pressefreiheit deckt demnach alle Tätigkeiten, die der Herstellung und Verbreitung des Medienprodukts dienen, darunter auch kaufmännische und technische Handlungen. Auf diesem Verständnis gründen nicht zuletzt die Sonderrechte der Journalisten nach Maßgabe der Landespressegesetze: Ihr Auskunftsanspruch beispielsweise ist ja daran gebunden, daß sie von einer Redaktion beauftragt sind und eine konkrete Publikationsabsicht, d.h. eine redaktionelle Zusammenarbeit nachweisen können. Auch das Zeugnisverweigerungsrecht und die Beschränkung der Zulässigkeit der Durchsuchung redaktioneller Räume verweisen auf die herausragende Rolle vor allem der Redaktion als Informationsproduzenten.

V. Bildwirkung statt Wahrheitsgehalt

Wir haben bislang das Problem der medienethischen Sicherung journalistischer Qualität unter dem Gesichtspunkt traditionellen Informationsproduktion betrachtet und diskutiert, wie journalistische Fehlleistungen durch redaktionelles Management minimiert werden könnten.

Tatsächlich ist damit aber nur ein Teil des Problems - und vielleicht ein zusehends kleinerer - ins Blickfeld gerückt. Der andere Teil betrifft die Vertrags- und Verkehrsformen zwischen Redaktion und Mitarbeitern. Und hier verändern sich die ethikrelevanten Regularien und Routinen unter dem beschriebenen Ökonomisierungsdruck ganz rasant.

Zu Beginn des Jahres 1996 machte ein Fall Schlagzeilen, der auf den ersten Blick presserechtlich bedeutungslos erscheint, auf den zweiten jedoch einige unlösbare Probleme mit sich bringt. Die Rede ist vom freien Journalisten Michael Born, der seit Beginn der 90er Jahre mehrere TV-Programmanbieter - darunter vor allem *stern tv* - mit mindestens 21 Filmbeiträgen beliefert hat, deren Sachverhalte erfunden, deren Handlungen inszeniert waren: blutrünstige Katzen- und Känguruhmorde skrupelloser Tierfleischhändler etwa oder mysteriöse Verschwörungstreffen des deutschen Ku-Klux-Klan. Tatsächlich aber wurden diese erfundenen Geschichten von den Fernsehsendern als authentische Berichte über wahre Ereignisse und Vorgänge ausgestrahlt.

Auf den ersten Blick handelte es sich dabei um einen einfachen Betrugsfall: Die den Fernsehstationen gelieferten Produkte entsprachen nicht der vereinbarten Qualität, nämlich „wahre" Vorgänge zu zeigen. Somit lag nach Auffassung der Staatsanwaltschaft Betrug vor - eine Straftat, die außerhalb des Presserechts fällt.

Auf den zweiten Blick verbirgt sich hinter diesem simplen Delikt doch auch ein presserechtlich komplizierter Sachverhalt, weil der Journalist Born kein Einzeltäter war, sondern in mindestens einem der geschädigten Sender Mitwisser, möglicherweise auch Mittäter hatte. Folgendes Szenario ist darum keineswegs unrealistisch: Da bietet der journalistische Mitarbeiter B. dem Sendeleiter eine - wie er es nennt - „heiße Geschichte" an. Per Fax skizziert er den Inhalt der „story", umreißt die Aussagekraft der Bilder, nennt den Umfang des Materials, das Lieferdatum und den Preis. Und gibt den Hinweis, daß die Konkurrenz auch interessiert sei. Beide Seiten werden sich rasch handelseinig, keiner fragt nach dem Wahrheitsgehalt des Materials. Ein Redaktionsmitglied prüft das Material - nicht auf seinen Wahrheitsgehalt, sondern auf seine Bildwirkung und die Aussagekraft der Story. Man ist sich stillschweigend einig, daß allein die Attraktivität des Materials ausschlaggebend ist, sofern mit der Ausstrahlung des Materials keine Persönlichkeitsrechte Dritter verletzt werden. Schließlich ist ja die Veröffentlichung sogenannter Fakes per se nicht strafbar.

Und falls der Schwindel etwa durch einen unbeteiligten Augenzeugen auffliegen sollte, würde die Redaktion sich beim Publikum entschuldigen und die Schuld dem Mitarbeiter B. als Urheber des Machwerks zuschanzen, schließlich wurde er im Vorspann als einziger „Autor" genannt und trägt nach vorherrschender Rechtsprechung die Verantwortung für den Wahrheitsgehalt des Œuvres. Die nächsten Schritte auf diesem Weg sind leicht vorstellbar: Im Studio werden Geschehnisse komplett simuliert und virtuelle Situationen als reale präsentiert. Als Basismaterial dienen beliebige „clippings", die verfremdet per „morphing" am Computer übermalt werden. Niemand vermag mehr eine Grenze zu ziehen zwischen real und fiktional, zwischen tatsächlichen, möglichen und virtuellen Geschehnissen - alles ist irgendwie Information.

Die Rechtsprechung, die ja für die Kodierung von Handlungsnormen maßgebend ist, hat sich mit diesen Trends noch nicht befaßt und darum noch keine Richtung zur Lösung des Problems aufgezeigt. Unseres Erachtens könnte hier - analog zum Impressumszwang - eine Kennzeichnungspflicht eingeführt werden: Darstellungen, deren Informationen kein faktisches Korrelat besitzen, müßten als fiktionale Aussagen kenntlich gemacht werden, eine Lösung, für die sich auch der *Presserat* einsetzt.[17]

VI. Kennzeichnung des Wirklichkeitsstatus

Unsere Zivilgesellschaft funktioniert unter anderem dank der allgemein akzeptierten Maxime, daß die Menschen sich nicht betrügen, vielmehr in Treu und Glauben (bona fides) miteinander leben wollen, selbst wenn sie im Lebensalltag diese Norm oft genug mißachten. Sofern diese Maxime eine grundlegende Kommunikationsnorm bedeutet, ist sie vor allem für die Partner und Veranstalter journalistischer Medienkommunikation bindend - unter der Voraussetzung, daß Journalismus auch in Zukunft die Vermittlung von Aussagen über reales Geschehen zur Aufgabe hat.

Dies hätte zur Konsequenz, daß insbesondere Medienredaktionen stets den Wirklichkeitsstatus der von ihnen publizierten Aussagen kenntlich machen müßten. Und wenn sie es von sich aus nicht tun, sollte der Gesetzgeber sie dazu zwingen.

Angenommen, die Medien würden endlich diesem Prinzip folgen und solche Aussagen kennzeichnen, die kein reales Geschehen zum Gegenstand haben: Nicht nur im Reality-TV und bei den Soap operas des Fernsehens, auch auf vielen Seiten der *Bild*-Zeitung, über Illustrierten-Tatsachenreportagen und selbst prallen *Spiegel*-Geschichten würde unerwartet der rote Balken „Achtung Fiction" prangen.

Der medienpädagogische Effekt: Das Nichtreale eines großen Teils der medialen Informationsproduktion würde für das Publikum erkennbar - eine Chance auch, die am Ende der journalistischen Glaubwürdigkeit sehr zugute käme.

Anmerkungen

1. Vgl. Bundesverband Deutscher Zeitungsverleger (Hrsg.), *Zeitungen '95*, Bonn 1995, S. 93.

2. Beispielhaft für den verschärften Wettbewerb war die im Januar 1996 von Gruner+Jahr für *TV Today* beschlossene Copypreisreduktion auf 1,00 DM, dann 1,80 DM. Damit wurde ein Verdrängungskampf unter den 14tägigen Programmzeitschriften eröffnet. Insiderberichten zufolge investierte jeder der drei Großverlage pro Monat rund 1 Million DM, ehe die Verlage im Juli 1996 wieder zum alten Copypreis zurückkehrten. Offen blieb, ob die Copypreisreduktion auch langfristig zu einem Auflagenzuwachs führen wird.

Der Preiskampf unter den „Programmies" stand Pate für ähnliche Verdrängungskämpfe unter den monatlich erscheinenden Frauenzeitschriften.

3. Zur Situation der Printmedien vgl. Forschungsgruppe Journalistik, *Die Bedeutung von Innovationen und Investitionen in Zeitungsverlagen*, in: P. A. Bruck (Hrsg.), *Print unter Druck.*

Zeitungsverlage auf Innovationskurs, München 1994, S.38-193, hierzu v.a. S. 142ff. Zur Situation unter den Programmanbietern vgl. U.M. Krüger, *Trends im Informationsangebot des öffentlich-rechtlichen und privaten Fernsehens,* in: *Media-Perspektiven,* 1995, S. 69-87; M. Wöste, *Ballungsraumfernsehen - Rentabilität und publizistische Leistungsfähigkeit fraglich,* in: *Media Perspektiven,* 1996, S. 266-281.

4. G. Wallisch, *Journalistische Qualität. Definitionen - Modelle - Kritik,* Konstanz 1995, S. 172.

5. J. Soehring, *Das Recht der journalistischen Praxis,* Stuttgart 1990, S. 1.

6. Vgl. M. Haller, *Die Journalisten und der Ethikbedarf,* in: M. Haller / H. Holzhey (Hrsg.), *Medien-Ethik. Beschreibungen, Analysen, Konzepte,* Opladen 1992, S. 200.

7. Stichwort in: K. Koszyk / K.H. Pruys (Hrsg.), *Handbuch der Massenkommunikation,* München 1981.

8. S. Weischenberg / U. Hienztsch, *Neuigkeiten vom Fließband,* in: *Funkkolleg Medien und Kommunikation.* Studienbrief Nr. 8, Tübingen 1991, S. 54.

9. Vgl. die Ergebnisse der Erhebung „Journalismus in Deutschland", *Sonderheft Sage& Schreibe,* 1994, Heft 2.

10. Unter Fehlleistungen rechnen wir journalistisches Verhalten, das zwar im presserechtlichen Sinne nicht strafbar ist, gleichwohl aber gegen konsentierte ethische Standesregeln wie etwa gegen Bestimmungen des *Pressekodex* des *Deutschen Presserats* verstößt.

11. Urteil des *Jugement du Tribual de Police de Genàve* vom 26. November 1990 (Hinterbliebene Barschels gegen Knauer). Die Darstellung stützt sich auf die Prozeßunterlagen. Im „eigenmächtigen Eindringen von Reportern" in das Hotelzimmer Barschels sah übrigens der *Deutsche Presserat* einen Verstoß gegen Ziffer 4 des *Pressekodex.* Die Rolle der Hamburger Redaktion wurde nicht näher geprüft.

12. Näheres siehe M. Haller, *Recherchieren. Ein Handbuch für Journalisten,* München/ Konstanz 1991, S. 262ff.

13. Diesem Modell kommt die US-amerikanische Tradition der Funktionsteilung zwischen „reporting" und „editing" näher: Der vollberufliche Rechercheur soll sich um die Materialbeschaffung kümmern, die Redaktion um eine rechtlich und standesethisch korrekte Umsetzung und Präsentation der Informationen. Die publizistische Verantwortung liegt demgemäß vermehrt bei den „desk"-Redakteuren.

14. K. Bresser, *Gladbeck, Borken, Lockerbie: Verbotene Bilder,* in: *ZDF-Jahrbuch 1988,* S. 55-57. Zitiert nach: K. Bresser, *Was nun? Über Fernsehen, Moral und Journalisten,* Hamburg 1992, S. 103.

15. Es geht hier nicht um die Wiederbelebung der Rechtsverhältnisse zu Zeiten der Weimarer Republik, als der „Sitzredakteur" eingeführt wurde, vielmehr um die Mit-, oftmals Hauptverantwortung der Redaktion für die Aussagenproduktion ihres Mediums. Die in den Landespressegesetzen geregelte strafrechtliche Verantwortung für Straftaten „mittels eines Druckwerks" bietet Möglichkeiten, um die Verantwortung der Redaktion bzw. des Verlegers einzulösen. Allerdings wurden diese Möglichkeiten nicht aus Einsicht in die Rolle der Redaktion, sondern zur Strafverfolgung bei anonym publizierten Rechtsverletzungen geschaffen. Vgl. hierzu auch: U. Branahl, *Medienrecht,* Opladen 1992, S. 261ff.

16. Es ist zu fragen, ob die in mehreren Landespressegesetzen verankerte Aufsichtspflicht des Verlegers und die damit verbundene strafrechtliche Haftung extensiver auszulegen wäre. Hierzu könnte auch die in den Landespressegesetzen enthaltene Definition des verantwortlichen Redakteurs herangezogen und funktional präziser gefaßt werden.

17. Bestimmungen über Grenzen der Bildmanipulation weisen in diese Richtung (vgl. die Richtlinie 2.2 des *Pressekodex*).

Gabriele Siegert

„... so eine Art Erfahrungssurrogat"?

Vom Umgang der Rezipienten mit Medienrealität

Will man den Umgang der Rezipienten mit der ihnen von den Medien gebotenen Realität untersuchen, stellt sich als erstes die Frage des empirischen Zugangs. Experimentelle Vorgehensweisen unter Laborbedingungen scheiden weitgehend aus, da sie den Alltag und die alltägliche Lebensführung der Rezipienten, in deren Rahmen auch der Umgang mit Medienrealität zu sehen ist, nicht adäquat erfassen können. Dem Thema methodisch angemessen, lassen sich dagegen Beobachtung[1] und Befragung einsetzen, deren schriftliche Dokumentationen (z.B. Beobachtungsprotokolle oder transkribierte Interviews) im weitesten Sinne inhaltsanalytisch ausgewertet werden. Der folgende Beitrag basiert auf einer qualitativ angelegten Untersuchung mit dem Titel *Medienrealität: Untersuchung der von den Medien konstruierten Wirklichkeit in ihrer Bedeutung für die Rezipienten.*

Theoretische Ausgangsthesen

Obwohl in qualitativen Untersuchungen Hypothesen nicht überprüft, sondern generiert werden, haben wir[2] unserer Untersuchung inhaltliche Ausgangsthesen vorangestellt. Diese Thesen wurden jedoch nicht einer Überprüfung unterzogen, sie dienten vielmehr dazu, unsere impliziten Vorannahmen und die theoretische Position der Untersuchung deutlich zu machen:

1. Medienrealität

Medienrealität ist als eine qualitativ eigenständige Wirklichkeit zu betrachten. Sie ist das Ergebnis einer Wirklichkeitskonstruktion auf der Basis realistischer (Produktions-)Bedingungen, eben deshalb selektiv, strukturierend evaluativ, perspektivisch, eklektisch und episodisch.[3]

2. Rezipientenrealität

Medien sind als aktiv in die gesellschaftliche Konstruktion von Wirklichkeit eingreifende Instanzen der Sinngebung zu sehen. Medienrealität wird real, relevant und konkret, indem sie das soziale Verhalten von Menschen nachhaltig prägen und ihnen Orientierung beispielsweise in Form öffentlicher Verhaltensmuster geben kann. In der subjektiven Sinngebung des/der einzelnen ist Medienrealität ein Element neben anderen. Selektivität, Perspektivität und Konstruktivität zeichnen die Transformation von Medienrealität in Rezipientenrealität aus.[4]

3. Zunehmende Relevanz der Medienrealität

Obwohl Medienrealität nur ein Element der subjektiven Sinngebung ist, gewinnt sie in modernen Gesellschaften durch deren steigende Komplexität und Individualisierung zunehmend an Bedeutung. Zum einen verursacht die größer werdende Zahl an potentiellen Wahlmöglichkeiten (bewußter Pleonasmus!) für die persönliche Lebensführung ein individuelles wie kollektives Orientierungsdefizit. Zum anderen sind die tatsächlich verwirklichbaren Möglichkeiten, in diesen unzähligen Lebensfeldern unmittelbar eigene Erfahrungen machen zu können, nicht im selben Maße gestiegen, was zusätzlich zu einem Primärerfahrungsdefizit führt. Diese Defizite können von jedem/jeder einzelnen relativ „mühelos“ mit Sekundärerfahrungen im Sinne von Medienrealität aufgefüllt werden. „Wirklichkeit ist in einer von Massenmedien geprägten Gesellschaft also zunehmend das, was wir über Mediengebrauch als Wirklichkeit konstruieren, dann daran glauben und entsprechend handeln und kommunizieren.“[5]

Methodische Anlage der Untersuchung

Inwieweit Medienrealität für Rezipienten relevant wird und welche Relevanzkriterien für je einzelne ausschlaggebend sind, können diese selbst thematisieren, indem sie nicht nur ihre Meinung über, sondern auch ihre persönlichen Erlebnisse und Erfahrungen mit Medienrealität schildern. Davon ausgehend, wurde versucht, über Interaktion mit den Handelnden im Rahmen einer mündlichen Befragung ihre jeweilige Handlungsmotivation sowie ihre Einstellung und Orientierung im sozialen Zusammenhang zu erschließen. Medienrealität wurde damit in den größeren Zusammenhang von Konsum- und Freizeitverhalten gestellt. Diese „eingebettete“ Vorgehensweise hatte den Vorteil, daß die Befragten ihren Umgang mit Medien nicht von anderen Tätigkeiten künstlich isolieren mußten.

Mit problemzentrierten Interviews, bestehend aus Kurzfragebogen, Leitfaden, Tonbandaufzeichnungen und Postskriptum, wurde eine inhaltliche Fokussierung dieses umfassenden Themas angestrebt.[6] Theoretisch angemessen erschien uns das problemzentrierte Interview auch, weil es die Möglichkeit bietet, „komplexe Vermittlungsprozesse von Handlungs-

und Bewertungsmustern aufzudecken und in der Betonung der Sichtweise der Betroffenen deren Relevanzkriterien zu erfassen. Andererseits vermeidet sie auch die Beliebigkeit der Interviewfragen ...“[7]

Im Interview fühlten sich die Befragten oft in die für sie ungewohnte Situation versetzt, etwas aus ihrem Privatleben preiszugeben und ihre persönliche Meinung dem Interviewer oder der Interviewerin (und wegen des Tonbandes einer unbekannten Zuhörerschaft) mitzuteilen. Um zu erreichen, daß die Befragten „ungehemmt“ erzählen, ist das Vertrauen zwischen den beiden Interviewpartnern entscheidend.

In unserer Untersuchung war als Intervieweinstieg das noch sehr konkrete Thema Mediennutzung gewählt worden, weil es von den Befragten „nur“ das Erzählen eigener Handlungen und eigenen Erlebens erforderte. Sie wurden über diesen eher praktisch orientierten Einstieg nicht nur zum Thema hingeführt, sondern auch auf die Art und Weise des Interviewablaufes eingestimmt. Die Themenbereiche „Glaubwürdigkeit der Medien“ und „Medienrealität“ dagegen sind weitaus komplexer und wurden entsprechend später im Interviewverlauf eingeführt. Dabei wurde jeweils versucht, sowohl die persönlichen Erfahrungen der Befragten als auch ihre eigene Meinung zu erschließen. Gegen Ende des Interviews wurden die Befragten mit einer konkreten Frage über das Analphabetentum, das in den Monaten vor Durchführung der Interviews verstärkt von verschiedenen Medien thematisiert wurde (Zeitungs- und Filmberichte, Kinofilm etc.), ermuntert, ihre bisherigen Ausführungen zu explizieren, zu konkretisieren und gegebenenfalls zu revidieren.

Die komplexe Thematik der Untersuchung sowie die spezifische Interviewsituation setzten eine hohe Motivation und eine gewisse Artikulationsfähigkeit der Befragten voraus.[8] Die Befragten mußten also mit dem Thema etwas anfangen und darüber etwas erzählen können, durften aber gleichzeitig kein thematisches Fachwissen dazu haben. Sie sollten also Alltagsexperten, aber keine Fachexperten sein. Deshalb wählten wir Studierende verschiedener Studienrichtungen (mit Ausnahme der Kommunikations-/Medienwissenschaften) und Universitäten/Hochschulen als Interviewpartner.[9] Eingegrenzt wurde die Untersuchungsanlage insofern, als das Projekt mit insgesamt 22 problemzentrierten Interviews nicht repräsentativ konzipiert war. Die Zielsetzung, Hypothesen zur Untersuchungsthematik zu generieren, wurde von diesen Eingrenzungen jedoch nicht beeinträchtigt.

Zum spezifischen „Studierenden-Bias“ der Interviews ist folgendes anzumerken: Die Befragten versuchten in den Interviews durch Rechtfertigungsstrategien ein „konsistentes Bild“ ihrer Person aufrechtzuerhalten. Deutlich wurden spezifische „studentische“ Rechtfertigungsmechanismen, wenn sich die Befragten dem normativen Anspruch eines „kritisch überprüfenden“ Studierenden entsprechend äußerten. Die häufige Nennung von *Spiegel* und *Zeit* als Lektüre ist für diesen „Studierenden-Bias“ ebenso ein Beispiel wie folgende Äußerung: „Also ich verlass' mich zu stark drauf, obwohl ich eigentlich denke, daß ich kritischer sein müßte. Das ich kritischer lesen und zuhören müßte.“ Diese als sozial erwünscht einzustufenden Antworten wurden deshalb in der Analyse besonders beachtet.

Aktivität und Passivität im Umgang mit Medien

Bei der Auswertung zeigte sich eine ambivalente Haltung der Rezipienten, die in bezug auf die Medien und den Umgang mit ihnen artikuliert wurde. Ca. die Hälfte der Befragten erleben sich bei der Mediennutzung sowohl aktiv als auch passiv, thematisieren im Interview sowohl eigenes Entscheiden als auch „Ausgeliefertsein“. Aktives Handeln zeigt sich für sie beim Zeitungslesen und beim Einschalten von Radio und Fernsehen. Von Passivität wird insbesondere beim - eigenständig thematisierten - Medium Fernsehen erzählt, wobei ein „Abgleiten“ von Aktivität (Einschalten) in Passivität (fortgesetzte Nutzung) artikuliert wird. Das Fernsehgerät übernimmt sukzessiv den aktiven Part in der Nutzungssituation, was sich in den Interviews in einer Personifizierung des Gerätes und in der Schilderung „seiner“ aktiven Handlungen ausdrückt.

Ein Befragter stört sich an der zeitlichen Vorgabe von Radio und Fernsehen, die nicht mit seinen Wünschen übereinstimmt, und meint dazu:

> „... und das Fernsehen nimmt auch gar keine Rücksicht darauf.“ Derselbe Befragte äußert sich zur „Lückenbüßerfunktion“ des Fernsehens: „Wenn ich nichts mehr arbeiten will, aber auch nicht so richtig weiß, was ich mit mir anfangen soll, dann geht dieses blöde Ding an.“

> Ein anderer Befragter stellt das Fernsehen durchgehend als „Verführer“ dar, vor dem sowohl er als auch andere sich schützen müssen: „Also mir fällt es manchmal sehr schwer, eben grad beim Medium Fernsehen, zu sagen, ich möchte jetzt nicht Fernsehen schauen.“ Und später: „Ich habe viel übers Fernsehen geredet, einfach auch deswegen, weil das Fernsehen ein Medium ist, wo es einem relativ schwer fällt, sich davor zu schützen.“

> Die passive Haltung wird auch bei einem weiteren Befragten deutlich: „... wenn man sich nur hinsetzt, dann sieht man sich einfach auch Sachen an, die man gar nicht sehen möchte. Man sitzt einfach vor dem Fernseher und läßt das so über sich ergehen ...“

Auf der Basis der geführten Interviews kann also weder von einem aktiven Rezipienten, wie er in vielen Untersuchungen zur Mediennutzung vorausgesetzt wird, noch von einem passiven Rezipienten, wie er vielen

Wirkungsansätzen zugrundeliegt, gesprochen werden. Vielmehr muß davon ausgegangen werden, daß es spezifische Bedingungen gibt, welche in der Nutzungssituation Aktivität bzw. Passivität fördern. Der Rezipient bleibt also im Mediennutzungsprozeß nicht der-/dieselbe.[10]

Zur prinzipiellen Möglichkeit von Objektivität

Das Thema Objektivität wurde von den Interviewten häufig eigenständig thematisiert, und wenn dies nicht der Fall war, explizit von den Interviewern nachgefragt. In ihren Antworten vollziehen die Befragten die mediale Realitätskonstruktion nach. Dabei äußern fast alle Interviewpartner Zweifel daran, ob Objektivität prinzipiell möglich sei. Besonders eingehend werden subjektive Standpunkte von Journalisten und mediale Selektionskriterien thematisiert:

„... also es gibt sozusagen nicht Wahrheiten an sich, also innere Wahrheiten ..." - „Es ist alles subjektiv, das ist ganz klar ... Also ich denke zwar, daß gerade Fernsehen schon versucht, relativ objektiv zu berichten, aber da es eben vom Menschen gemacht wird, kann es durchaus subjektiv sein." - „... aber reine Objektivität gibt es für mich nicht, auch bei Nachrichten." - „Objektivität gibt es nie." - „... also überhaupt der ganze Journalismus kann nie objektiv sein, das geht nicht. (Zwischenfrage des Interviewers: Warum?) Weil ... jeder Mensch sieht alles subjektiv, deswegen kann auch ein Reporter nur subjektiv berichten." - „Aber ein Autor sieht ja die Realität, die er nachher in seinem Bericht oder in seiner Sendung darstellt, auch durch 'ne Brille. Durch seine ganz individuelle Brille. Und jeder hat eine Schere im Kopf."

Bei den Selektionskriterien wird insbesondere die zeitliche Restriktion angesprochen. Mehrere Befragte halten die Selektion bei Kurznachrichten aufgrund der rigiden zeitlichen Auswahlbedingungen für besonders gravierend.

„Nein, sie können nicht objektiv sein, das geht allein von der Anzahl der Nachrichten nicht, also müssen sie praktisch eine Auswahl treffen." - „... eine Verzerrung kann dahingehend sein, daß man in einer Viertelstunde Nachrichtensendung nicht alles, was an einem Tag wichtig wäre, bringen kann." - Diese Einschätzung wird von einem Befragten durch seine Vorliebe für „lange Serien" bestätigt: „... so lange Serien, die immer drin sind, die auch über einen langen Zeitraum recherchiert wurden, die also mit Hintergrundinfo eigentlich bedeutend fundierter sind, oder mir bedeutend fundierter vorkommen ..."

Ein Befragter betont, daß Medien Realität abbilden und schaffen, und bezieht sich damit auf die realistischen Bedingungen medialer Realitätskonstruktion: „... und Medien schaffen in gewisser Weise sicher Realitäten, Medien bilden aber Realitäten auch ab ... letztlich ist dann die Abbildung auch wieder eine Art von Schaffung ..." Ein Bericht über einen Autounfall bildet seiner Meinung nach die Tatsache eines Ereignisses realistisch ab, nur die Darstellung der Umstände stellt eine originäre mediale Realitätsproduktion dar.

Sowohl Objektivität an sich als auch Objektivität in den Medien ist nach den Interviewaussagen nicht möglich. Realität ist immer subjektiv geprägt, dementsprechend sind auch Journalisten „nur" Menschen und sehen Ereignisse und Dinge durch ihre - rosarote oder graue - individuelle Brille. Die Unmöglichkeit von Objektivität wird also nicht den Medien angelastet, sondern als allgemeines Phänomen erkannt. Damit antworten die Befragten differenzierter als dies z.B. bei einem repräsentativen Bevölkerungsquerschnitt erwartet werden kann. Mit der Feststellung einer geringen Medienobjektivität ähneln die Einschätzungen der Befragten jedoch der repräsentativen Studie *Massenkommunikation IV*, in der durchschnittlich nur 25 Prozent der Befragten die Punkte 9 und 10 auf der Objektivitätsskala vergeben haben.[11]

Glaubwürdigkeit: mediale Inhalte und Images

Obwohl die Möglichkeit, objektiv zu berichten, durchweg angezweifelt wird, sehen viele Befragte gleichwohl graduelle Abstufungen im Wahrheitsgehalt und in der Objektivität medialer Inhalte. Orientierungspunkte für ihr Vertrauen in die Medienberichterstattung, d.h. für deren Glaubwürdigkeit, sind zum einen die medialen Inhalte selbst und zum anderen das jeweilige Image der Medien.

Der erste Anhaltspunkt für die individuelle Einschätzung von Objektivität ist die Einordnung anhand der konkreten Medieninhalte, wobei besonders die Trennung in fiktionale und non-fiktionale Inhalte ausschlaggebend ist. Die Befragten greifen hier auf die klassische Funktionstrennung von Medieninhalten in Unterhaltung und Information zurück und schreiben den Informationsinhalten einen höheren Realitätsgehalt zu, weil die Ereignisse so tatsächlich stattgefunden haben könnten:

„... am realsten, würde ich auch sagen, sind noch Dokumentationen, wo man Bilder sieht, die im Moment passieren, und ... ja Bücher, so fern sie nicht Fantasy sind oder reine Fiktion ..., die die soziale Situation des Autors wiedergeben, oder so, Autobiographien usw., ja." - „... müssen wir es halt unterscheiden zwischen, zwischen Reportagen, die einfach die Wirklichkeit filmen und dann eben was dazu sagen oder eben Filmen oder Serien, die extra gedreht werden ..." - „... gute Auslandsreporter, denen vertraut man dann schon irgendwie, die 'ne Sendung machen, dann sagt man sich, das wird schon stimmen."

Diese Art der Ex-ante-Zuschreibung eines hohen Realitätsgehaltes wird von einer anderen Befragten in Frage gestellt: „Auf der anderen Seite kann man das auch, also intellektuelleren Zeitungen genauso zum Vorwurf machen. Die Welt besteht nämlich nicht nur aus einem Wirtschaftsteil und einem Politikteil."

Eine Interviewpartnerin, die in ihrer Jugendzeit Fantasy-Bücher bevorzugte, formuliert völlig entgegen der obigen Zuschreibung zum Thema „Medienrealität von fiktionalen Inhalten": „Und ich habe sehr bald in diesen Phantasiewelten einen Bezug zur Realität entdeckt. Die Figuren waren zwar in ihrer Phantasiewelt drin, aber die paßten in die rein und hatten ihre Probleme, in denen ich irgendwie einen Symbolgehalt sah." Dieser symbolischen Realität stellt sie die „vorgegaukelte" Realität in Spielserien gegenüber, denen sie Heuchelei vorwirft. Die Phantasieliteratur erhebt für sie wenigstens nicht den Anspruch, real zu sein, und diese Tatsache ist sozusagen vor der Nutzung bekannt, weshalb auch keine Täuschung durch das Medium vorliegt.

Ein anderer Orientierungsansatz für einen Glaubwürdigkeitsbonus bestimmter Medientitel liegt in deren Image. Zentral in den Aussagen zum Medienimage ist, daß der Anspruch an „große Medien", objektiv zu berichten, sehr hoch ist. Dies wird bei der Bewertung der Nachrichtensendungen der öffentlich-rechtlichen Sender ebenso deutlich wie bei der Beurteilung von Printmedien und zeigt sich hier insbesondere bei ausgesuchten Zeitungen und Zeitschriften. Abgesehen von den eindeutig nach politischen Lagern klassifizierten Blättern wie *Bild* und *Spiegel*, schätzten die Befragten die überregionalen, großen Zeitungen objektiver ein als Regionalzeitungen. Dies auch deswegen, weil sie davon ausgehen, daß bestimmte Sendungen und Zeitungen aufgrund ihrer großen Verbreitung und ihres Images ausgewogen sein sollten.

Daß Glaubwürdigkeit auch mit dem konstruktiven Anteil der Rezipienten am Transformationsprozeß zusammenhängt, wird in folgender Äußerung angesprochen:

> „Aber ich glaube, daß vieles nur deswegen wahr ist, weil es wahr sein soll (Zwischenfrage des Interviewers nach Erläuterung) ... ja, es ist nicht so entscheidend, ob das, was behauptet wird, richtig ist, es ist vielmehr entscheidend, daß das, was behauptet wird, auch geglaubt wird, und zwar von einer etwas größeren Menge." Der gleiche Befragte weist auch auf den latenten Widerspruch zwischen nur bedingter Glaubwürdigkeit und hoher Bedeutung von Medienrealität hin, wenn er kurze Zeit später feststellt: „... also, wir können uns nur auf das verlassen, was andere uns sagen ... oder, was uns die Medien darstellen."

Insgesamt unterscheiden die Befragten Glaubwürdigkeit nicht generell nach Medien, sondern spezieller nach Titeln, deren Image oder nach konkreten Inhalten. Sie antworten damit wesentlich differenzierter als in der repräsentativen Untersuchung *Massenkommunikation IV*,[12] wobei dies nicht nur auf den höheren Bildungsgrad der Befragten, sondern auch auf die Offenheit der Erhebungsmethode zurückzuführen ist. Die „Macht der

Bilder" schlägt sich jedoch auch in der vorliegenden Untersuchung nieder, wenn auch der Glaubwürdigkeitsbonus des Fernsehens längst nicht so gravierend ausfällt.

Stellenwert von Medienrealität

Aus den skeptischen Aussagen zur Objektivität und Glaubwürdigkeit der Medienberichterstattung zu folgern, daß dieselbe wenig Bedeutung für die Befragten hat, wäre eine unzulässige Verkürzung. Obwohl die Befragten grundsätzlich von einer Verzerrung der Medieninhalte ausgehen, die durch die Selektion der Rezipienten noch verstärkt wird, artikulieren sie doch gleichzeitig die relativ große Bedeutung, die Medienrealität für sie und andere hat. Der darin enthaltene Widerspruch ist keineswegs künstlich oder instrumenteninduziert. Vielmehr kennzeichnet er menschliches Verhalten auf vielerlei Ebenen. Dabei verweisen die Interviewäußerungen immer wieder auf die Notwendigkeit von Orientierung durch Medien, auf den Zwang des „Sich-verlassen-Könnens", weil keine andere Wahl im Orientierungsprozeß bleibt.

„Ja, ich habe ja gar keine andere Wahl. Ich meine, ich kann ja eigentlich nur davon ausgehen, daß es relativ objektiv ist. Ich kann ja schlecht vergleichen, also bei den wenigsten Sachen weiß ich ja, wie es wirklich ist." – „Ich hab sonst keine Möglichkeit ... also ich komm' vielleicht nicht mal auf die Idee, mich darüber zu informieren, weil ... mir ist das Thema einfach gar nicht präsent." – „Also ich brauch die Medien zur Information, auch wenn ich mich nicht hundertprozentig auf sie verlassen kann." – „Dann überhaupt alle Informationen, über das Ausland also jetzt über die, über den Regionalbereich hinausgehen, wären ja ohne die Medien überhaupt nicht möglich ... dann würde man ja letztendlich wieder in mittelalterlichen Gesellschaften leben." – „... ja aber, ich mein', du erfährst es ja nur darüber, egal was, irgendwas, irgendein Medium ist es immer. Du kannst es ja gar nicht anders erfahren." Zum Teil wurden die von den Medien dargebotene Realität und die damit einhergehenden Sekundärerfahrungen nicht nur als gezwungenermaßen wichtig, sondern als gewählte und deshalb relevante Instanz der Orientierung gesehen: „Ein Buch gibt mir, ja, gibt mir etwas, was einer Erfahrung gleichsteht. Ich kann net in meinem Leben alle Erfahrungen selbst machen. Aber, wenn ich ein Buch les', und setz' mich mit dem Helden auseinander, ich überleg' mir, wie die Figur reagiert, wie sie mit einer Situation umgeht, dann habe ich so eine Art Erfahrungssurrogat. Das ist für mich unglaublich wichtig."

Die Bedeutung von Medienrealität ist darüber hinaus mit einem weiteren Aspekt der Antworten angesprochen. Neben der aus persönlichen Erlebnissen und Erfahrungen zu analysierenden Bedeutung für die jeweiligen Befragten ist die Bedeutung von Medienrealität für andere zu differenzieren, deren Erwähnung u.a. zur Abgrenzung der eigenen Person benutzt wird. Häufig wird differenziert zwischen dem eigenen Verhalten und dem anderer („third man“-Problem). Hier unterscheiden sich zum Teil deutlich erkennbar - sowohl sprachlich als auch inhaltlich - die Meinungen über das Verhalten anderer bzw. das eigene Verhalten und die Schilderungen des eigenen Verhaltens und Erlebens. Während z.B. ein Befragter die These einer permanenten Beeinflussung aller Menschen durch die Medien verteidigt, nimmt er sich selbst etwas später explizit von dieser Beeinflussung aus, wenn er sich zu dem Kreis der „Zeitungsleser“ zählt, die „sich sowieso tiefere Gedanken machen“, während „die große Masse, die etwas träger ist, die läßt sich durch so etwas wie das Fernsehen oder eine gutgemachte Schlagzeile der Bildzeitung natürlich leicht beeinflussen“.

Die Betonung einer generell hohen Bedeutung von Medienrealität läßt den Widerspruch zu der Unmöglichkeit von Objektivität in den Medien deutlich zu Tage treten. Sie verweist auch darauf, wie (lebens-)notwendig eine weitgehend ungebrochene Glaubwürdigkeit bestimmter Medien und Medieninhalte für Rezipienten ist. Besonders problematisch wird Medienrealität, wenn „mediale Vertrauensbrüche“ sozusagen persönlich erfahren werden und so die Glaubwürdigkeit der Medien einschränken.

Persönliche Erfahrung mit Medienrealität

Persönliche Erfahrung mit Medienrealität muß nicht unbedingt richtungsweisend für den Umgang mit ihr sein. Eigene negative Erfahrungen implizieren nicht automatisch einen skeptischen, kritischen oder vorsichtigen Umgang mit der Realität medialer Inhalte. Selbsterlebte „Vertrauensbrüche“ werden häufig verarbeitet, ohne die Glaubwürdigkeit der Medieninhalte grundsätzlich in Frage zu stellen.

Beispielhaft sei eine Befragte zitiert, die sich vertrauensvoll an einer Medienwirklichkeit orientiert, obwohl sie über persönliche - und negative - Erfahrung mit Medienberichterstattung verfügt. Sie hat jedoch diese Erfahrung auf ihre eigene Weise verarbeitet, indem sie die mangelnde Glaubwürdigkeit dem ohnehin angeschlagenen Image der Zeitung zuschrieb:

„... und das kam halt wirklich total in der Zeitung total lustige Aussagen dann raus. Mein Onkel soll dann gesagt haben ... Und das hat er halt nie gesagt, und das Krasseste war halt, daß er mein Vater war und meine Cousine meine Schwester. Also alle haben dann meine Mutter darauf angesprochen, ob sie zwei Töchter hätte und so ...“

Bei anderen kommt es zwar zu spontanen Reaktionen auf „andere“ Realitätsdarstellungen, sie bleiben aber langfristig ohne Konsequenzen:

„Mir ist es erst letzte Woche passiert, als ich einen Artikel im *Economist* über England gelesen hab’, und ich war ja ein Jahr in England, und ich hab’ das dort anders erlebt ...“ - Nochmals auf das Thema angesprochen, sagt die Befragte etwas später: „Weil es nicht der Realität entspricht. Weil ich eben Realität anders erfahre. Und das ärgert mich dann, wenn ich so etwas sehe."

Andere scheinen spontan Konsequenzen ziehen zu wollen, ohne daß geprüft werden kann, inwieweit sie diese tatsächlich verwirklichen:

„Eigentlich betrifft es mehr meine Eltern: nachdem sie aus New York zurückkamen ... danach eine Sendung, die so negativ über New York gesprochen hat ... da waren meine Eltern ziemlich wütend ... Und da haben meine Eltern auch gesagt, die Sendung schauen wir uns nicht mehr an."

Obwohl, wie in den obigen Ausführungen erläutert, mediale Sekundärerfahrung wichtig ist für die eigene Orientierung, wird von vielen Interviewpartnern verneint, daß mediale Sekundärerfahrung eigene persönliche Erfahrung ersetzt oder auch nur ergänzt. Persönliche Meinung und geschilderte Erlebnisse entsprechen sich in diesem Punkt jedoch nicht immer, was auch aus den meist widersprüchlichen verbalen Zusammenhängen zu erkennen ist. Eine Befragte: „Das, was ich denke und weiß, ist meistens über die Medien vermittelt und dann halt einfach nur von mir verarbeitet." Etwas später formuliert sie: „Aber meine ganzen persönlichen Erfahrungen haben mit den Medien eigentlich kaum was zu tun."

Die Übernahme medialer Problemlösungsstrategien funktioniert laut Interviews tatsächlich nur selten. Daß Medien also nur gelegentlich explizit als hilfreich thematisiert, insgesamt aber eher als wenig hilfreich eingeschätzt werden, um alltägliche Probleme des Lebens zu meistern, entspricht weitgehend den Ergebnissen der Studie *Massenkommunikation IV*: 1990 glaubten nur durchschnittlich 25 Prozent der Befragten, daß Fernsehen, Hörfunk und Tageszeitung helfen, sich in der Welt zurechtzufinden.[13] „Fernsehen ist Fernsehen und Leben ist Leben", meinte einer unserer Befragten dazu ganz lapidar.

Strategien der „Wahrheitsfindung"

Mediale Berichterstattung wird - differenziert nach Inhalten und Image - von den Rezipienten als verzerrt, gefärbt und einseitig bewertet, gleichzeitig orientieren sich die Befragten an eben dieser medialen Berichterstattung, aber verneinen deren Einfluß auf ihre persönlichen Erfahrungen. Dieses Dilemma wird manchen Befragten im Interview bewußt, woraufhin einige Problemlösungsstrategien formulieren. So soll z.B. das Rezipieren unterschiedlichster Medien und der Vergleich ihrer Inhalte zu einem Kern an Informationen führen, der ja ob seiner Multimedialität „wahr" sein muß:

„Als Wahrheit empfinde ich da, was in mehreren Medien gleich erzählt wird ..." - „Also im Prinzip bin ich der Meinung, daß man also ein unterschiedliches Spektrum an Medien benutzen muß, daß man sozusagen eine pluralistische

Vielfalt von Informationen bekommt, damit man vergleichen kann ..." - „... und ich als Leser solcher Sachen oder Zuhörer kann mir meine Meinung eigentlich nur dadurch bilden, daß ich möglichst viele Seiten der Reporter sehe. Daß ich mir immer auch die Gegenseite anhöre." - „Und nachdem die Nachrichten in *ARD* und *ZDF* fast gleich sind, suchen beide Anstalten wohl das gleich Wichtigste aus. Das bestätigt eigentlich, daß sie doch wohl recht, wie soll man sagen, daß es mit rechten Dingen zugeht ... Aber nicht nur *ARD* und *ZDF*, sondern fast alle Sender, die man so hat, die gleichen Nachrichten bringen, das würde also bedeuten, daß sie doch die wichtigste Auswahl treffen."

Der Zweck des medialen Vergleichs, nämlich „... daß du die Verzerrung praktisch entzerren mußt ...", kann nach Ansicht mancher Befragter nur zum Teil erreicht werden, weil eine fundierte Ausgangsposition - Hintergrundwissen und eigene Erfahrung - fehlen: „... und du mußt eben den goldenen Mittelweg finden, aber das ist natürlich schwierig ... also dem Mittelweg irgendwo auf die Schliche zu kommen und sagen, ja gut, da kann man, sag' man mal, ein paar Abstriche machen von der Berichterstattung und von der, und das ist jetzt meine Meinung, wie es wirklich ist, aber das kannst du, finde ich, nicht als Außenstehender selbst, der zum Problem überhaupt keinen Zugang hat ..." - „... daß man aus diesem Pool für sich das, was man selber meint, das Objektive, herauszuholen, das glaube ich schon, daß man das heute kann, wenn man, daß muß man natürlich einschränken, auch gewisse Hintergrunderfahrung hat ..."

Berücksichtigt man Untersuchungen, die auf die Determiniertheit der Medienberichterstattung durch Öffentlichkeitsarbeit und die Homogenität medialer Berichterstattung hinweisen,[14] erfüllen die geäußerten Vergleichsstrategien ihren Zweck nur vordergründig. Sie scheinen auch unter der Prämisse einer durchgehenden Konsumorientierung an einer medienübergreifenden Realitätsproduktion zu scheitern. Die Chancen auf Erfolg für die individuelle Wahrheitsfindung werden dann immer geringer. Je stärker die spezifischen Wirklichkeitsproduktionen verschiedener Medien einander gleichen, ineinandergreifen und ein Netz „schlüssiger" Medienrealität liefern, desto mehr droht die Transformation von Medienrealität in Rezipientenrealität zu einer puren Übernahme von Medienrealität in eigene Erfahrungs- und Wissensbestände zu werden.

Fazit

Die folgenden vier Statements sollen die Ergebnisse der Untersuchung nicht nur zusammenfassen, sie sollen darüber hinaus - ganz im Sinne qualitativer Forschung - verallgemeinert als Thesen für weitere Forschungsaktivitäten dienen. Sie gehen deshalb in ihrem Umfang zum Teil über die Untersuchungsergebnisse hinaus.

1. Aktivität bzw. Passivität der Rezipienten im Nutzungsprozeß wirken sich auf die individuelle Verarbeitung von Medienrealität aus. Rezipienten

erleben sich aber während der Mediennutzung sowohl aktiv als auch passiv, wobei Passivität und Ohnmacht um so stärker erlebt werden, je mehr den Rezipienten die Kontrolle über den Nutzungsprozeß zu entgleiten scheint. Dieser Kontrollverlust ist typisch für die Fernsehnutzung. Eingehender zu erforschen sind dementsprechend, welche lebensweltlichen, persönlichen, situativ-kontextuellen und medialen Konditionen das Erleben von Aktivität und Passivität begünstigen.

2. Mangelnde Objektivität führt immer nur dann zu einem Glaubwürdigkeitsverlust der Medienberichterstattung, wenn sie als wesentlich von den Medien verursacht angesehen wird. Wird - wie in der vorliegenden Untersuchung - Objektivität als prinzipiell unmöglich betrachtet, basiert das Vertrauen in die Medien auf deren Image und auf Spezifika der Inhalte. In der Beurteilung des Realitätsgehaltes non-fiktionaler Programme spielen die medialen Darstellungsmittel wichtige Rollen. Welcher Realitätswert fiktionalen Programmen zugerechnet wird, hängt stark von der Mediensozialisation, von der milieuspezifischen Lebenswelt und von der Bezugsgruppe für die Mediennutzung ab.

3. Daß Medienrealität einen hohen Stellenwert im Prozeß der individuellen Wirklichkeitskonstruktion einnimmt, belegen auch die Interviewaussagen dieser Untersuchung. Der gleichsam aus Primärerfahrung und Sekundärerfahrung via Medienrealität zusammengesetzte Wissens- und Erfahrungsbestand des/der einzelnen wird zur Lebensbewältigung und Problemverarbeitung herangezogen. In der Reflexion stufen Rezipienten trotzdem die Bedeutung persönlicher Erfahrungen wesentlich höher ein. Sind primäre und sekundär-mediale Erfahrung nicht kongruent, wird in Abhängigkeit verschiedener Einflußfaktoren - personale Attribute (z.B. Selbstsicherheit), die Bewußtheit der eigenen, mangelnden Objektivität (zumindest im konkreten Fall) und der Zweifel an der Verallgemeinerungsfähigkeit persönlicher Erfahrung - den persönlichen Erfahrungen meist größere Realitätsnähe zugesprochen.

4. Trotz der größeren Realitätsnähe persönlicher Erfahrung ist auch die Realität medialer Inhalte für die Rezipienten von immenser Bedeutung. Unter Berücksichtigung der mangelnden Objektivität auch medialer Inhalte versuchen Rezipienten „Wahrheit“ herauszufinden. Je vielfältiger die Möglichkeiten sind, persönliche Erfahrungen zu machen, und je größer das Vertrauen in diese Primärerfahrungen ist, desto geringer wird die Motivation, via medialer Vergleiche „Wahrheit“ zu suchen. Ob und welche Strategien der „Wahrheitsfindung“ angewendet werden, hängt damit nicht nur von der Mediensozialisation, dem Bildungsgrad und der milieuspezifischen Lebenswelt ab, sondern auch vom persönlichen Interesse.

Am Ende bleibt festzuhalten: Sekundärerfahrung via Medienrealität kann allenfalls ein „Erfahrungssurrogat“ sein.

Anmerkungen

1. Die Methode der Beobachtung wurde z.B. angewendet bei der strukturanalytischen Rezeptionsforschung (u.a. M. Charlton / K. Neumann-Braun, *Medienkonsum und Lebensbewältigung in der Familie. Methode und Ergebnisse der strukturanalytischen Rezeptionsforschung - mit fünf Falldarstellungen,* München/Weinheim 1986) oder in sprachwissenschaftlich orientierten Untersuchungen des Rezipientenverhaltens (u.a. W. Holly / U. Püschel (Hrsg.), *Medienrezeption als Aneignung. Methoden und Perspektiven qualitativer Medienforschung,* Opladen 1993, besonders die Beiträge von Ulmer/Bergmann, Keppler u. Püschel). Auf Beobachtungselemente in der Analyse audiovisueller Inhalte soll hier nicht eingegangen werden.

2. „Wir" meint die Projektgruppe „Medienrealität", bestehend aus der Autorin und neun Studierenden der Wirtschafts- und Sozialwissenschaften der Universität Augsburg.

3. Vgl. dazu u.a. W. Früh, *Realitätsvermittlung durch Massenmedien. Die permanente Transformation der Wirklichkeit,* Opladen 1994, bes. S. 56ff.; ähnlich: R. Krämer, *Massenmedien und Wirklichkeit: Zur Soziologie publizistischer Produkte,* Bochum 1986.

4. Vgl. u.a. G. Bentele, *Objektivität in den Massenmedien - Versuch einer historischen und systematischen Begriffsklärung,* in: G. Bentele / R. Ruoff (Hrsg.), *Wie objektiv sind unsere Medien?,* Frankfurt a.M. 1982; G. Ruhrmann, *Ereignis, Nachricht und Rezipient,* in: K. Merten / S.J. Schmidt / S. Weischenberg (Hrsg.), *Die Wirklichkeit der Medien. Eine Einführung in die Kommunikationswissenschaft,* Opladen 1994, S. 237-255; Früh, *Realitätsvermittlung,* a.a.O. (Anm. 3), bes. S. 85ff.

5. S.J. Schmidt, *Die Wirklichkeit des Beobachters,* in: Merten/Schmidt/Weischenberg (Hrsg.), a.a.O. (Anm. 4), S. 3-19, hier: S. 18.

6. Vgl. A. Witzel, *Verfahren der qualitativen Sozialforschung: Überblick und Alternativen,* Frankfurt a.M. 1982. Die vier Komponenten des problemzentrierten Interviews haben folgende Bedeutung: Der Kurzfragebogen soll auf das Thema einstimmen, Schwellenangst abbauen und wichtige soziodemographische Merkmale gleich zu Beginn erheben. Der Leitfaden ist Orientierungsrahmen und Gedächtnisstütze für die Interviewer. Mit ihm können Erzählsequenzen der Befragten unterstützt und ausdifferenziert werden. Tonbandaufzeichnungen der Interviews sind unabdingbar, da der Wortlaut der Gespräche Basis der Auswertung ist. Im Postskriptum halten die Interviewer/Interviewerinnen ihre Einschätzung der Interviewsituation und des -ablaufs fest. Diese Zusatzinformationen können im Rahmen einer weiten Kontextanalyse hilfreich sein.

7. Ebd., S. 70.

8. Manche der Befragten artikulierten dies zum Abschluß als (gewollten!) Interviewkommentar und sprachen damit implizit methodische Eigenheiten qualitativer Interviews an: „Das ist total schwierig. Das ist doch ein irrsinnig weites Feld ... Da gibt es viele Sachen, die ich erst neu bedenken muß ..." - „... also so ist man halt unter einem wahnsinnigen Druck, daß man praktisch die Sekunde drauf soll man gleich eine Antwort geben ..." - „... also auf solche Fragen unvorbereitet zu antworten, da weiß ich nicht, ob man da nicht selektiv antwortet ..."

9. Dabei waren wir uns durchaus bewußt, daß die Auswahl von Studierenden als Probanden in empirischen Untersuchungen zu verzerrten Ergebnissen führen kann, insbesondere dann, wenn dies nicht explizit gemacht wird und wenn Hypothesen überprüft werden sollen. In der vorliegenden Untersuchung können die Ergebnisse jedoch sehr wohl im Hinblick auf weitere Untersuchungen mit einer größeren Zahl an Probanden verallgemeinert werden. Die Interviews wurden im Sommer/Herbst 1990 durchgeführt.

10. Sowohl die Auswirkungen unterschiedlicher Aktivationsniveaus auf den Rezeptionsvorgang als auch die mögliche Gleichzeitigkeit von Aktivität und Passivität finden sich anschaulich im dynamisch-transaktionalen Modell. Vgl. dazu u.a. W. Früh, *Medienwirkungen: Das dynamisch-transaktionale Modell. Theorie und Forschung,* Opladen 1994.

11. Vgl. K. Berg / M.-L. Kiefer (Hrsg.), *Massenkommunikation IV. Eine Langzeitstudie zur Mediennutzung und Medienbewertung 1964–1990,* Baden-Baden 1992, S. 255, Tabelle 103.

12. Vgl. ebd., S. 255, Tabelle 103.

13. Vgl. ebd., S. 242, Tabelle 96.

14. Sowohl die Determiniertheit als auch die Homogenität medialer Inhalte können selten eindeutig nachgewiesen werden. Vgl. dazu u.a B. Baerns, *Macht der Öffentlichkeitsarbeit und Macht der Medien,* in: U. Sarcinelli (Hrsg.), *Politikvermittlung. Beiträge zur politischen Kommunikationskultur,* Stuttgart 1987, S. 147–160; G. Rager / B. Weber (Hrsg.), *Publizistische Vielfalt zwischen Markt und Politik: mehr Medien – mehr Inhalte?,* Düsseldorf/Wien/New York/Moskau 1992.

II ETHIK MEDIALER KOMMUNIKATION

Die Verpflichtung zur Wahrhaftigkeit steht bei allen formulierten Listen professioneller Standards informierender Medien ganz oben an der Spitze. Die katholische Soziallehre, die sich seit den sechziger Jahren intensiv und auf moderne Weise mit den Medien der sozialen Kommunikation auseinandergesetzt hat, geht davon aus, daß es in Anbetracht der sozialen Natur des Menschen gut ist, wenn Kommunikation geschieht und gelingt, und sie meint, daß Wahrhaftigkeit der Rede und Mitteilung eine wesentliche Voraussetzung dafür ist. Die letzten Päpste haben so - gerade im Bezug auf die Medien - wichtige Normen und Normbegründungen formuliert.

Der *Deutsche Presserat,* das Selbstkontrollorgan der Presse, hat in Auslegung der ersten Berufsregel seines Kodex zahlreiche Fülle von Verletzungen dieser Norm diskutiert und so reichlich Material für eine intensive Diskussion der professionellen Praxis geliefert.

Warum soll aber überhaupt Wahrhaftigkeit sein und nicht vielmehr Täuschung und Lüge? Die Medienpraxis hat zwar ihre besonderen Aspekte, ist aber doch Teil einer allgemeinen kommunikativen Praxis: Kommunikation und Kommunikationen zwischen einzelnen Individuen, zwischen gesellschaftlichen Gruppen und zwischen Institutionen müssen sich der Pflicht zur Wahrhaftigkeit stellen. Bei genauerer theoretischer Analyse zeigt sich der universale Charakter dieser Norm, ohne daß sie als allerletzte Grundnorm bezeichnet werden könnte. Spezifische Ausprägungen findet sie allerdings im Journalismus, der sich in der Darstellung der Folgen von Handlungen gesellschaftlicher, kultureller, politischer und ökonomischer Handlungsträger als Anwalt der Wirklichkeit zeigt, weniger prospektiv (wie es Propheten und Ideologen tun) als vielmehr deskriptiv die Handlungen und ihre tatsächlich eingetretenen Folgen nachzeichnend.

Giso Deussen

Ohne Wahrheit keine Freiheit

Wahrheitserkenntnis und publizistische Medien in der katholischen Soziallehre

„Was ist Wahrheit?“ Diese Frage des Pilatus beherrscht bis heute das Nachdenken über die Kommunikation der Gesellschaft. Die „Antworten“ sind vielfältig, meist resignierend, ironisch oder gar zynisch.

Eine Institution wie die Kirche, die nach ihrem Selbstverständnis Hüterin, Vermittlerin und Garantin der „Wahrheit“ ist, hat ein spezielles Interesse an der „Wahrheitsfrage“. Dies gilt insbesondere für den innerkirchlichen Bereich der „Glaubenswahrheiten“ (Dogmen). Aber auch im Bereich der „weltlichen Dinge“ engagierte sie sich in ihrer Soziallehre. Ihr Verhältnis zu den Medien der Wahrheitsvermittlung war turbulent: von der Predigt über die handgeschriebene Literatur bis hin zum Buchdruck und den modernen elektronischen Massenmedien.

Kirche und Zensur

Als besonders problematisch empfand sie hier das Verhältnis von Freiheit und Wahrheit, das sie stark unter dem Aspekt der Vermittlung und Wahrung von Wahrheit betrachtete. Das Verhältnis der Kirche zur Publizistik könnte man als eine Geschichte der „Zensur“ schreiben, ging es ihr doch darum, in der Öffentlichkeit das kommuniziert zu sehen, was sie als „wahr“ definierte.

„Kirche und Zensur“: dieser Aspekt der Zuordnung von „Wahrheit“ und ihrer Veröffentlichung durch Kommunikationsmedien prägt die Kirchengeschichte weit hinein in unsere Gegenwart. Erst seit Pius XII. erfährt diese stark verengte Sicht eine entscheidende Wende.

Die eigentliche Auseinandersetzung mit der modernen Massenpresse beginnt mit Papst Gregor XVI. (1830-1846). Er und seine Nachfolger verdammten die Pressefreiheit, das „Recht auf freie Information“, weil sie darin eine Beeinträchtigung des „Rechts auf Wahrheit“ sahen.[1] Hier steht ein autoritär, dogmatisch geprägter Wahrheitsbegriff gegen eine positive ethische Sicht der Pressefreit. Auch der große Sozialpapst Leo XIII. (1878-1900) wollte und konnte die „Wahrheit“ als höchste Norm der Sozialethik nicht dem freien Kräftespiel einer von Weltanschauungspluralismen geprägten demokratischen Gesellschaft überlassen: „Das bleibt jedoch immer wahr, daß eine allgemeine, unterschiedslos gewährte Freiheit an sich nicht ... begehrenswert ist; denn es widerspricht der Vernunft, daß der Irrtum gleiches Recht haben soll wie das Wahre."[2]

Für diese Päpste war die neu entstehende „Öffentliche Meinung" nicht der Ort der demokratischen Auseinandersetzung mündig gewordener, um die Wahrheit ringender Bürger, sondern Ausgeburt des Irrtums und der Lüge.

Liberale Definition der öffentlichen Meinung

Es war erst Pius XII. (1939–1959), der die Wende brachte. Für die neuere katholische Soziallehre über die „Mittel der sozialen Kommunikation" war seine große intellektuelle Begabung mit der Fähigkeit des scharfen Analysierens, genauen Definierens und der differenzierenden Beschreibung auch komplizierter Sachverhalte ein Glücksfall.

Pius XII. stellte die Definition des Begriffs der „Öffentlichen Meinung" an den Anfang und in den Mittelpunkt seiner Betrachtung der Wahrheit im modernen Kommunikationsprozeß. Aus der Analyse des „Phänomens" der öffentlichen Meinung entfaltete er eine Ethik der Massenkommunikation wie auch das Ethos der Journalisten, die für ein neues Klima, eine Wende päpstlicher Stellungnahmen sorgten. Seine Nachfolger, insbesondere Paul VI. und Johannes Paul II., verdanken ihm nicht nur die wesentlichen Problemstellungen, sondern auch die definitorische Grundlage ihrer eigenen Diskussionsbeiträge.

Pius XII. betrachtet die zunehmende Demokratisierung der politischen Systeme in der Neuzeit mit Sympathie[3]: „Die Völker fordern ein Regierungssystem, das mehr im Einklang steht mit der Würde und Freiheit der Bürger."[4] Eine wirksame Garantie der Bürger und Menschenrechte gegen eine das Individuum versklavende Staatsallmacht sieht er im guten Funktionieren der öffentlichen Meinung. Wo diese fehlt, wird das ganze Sozialgefüge zerstört: „Dort, wo überhaupt keine Äußerung der öffentlichen Meinung möglich ist, vor allen Dingen dort, wo man ihr völliges Fehlen feststellen muß, wie immer ihr Schweigen sich erklären mag, muß man darin einen Mangel, eine Schwäche, eine Krankheit des gesellschaftlichen Lebens sehen."[5]

Ein solchermaßen erkranktes Sozialgebilde führt zu „schändlicher Tyrannei" und ist „für die Journalisten und ihre Leser eine demütigende Beleidigung."[6] In der öffentlichen Meinung muß „die Mitgift jeder normalen Gesellschaft" gesehen werden, „die sich aus Menschen zusammensetzt, welche sich im Bewußtsein ihrer persönlichen und gesellschaftlichen Verpflichtung innig mit der Gemeinschaft, deren Mitglied sie sind, verbunden fühlen. Sie ist letzten Endes überall das natürliche Echo, der mehr oder weniger ursprünglich gemeinsame Widerhall, den die Ereignisse und die aktuellen Verhältnisse in ihrem Geist und ihrer Urteilskraft finden."[7]

Meinungsfreiheit als Naturrecht

Pius XII. definiert also die öffentliche Meinung als Äußerung des politischen Willens und Engagements des Bürgers und nicht nur als die der Publizisten. Jeder Bürger ist aufgerufen, am „Zwiegespräch der Gesellschaft" teilzunehmen. Jedem Bürger muß die „rechtmäßige Freiheit" zugestanden werden, seine Stimme zu erheben: „Die Stimme der Bürger ersticken, sie auf ein erzwungenes Stillschweigen zurückzudrängen, bedeutet in den Augen aller Christen ein Attentat auf das natürliche Recht des Menschen, eine Verletzung der Weltordnung, wie Gott sie eingerichtet hat."[8]

Hier wird zum erstenmal in der päpstlichen Soziallehre die Freiheit der Meinungsäußerung als Naturrecht bezeichnet. Die Begriffe „natürliches Recht aller Menschen" und „Weltordnung, wie Gott sie eingerichtet hat" beweisen, daß der Papst das Recht auf freie Meinungsäußerung in den Katalog der Naturrechte und damit in das System der kirchlichen Naturrechtsethik einbeziehen will. Bei der zentralen Stellung, die das Naturrecht in der katholischen Soziallehre einnimmt, ist dies ein bedeutender Vorgang. Wichtig und originell dabei ist, daß eine Forderung des Naturrechts nicht etwa die freie öffentliche Meinungsäußerung des Journalisten, sondern des einzelnen Bürgers ist.

Der Journalist hat die Pflicht, zum Funktionieren der öffentlichen Meinung beizutragen. Dafür muß er freien Zugang zur Information haben. Seine Freiheit bedeutet jedoch nicht „Schrankenlosigkeit" und hat dem Gemeinwohl zu dienen: „Die Freiheit der Presse hat wie jede andere Freiheit des Handelns, Redens oder Denkens ihre Grenzen. Es ist nicht erlaubt zu drucken, was unwahr, was bewußt falsch ist oder was nur dazu dienen kann, die moralischen oder religiösen Bindungen des Menschen, den Frieden und die Eintracht unter den Nationen zu untergraben oder zu zerstören."[9]

Wahrhaftigkeit und Sorgfalt

Die Wahrheit muß also die oberste Norm des publizistischen Ethos sein, denn die Bürger „haben ihre Rechte auf diesem Gebiet"[10]: das Recht auf objektive Berichterstattung. Diesem Recht auf Wahrheit muß eine verantwortungsbewußte, freie Presse dienen, „denn die Wahrheit braucht eine Stimme; und die, die das große Publikum erreicht, ist heute immer noch die Stimme der Presse."[11] Somit wird dann die Wahrhaftigkeit zum Angelpunkt des publizistischen Ethos, und die Sorgfaltspflicht ist der oberste Leitsatz des Journalisten bei seiner Suche nach dem wahren Ablauf der Ereignisse.[12]

Der Publizist, der sich im Geiste dieses Ethos „Zugang zur Wahrheit" verschafft, wird auch die Freiheit der Presse nicht mißbrauchen, die letztlich „notwendig" ist, „um die Wahrheit darzulegen sowie Recht und Gerechtigkeit zu verteidigen."[13]

Pius XII. hat somit das Problem der Pressefreiheit durch seine Definition der Funktion von öffentlicher Meinung aus der verengten Schau seiner Vorgänger befreit. Auf der Grundlage eines demokratischen Öffentlichkeitsbegriffs forderte er die Freiheit der Meinungsäußerung, damit die Wahrheit erfahrbar werden kann.

Recht auf Information gegen Manipulation

In der Lehrnachfolge Pius' XII. war es Paul VI. (1963–1978), der das „Recht auf Information" zum Ausgangspunkt seiner Presseethik machte, in der ein in der kirchlichen Soziallehre bis dahin noch nicht bekannter dynamischer Begriff von „Wahrheit" die entscheidende Grundkategorie darstellt. Das Recht auf Information und die Freiheit der Presse bezeichnet Paul VI. als ein „universales, unverletzliches Recht des modernen Menschen"[14]. „Freiheit der Information" als Naturrecht. Dies ist eine ganz entscheidende Korrektur der Lehre seiner Vorgänger bis zu Pius XI., die die Pressefreiheit entweder leidenschaftlich bekämpften (so besonders Gregor XVI. und Pius IX.) oder aber nur unwillig duldeten (Leo XIII. und Pius XI.).

Der ethischen Dimension des Wahrheitsbegriffs nähert sich Paul VI., Sohn eines Journalisten(!), auf eine pragmatische Weise. Die Journalisten sollen die „Welt als getreuen Spiegel"[15] darstellen, denn „es hängt mehr und mehr von Ihnen (den Informatoren) ab, daß in der heutigen Welt Männer und Frauen an die Wahrheit herankommen."[16] Wichtig ist die Frage nach den Auswahlkriterien der Berichterstattung. Maßstäbe für die unvermeidliche Auswahl sind: Unabhängigkeit des Informators von gängigen Tagesmeinungen und Modeströmungen, eine Gewichtung der Bedeutung und des Stellenwertes einer Nachricht, Vermeidung propagandistischer Manipulation, die Aggressionen wecken könnte. Diese Forderungen zielen auf eine Fülle sachlicher Probleme heutiger Massenkommunikation, worunter das der „Manipulation" besonders diskutiert wird.[17] Paul VI. wendet sich hier gegen die oft „diskreten" Methoden der „Verzerrung", des „Verschweigens" und der „Ungenauigkeit". Auch der „Zwang zur Auswahl" kann der Manipulation Tür und Tor öffnen. Deshalb die Forderung des Papstes, den Informationen einen „Bezugsrahmen" zu geben, den Zusammenhang mit anderen Wahrheiten zu suchen und durch Hintergrundinformation den Leser, Hörer und Zuschauer zu eigenem Urteilen und zu selbständiger Kritik zu ermutigen, das heißt „die Welt als einen vollkommenen Spiegel darzustellen, ohne von ihrem Bild etwas abzuziehen oder etwas hinzuzufügen."[18]

Zur Bedeutung der Hintergrundinformation bei der Suche nach Wahrheit: „Im Wandel der heutigen Welt ist es Ihre Aufgabe, die wichtigen Entwicklungen und Ereignisse der Gegenwart klar darzustellen, sowie der Öffentlichkeit zu helfen, ihre Hintergründe in ihrer ganzen Tragweite zu verstehen, die sich daraus ergebenden Folgen zu überblicken und sich dabei um einen ständigen universalen Dialog in der Öffentlichkeit zu bemühen. Ferner ist es Ihre Pflicht, sich nicht etwa von kurzlebigen Strömungen des Tages treiben zu lassen, in einseitiger Weise nur bestimmte Tendenzen hervorzuheben und in subjektiver, der Sache nicht gerecht werdender Weise zu berichten.Dadurch würde das Recht des Lesers auf korrekte und wahrheitsgemäße Information verletzt, von der in hohem Maß Art, Umfang und Wert seiner Mitwirkung an der Entwicklung der Welt abhängt."[19]

Wahrheit der Information bedeutet: Informationen müssen ein „Spiegel der Wirklichkeit" sein. Dem unmittelbaren Zugriff entzogen, geschieht Wahrheit nur „unter vielfältigen Aspekten". Wahrheit selbst kann es also nur als „Näherungswert" geben; ihre Erschließung ist ein mühevoller Prozeß: „Die Pflicht, die Wahrheit zu suchen, ist bisweilen sehr beschwerlich."[20] Die Wahrheit ist nicht abstrakt, sondern konkret. Erreichbar als „Näherungswert" ist sie nur durch die „Tugend" der Wahrhaftigkeit.

Wahrheit ist konkret

Der in Glaubensfragen sich so unbeweglich präsentierende Johannes Paul II. überrascht in seinen Äußerungen zu einer Ethik der Massenkommunikation mit einem Wahrheitsbegriff, der erstaunlich undogmatisch ist. Diesen Begriff entwickelte er am 19. November 1980, als er anläßlich seines Deutschlandbesuches im Münchner Herkulessaal vor Künstlern und Publizisten sprach.[21] Im Mittelpunkt seiner Ethik steht ein anthropologischer Wahrheitsbegriff: Nicht die Wahrheit an sich, sondern die Wahrheit von Menschen gilt es zu vermitteln. Hier sieht er Kirche, Künstler und Publizisten in einer Schicksalsgemeinschaft. Der Kernsatz lautet: „Das Thema der Kirche und das Thema der Künstler wie Publizisten ist der Mensch, das Bild vom Menschen, die Wahrheit vom Menschen, das ‚Ecce homo', wozu seine Geschichte, seine Welt und Umwelt gehören, ebenso der gesellschaftliche, ökonomische und politische Kontext."[22]

Dieses „Ecce homo“, die vielfältige Sicht vom Menschen, hat die Kirche nicht etwa schon in ihrem Besitz, sondern sie erwartet von Künstlern und Publizisten Hilfe: „Wir sagten, der Kirche und der Kunst gehe es um den Menschen, um sein Bild, um seine Wahrheit, um die Erschließung seiner Wirklichkeit ... Für diese Aufgabe leistet die Kunst der Kirche einen großen Dienst, den Dienst der Konkretion. Auf diesen Dienst ist die Kirche angewiesen; denn die Wahrheit ist konkret.“[23] Nach einer Zeit hehrer Werteabstraktion stellt hier der Papst ein Schlüsselwort vor, „die Wahrheit ist konkret“, das er sehr präzise zu entfalten weiß: „In der heutigen Kunst, in Literatur und Theater, in der bildenden Kunst, im Film und weithin in der Publizistik wird der Mensch aller romantischen Verbrämung und Verklärung entkleidet; er wird, wie man sagt, in ungeschminkter Realistik dargestellt. Dazu gehören in der heutigen Kunst der Aufweis der Verirrungen und Verwirrungen, der Ängste und der Verzweiflung, der Absurdität und Sinnlosigkeit, die Darstellung einer zur Karikatur entarteten Welt und Geschichte. Oft wird dies verbunden mit dem Abbau aller Tabus.“[24]

Nun folgt nicht etwa eine Klage über die „Schamlosigkeit“ moderner Massenmedien und den Verlust überkommener Wertorientierungen des Guten, Wahren und Schönen, sondern ein Diskurs darüber, was in dieser Welt zur Wahrheit des „Ecce homo“ gehört: „Literatur, Theater, Film, bildende Kunst verstehen sich heute weithin als Kritik, als Protest, als Opposition, als Anklage gegen das Bestehende. Das Schöne scheint als Kategorie der Kunst auszufallen zugunsten einer Darstellung des Menschen in seiner Negativität, in seinem Widerspruch, in seiner Ausweglosigkeit, in der Abwesenheit von jeglichem Sinn. Das scheint das aktuelle ‚Ecce homo‘ zu sein. Die sogenannte ‚heile Welt‘ wird Gegenstand von Hohn und Zynismus ... Gegen die Darstellung des Bösen in seinen Formen und Gestalten ist auch im Namen des christlichen Glaubens und der Kirche an sich nichts einzuwenden. Das Böse ist eine Realität, deren Ausmaße gerade unser Jahrhundert, gerade auch Ihr Land und meine Heimat, bis an die äußersten Grenzen erlebt und erlitten haben. Ohne die Realität des Bösen ist auch die Realität des Guten, der Erlösung, der Gnade des Heiles nicht zu ermessen.“[25]

Ohne Wahrhaftigkeit keine „politische Kultur“

Meßlatte der Darstellung von Wirklichkeit ist die Wahrhaftigkeit. Dieser fühlt sich die Kirche verbunden, ja sie ist auf sie angewiesen: „Nirgends wird die Situation, das Lebensgefühl, aber auch der Fragehorizont des modernen Menschen so eindrucksvoll dargestellt wie in der heutigen Kunst und Publizistik. Darauf ist die Kirche verwiesen und angewiesen.

Wenn der christliche Glaube als Wort und als Antwort für die Menschen vermittelt werden soll, dann müssen die Fragen dazu genannt und bewußt gemacht werden."[26]

Aber es gibt auch Gefahren: „Die Information und Nachrichtenkommentierung der Presse sollte stets durch Objektivität, Urteilsvermögen und Gerechtigkeitssinn bestimmt sein. Die Gefahr, die Nachrichten selbst schon durch Tendenz zu manipulieren, liegt ebenso nahe wie die Gefahr, der Sensationsnachricht den Vorzug zu geben. Im Bereich der Boulevardblätter gibt es dafür manches beklagenswerte Beispiel. Gerade im Bereich den Nachrichtenpolitik erweist sich das Ethos des Journalisten. Das Gewicht der Verantwortung kann kaum überschätzt werden. Der Journalist kann diese ohne klare sittliche Grundüberzeugung und ohne den Sinn für die hohe Bedeutung der öffentlichen Kommunikation einer freien Gesellschaft nicht hinreichend wahrnehmen."[27]

Das Streben nach „Wahrhaftigkeit" ist der berufsspezifische Beitrag des Journalisten zur „politischen Kultur": „Der verantwortungsvolle Journalist wird sich bewußt sein, welche Möglichkeiten er hat, zu einer guten Entwicklung der politischen Kultur beizutragen, zu mehr Wahrhaftigkeit, zu mehr Rücksichtnahme auf die persönlichen Werte des anderen."[28]

Hinter diesen Überlegungen steht eine für die kirchliche Lehre neue Betrachtungsweise. Hieß es bisher in der Soziallehre: ohne Freiheit keine Wahrheit, so fügt Johannes Paul II. einen betont anthropologisch geprägten Gedanken hinzu: ohne Wahrheit keine Freiheit. Eine manipulierte und verdrehte Wahrheit ist ein Angriff auf die Freiheit und Würde des Menschen: „Auch eine scheinbar ‚friedliche' psychologische Beeinflussung, zu deren Objekt der Mensch mit geschickt manipulierter Überredungskunst gemacht wird, kann einen Angriff auf und eine Gefahr für die Freiheit darstellen. Deshalb möchte ich von den sozialen Kommunikationsmitteln *im Dienst* der verantwortlichen Freiheit des Menschen sprechen ... Niemals darf die Wahrheit manipuliert, die Gerechtigkeit vernachlässigt, die Liebe vergessen werden, wenn jenen aus göttlicher Lehre stammenden Normen entsprochen werden soll, Normen, die, wenn sie in Vergessenheit geraten oder mißachtet werden, Parteilichkeit, Skandalsucht, Unterwerfung gegenüber der Staatsräson hervorbringen! Die Kirche wird nicht zur Versüßung oder Verheimlichung der Wahrheit raten, mag diese auch noch so hart sein: eben weil sie ‚in Menschlichkeit erfahren ist', gibt sich die Kirche keinem naiven Optimismus hin, sondern verkündet die Hoffnung und hat keine Freude an Skandalen. Doch gerade weil sie die Wahrheit achtet, muß sie wenigstens herauskehren, daß bestimmte Formen der Handhabung der ‚Massenmedien' als Vorwand gegenüber der Wahrheit dienen und für die Hoffnung schädlich sind."[29]

Fazit: Katholische Soziallehre - eine Alternative zum Konstruktivismus?

„Die Wahrheit achten" - dies ist die entscheidende Grundforderung der katholischen Soziallehre zur Medienkommunikation. Aber immer noch fragt Pilatus: „Was ist Wahrheit?" Der Wahrheitsbegriff der kirchlichen Soziallehre schließt als Voraussetzung mit ein, daß Wirklichkeit keine Chimäre und als Wirklichkeit erkennbar ist. Die Kirche behauptet dies ziemlich unbekümmert und unhinterfragt. Aber dieser Optimismus ist vielleicht immer noch besser als die „Unverfrorenheit" der Konstruktivisten, die nur das als Wirklichkeit anerkennen, was sie selbst setzen, das heißt: konstruieren. Dieser These hängen zunehmend führende Medienwissenschaftler und -praktiker an.[30] Repräsentativ für diese Denkschule ist das *ARD-Funkkolleg Medien und Kommunikation, Konstruktionen von Wirklichkeit* (1990/91). Grundthese dieses Funkkollegs, das man als ein Credo der neuen Journalistengeneration bezeichnen kann: „Wir konstruieren die Außenwelt. Es gibt keine Wirklichkeit unabhängig von unserem Zutun." So wird „Wahrheit" in Informationsvermittlung und Wirklichkeitsbeschreibung zur Fiktion erklärt ohne Relevanz und Verpflichtung für den Kommunikator. Wahrheit und Objektivität werden obsolet, verschwinden. In dankenswerter Offenheit gesteht denn auch das *Funkkolleg*, Wahrheit und Objektivität seien überholte Begriffe. Die Vorstellung einer objektiven Wirklichkeit sei eine „zunächst befriedigende Täuschung". Wohlgemerkt: das *ARD-Funkkolleg* dient der Ausbildung journalistischen Nachwuchses und wird von der *ARD* öffentlich-rechtlich verantwortet.

Dem steht die katholische Soziallehre mit ihrem Axiom, daß die Wirklichkeit erkennbar und somit Wahrheit erfahrbar und vermittelbar ist, diametral gegenüber. Die kirchliche Position beruft sich auf jene abendländische Denkschule (von Platon über Thomas von Aquin bis zur Neuscholastik), die behauptet: „Alles Seiende ist wahr." Die Soziallehre gründet ihr Lehrgebäude auf diesen Grundsatz von der Wahrheit alles Wirklichen als eine anthropologische, das Sein und die Existenz des Menschen meinende und erhellende Aussage.[31] Die Schwierigkeit, diese Wahrheit zu erkennen, wird von der Soziallehre Johannes Pauls II. sehr realistisch eingeschätzt. Da aber der Mensch ohne erkennbare und erkannte Wahrheit nicht mit sich selbst und seiner Umwelt leben kann, besteht sie auf der Autorität des Lehramtes im Bereich der Glaubens- und Sittenfragen. Im „weltlichen" Bereich hingegen mißtraut sie eher den Autoritäten in Staat und Gesellschaft sowie dem Diktat von „Modeströmungen" des Zeitgeistes und verweist auf die Autorität des Gewissens eines jeden einzelnen. Hier bittet sie, wie dargestellt, insbesondere Künstler und Publizisten um

Hilfe: in der Darstellung des „Ecce homo“[32], im Bemühen um die Konkretisierung von Wahrheit[33] und in der Anstrengung, den Fragehorizont des modernen Menschen zu erkennen und mitzuteilen[34].

Stehen sich kirchliche katholische Soziallehre und Konstruktivismus unversöhnlich gegenüber? Der Jesuit Rupert Lay, Professor für Philosophie und von seinem Orden mit Schreibverbot belegt, bemüht sich darum, entscheidende Elemente der konstruktivistischen Erkenntnistheorie in die kirchliche Soziallehre zu integrieren: mit wenig Erfolg in der Kirche und nur mäßigem Erfolg außerhalb. Beide - Konstruktivismus und Soziallehre - geben vor, sehr genau die Antwort auf die Frage des Pilatus nach Wahrheit zu wissen. Die kirchliche Soziallehre weiß es - nur, so scheint es, will dies heute niemand mehr wissen. Die Konstruktivisten wissen es auch: sie basteln, konstruieren sich ihre Wahrheit selbst, geben dies als den Stein der Weisen aus und - waschen ihre Hände in Unschuld. Fazit: Die Suche nach Wahrheitskriterien kann und muß weitergehen.[35]

Anmerkungen

1. Vgl. G. Deussen, *Ethik der Massenkommunikation bei Papst Paul Vl.*, München/Paderborn/Wien 1973, S. 21-77.

2. Enzyklika *Libertas praestantissimum*, vom 20.6.1888, in: *Rundschreiben Leos XlII. 3. Sammlung: De libertate humana*, Freiburg 1888, S. 50.

3. Vgl. Radiobotschaft vom 25.12.1944, in: *Aufbau und Entfaltung des gesellschaftlichen Lebens. Soziale Summe Pius' XII.*, hrsg. von A. F. Utz O.P. und J. F. Groner O.P., 3 Bde., Freiburg/Schweiz 1954-1961; hier: Nr. 3501.

4. Ebd., Nr. 3469.

5. Ebd., Nr. 2134.

6. Ebd., Nr. 2136.

7. Ebd., Nr. 2133.

8. Ebd., Nr. 2135.

9. Ebd., Nr. 2102.

10. Ebd., Nr. 2103.

11. Ebd., Nr. 2127.

12. Vgl. z.B. ebd., Nr. 2154ff.

13. Ebd., Nr. 2102.

14. Ansprache an die Tagungsteilnehmer des *Seminaire des Nations Unies sur la liberte de l'information* vom 17.4.1964, in: *Acta Apostolicae Sedis, LVI*: 1965, S. 387-389.

15. *Osservatore Romano* (deutsch), vom 23.5.1965.

16. Ansprache vom 26.1.1965 an Konzilsberichterstatter, deutsch in: *Herder Korrespondenz*, 1966, Heft 20, S. 53.

17. Vgl. die unter Anm. 14 zitierte Rede.

18. Ansprache vom 22.5.1965 an die Mitglieder des *Overseas Press Club of New York*, in: *Osservatore Romano*, vom 23.5.1965.

19. Brief vom 30.6.1968 an den Berliner Kongreß der *UCIP*, in: *KNA-Dokumentation*, Nr. 22 vom 1.7.1968.

20. Ebd.

21. Dokumentiert in *Communicatio Socialis,* 1981, Heft 14, S.181-186.

22. Ebd., S. 182.

23. Ebd., S. 183.

24. Ebd.

25. Ebd.

26. Ebd., S. 184.

27. Ebd., S. 185.

28. Ebd., S. 186.

29. *Botschaft Papst Johannes Pauls II. zum 15. Welttag der sozialen Kommunikationsmittel am 31.5.1981,* in: *Communicatio Socialis,* 1981, Heft 14, S. 254, 256.

30. Vgl. G. Deussen, *„Ethisches Minimum". Grundwerte öffentlicher Kommunikation in einer pluralistischen Gesellschaft,* in: W. Wunden (Hrsg.), *Öffentlichkeit und Kommunikationskultur. Beiträge zur Medienethik, Bd. 2,* Hamburg-Stuttgart/Frankfurt a.M. 1994, S. 152-163; sowie den Beitrag von G. Bentele, *Wie wirklich ist die Medienwirklichkeit? Anmerkungen zu Konstruktivismus und Realismus in der Informationsgesellschaft* im vorliegenden Band.

31. Vgl. J. Pieper, *Wahrheit der Dinge. Eine Untersuchung zur Anthropologie des Mittelalters,* München 1947. Brillant ist die Analyse der Erkenntnistheorie des heiligen Thomas von Aquin durch G.K. Chesterton, *Der stumme Ochse. Über Thomas von Aquin,* Freiburg 1960. Unnachahmlich präzise faßt Chesterton den Kernpunkt und die Basis des Philosophiegebäudes des Aquinaten in wenigen Sätzen zusammen: „ ‚Es ist ein Ist.' Soviel mönchische Leichtgläubigkeit verlangt der heilige Thomas am Anfang von uns. Nur sehr wenige Ungläubige beginnen damit, so wenig Glauben von uns zu fordern. Und doch baut Thomas von Aquin auf dieser haarfeinen Nadelspitze der Wirklichkeit durch lange logische Gedankengänge, die niemals wirklich erfolgreich umgestürzt wurden, das ganze kosmische System des Christentums auf" (ebd., S. 120).

32. *Rede an Künstler und Publizisten,* in: *Communicatio Socialis,* 1981, Heft 14, S. 182.

33. Ebd., S. 183.

34. Ebd., S. 184.

35. Vgl. H. Küng, *Projekt Weltethos,* München/Zürich 1992; hier stellt der Tübinger Theologe im Vorgriff auf ein umfassendes Forschungsprojekt einen Fragekatalog auf, der von allen tragbare Kriterien zur weltweiten Akzeptanz eines der „Wahrheit" verpflichteten Weltethos herausarbeitet.

Peter J. Velte

Wahrhaftige Unterrichtung der Öffentlichkeit

Aus der Spruchpraxis des *Deutschen Presserates*

Unter der Überschrift „Gefahr aus dem Kühltransporter" berichtete im Jahre 1993 eine Fernsehzeitschrift über die Auslieferung verdorbenen Fleisches. Es wurde die Behauptung aufgestellt, etwa zehn Prozent der rund acht Millionen Tonnen Fleisch, die jährlich in Deutschland transportiert würden, kämen bereits ungenießbar in den Handel. Experten befürchteten, heißt es in dem Bericht weiter, daß verdorbenes Fleisch vor allem aus den EG-Nachbarstaaten käme. Wörtlich: „Das Fleisch geht ohne Kontrolle nach Deutschland". Des weiteren wurde behauptet, ein Lastwagen sei von der Polizei kontrolliert worden - Ergebnis: Die Schweinehälften hätten einen süßlichen Verwesungsgeruch ausgestrahlt und seien mit Schimmel, Bakterien und Geschwüren übersät gewesen. - Ein Leser fragte bei der Redaktion an, welche Polizeidienststelle den Lastwagen kontrolliert habe. Als er von der Redaktion keine Anwort erhielt, wandte er sich an den *Deutschen Presserat*. Es ging ihm darum, die Korrektheit der Meldung feststellen zu lassen.

Der Beschwerdeausschuß des *Deutschen Presserates* orientiert sich in seiner Arbeit an den *Publizistischen Grundsätzen*. Sie umfassen 16 Ziffern und wurden erstmals im Jahre 1973 veröffentlicht. Die letzte überarbeitete Fassung stammt vom 23. November 1994. In diesem „Pressekodex" haben sich die Zeitungs- und die Zeitschriftenverleger zusammen mit dem *Deutschen Journalistenverband* und der *Fachgruppe Journalismus in der IG Medien* auf Grundregeln eines fairen und sauberen Journalismus verständigt. Ergänzt werden die Grundsätze durch Richtlinien für die redaktionelle Arbeit, die aus aktuellen Beschwerdefällen entwickelt wurden.

Die Ziffer 1, eine Art Generalklausel oder auch das „Grundgesetz des Journalismus" genannt, lautet: *Achtung vor der Wahrheit und wahrhaftige Unterrichtung der Öffentlichkeit sind oberste Gebote der Presse.*

Im vorliegenden Falle beklagte der Leser unter anderem einen Verstoß gegen die Ziffer 1, aber auch gegen Ziffer 2, in der unter anderem festgeschrieben ist, daß zur Veröffentlichung bestimmte Nachrichten und Informationen in Wort und Bild „mit der nach den Umständen gebotenen Sorgfalt auf ihren Wahrheitsgehalt hin zu prüfen" sind. „Unbestätigte Meldungen, Gerüchte oder Vermutungen sind als solche erkennbar zu machen."

Die Rechtsabteilung des betroffenen Verlages hielt in ihrer Stellungnahme gegenüber dem *Deutschen Presserat* die Beschwerde für unbegründet. Der Beschwerdeführer habe keinen Anspruch darauf, daß die Redaktion ihm gegenüber den Beweis für die Richtigkeit ihrer Tatsachenbehauptung antrete.

Der Beschwerdeausschuß des *Deutschen Presserates* kam zu einem anderen Ergebnis. Basis der Meldung waren Pressemitteilungen des Umweltministeriums eines Bundeslandes. Diese Mitteilungen waren falsch wiedergegeben beziehungsweise interpretiert worden. Einer dieser Presseinformationen war zu entnehmen, daß bei stichprobenartigen Einfuhrkontrollen von Fleisch- und Lebensmitteltransporten eine Beanstandungsquote von zehn Prozent festzustellen war. Dies rechtfertigte jedoch nach Ansicht des Ausschusses noch nicht die Schlußfolgerung, daß zehn Prozent des gesamten auf deutschen Märkten angebotenen Fleisches genußuntauglich seien. Hinzu kam, daß eine Reihe der Fälle als geringfügig eingestuft wurde. Aufgrund des Verstoßes gegen das Wahrheits- und Sorgfaltsgebot sah der Beschwerdeausschuß die Beschwerde als begründet an und empfahl der Redaktion, künftig die ihr zur Verfügung stehenden Dokumente sorgfältiger auszuwerten und sinngetreu wiederzugeben.

Belege, Teuflisches und das Bundesverdienstkreuz

Nicht immer sind es die großen aufmacherverdächtigen Fälle, die den *Deutschen Presserat* beschäftigen. Aber für die einzelnen Betroffenen kann die Berichterstattung einer Zeitschrift oder einer Zeitung doch von beachtlicher Bedeutung sein – auch wenn der Beschwerdeführer mit seinem Begehren vom *Presserat* abgewiesen wird, da seine Vorstellungen über eine „korrekte" Berichterstattung nicht unbedingt mit den journalistischen Standesregeln übereinstimmen. Ein Beispiel aus der lokalen Berichterstattung:

Eine Tageszeitung berichtete im Jahre 1993 über die Jahreshauptversammlung eines Tanzclubs. Die Überschrift lautete: „Kassenprüferin kritisiert das Fehlen von einigen Belegen". Diese Kassenprüferin war in dem Bericht der Zeitung mit den Worten zitiert worden: „Bei den Ausgaben fehlen die Belege. Manche könnten vielleicht vermuten, daß die Blumen für Mutter oder Schwiegermutter gekauft worden sind." Der Beschwerdeführer, der Vorstand des betroffenen Vereines, beklagte, niemand habe auf der Jahreshauptversammlung von fehlenden Belegen gesprochen, es sei vielmehr um die Führung des Kassenbuches gegangen. Es sei lediglich konstruktive Kritik geübt worden. Anstoß nahm der Beschwerdeführer auch an der Berichterstattung eines Vorfalles am Rande. Die Versammlung hatte darüber diskutiert, ob die Leihgebühr von 16 DM für ein Tandem, mit dem zwei Frauen des Vereines am Karnevalsumzug teilnahmen, aus der Vereinskasse oder privat hätten bestritten werden müssen. Weiter monierte der Vorstand, die Berichterstatterin sei nach der Hälfte der Veranstaltung gegangen. Für einen kleinen Verein sei eine derartige Berichterstattung sehr schädlich. Mütter hätten ihre Kinder abgemeldet, das Finanzamt habe sich gemeldet, Sponsoren zögen sich zurück.

Die Zeitung machte geltend, korrekt berichtet zu haben. Dabei konnte sie auch auf das Protokoll der Jahreshauptversammlung verweisen: es enthalte den Hinweis auf gegenseitige Mißverständnisse über die Kassenführung und daraus zu ziehende Konsequenzen. Der bisherige - kommissarisch eingesetzte - Kassierer trat bei den Vorstandswahlen nicht mehr an, als Nachfolgerin wurde die Kassenprüferin gewählt. Weiter macht die Zeitung geltend, ihre Berichterstatterin habe zwar nach den Vorstandswahlen die Jahreshauptversammlung verlassen und über diesen Teil auch berichtet. Danach habe nur noch eine Abstimmung über die folgenden Veranstaltungen stattgefunden, über die die Zeitung ebenfalls in einer Nachfolgemeldung berichtet habe.

Der Beschwerdeausschuß des *Deutschen Presserates* konnte die Frage, ob von falschen Belegen auf der Jahreshauptversammlung gesprochen worden sei oder lediglich von nicht ganz korrekten Eintragungen ins Kassenbuch, letztlich nicht klären. Insgesamt wertete der Beschwerdeausschuß die Berichterstattung als korrekt und wies deshalb die Beschwerde als unbegründet zurück.

Rund einhundert Beschwerden bearbeitete der *Presserat* im Jahre 1994. In sechs Fällen war das Wahrheitsgebot der Ziffer 1 tangiert. 21mal wurde die Ziffer 2 (die journalistische Sorgfaltspflicht) bei der Überprüfung berücksichtigt. Besonders interessant ein Fall, der unter die Rubrik Satire eingestuft werden könnte:

Eine Zeitschrift präsentierte unter der Überschrift „Am Ende des Jahres sehen wir, wem Hörner und Teufelsschwänze wuchsen - Teufel und Teufelchen 93“ zehn Personen, von denen verschiedene im Jahr 1993 wegen schwerer Straftaten beziehungsweise wegen des Verdachtes schwerer Straftaten von sich reden machten. Innerhalb dieser Personengruppe erscheint auch das mit Teufelshörnern versehene Porträt eines Zeitschriftenredakteurs. Dieser wird als „Medien-Teufel des Jahres“ tituliert. Ein Kollege des Betroffenen beschwert sich beim *Deutschen Presserat.* Er beklagt, ein seit Jahren als seriös bekannter Journalist werde wegen seiner Berichterstattung über die Tötung eines angeblichen Terroristen in Bad Kleinen diffamiert.

Der *Presserat* wies die Beschwerde als unbegründet zurück. Zur Begründung heißt es im *Jahrbuch 1994*: Die Zeitschrift stützt sich bei der Bewertung der Darstellung des Falles Bad Kleinen durch den Reporter auf ein Gutachten und einen Artikel in einer angesehenen deutschen Tageszeitung, die behauptet, der Journalist sei ganz offensichtlich hereingefallen. Sie macht sich Passagen des Zeitungsberichtes in wesentlichen Zügen zu eigen, so daß der Vorwurf des Verstoßes gegen Sorgfaltspflichten nicht bestätigt werden kann. Darüber hinaus war der *Presserat* der Ansicht, daß die Behauptungen im Text insgesamt weit schwächer seien als das Bild. Die dem Bild des Journalisten zugefügten Teufelshörner seien offensichtlich nicht ernst gemeint und damit eine satirische Überzeichnung. In dem Beitrag sah der *Presserat* deshalb auch keine Verletzung des Persönlichkeitsrechtes oder eine ehrverletzende Beschuldigung, denn die Begriffe „Reporter des Teufels" oder „Medien-Teufel des Jahres" sollten dem Leser nicht einreden, daß der Charakter des so Beschriebenen tatsächlich satanische Züge aufweise. Dies ließe sich auch an den offensichtlich nicht so ernst gemeinten Beiträgen über die übrigen „Teufel" und „Teufelchen" erkennen. Die Kritik an dem Beitrag bewege sich auf der Geschmacksebene. „Und über Fragen des Geschmacks kann und will der *Presserat* nicht urteilen."

Persönlichkeitsverletzung und Verletzung des Wahrheitsgebots hängen, wie die Spruchpraxis des *Presserates* zeigt, vielfach zusammen. Eine Boulevard-Zeitung berichtete über die mögliche Verleihung des Bundesverdienstkreuzes an einen Landtagsabgeordneten. Die Überschrift lautete: „Verdient? Das Kreuz mit Herrn Müller" (der Name wurde für diesen Buchbeitrag geändert). Unter anderem heißt es in dem Artikel, er solle die Auszeichnung für eine umstrittene Rettungsaktion im Zusammenhang mit dem Krieg im ehemaligen Jugoslawien erhalten. Jetzt prüfe die Staatskanzlei, ob „Skandal-Müller", wie er in einer anderen Partei, der er nicht angehört, genannt werde, für die Auszeichnung überhaupt empfohlen werden könne. In dem Zeitungsbeitrag wurde unter anderem über die damals angeblich nicht erfolgte finanzielle Absicherung der Befreiungsaktion berichtet. Besonders diskriminiert fühlte sich der Beschwerdeführer außerdem durch einen zweiten Beitrag, der auf derselben Seite in unmittelbarer Nähe plaziert war und die Überschrift erhielt „Auch Ceausescu war Verdienstkreuz-Träger".

Die Zeitung machte in ihrer Stellungnahme geltend, der Artikel sei sorgfältig recherchiert. Sämtliche Tatsachenbehauptungen hielten einer Überprüfung ihres Wahrheitsgehaltes stand. Der zusätzliche erläuternde Beitrag über das Bundesverdienstkreuz sei aus allgemein zugänglichem Archivmaterial zusammengestellt worden. Es sei jedoch nicht beabsichtigt gewesen, eine Verbindung zwischen dem Beschwerdeführer und dem ehemaligen rumänischen Diktator Ceausescu herzustellen. Dieser Auffassung schloß sich der Beschwerdeausschuß an. Falsche Tatsachenbehauptungen konnten als solche nicht nachgewiesen werden. Zudem war der erste Beitrag ausdrücklich als Korrespondentenbericht kenntlich gemacht, kommentierende Anmerkungen des Autors - soweit sie keine falschen Tatsachenbehauptungen enthalten - waren also durch die Meinungsfreiheit des Grundgesetzes geschützt. Auch konnte der Ausschuß eine Verbindung zwischen dem Beschwerdeführer und dem ehemaligen rumänischen Diktator in dem zweiten Beitrag nicht feststellen.

Die Richtlinien

Im Laufe der Jahre entwickelte der *Deutsche Presserat* auch eine Reihe von Richtlinien für die redaktionelle Arbeit, um die einzelnen Ziffern des *Pressekodex* erläuternd zu ergänzen. Zur Ziffer 1 des Kodex wurden insgesamt drei Richtlinien erarbeitet.

Richtlinie 1.1: Exklusivverträge

Die Unterrichtung der Öffentlichkeit über Vorgänge oder Ereignisse, die nach Bedeutung, Gewicht und Tragweite von allgemeinem Interesse und für die politische Meinungs- und Willensbildung wesentlich sind, darf nicht durch Exklusivverträge mit den Informationsträgern oder durch deren Abschirmung eingeschränkt oder verhindert werden. Wer ein Informationsmonopol anstrebt, schließt die übrige Presse von der Beschaffung von Nachrichten dieser Bedeutung aus und behindert damit die Informationsfreiheit.

In einem interessanten Fall aus dem Jahre 1987 machte der *Presserat* deutlich, daß er es mit dem Wahrheitsgebot für unvereinbar hält, wenn auch nicht der Presse angehörende Personen oder Institutionen Exklusivverträge anstreben.

Ein deutsches Ehepaar war auf einer Jugoslawienreise mit dem Auto von einer Steilküste ins Meer gestürzt. Während die Frau ertrank, konnte sich der Mann, ein Polizeibeamter, retten. Dies berichtete eine Boulevard-Zeitung unter der Überschrift „Frau ertrunken - Kripochef unter Mordverdacht". Einen Tag später prangerte das Blatt das Verhalten eines Sprechers der Polizei an, der den Bericht über das Urlaubsschicksal seines Kollegen habe verhindern wollen und statt dessen zwei andere Exklusivgeschichten angeboten habe.

Der *Presserat* erteilte der Zeitung eine öffentliche Rüge. Er hielt es für einen schwerwiegenden Verstoß gegen das Wahrhaftigkeitsgebot, wenn über eine Person, die auch ohne ausdrückliche Namensnennung identifizierbar ist, irreführend behauptet wird, sie stehe unter Mordverdacht. Die Überschrift war nicht durch den Inhalt des Artikels gedeckt. Aber der

Presserat verurteilte auch das Verhalten der Polizei, die nach seinen Erkenntnissen versucht hatte, die Veröffentlichung einer Nachricht zu vereiteln. Mit dem Angebot an die Redaktion, für den Fall des Verzichtes auf eine Veröffentlichung „exklusives" Material ersatzweise anzubieten, habe die Polizei von ihrer institutionellen Stellung Gebrauch gemacht. „Der *Presserat* stellt ausdrücklich fest, daß der Versuch, die Berichterstattung zu vereiteln, nicht dem Ziel galt, eine falsche Berichterstattung zu verhindern. Der Polizei war zum Zeitpunkt ihrer Intervention der vom *Presserat* jetzt gerügte Nachrichtenteil nicht bekannt."

Richtlinie 1.2: Wahlkampfveranstaltungen

Es entspricht journalistischer Fairness, dient der Informationsfreiheit der Bürger und wahrt die Chancengleichheit der demokratischen Parteien, wenn Zeitungen und Zeitschriften in ihrer Berichterstattung über Wahlkampfveranstaltungen auch Auffassungen mitteilen, die sie selbst nicht teilen. Das gilt sinngemäß auch für den Anzeigenteil, der gleichfalls durch das Grundrecht der Pressefreiheit geschützt ist.

Ein Beispiel für die Anwendung der Ziffer 1 des Kodex im Wahlkampf aus dem Jahre 1987, entnommen aus dem *Schwarz-Weiß-Buch des Presserates,* seiner Spruchpraxis:

Eine Lokalzeitung stellte vor der Bundestagswahl die Kandidaten zweier Wahlkreise vor und befragte sie über ihre politischen Vorstellungen. Ähnlich verfährt ein anderes Blatt in einem anderen Wahlkreis. Ein Leser sieht in der Beschränkung auf die Bewerber der im Bundestag vertretenen Parteien eine Benachteiligung der kleineren Parteien und eine Beeinträchtigung der Wahl beziehungsweise der Wahlentscheidung des Wählers und Lesers. Beide Zeitungen berichteten jedoch - was der Beschwerdeführer auch einräumt - über sämtliche Kandidaturen auf den Landeslisten der betroffenen Gebiete sowie über alle Direktkandidaten ihrer Wahlkreise. Der *Deutsche Presserat* wies die Beschwerde als unbegründet zurück. Er sehe es als zulässig an, daß Zeitungen bei der Auswahl von Kandidaten und Parteien für die Vorstellung im redaktionellen Teil einen wertneutralen Maßstab wie die Fünf-Prozent-Klausel anlegen. Da die Zeitungen über alle Landeslisten und Direktkandidaturen berichtet hätten, lag nach Ansicht des *Presserates* keine Nachrichtenunterdrükkung vor.

Richtlinie 1.3: Pressemitteilungen

Pressemitteilungen, die Behörden, Parteien, Verbände, Vereine oder andere Interessenvertretungen herausgeben, müssen als solche gekennzeichnet werden, wenn sie ohne Bearbeitung durch die Redaktion veröffentlicht werden.

Diese Richtlinie zählt zu den ältesten in der nun fast vierzigjährigen Spruchpraxis des *Deutschen Presserates*. Sie soll dem Leser verdeutlichen, daß es sich nicht um einen redaktionellen Beitrag handelt. Insofern stellt diese Richtlinie auch eine gewisse Schutzfunktion für die Redaktion dar. Dies heißt jedoch nicht, daß sie sich im Falle einer Falschmitteilung ihrer redaktionellen Verantwortung entziehen könnte.

Leserbriefe und Veranstaltungshinweise

Auch die Veröffentlichung von Leserbriefen unterliegen den Regeln des *Pressekodex*. Der Behandlung von Leserbriefen hat der *Deutsche Presserat* seine wohl umfänglichste Richtlinie, die Richtlinie 2.6, gewidmet. Dort heißt es unter anderem im Absatz 5: *Die pressegesetzliche Sorgfaltspflicht, das Druckwerk von Beiträgen strafbaren Inhalts freizuhalten, erstreckt sich auch auf die Veröffentlichung von Leserbriefen. Für Leserbriefe, die für einen erkennbaren Dritten abträgliche Tatsachenbehauptungen enthalten, trägt auch der verantwortliche Redakteur die pressegesetzliche Verantwortung.* Auch hier gilt also das Wahrheitsgebot.

In einem seiner zahlreichen „Leserbrief-Fälle“ nahm der Beschwerdeausschuß seine getroffene Entscheidung im Rahmen eines Wideraufnahmeverfahrens wieder zurück. Zum Sachverhalt: Ein Verbandsfunktionär erhielt den Anruf einer Zeitschriftenredakteurin. Sie erklärte, sie befasse sich mit einem Artikel über die derzeitige Arbeitszeitdiskussion und erbitte von ihm die Meinung seines Verbandes zur Frage der Samstagsarbeit. Der Inhalt des Telefonates erscheint aber nicht in Form eines Artikels, sondern als Leserbrief, der mit dem Namen des Gesprächspartners gezeichnet ist, allerdings mit falschem Vornamen. Der *Presserat* rügte das Verhalten der Redaktion dieser Zeitschrift, weil sie seiner Ansicht nach die Mindestanforderungen an den Umgang mit Leserbriefen nicht erfüllt habe. „Leserbriefe stellen nach Auffassung des *Presserates* ein wichtiges und vielfach das einzige Mittel für den Leser dar, sich in der Öffentlichkeit mit Berichterstattung und Kommentaren kritisch oder zustimmend auseinanderzusetzen. Sie werden von Verlegern und Journalisten als Forum des Dialoges geschätzt und gepflegt.“ Die Funktionsfähigkeit der Leseräußerung hänge wesentlich davon ab, daß die Erfordernisse an Form und Inhalt strikt beachtet würden. „Nach Ansicht des *Presserates* schadet es dem Vertrauen in die Funktionsfähigkeit des Dialoges zwischen den Organen der Presse und ihren Lesern, wenn die Initiativrolle vom Leser auf die Redaktion übergeht und der begründete Eindruck entsteht, der von kritischer Betrachtung Betroffene führe einen Dialog mit selbst ausgewählten Kritikern.“ Der Beschwerdeausschuß revidierte seine Entscheidung, weil die Redaktion die entsprechende Rubrik in „Forum“ umbenannte und zusicherte, sich künftig an den Maßstäben des *Deutschen Presserates* zur Behandlung von Leserbriefen zu orientieren. „Der *Presserat* sieht damit die Verletzung des *Pressekodex* im Sinne der Beschwerdeordnung ausreichend in Ordnung gebracht."

Vielfach verbreitet ist die Auffassung, Zeitungen und Zeitschriften müßten auf alle Veranstaltungen von Verbänden und Organisationen – nach Möglichkeit natürlich kostenlos – hinweisen, um „der Wahrheit gerecht zu werden". So beschwerte sich im Jahre 1988 ein Veranstalter von Kulturtagen, daß die Zeitung vor Ort eine Veranstaltung im Rahmen dieser Kulturtage nicht angekündigt hatte. Ihm sei zudem bewußt die Möglichkeit genommen worden, eine Anzeige zu schalten, da die Redaktion zunächst eine Veröffentlichung im Textteil zugesagt habe. Später, als es für die Aufgabe einer Anzeige zu spät war, wurde die Zusage wieder zurückgenommen.

Der *Presserat* wies die Beschwerde jedoch als unbegründet zurück. „Eine Zeitung ist nicht verpflichtet, im redaktionellen Teil auf eine Veranstaltung hinzuweisen. Es kann sich dabei nur um eine Serviceleistung handeln, die eine Redaktion nach freier Entscheidung erbringt oder unterläßt." Die Motivation der Redaktion hatte der *Presserat* nicht zu bewerten.

Allerdings sah und sieht sich der *Deutsche Presserat* trotz seiner grundsätzlichen Einstellung nicht daran gehindert, den Redaktionen Empfehlungen zu geben. So im Falle einer Informationsgruppe für Homosexuelle, die sich darüber beschwerte, daß die Zeitung ihre Beratungstermine nicht veröffentlichte. Die Redaktion hatte unter anderem argumentiert, sie sei kein Forum für jedwede Randgruppe. Auch hier stellte der *Presserat* fest, daß der Abdruck von Veranstaltungsterminen eine Serviceleistung der Zeitung ist, auf die grundsätzlich kein Anspruch besteht. Allerdings sah sich der Ausschuß veranlaßt, kollegial an die Redaktion zu appellieren, auch an die Probleme der Minderheiten zu denken.

Nachrichten und Zitate

Wie die Praxis zeigt, lesen vor allem Kommunalpolitiker sehr aufmerksam „ihre" Zeitung. Dies beweist ein „Fall" aus dem Jahre 1986. Ein Kommunalpolitiker hatte die Berichterstattung seiner Lokalzeitung über eine Podiumsdiskussion beanstandet und bat den *Presserat* um Überprüfung, ob „dieses Gemisch von Nachrichtenverbreitung, Stellungnahme, Kritik und Büttenrede im Sinne der Meinungsbildung ist, an der die Presse mitwirkt". Kritisiert wurde auch die Berichterstattung über eine Ratssitzung. Schließlich veranlaßte ihn ein dritter Artikel über eine Anfrage im Rat mit der Überschrift „Stadtverordneter ließ Kinderspielplatz sperren" zu der Bitte um Prüfung, ob durch die Wahl der Überschrift und den Einleitungssatz des betreffenden Artikels das Berufsethos des Journalisten verletzt werde. Dieser erste Satz lautete: „Einer telefonischen Mitteilung des Stadtverordneten ... aus ... an die Kindergartenaufsicht beim Landschaftsverband in ... verdanken es die Kinder von ..., daß sie den Kinderspielplatz am Kindergarten nicht mehr benutzen dürfen, wenn sie nicht in diesen Kindergarten gehen."

Der *Presserat* mußte feststellen, daß der Beschwerdeführer selbst keine wahrheitswidrige Berichterstattung in seiner Beschwerde rügte. Es war lediglich vom Beschwerdeführer behauptet worden, dieser Eindruck könne beim Leser entstehen. Nach Ansicht des *Presserates* rechtfertigte jedoch die Art der Darstellung einen derartigen Schluß nicht. In der Überschrift sah der *Presserat* einen allenfalls sehr geringfügigen Fehler, der nach dem *Pressekodex* nicht zu beanstanden war.

Eigentlich sollte die korrekte Wiedergabe von Zitaten, also wörtlichen Äußerungen, nicht schwierig sein. Aber die Spruchpraxis des *Deutschen Presserat*es zeigt, wie leicht Zitate falsch wiedergegeben werden können und vor allem, wie man damit auch manipulieren kann.

Eine Illustrierte hatte im Jahre 1986 einer Fachzeitschrift das Zitat eines Wissenschaftlers entnommen und in einem Beitrag über die hygienischen Verhältnisse eines Krankenhauses den Eindruck erweckt, daß dieses Zitat ihr gegenüber erfolgt sei. Eine zweite Zeitschrift verfuhr ähnlich und verfälschte das Zitat als wörtliche Aussage in der Titel-Unterzeile.

Beiden Zeitschriften sprach der *Presserat* eine Mißbilligung aus. Er verurteilte, daß einem Wissenschaftler eine wörtliche Aussage in den Mund gelegt wurde, deren Quelle lediglich ein Bericht über seine Forschungsergebnisse war. Das Verhalten der zweiten Zeitschrift wertete der *Presserat* um so gravierender, als der Beschwerdeführer ausdrücklich erklärt hatte, er wolle kein Interview geben.

In einer Zeitschrift wurde das Porträt eines Politikers unter der Überschrift „Manche sagen, ich sei ein Homo" veröffentlicht. Diese Überschrift war auf der Titelseite als Hinweis auf den Textteil wiedergegeben worden. Im Text selbst heißt es: „Seine Gegner, und er hat viele, streuen Schäbiges: Ich bin schon dutzendmal verdächtigt worden, eine Hasenscharte zu haben und deshalb einen Schnurrbart zu tragen, oder homosexuell zu sein."

Der *Presserat* stellte fest, daß diese Äußerung so nicht gefallen war und vor allem nicht mit der Überschrift übereinstimmte. Er erkannte in der Veröffentlichung einen Verstoß gegen das Gebot der Wahrhaftigkeit. Zum Schutze des Betroffenen sprach er eine nicht-öffentliche Rüge aus (diese braucht nicht abgedruckt zu werden).

Ein drittes Beispiel: Eine Illustrierte veröffentlichte innerhalb einer Serie über Sterbehilfe die Stellungnahme eines Bischofs. Dessen Pressestelle beschwerte sich, die Erklärung sei gegen alle Absprachen von 25 auf sieben Zeilen gekürzt worden. Die Zeitschrift hatte nur einen einzigen Satz übernommen. Durch den Wegfall aller differenzierenden Aussagen sei insgesamt der Sinn gravierend entstellt worden. Trotz eigenmächtiger Änderungen an mehreren Stellen sei der Wortlaut dennoch als Zitat gekennzeichnet worden.

Auch der *Presserat* sah einen Verstoß gegen den Kodex als gegeben an. Er bestritt nicht das Recht und die Möglichkeit einer Redaktion, einen eingereichten Text zu redigieren und zu kürzen. Wenn aber in einem Umfang wie in dem vorliegenden Falle gekürzt werde - so die Entscheidung -, müsse mit den Urhebern des Textes eine Einigung erzielt werden.

Vorverurteilung, Vereinigungsfolgen und Scheckbuch-Journalismus

Auch die Vorverurteilung, obwohl nicht ausdrücklich unter die Ziffer 1 des *Pressekodex* zu subsumieren, kann ein Verstoß gegen das Wahrheitsgebot sein. In der Ziffer 13 seiner Publizistischen Grundsätze hält der *Presserat* unter anderem fest: *Ein Verdächtiger darf vor einem gerichtlichen Urteil nicht als Schuldiger hingestellt werden.*

Dazu ein Fall aus dem Jahre 1993. Eine Boulevardzeitung hatte über einen Mann berichtet, der in der Silvesternacht seine Ex-Freundin, deren Eltern, eine Bekannte und deren Tochter erschossen haben soll. Auf der Titelseite des Blattes wurde das Foto des Verdächtigen gezeigt, sein vollständiger Name und sein Alter genannt. Die Redaktion machte dagegen geltend, daß der Täter am Tage der Berichterstattung ein Geständnis abgelegt habe. Dennoch mißbilligte der *Presserat* die Veröffentlichung als eine unzulässige Vorverurteilung im Sinne der Ziffer 13 des *Pressekodex* und damit auch als einen Verstoß gegen das Wahrheitsgebot. In der Begründung heißt es: „Selbst wenn eine Täterschaft für die Öffentlichkeit offenkundig ist, darf der Betroffene bis zu einem Gerichtsurteil nicht als Schuldiger im Sinne des Urteilsspruchs hingestellt werden." Der Einlassung der Redaktion, der Täter habe ein Geständnis abgelegt, folgte der *Presserat* nicht, da das Verbot, Verdächtige vor einem Urteil als schuldig hinzustellen, auch im Falle eines Geständnisses gilt.

Unmittelbar nach der Vereinigung berichtete ein Magazin unter der Überschrift „Sie starben, als sie aussteigen wollten" über das mysteriöse Auffinden zweier toter Psychiater aus der ehemaligen DDR, denen das Magazin vorwarf, sie seien „nicht nur Mittäter bei Verhören, sondern auch Zeugen von Verbrechen" gewesen. Weiter heißt es unter Berufung auf die Aussage eines ehemaligen Stasi-Offiziers, sie „starben, weil sie aussteigen wollten“. Und weiter: „Die beiden Psychiater hatten die Aufgabe, vermeintliche Staatsverräter durch Medikamente so zu beeinflussen, daß ihnen bei Verhören und Informationen Geständnisse entlockt werden konnten.“ Sie hätten hypnotisierende Medikamente intravenös verabreicht. Die Beschwerdeführerin ist die Tochter eines der beiden Psychiater. Sie forderte den Wahrheitsbeweis auch für die Überschrift über dem entsprechenden Artikel „Die Mörder vom Dienst“ und die Behauptung, ihr Vater habe als „linientreuer Gefolgsmann des SED-Regimes“ jahrelang geholfen, Verhöropfer der Stasi mit Psychodrogen zum Reden zu bringen.

Die Redaktion des Magazines machte in ihrer Stellungnahme gegenüber dem *Deutschen Presserat* geltend, die Autorin des Artikels habe mit fünf Psychiatern, vier Ex-Stasi-Offizieren und zwei Opfern gesprochen, die alle übereinstimmende Aussagen über die Rolle des Vaters der Beschwerdeführerin gemacht hätten. Eine Preisgabe der Informanten komme nicht in Frage. Der Ausschuß wies die Beschwerde als unbegründet zurück. Er war der Auffassung, daß aufgrund des aus den zahlreichen Informationsgesprächen entstandenen - übereinstimmenden - Bildes über das Verhalten des Vaters der Beschwerdeführerin kein Anlaß für die Journalistin bestand, die Angaben zu bezweifeln. Anhaltspunkte für eine unsaubere Recherche waren für den Beschwerdeausschuß nicht feststellbar. Insofern konnte auch ein Verstoß gegen das Wahrheitsgebot der Publizistischen Grundsätze nicht festgestellt werden.

Der *Deutsche Presserat* und sein Beschwerdeausschuß leben von der „Kleinarbeit“. Bekannt wird ihre Arbeit nur, wenn spektakuläre Fälle zu bearbeiten sind, die für die tägliche Arbeit des Journalisten weniger interessant sind. Auch ohne Namensnennung dürften sich noch viele an diesen - ebenfalls unter Beachtung der Ziffer 1 der Publizistischen Grundsätze behandelten - Fall erinnern.

Ein 19jähriger Hobby-Pilot landet mit einem Sportflugzeug unbemerkt von den sowjetischen Militärbehörden auf dem Roten Platz in Moskau. Er wird verhaftet und inhaftiert. Seine Eltern werden unterdessen von einer Illustrierten für die Geschichte exklusiv unter Vertrag genommen. Als der Pilot nach 14 Monaten Haft in die Bundesrepublik zurückkehrt, gewährt er am Flughafen ein kurzes Fernsehinterview, das mit Genehmigung der Illustrierten und einem entsprechenden Hinweis gesendet wird. Andere Interviews gewährt er nicht. Mitarbeiter der Illustrierten bringen den Piloten an einen unbekannten Ort, um ihn abzuschirmen. Eine Woche später erscheint der Bericht „Mein Flug - meine Haft - meine Heimkehr“. Die Beschwerdeführer machen geltend, es sei unerträglich, daß Exklusivverträge immer ungenierter dazu genützt würden, die Informationsmöglichkeiten anderer Journalisten einzuschränken oder aufzuheben. Aufgabe der Presse sei, zur breiten Information der Öffentlichkeit beizutragen und sie nicht durch Exklusivverträge zu unterbinden. Die betroffene Illustrierte machte unter anderem geltend, in einer Presselandschaft, die marktwirtschaftlichen Gesetzen unterliege, sei auch die Information eine Ware, für die bisweilen ein Preis gezahlt werden müsse. Dieser Fall sei kein Einzelfall, das Informationsrecht der Presse sei nicht gefährdet. Der Informant könne selbst entscheiden, ob und wem er Einzelheiten seiner Erlebnisse erzähle.

Der Beschwerdeausschuß wies die Beschwerde als unbegründet zurück. Die Begründung dafür ergab sich aus den Besonderheiten des Einzelfalles. Untersucht wurde die Beschwerde unter Berücksichtigung der Richtlinie 1.1. Der Ausschuß war der Meinung: „Der mit dieser Richtlinie verfolgte Schutzzweck, einen Informationsanspruch der Öffentlichkeit von Einschränkungen freizuhalten, ist hier nicht berührt. Der *Presserat* hält diesen Fall von Scheckbuch-Journalismus vielmehr für ein Problem des Wettbewerbes zwischen den Medien, das er nicht zu bewerten hat." Was der *Presserat* offiziell nicht sagen konnte: Der junge Mann hatte nichts mehr zu sagen, was interessant gewesen wäre.

Literatur

Zur Geschichte und Arbeitsweise des Deutschen Presserates:

B. Weyl, *Chancen freiwilliger Selbstkontrolle,* in: L. Erbring u.a. (Hrsg.), *Medien ohne Moral. Variationen über Journalismus und Ethik,* Berlin 1988, S. 150-161.

Zur konkreten Spruchpraxis:

Jahrbücher des Deutschen Presserates.
Schwarz-Weiß-Buch, Spruchpraxis des Deutschen Presserates.

Dietmar Mieth

Wahrhaftig sein – warum?

Die Grundnorm der Wahrhaftigkeit, ihre ethische Begründbarkeit und ihre Universalität*

Der erste Teil dieses Beitrags dient der Begründung; der zweite Teil stellt eher eine Explikation oder eine verantwortungsethische Interpretation dar; der dritte Teil beschäftigt sich mit Ausprägungen der Grundnorm der Wahrhaftigkeit in unterschiedlichen ethischen Theorien; der vierte Teil untersucht unter der Voraussetzung der Universalität des Negativen die Verfehlungen gegen das Wahrheitsgebot; der fünfte Teil benennt grundsätzliche Pflichten, die sich im Hinblick auf die Grundnorm der Wahrhaftigkeit ergeben könnten.

Die Begründung einer Grundnorm der Wahrhaftigkeit

Ausnahmsweise Nichtgeltung als indirekte Anerkennung einer Grundnorm: Selbst wenn man unterstellt, daß die Wahrhaftigkeit, die gelebte Anerkennung des Verpflichtungscharakters der Wahrheit, in unterschiedlichen Kulturen und in unterschiedlichen ethischen Schulen unterschiedlich interpretiert wird, wird doch in jedem Falle, in dem damit gerechnet wird, daß die Grundnorm der Wahrhaftigkeit nicht kategorisch gilt, dieses nichtkategorische Gelten als eine Ausnahme von einer Regel betrachtet. Man scheint für dieses Nichtgelten im Einzelfalle eine Legitimationspflicht zu haben. Wenn man zum Beispiel unterstellt, es gäbe so etwas in einer asiatischen Kultur wie die „Wahrung des Gesichtes" als höhere Norm im Vergleich zur Grundnorm der Wahrhaftigkeit, so wäre dies immer noch eine spezielle Legitimation oder der Versuch eines Rechtfertigungsgrundes für die Abweichung von der Wahrhaftigkeit. Auch wenn man die Grundnorm der Wahrhaftigkeit um der Liebe willen zurückstellen würde, etwa bei der Frage nach der Wahrheit am Krankenbett, oder um einer falsch verstandenen Gemeinschaftstreue willen (z.B. bei „frommen Lügen" von Kirchenoberen) gälte das gleiche. Manchmal wird die Grundnorm der Wahrhaftigkeit auch zurückgestellt, weil ein bestimmter Kommunikationsstil existiert, bei dem man, auch wenn man lügt, die Wahrheit sagt, weil jeder über die Lüge Bescheid weiß. So verhält es sich oft bei diplomatischen Dementis. Konrad Adenauer soll einmal eine despektierliche Äußerung über Mendès France gemacht haben, den damaligen jüdischen Ministerpräsidenten von Frankreich (1954). Diese Äußerung wurde hinterbracht, es gab eine offizielle Anfrage der Botschaft von Frankreich, und ein Mitarbeiter des Kanzleramtes sollte bestätigen, ob Adenauer das nun gesagt oder nicht gesagt habe. Der Mitarbeiter hat wahrheitsgemäß die Aussage bestätigt, und er wurde sofort seines Postens enthoben. Denn er hätte sagen müssen, Adenauer hätte derartiges nie gesagt, weil die Franzosen selbstverständlich nur ein diplomatisches Dementi wollten und nicht die Wahrheit. In einem solchen „Kommunikationsstil" gibt es keine „nackte" Wahrheit mehr, wohl aber eine Wahrheit der indirekten Kommunikation.

Das Entscheidende in jedem dieser Fälle scheint mir zu sein, daß es sich bei aller Abweichung doch um eine Ausnahme von einem im allgemeinen gültigen Gebot handelt. Das Gebot findet eine breite Anerkennung im vorhinein, sonst müßte man diese Ausnahmen nicht als Sonderfälle legitimieren. Deshalb gehe ich davon aus, daß der erste Rechtfertigungsgrund der Grundnorm der Wahrhaftigkeit darin besteht, daß diejenigen, die eine solche Norm relativieren, diese indirekt anerkennen, indem sie für die Einschränkung ihrer kategorischen Geltung Rechtfertigungsgründe anzuführen gewohnt sind.

Die Begründung aus dem Prinzip gegenseitiger Anerkennung: Eine zweite Begründung beruht auf der allgemeinen Begründung des moralischen Sollens, wie sie Klaus Steigleder in seinem gleichnamigen Buch vorgelegt hat.[1] Ich nenne diese Begründung der Kürze halber „Begründung aus dem Anerkennungsprinzip". Eigentlich geht es um das „Prinzip der konstitutiven Konsistenz". Aus den Voraussetzungen, welche die an Handlungen beteiligten Menschen akzeptieren, geht hervor, daß sie, um ihre Handlungen durchführen zu können, die gegenseitigen Rechte und Pflichten sowohl bei sich selbst wie auch bei den anderen Beteiligten respektieren müssen. Demnach scheint es einen grundsätzlichen Respekt zu geben, den Menschen einander zollen müssen, die miteinander in einem Handlungszusammenhang stehen. Aus diesem grundsätzlichen Respekt geht dann unter anderem hervor, daß sie einander auch schulden, die Wirklichkeit, über die sie kommunizieren, so wiederzugeben, oder Beziehungen, über die sie miteinander kommunizieren, so zu gestalten, daß sie diese Rechte und Pflichten gegenseitig aufrechterhalten können. Daher würde die Grundnorm der Wahrhaftigkeit zu den ersten Ableitungsnormen aus diesem Anerkennungsprinzip gehören.

Kants Begründung aus den Pflichten gegen sich selbst: Als ein Anhänger der Konvergenzargumentation gehe ich davon aus, daß *ein* Begründungsweg allein nicht zwingend sein kann. Denn es gibt immer Grenzen der Plausibilität, starke und schwache Seiten einer Argumentation. Deshalb erinnere ich an den Begründungsgang aus den Pflichten gegenüber sich selbst, den wir bei Immanuel Kant vorfinden. Jean-Claude Wolf hat in einem Aufsatz über „Wahrheit und Lüge“[2] die Sachlage bei Kant erneut überprüft. Es heißt bei Kant: „Die Lüge ist mehr eine Verletzung der Pflicht gegen sich selbst als gegen andere. Weit gefehlt, daß die Pflichten gegen sich selbst die niedrigeren sind, sie haben im Gegenteil den obersten Rang und sind die wichtigsten unter allen, denn, ohne noch zu erklären, was die Pflicht gegen sich selbst ist, so kann man sagen, wenn ein Mensch seine eigene Person entehrt, was kann man von dem noch fordern?“ Wir haben hier ein Bild vor uns, in dem der Mensch sich selbst zum Mittel statt zum Zweck macht, d.h. die Selbstzweckformel des kategorischen Imperativs wird auf den Menschen in seinem Handeln sich selbst gegenüber angewandt. Diese Selbstzweckformel lautet: „Handle so, daß du die Menschheit sowohl in deiner Person als in der Person eines jeden anderen jederzeit zugleich als Zweck, niemals bloß als Mittel brauchest.“ „Sowohl in deiner Person“, darauf kommt es hier an: Indem ich mich selbst zum Mittel einer Täuschung machen würde, nehme ich meine eigene Person aus ihrer Selbstzwecklichkeit heraus und stelle sie in eine Funktion, die Kommunikation gefährdet und damit die Achtung der Vernunft in jedem menschlichen Wesen zerstört. In diesem Augenblick habe ich die Pflicht gegenüber mir selbst als einer selbstzwecklichen Vernunftnatur mißachtet. Kant ist nicht der Meinung, daß die Frage der Wahrhaftigkeit nur die Frage der Pflicht gegenüber sich selbst beinhaltet, aber er hat insbesondere diese Pflicht sich selbst gegenüber herausgearbeitet. Daß diese kategorische Pflicht sich selbst gegenüber im Grunde darauf beruht, daß wir alle die „Menschheit“ in uns tragen, wobei mit der „Menschheit“ die Vernunftnatur gemeint ist, das bedeutet freilich auch, daß man bei Kant in seinen konkreten ethischen Vorlesungen sehr wohl Überlegungen finden kann, inwieweit es doch Möglichkeiten oder Rechtfertigungsgründe gibt, in einer Pflichtenkollision anderen Normen den Vorzug zu geben. Aber in seiner Grundargumentation läßt er dies nicht zu.

Zu diesen drei Begründungsformen könnte man noch andere hinzufügen. Die Begründungsart, die ich persönlich wählen würde, ist eine *hermeneutische* Überlegung. Sie geht von der Hermeneutik des Sinnbedürfnisses aus. Ausgangspunkt ist die Einsicht, daß die Sittlichkeit die reflektierte Anerkennung anthropologischer Bedürftigkeit ist. Das heißt, im sittlichen Bewußtsein und in der sittlichen Handlung versuche ich, anthropologische Voraussetzungen in die Sprache des ethischen Sollens zu übersetzen. Bekanntlich ist es problematisch, vom „Ist“ auf das „Soll“ zu schließen. Es geht auch nicht darum, in einer deduktiven Einbahnstraße einen solchen Schluß zu ziehen, sondern es geht darum, Ist-Plausibilitäten in Soll-Evidenz umzusetzen. Dies geschieht durch strukturelle Entsprechung und durch Analogie, nicht durch logische Deduktion.

„Wahrheit" existiert als Bedürfnis der Menschen unter Menschen, und zwar in zweifacher Weise. Einmal in dem Sinne, daß die Menschen ihren Bezug zur greifbaren Wirklichkeit nicht verlieren wollen, weil sie in dieser Wirklichkeit leben müssen. Sie können nicht auf Dauer in einer von der Wirklichkeit abgehobenen Abstraktionsform leben. Obwohl solches gelegentlich vorkommt, ist es nicht das Modell des gelingenden menschlichen Lebens, sondern eher eine Verfallsform. Auf der anderen Seite wird die Kommunikation zwischen den Menschen nur dann von den Menschen als achtungsvoll erfahren, wenn in dieser Kommunikation das Kriterium der Wahrheit zum Zuge kommt. Sonst wird die zwischenmenschliche Kommunikation als eine Form der Mißachtung erfahren. Insofern kann man von der Wahrheit als einem dreifachen Bedürfnis des Menschen sprechen: im Verhältnis zur Wirklichkeit, im Verhältnis zu sich selbst und im Verhältnis zu anderen Menschen. Wenn man von der Bedürfnistheorie von Seev Gasiet[3] ausgeht, kann man dieses Wahrheitsbedürfnis unter das Sinnbedürfnis einordnen. Er unterscheidet vier Bedürfnisse als Kategorien: das Bedürfnis nach Überleben, das Bedürfnis nach sozialer Anerkennung, das Bedürfnis nach persönlichen Beziehungen, das Bedürfnis nach Sinn. Die Form des Bedürfnisses, das ich bisher skizziert habe, das Bedürfnis nach Wahrheit als Selbstverhältnis, als kommunikative Beziehung und als Wirklichkeitsverhältnis, ist ein Teil des Sinnbedürfnisses. In diesem Sinne wäre die Wahrhaftigkeit nichts anderes als die praktische Anerkennung eines zwischenmenschlichen Sinnverhaltes. Die Wahrheit, die Sinn macht, wird durch ihre Anerkennung zu einem Gut, das sittlich erstrebenswert ist und das daher auch sittlich gesollt ist.

Dabei sind bei einer Wahrheitshermeneutik die unterschiedlichen Formen, in denen Wahrheitstheorien Wahrheit zu verstehen suchen, zu beachten. Diese Theorien sind bekannt: Wahrheit als Annäherung an die Wirklichkeit, Wahrheit als Kommunikation und Konsens, Wahrheit als Kohärenz und Kontextualität, Wahrheit als Narration. Ich kann auf diese unterschiedlichen Wahrheitsformen nicht ausführlich eingehen, ich stelle nur die These auf, daß auch hier ein gewisser Perspektivismus oder eine Konvergenzargumentation lohnend sind, weil jede dieser Theorien eine unterschiedliche Reichweite hat, und deswegen diese Theorien, solange sie sich nicht als exklusive Alternativen verstehen, miteinander konvertibel sein können. Wichtig scheint mir z.B. zu sein, daß man bei einer Kohärenztheorie der Wahrheit, welche die Wahrheit als ein in sich schlüssiges gedankliches System versteht, die Kontextualität der Wahrheit mit beachtet. Sonst könnte man in Kohärenzsysteme der Wahrheit hineingeraten, die mit den Lebenskontexten überhaupt nichts mehr zu tun haben, ein Beispiel, das mit der Moraldoktrin der katholischen Kirche veranschaulicht werden könnte. Narration schließt Wahrheit auch im Gelände der Phantasie ein: Es scheint mir wichtig zu sein, die Imagination als Wahrheitsort nicht auszulassen.

Die Wahrheitshermeneutik unterscheidet also unterschiedliche Perspektiven: Wirklichkeitstreue, Konsens, Kohärenz, Kontextualität und Narration. Wenn diese Reichhaltigkeit der Wahrheitshermeneutik gilt, dann müssen wir von vornherein damit rechnen, daß Wahrheit mehr ist als eine bloße Information. Wir können Wahrheit nicht auf Informationshermeneutik reduzieren. Ähnlich reichhaltig wie die Wahrheitshermeneutik ist, um eine veranschaulichende Parallele zu ziehen, die Wahrnehmenshermeneutik. Wir können etwas affektiv wahrnehmen, d.h. als echt empfinden, wir können etwas kognitiv wahrnehmen, d.h. als schlüssig erkennen, und wir können etwas praktisch wahrnehmen, d.h. etwas operational nachvollziehen. Diese drei Elemente, affektiv, kognitiv und praktisch, gehören zu einem performativen Verständnis hinzu, damit die Wahrheit in ihren unterschiedlichen hermeneutischen Facetten in die Lebenspraxis des Menschen übernommen wird, eben durch Wahr-Nehmen.

Was ich bisher auf der Ebene des Verstehens beschrieben habe (denn Hermeneutik ist ja nichts anderes als Sinn-Verstehen), das läßt sich als Ist-Plausibilität auf die Ebene der ethischen Plausibilität des Sollens übersetzen. Ich sagte, es handle sich auf der Ebene des Ethischen um eine reflektierte Anerkennung anthropologischer Bedürftigkeit, um eine Parallelsprache, die zwar nicht aus „Ist"-Plausibilitäten deduziert werden kann, die sich aber mit der „Ist"-Plausibilität in einer gewissen Konvergenz befindet, nicht wie Linien, die sich im Unendlichen schneiden, sondern in der Art, wie auf zwei Parallelstraßen die jeweilige Plausibilität des Ist im Soll und die jeweilige Evidenz des Soll im Ist beobachtet werden kann.

Nach Wahrheit streben und Sollen im Bereich der Wahrheit: Das Muster der Anerkennung des Sinnverhaltes Wahrheit kann nun im ethischen Gelände in zweifacher Weise erfaßt werden, einmal in der Form des Strebens und zum anderen in der Form des Sollens. Ich greife hier auf eine Unterscheidung zurück, die Hans Krämer in seinem Buch *Integrative Ethik*[4] gemacht hat, wobei er eine Form des Sittlichen, die er Streben nennt, das Streben nach dem Gelingen des Lebens oder nach dem Glück, von einer Form des Sittlichen unterscheidet, die unter dem Anspruch von Sollensregeln oder unter dem Anspruch von Pflichten steht, etwa in der Kantischen Tradition. Beide Elemente haben auf der Parallelstraße des Sittlichen zur Plausibilität des Ist ihr Anrecht. Wenn ich im ethischen Bereich unter dem Strebensparadigma über die Grundnorm der Wahrhaftigkeit nachdenke, dann ist deutlich, daß die Annäherung an die Wirklichkeit viel stärker zum Zuge kommt als beispielsweise die Perspektive der Wahrheitstreue in der Kommunikation. Die Wahrheitstreue in der Kommunikation wird sehr viel stärker als ein Gesolltes von außen her erfahren, das im Anspruch der Menschen an eine Person existiert, während das Streben nach dem eigenen Glücken und Gelingen die Wahrheit sehr viel mehr als eine Annäherung an die Wirklichkeit einrechnet, weil der Wirklichkeitsverlust in der Tat mein eigenes Streben nach Gelingen und Glück aufheben würde. Die Strebensethik und die Sollensethik können also im Bereich des Sittlichen jeweils unterschiedliche Komponenten an der Ist-Plausibilität einer Wahrheitshermeneutik in den Vordergrund stellen.

Konvergenzargumentation: Der Versuch, von der Wahrheit zur Wahrhaftigkeit in der Form einer hermeneutischen Begründung der sittlichen Grundnorm zu gelangen, ist zwar gegenüber einer Begründung aus dem Anerkennungsprinzip und einer Begründung aus den Pflichten gegen sich selbst eigenständig; er schließt aber diese Begründungswege auch nicht aus und bleibt für weitere Begründungswege offen. Es handelt sich also um eine Begründung in der Form einer sog. Konvergenzargumentation, nicht um eine deduktiv kategorische Begründung, sondern um das Zusammenwirken unterschiedlicher Begründungswege.

Verantwortungsethische Entfaltung der Grundnorm

Die Interpretation dieser so begründeten Wahrhaftigkeit geschieht im bereichsspezifischen Handeln verantwortungsethisch, d.h. sie ist nicht auf die Kategorie einer für alle Fälle geltenden Grundgesinnung zurückzuführen. Welches sind die Grundfaktoren einer verantwortungsethischen Interpretation der Grundnorm der Wahrhaftigkeit? Wahrhaftigkeit bedeutet im Grunde nichts anderes als die Verpflichtung auf intrapersonale, interpersonale und wirklichkeitsbezogene Wahrheit. Die vierstellige Relation der interpersonalen Verantwortung, die man zunächst einmal ins Auge fassen kann, ist die Verantwortung eines Subjektes (der Person 1) vor sich selbst und vor einem anderen Subjekt (der Person 2) in bezug auf einen Informations- oder Mitteilungsgehalt, wobei sich das, was mit Wahrheit gemeint ist, nach unseren vorherigen Überlegungen nicht auf Information und Mitteilungsgehalt allein reduzieren läßt.

Diese vierstellige Relation ist von Dietrich Bonhoeffer in seinen Überlegungen zum Thema „Wie wird mein Wort wahr?“[5] folgendermaßen zusammengefaßt worden:

1. indem ich weiß, wo ich stehe (die Situation von P 1 beinhaltet auch ihre intrapersonale Wahrheit);

2. indem ich weiß, zu wem ich rede (das ist der Adressat P 2);

3. indem ich weiß, worüber ich rede (auch das werden wir später noch zu entfalten haben);

4. indem ich weiß, welche Regeln für diese Realisierung der Wahrheit unter den Kriterien der Verantwortung gelten. (Über die Regeln und ihre Konflikte werden wir noch zu sprechen haben, denn wir haben ja von den Eingangsüberlegungen der Begründung ex negativo bereits erkennen können, daß es offensichtlich nicht möglich ist, mit einem kategorischen Paragraphen alle Handlungsbereiche und alle Handlungsmöglichkeiten des Menschen abzudecken bzw. ihre sittliche Rechtfertigung von da her zu entscheiden.)

Neben solchen Grundfaktoren sind in einer verantwortungsethischen Interpretation noch weitere Faktoren zu berücksichtigen:

Erstens die Frage nach dem *Geltungsbereich*. Das ist zunächst die Frage nach der Geltung im Nahbereich zwischenmenschlicher Begegnung. Man kennt den Menschen, mit dem man spricht oder steht mit ihm in einer näheren Beziehung. Dann geht es um die Geltung im sog. Mesobereich, d.h. in der Kommunikation einer Gruppe, zu denken wäre da an Gruppen wie „scientific community“, die bereichsspezifische wissenschaftliche Kommunikation mit ihrer besonderen Anforderung an das Ethos. Schließlich stellt sich die Frage nach dem Fernbereich oder im Öffentlichkeitsbereich. Dort herrscht Anonymität, gilt also eine andere Struktur des Miteinander-Umgehens, die stärker von Abstraktion bestimmt ist und die von Rechtsstrukturen und von Institutionen begleitet wird. Diese drei Reichweiten und unterschiedlichen Strukturierungen von Kommunikation differenzieren die Aussageweise und die Anspruchsform von Wahrheit. Eine diskrete persönliche Wahrheit gehört in den Nahbereich; eine riskante experimentelle Aussage gehört in den Bereich wissenschaftsinterner Prüfung; im öffentlichen Rechtsbereich kann eine Aussage verweigerbar sein, wenn sie den Aussagenden oder Nahestehende belastet. Eine Aussage kann aber auch im öffentlichen Interesse erzwingbar sein, wenn es um die Wahrheitsfindung geht. Das Zustandekommen der Wahrheit durch Beweismittel vor Gericht ist von der Zulassung dieser Beweismittel abhängig, so daß die rechtliche Wahrheit von der empirischen Plausibilität differiert u.a.m. Deshalb spielen Reichweiten und Strukturen der Kommunikation in der Konkretisierung des Wahrheitsanspruches jeweils eine unterschiedliche Rolle.

Der *Faktor Zeit*, zweitens, wird meistens im Zusammenhang mit einer verantwortungsethischen Interpretation übersehen. Ich will dafür ein Beispiel nennen: Wenn jemand ein Interview gegeben hat, das am nächsten Tag in der Zeitung erscheinen soll, dann ist es die Aufgabe des Journalisten oder der Journalistin, das Interview so zusammenzufassen, daß der entscheidende Punkt herüberkommt, der gemeint ist. Dazu hat aber die Journalistin oder der Journalist nur eine begrenzte Zeit, d.h. es müssen Entscheidungen gefällt werden, die möglicherweise eine Marge von Unsicherheit und Ungewißheit haben: Was hat der Interviewpartner wirklich gemeint? Wie ist dies mit dem öffentlichen Interesse an der Sache und an seiner Aussage zu vermitteln? Die Art und Weise, wie zitiert wird, welcher Kontext weggelassen wird, welcher Kontext mit eingeschlossen wird, ist eine Entscheidung in der Zeit. Das heißt, wir können die Wahrheitsfähigkeit praktischer Fragen nicht abstrakt und die verantwortungsethische Interpretation nicht zeitlos formulieren, sondern wir müssen sie immer wieder in konkreten Zeitbudgets umzusetzen versuchen. Wenn man das nicht berücksichtigt, dann ist die verantwortungsethische Interpretation des Wahrheitsanspruches verkürzt.

Drittens ist die Frage nach der *moralischen Bewußtseinsstufe* nicht ohne Bedeutung. Die Theorien von Piaget und Kohlberg über die Stufen des moralischen Bewußtseins unterscheiden im wesentlichen drei Grundstufen: das Handeln nach Lust und Strafe, das Handeln nach „law and order“ und das Handeln nach selbstgesetzten, selbstanerkannten, also autonom gewählten Maximen. Handeln kann sich nicht in einer kontinuierlichen Form immer auf der höchsten Bewußtseinsstufe, der Autonomie des Ethischen, befinden. Es ist eine ethische Aufgabe, die eigene verantwortungsethische Interpretation so zu betreiben, daß man die Frage nach dem sittlichen Charakter der Wahrheit oder der Grundnorm der Wahrhaftigkeit auf die höchste Bewußtseinsstufe zu heben versucht. Dies ist ein Faktor der sittlichen Persönlichkeitsbildung. Er hat mit der Frage zu tun, ob ich weiß, wo ich stehe, wie Dietrich Bonhoeffer diese personale Relation formuliert hat.

Und schließlich scheint mir ein vierter Faktor der Berücksichtigung wert zu sein, die Frage nach den *Adressaten*. Ähnlich wie bei der Unterscheidung von Nahbereich, mittlerem Bereich und Fernbereich wird man hier zwischen einzelnen Subjekten, Gemeinschaften, Öffentlichkeiten und Institutionen zu unterscheiden haben. Der Umgang mit Institutionen in der Wahrheitskommunikation stellt z.B. an mich die Frage, wie ich bürokratische Formulare ausfülle. Dabei spielen Abwägungen durchaus eine Rolle, die dann zusätzlich noch unter dem Faktor Raum und Zeit zu betrachten sind. Dabei geht es um Abwägungen, die im Nahbereich u.U. keine Rolle spielen würden. Ich nenne als Beispiel die Selbstdarstellung bei einer Bewerbung.

Die Grundnorm der Wahrhaftigkeit in verschiedenen Ethik-Konzeptionen

Im Rahmen dieser Ausführungen kann ich Ethik-Konzeptionen nicht angemessen wiedergeben. Es scheint mir aber notwendig, den Charakter von Reichweite und Universalität einer Grundnorm, wie er im Anspruch von Ethik-Konzeptionen enthalten ist, zu klären. Es ist bekannt, daß Kant eine deontologische Umsetzung der Grundnorm der Wahrhaftigkeit vorschlägt. In seinem bekannten Aufsatz *Über ein vermeintes Recht, aus Menschenliebe zu lügen* richtet er sich gegen eine Ausnahmelegitimation, indem er auf eine Wahrheitspflichtigkeit auch unter den Umständen des dadurch riskierten Lebensschutzes eines Freundes rekurriert. Kant hat eine grundsätzliche Geltung der Wahrheitspflichtigkeit auch bei konkurrierenden Pflichten vertreten: Sage die Wahrheit, gelegen oder ungelegen, ohne Rücksicht auf die Folgen, in klarer Positionalität. Diese klare Positionalität findet man auch in evangelischen Formulierungen: „Deine Rede sei ja, ja, nein, nein.“ Daß diese klare Positionalität angesichts von Normenkonkurrenzen in einer deontologischen Konzeption aufrechterhalten wird, setzt freilich, wie Jean-Claude Wolf zeigt, voraus, daß hier Wahrheitspflichtigkeit in Analogie zur Vertragspflichtigkeit gedacht wird. Der Satz „Pacta sunt servanda - Verträge müssen eingehalten werden“ wirkt sich sowohl auf die Pflichten gegenüber sich selbst als auch auf die Pflichten gegenüber anderen aus. Jean-Claude Wolf wendet ein, daß man daran zweifeln könne, daß die Vertragspflichtigkeit unter allen Umständen und in jeder Hinsicht gelte. In der Normenkonkurrenz gehe es ja nicht um die Normgeltung, sondern um die Überlegung, ob nicht eine andere Norm einschlägig sei und damit Vorrang habe, bzw. um die Überlegung, ob in einer Pflichtenkollision eine andere Pflicht, etwa der Schutz des Lebens und der Liebe, gegenüber der Wahrheitspflicht vorzuziehen sei, so daß die weiterhin gültig bleibende Wahrheitspflicht in diesem Falle nicht mehr ethisch dominieren könne.

Die deontologische Konzeption ist sich aber, und das kann man nun gerade bei Kant zeigen, sehr wohl im einzelnen bewußt, daß es Situationen gibt, in denen die Frage nach der Wahrheitspflichtigkeit relativiert werden muß. Ein Beispiel dafür bringt wiederum J.-C. Wolf[6]: „Sofern ich gezwungen werde“, sagt Kant, „durch Gewalt, die gegen mich ausgeübt wird, ein Geständnis von mir zu geben und von meiner Aussage ein unrechtmäßiger Gebrauch gemacht wird, und ich mich durch Stillschweigen nicht retten kann, so ist die Lüge eine Gegenwehr. Die abgenötigte Deklaration, die mißbraucht wird, erlaubt mir, mich zu verteidigen.“ Das entspricht der Überlegung, daß in diesem spezifischen Falle, ebenso kategorisch, der Notwehrparagraph einschlägig wäre. Wir haben solche Überlegungen auch auf anderen Gebieten. Selbst strikt deontologische Konzeptionen wie die katholische Moraltheologie des universalen römischen Lehramtes kann ja die Frage nicht beantworten, ob nicht in bestimmten Situationen andere Normen als die üblicherweise erinnerten einschlägig sind. Berühmt ist dafür als Ausnahme die „bosnische Pille". Gemeint ist der Vorschlag von Kardinal Palazzini aus dem Jahr 1993, daß Frauen aus Notwehr heraus, wenn ihnen Vergewaltigung droht, die „Pille" nehmen können, weil die Notwehr gegenüber den Folgen eines ungerechtfertigten Angriffs alle anderen Normen verdränge. Die kategorische Fassung einer deontologischen Norm heißt offensichtlich in diesem Falle nur: die Norm, die primär einschlägig ist, gilt. Also hängt hier viel von der Definition des moralischen Problems ab, die über die Einschlägigkeit einer Norm entscheidet.

Dieses Problem haben Teleologen (sie sehen ausschließlich auf die *Folgen* der Handlungen) selbstverständlich immer schon vor Augen gehabt. Die Wahrheit zu sagen, mahnt die teleologische Konzeption, kann von den Folgen her modifiziert sein, denn jeder müßte fragen, was die Einhaltung der Wahrheitspflichtigkeit für die Menschen, die davon betroffen sind, bedeutet: für ihn selbst, für andere Menschen, u.U. auch für die Institutionen, um die es geht. Das Recht, die Wahrheit erfahren zu dürfen, das unter dem Anerkennungsprinzip behauptet wird, kann verspielt werden; der Folterer hat kein Recht, die Wahrheit zu erwarten; der Indiskrete hat kein Recht, die Wahrheit zu erwarten. Das letztere ist ein Beispiel, das auch bei Kant vorkommt und das Dietrich Bonhoeffer in folgende Form gebracht hat: „Ist dein Vater gestern wieder betrunken nach Hause gekommen?" fregt der Lehrer Schüler morgens im Schulunterricht. Wenn der Schüler nun „nein" sagt, obwohl es so war, dann ist es die Abwehr der Indiskretion. Es ist nicht eine Aussage in Referenz zur Wirklichkeit, sondern in Referenz zur Abwehr der Indiskretion unter Bedingungen der Abhängigkeit. Der Vorwurf an Abhängige, daß sie zur Lüge neigten (z.B. an Frauen), mag hier seinen für Männer beschämenden Ursprung haben. Die Wahrheit der Aussage ist also auch über den Kommunikationszusammenhang zu ermitteln. Freilich wäre es bedenklich, Kommunikationsstile an die Stelle der Wirklichkeitsreferenz zu setzen.

Solche Überlegungen bringen die Umstände und die Folgen in die Wahrheitspflichtigkeit hinein. Man kann sich dabei fragen, ob wirklich ein Widerspruch zwischen Teleologen und Deontologen besteht. Ich würde sogar kühn behaupten, daß, wenn man die Sache genau betrachtet, wie wir eben gesehen haben, bei den Deontologen sich ergibt, daß die Norm dort gilt, wo sie gilt, und daß die Teleologen ein Regelvorzugsurteil angesichts einer Reflexion über die Umstände fällen, einer Reflexion, die beim Deontologen auch nicht fehlen darf.

Die bisherigen Überlegungen stammen aus universalistischen Konzeptionen. Als dritte universalistische Theorie kann man die Diskursethik der *Kommunikationstheorie* betrachten. Sie geht davon aus, daß im Kriterium eines gedachten Apriori der Kommunikationsgemeinschaft die Wahrheitsfähigkeit als eine Voraussetzung des Konsenses und als ein Ausdruck des Konsenses nicht fehlen darf. Ein solcher kommunikationstheoretischer Zugang zum Wahrheitsdiskurs setzt auf der parallelen Ebene der Wahrheitspflichtigkeit die Wahrheit auch als Bedingung gelingender Kommunikation voraus, nicht in der Form einer verdinglichten oder fixierten Wahrheit, aber doch in der Form einer fairen Kommunikation, durch welche die Übereinstimmung, weil sie sittlich richtig ist, auch einen Wahrheitsanspruch hat. Mir scheint hier die Wahrheit einer kommunikativen Gerechtigkeit unterstellt und von ihr abgeleitet zu sein.

Auch der kommunikationstheoretische Zugang ist seinem Sinne nach universal ausgerichtet. Er hat eine universale Reichweite, auch wenn man sich durchaus vorstellen kann, daß Geltungsmodifikationen in bestimmten Kommunikationszusammenhängen möglich sind. Nun gibt es aber Ethikkonzeptionen, die nicht universalistisch sind und eine andere Reichweite vor Augen haben. Eine erste dieser Konzeption möchte ich als *Perspektivismus* bezeichnen. Diese Konzeption ließe sich an Nietzsche und seinem Verständnis von Wahrheitspflichtigkeit verdeutlichen. Ich nehme dafür als Beispiel Kurosawas Film *Rashomon.* In der filmischen Sequenz werden vier Formen geschildert, unter denen man ein Geschehnis auffassen kann. Es geht um die Vergewaltigung einer Frau und um die Tötung ihres Mannes, eines Samurai, durch einen Räuber, und dieser Räuber, die Frau, der Samurai sowie ein dazukommender Bauer schildern in vier Versionen den gesamten Ablauf.

Das ist filmisch wunderbar umgesetzt und später noch einmal in einem Hollywood-Film wiederholt worden, offensichtlich, weil es so eindrücklich diese Konzeption belegt, von der die Rede ist: Nach dieser perspektivischen Konzeption ist die Grundnorm der Wahrhaftigkeit als solche nicht universell existent, sondern es gibt nur eine jeweilige Annäherung an Wirklichkeit, die unter der Voraussetzung steht, die subjektiven Einschränkungen und kommunikativen Einschränkungen, ja man kann sagen, auch die objektiven Einschränkungen, in denen jeder Mensch unter bestimmten Bedingungen nur einen Teil der Wirklichkeit als solche wahrnehmen kann, zu gewährleisten. Der Film wirft die Frage auf, ob ein totaler Wahrheitsrelativismus sich durchhalten läßt. Er treibt jedoch einen solchen Relativismus nicht auf die Spitze, sondern interpretiert diese verschiedenen Annäherungen an Wahrheit so, daß die „wahre" Wirklichkeit offenbleibt. Die Kriterien der Wahrheit werden in der Schlußsequenz deutlich, in welcher es darum geht, wer sich eines ausgesetzten Kindes annimmt: Lebensförderlichkeit und Menschenfreundlichkeit. Sie entfalten eine Legitimationskraft für den Zugang zur Wahrheit.

Diese Erkenntnis erinnert, und auch dies gehört in den Bereich des Narrativen, an eine Antwort, die Thomas Mann in seinem Essay über Tschechow[7] gegeben hat: einerseits sei nur die Wahrheit lebensfördernd, und andererseits sei nur das Lebensfördernde wahr. Die These „nur das Lebensfördernde ist wahr", führt zu der Frage, die ich eingangs gestellt habe, als ich mich mit der Konkurrenz von Grundprinzipien beschäftigt habe: Muß man nicht „Wahrheit" einordnen, gibt es nicht ein anderes Grundprinzip, das einen höheren Rang genießt (z.B. das Leben, die Freiheit oder die Liebe)? Diese Frage stellt sich aus der Sicht des Perspektivismus neu. Die Frage lautet, ob der Perspektivismus tatsächlich partielle Normen vertritt oder ob er nicht bloß im Konkurrenzfalle eine andere universelle Norm vertritt: die Liebe.

Unter den Konzeptionen der Ethik, die auf den ersten Blick als nichtuniversell erscheinen, ist zweitens der Kommunitarismus zu nennen. Der *Kommunitarismus* geht davon aus, daß Menschen in der Form, in der sie gemeinschaftlich sozialisiert sind, auch die Wirklichkeit wahrnehmen. Die Regeln, in denen Kommunikation stattfindet, sind normbestimmend. Das heißt, was wir als Ausnahmemöglichkeit mit Legitimationspflicht benannt haben, erscheint aus dieser Sicht nicht als Ausnahme, sondern als Kulturvariante, z.B. die Wahrung des Gesichtes in fernöstlichen Regionen, die Gemeinschaftstreue, der Wirklichkeitsgehalte verfremdende Kommunikationsstil. Die Überlegungen über Ausnahmen, die ich eingangs vorgetragen habe, würden dann jeweils zu einer bestimmten Sozialisationsfigur oder zu einer bereichsspezifischen Kommunität gehören. Politiker z.B. kommunizieren eben anders in ihrer Kommunikationsgemeinschaft, als es normale Menschen tun. Ich habe öfters Beispiele davon erlebt, und oft heißt es, wenn man darüber staune, sei man naiv. Das sind etwas platte Beispiele, aber der kommunitaristische Zugang zur Wahrheitspflichtigkeit rechnet eben damit, daß die geschichtlich gewordene Kommunität Ausprägungen zeitigt für die Art und Weise, wie diese Wahrheitspflichtigkeit als verbindlich interpretiert wird. Daß dies so ist, wird man nicht bestreiten wollen. Gerade auf der Ebene der Beschreibung von tatsächlicher Moral und tatsächlichem Sozialverhalten ist der Kommunitarismus möglicherweise wirklichkeitsgetreuer als universelle Theorien. Aber auf der anderen Seite wird man doch zugestehen müssen, auch auf Seiten der Kommunitaristen, daß gerade die Kennzeichnung dieser Unterschiede als „besonders" ja auch die Betonung der Partialität nicht außer acht lassen, daß es eine Fragestellung nach der Universalität gibt. Ich nenne das den partiellen Zugang zur Universalität, denn Partialität und Universalität kann man nicht isoliert voneinander, sondern nur in binärer Kodierung denken: wer das eine denkt, muß notwendig eine Definition des anderen einschließen.

Eine dritte Konzeption ist zu erörtern, die sich freilich nicht als andere ausschließend versteht. Ich nenne sie *„Modellethik"*. In der Modellethik geht es vor allen Dingen um die Wahrheitspflichtigkeit als sog. Ausdruckshandlung. Gerade im Zusammenhang mit der von Kant besonders pointierten Pflicht gegen sich selbst, stellt sich die Grundnorm der Wahrhaftigkeit als Konsequenz der eigenen Person dar. Es kann u.U. sein, daß gerade in der Konsequenz der eigenen Person eine solche Bedeutung liegt, daß bestimmte Folgen, die möglicherweise in einer reinen Güterabwägung problematisch wären, in Kauf genommen werden. Das ist z.B. der Fall bei Märtyrern, um ein in der Geschichte immer wieder vorkommendes Beispiel zu verdeutlichen. Es kann sein, daß eine solche Ausdruckshandlung nicht nur die Lebenskonsequenz der eigenen Person ratifiziert, sondern auch im Sinne einer Negation des Negativen zeichenhaft zu verdeutlichen versucht, daß die übliche Kommunikation im Hinblick auf die Grundnorm der Wahrheitspflichtigkeit oder der Wahrhaftigkeit bereits verdorben ist. Gerade im Kontext eines Kommunikationsstils, in dem die Wahrheit einander mit dem Antlitz der Lüge gesagt werden kann, gehört es zur Ausdruckshandlung, dagegen eine konkrete Negation zu setzen. *Politik wider die Lüge*[8] ist der Titel eines Buches von Herwig Büchele, in dem solche Reflexionen angestellt werden.

Bei dieser Betrachtung der Ethikkonzeptionen und der Reichweite ihrer Überlegungen habe ich zu zeigen versucht, daß auch dort, wo die Reichweite geringer gesehen wird, im Perspektivismus, im Kommunitarismus, in der Ausdruckshandlung oder in der Modellethik, im Grunde die Tendenz zum Universellen nicht aufgegeben wird, so daß ich meine Eingangsthese hier bestätigt sehe oder zumindest mich zu wiederholen getraue, daß sich nämlich in den Begrenzungen von Reichweiten universeller Geltung dennoch die Vorrangstellung universeller Geltung nachweisen läßt, weil diese Begrenzung immer genau als spezifische Partialität beschrieben wird, denn sonst müßte man ja die Universalität des Partiellen vertreten. Die Unmöglichkeit einer solchen Konsequenz ist das stärkste Argument für die universelle Geltung allgemeiner ethischer Prinzipien.

Die Sünden gegen das Wahrheitsgebot

Wenn ich die Tendenz zur Universalität zusammenfassen kann, die ich bisher in einer Art Konvergenzargumentation, indem ich die Teilperspektiven auf ihre Reichweite hin untersucht habe, zu behaupten versuchte, dann meine ich doch, daß diese Tendenz zur Universalität sich eher im Negativen als im Positiven ausdrücken läßt. Man kann also die Grundnorm der Wahrhaftigkeit eher so aufrecht erhalten, daß man in extremis zeigen kann, wo sie völlig außer Kraft gesetzt würde oder in ihrem Bestehen gefährdet wäre. Diese Negativität läßt sich besser sagen als eine umfassende positive Formulierung dieser Grundnorm.

Für diese Universalität ex negativo oder die Sünden gegen die Wahrheitspflichtigkeit bzw. das Wahrheitsverbot stehen im folgenden fünf Beispiele:

Das erste ist die *Verheimlichung* bei bestehenden Anspruchsrechten. Diese negative Regel oder dieses Verbot ist ein formales Verbot. Inhaltlich kann man immer noch über die Anspruchsrechte diskutieren. Falls diese Anspruchsrechte aber anerkannt werden, dann wäre es eine universelle konkrete Norm, daß diesbezüglich keine Verheimlichung stattfinden dürfte. Wenn ich z.B. der Meinung bin, nur besonders Kompetente hätten einen Anspruch darauf, die gesamte Information und das gesamte Wissen über eine verhandelte Problemfrage zu erhalten, dann habe ich das Anspruchsrecht eingeengt. Aber ich muß dann einen Grund dafür geben, warum ich dieses Anspruchsrecht einenge, und das wird im allgemeinen unter dem Kriterium der Universalisierung außerordentlich schwerfallen. Nicht einmal die sog. Wahrung des Gesichtes würde als Ausnahme davon ausgehen, daß ein solches Anspruchsrecht hier nicht besteht.

Zweitens, die *Verfälschung* bei Kenntnis des Richtigen. Verfälschung bei Kenntnis des Richtigen ist etwas anderes als die Verheimlichung oder das Verschweigen. Sie stellt nicht eine passive Haltung, sondern eine aktive Haltung, eine offensive Haltung dar, eine offensive Verwandlung der Kenntnis des Richtigen in der Kommunikation in das Unrichtige. Es wäre z.B. bei Propagandavorgängen, die wir aus totalitären Staaten kennen, oder bei Wahlverfälschungen und dergleichen gegeben. So etwas kommt bekanntlich in der medialen Kultur ebenfalls vor.

Drittens: Die *Versicherung* bei Unkenntnis oder Teilkenntnis. Unter einer Wahrheitskommunikation, in welcher etwas versichert wird, verstehe ich eine Mitteilungsform, in der man mit empirisch überprüfbaren Wahrheiten rechnet. Bei einer Kommunikationsform, in der man sich Geschichten erzählt, rechnet man mit dieser Art von Wahrheit nicht. Deswegen spreche ich von empirischer Wahrheitskommunikation. In dieser Wahrheitskommunikation besteht seitens der Person, die Mitteilungen macht, Informationen gibt oder die ihre eigene Person als Medium benutzt, die Pflicht, nichts zu versichern, was nicht nach bestem Wissen und Gewissen überprüft ist. Man muß das auch in der nicht-kognitiven oder nicht-verbalen Form sehen, weil Täuschungsmanöver ja auch nichtverbal sein können. Im Modus der Gewißheit darf ich nicht sagen, was ich im Modus der Gewißheit nicht versichern kann. Im journalistischen Ethos kann dies ein ganz entscheidender Punkt sein, und es kommt dennoch vor, daß gegen dieses Verbot unter dem ständigen Druck beschleunigter Information gesündigt wird.

Viertens: Die *Zumutung* bei Abwehr. Es besteht in der Wahrheitskommunikation auch ein Anspruchsrecht darauf, die eigene Intimsphäre, die eigene Schamsphäre unter dem Anspruch der Diskretion zu sehen. Eine solche Überlegung gibt es auch bei Kant, und das Beispiel von Bonhoeffer mit dem Kind, das eine Lehreranfrage abwehrt, ist aus diesem Bereich gewählt, d.h. es wäre in der Wahrheitskommunikation dort sittlich falsch, Auskünfte zu erwarten, Anspruchsrechte geltend zu machen, wo sie auf andere Anspruchsrechte der betroffenen Personen stoßen, die von höherem Rang sind. Damit wird aber von vornherein zugestanden, daß man in der Auseinandersetzung zwischen den Grundprinzipien des menschlich Richtigen die Frage nach der Höchstrangigkeit der Wahrheitspflichtigkeit immer wieder neu, Fall für Fall, stellen muß. Sonst würde man diese Pflicht über das viel allgemeinere Kriterium der Menschenwürde stellen.

Fünftens: Die *Übertreibung* oder *Überinszenierung* in der Wahrheitskommunikation durch die Darstellungsform. Gerade in den narrativen Strukturen sind Übertreibungen und Überinszenierungen möglich, und sie sind sogar richtig, aber sie werden auf Grund der besonderen narrativen Kommunikation als solche auch ohne weiteres zugestanden. Daß eine Satire beispielsweise übertreibt, gehört zum Modus ihrer Darstellung. Aber wo Wahrheitskommunikation stattfindet, d.h. wo Menschen miteinander in einem kommunikativen Prozeß des Handelns stehen, indem sie sich wahrnehmen als Menschen, die die Wahrheit erwarten dürfen, die Rechte und Pflichten auf diesem Gebiete haben, da ist eine Übertreibung und Überinszenierung ein Täuschungsakt.

Was ich hier als Universalität des Negativen herauszuarbeiten versuchte, sind eher schwache Behauptungen. Damit meine ich: sie gelten nicht umständelos. Es handelt sich eher um Faustregeln, die im allgemeinen Gültigkeit beanspruchen, weil, wie wir gesehen haben, die Geltung einer für einen bestimmten Bereich als einschlägig anerkannten Pflicht keineswegs ausschließt, daß diese Pflicht mit anderen Pflichten kollidieren kann.

Die Pflichten aus dem Wahrheitsgebot

Die grundsätzlichen Pflichten, die ich vorzuschlagen versuche, sind nicht exklusiv und auch nicht im Sinne starker Behauptungen zu verstehen, sondern eher als relativer Ertrag aus den vorhergehenden Überlegungen:

Erstens: Der *Annäherungsprozeß* an die Wirklichkeit ist zu verbessern. Das entspricht dem Plausibilitätscharakter der Wahrheitstheorie, die in der Wahrheit eine Annäherung an die Wirklichkeit zu fassen versucht.

Zweitens: Die *kommunikative Kompetenz* ist zu fördern, d.h. jene Fähigkeit, Wirklichkeit als eine diskursive Wirklichkeit wahrzunehmen, in der die einzelnen Menschen als Kommunikationsteilnehmer bestimmte Anspruchsformen entfalten können.

Drittens: Es besteht eine grundsätzliche Pflicht zur *Balance zwischen Kohärenz und Kontextualität.* Dies ist mir immer wieder an einem kirchlichen Beispiel aufgefallen: an der alleinigen Herrschaft der abstrakten Kohärenztheorie der Wahrheit in einem lehramtlichen Moralsystem, das jede Kontextualität z.B. aus der Kohärenztheorie der Norm der Unauflöslichkeit der Ehe ausklammert. Die Balance zwischen Kohärenz und Kontextualität scheint mir eine Forderung der Lebensförderlichkeit der Wahrheit zu sein.

Viertens: Die Förderung der *Autonomie des moralischen Bewußtseins* bei einzelnen Beteiligten. Die dahinterstehende theoretische Reflexion über kognitive moralische Förderstufen ist bekannt.

Fünftens: Die *Konvergenz* aller grundsätzlichen Pflichten. Ich gehe davon aus, daß, wenn wir die Richtigkeit der Wahrheitspflichtigkeit miteinander erörtern, wir das immer in einer Konvergenz mit der Selbstbestimmung der Person und ihrer Würde tun müssen, ferner in einer Konvergenz mit der Gerechtigkeit (Gleiches muß gleich, Ungleiches muß ungleich behandelt werden) und in einer Konvergenz mit der Solidarität mit den Schwachen und Marginalisierten. Das Prinzip der Konvergenz zwischen den grundsätzlichen Pflichten, die ihrerseits zu den Gründen der Norm der Wahrhaftigkeit gehören, setzt eben voraus, daß diese Grundnorm der Wahrhaftigkeit niemals in Selbstisolation vertreten wird, sondern daß sie immer unter der Perspektive steht, mit anderen grundsätzlichen Pflichten in Übereinstimmung oder in Abstimmung über die Einschlägigkeit gebracht zu werden. Dies bedeutet keine Schwächung der Wahrheitspflicht. Die Normen, mit denen die Wahrheitspflicht vom Ansatz her kohärent ist, das Anerkennungsprinzip, der gerechte Diskurs, die lebensförderliche Liebe, können im Kontext der Wirklichkeit nur deshalb den perspektivischen Vorrang beanspruchen, weil sie ihrerseits die Wahrheitspflicht ebenso mitbegründen wie diese Wahrheitsnorm an ihrer Begründung - zumindest als Widerspruchsverbot - mitwirkt.

Anmerkungen

1. K. Steigleder, *Die Begründung moralischen Sollens,* Tübingen 1992.
2. Unveröffentlichtes Manuskript, 1993. - Siehe auch J.-C. Wolf, *Kant und Schopenhauer über die Lüge,* in: *Zeitschrift für Didaktik der Philosophie,* 1988, Heft 10, S. 69-80. (Eine Bemühung um Versöhnung zwischen Kants „Rigorismus“ und Schopenhauers „Laxismus“, zugleich ein guter Verweis auf die Basis der Argumentation Kants bei Augustinus.)
3. S. Gasiet, *Eine Theorie der Bedürfnisse,* Frankfurt a.M. 1980.

4. H. Krämer, *Integrative Ethik,* Frankfurt a.M. 1992.
5. D. Bonhoeffer, *Ethik,* hrsg. v. E. Bethge, München, 3. Aufl. 1977, S. 385-395. (Vgl. dazu D. Mieth, *Wahrhaftigkeit - Aufrichtigkeit - Glaubwürdigkeit. Die Idee einer ethischen Kultur der Politik,* in: ders., *Die neuen Tugenden,* Düsseldorf 1984, S. 154-169.)
6. J.-C. Wolf, *Wahrheit und Lüge* (unveröff., 1993): Daraus der Hinweis auf das Kantzitat über die Lüge als „Gegenwehr" im Falle der gewalttätigen Nötigung zum Geständnis, vgl. I. Kant, *Eine Vorlesung über Ethik,* hrsg. v. G. Gerhardt, Frankfurt a.M. 1990, S. 244.
7. Th. Mann, *Versuch über Tschechow. Ausgewählte Essays,* Frankfurt a.M. 1977.
8. H. Büchele, *Politik wider die Lüge. Zur Ethik der Öffentlichkeit,* Wien 1982.

Weitere Literatur

Ahrendt, H., *Wahrheit und Lüge in der Politik,* München/Zürich 1967.

Augustinus, A., *Die Lüge und gegen die Lüge,* Würzburg 1953.

Bien, G., *Lüge,* in: *Historisches Wörterbuch der Philosophie,* hrsg. v. J. Ritter / K. Gründer. *Bd. 5: L - Mn,* Basel 1980, S. 533-544.

Bok, S., *Lügen: Vom täglichen Zwang zur Unaufrichtigkeit,* Hamburg 1986.

Craemer, O., *Die christliche Wahrhaftigkeitsforderung und die Frage ihrer Begründung und Begrenzung,* Dresden 1933.

Eggensberger, Th. / U. Engel (Hrsg.), *Wahrheit. Eine Recherche zwischen Hochscholastik und Postmoderne,* Mainz 1995.

Falkenberg, G., *Lügen. Grundzüge einer Theorie sprachlicher Täuschung,* Tübingen 1982.

Geismann / H. Oberer (Hrsg.), *Kant und das Recht der Lüge,* Würzburg 1986.

Mieth, D., *Warum das Lügen so schön ist. Eine Anleitung zu den feineren Formen der Unmoral,* in: *Orientierung,* 1989, Heft 53, S. 73-75.

Müller, G., *Die Wahrhaftigkeitspflicht und die Problematik der Lüge,* Freiburg/Basel/Wien 1962.

Über die Lüge - Manuskripte, Zeitschrift für Literatur, 1984, Heft 86 (Dezember), Graz.

*Dieser Beitrag erschien zuerst in Rüdiger Funiok (Hrsg.), *Grundfragen der Kommunikationsethik,* Konstanz 1996, S. 15-40. Er wurde für die Veröffentlichung in diesem Band redaktionell geringfügig verändert.

Horst Pöttker

Prinzip Folgentransparenz

Über die Orientierungsaufgabe von Journalisten

Methode und Wahrheit

Werturteilsstreit am Anfang des Jahrhunderts, Positivismusstreit in den sechziger Jahren, Konstruktivismusdebatte heute: Drei Etiketten, hinter denen sich ein zyklisch wiederkehrendes Muster sozialwissenschaftlicher Auseinandersetzung mit den Grundbegriffen „Wahrheit" oder „Wirklichkeit" verbirgt. Denn es ist immer wieder dasselbe Paradigma, das ein ums andere Mal den Sieg davonträgt. Charakteristisch für diese seit der Aufklärung sich durchsetzende Sichtweise ist, daß Wahrheit und Wirklichkeit als *erkenntnistheoretische,* wenn nicht *methodologische* Probleme betrachtet werden. Ein wesentliches Ergebnis solcher auf die Verfahrensweise konzentrierten Reflexion ist die Einsicht, daß „Wirklichkeit" nur ein Konstrukt subjektiver Selektion aus der prinzipiell unbegrenzten und unkontrollierbaren Menge alles Wiss- und Kommunizierbaren sein kann, das aufgrund dieser Selektivität nolens volens mit Wertungen behaftet ist. „Wahrheit" ist aus diesem erkenntniskritischen Blickwinkel niemals als unverändert überlieferbare Substanz, sondern allenfalls als *Prozeß* eines intersubjektiven Diskurses vorstellbar, wobei wiederum Verfahrensregeln, durch die dieser Prozeß offengehalten werden kann, vor allem das Prinzip der *Deklaration* von Quellen, Prämissen, Zweifeln, Befangenheiten und Interessen, als Substrat der unvollendbaren Objektivität ins Zentrum der Aufmerksamkeit rücken.

Solcher *prozeduralen Vernunft* wohnt ein Skeptizismus inne, der Absolutheitsansprüchen und durch sie legitimierter Herrschaft den kulturellen Nährboden entzieht. Wo die Einsicht zum „common sense" gehört, daß Wahrheit unvollendbar und damit relativ ist, wird die Behauptung, Menschen müßten um der Durchsetzung einer Idee willen ihrer Freiheit oder gar ihres Lebens beraubt werden, schwerlich breite freiwillige Zustimmung finden, selbst wenn die betreffende Idee für plausibel gehalten wird. Nicht zufällig steht neben der prozeduralen Vernunft auch die *Toleranz* auf dem Programm der Aufklärung, und Symbolfiguren des Terrors wie Robespierre, die ihre Schreckensherrschaft im Namen von Menschlichkeit, Gleichheit und Gerechtigkeit errichten, gelten zu Recht als Perversionen, ja Antipoden der Aufklärung, indem sie noch für deren Ideen selbst einen durch keine Verfahrenslogik begründbaren Absolutheitsanspruch erheben.

Die Frage, wie es zu solchen Terrorregimen überhaupt kommen kann, führt freilich auch zur Schattenseite der prozeduralen Vernunft. Wenn nämlich nicht nur die vom Absolutheitsanspruch der jeweiligen Ideologie überzeugten Aktivisten zur Entstehung und Fortdauer von Unterdrükkung beitragen, sondern ebenso die Zur-Seite-Schauer und Mitläufer, dann können auch erkenntnistheoretisch begründeter Skeptizismus und daraus gespeiste Toleranz zu Wurzeln des Terrors werden, indem sie die Habitualisierung einer Laissez-faire-Haltung fördern. Prozedurale Liberalität stößt dort an Grenzen, wo sie sich - auch das zumal in der „Postmoderne“ eine durchaus aktuelle Verfallsform der Aufklärung - zu Indifferenz, Gleich-Gültigkeit und radikalem Relativismus auswächst.

Wenn der Wahrheitsbegriff ausschließlich auf erkenntniskritischen Kriterien fußt, gerät leicht in Vergessenheit, daß die außersubjektive *Wirklichkeit* eine eigentümliche Beschaffenheit hat, zu der das Subjekt noch in anderen Beziehungen steht als denen der Erkenntnis, denen die Erkenntnisanstrengung und die Kommunikation ihrer Ergebnisse („Information“) aber gerecht werden müssen. Beispielsweise wäre es nicht nur zynisch, sondern eben auch unwahr, die Erfahrungen von Terroropfern als Produkte der Selektivität subjektiver Wahrnehmung zu deuten, denen die aus der ebenfalls selektiven Wahrnehmung von Unbeteiligten oder Tätern sich ergebenden Konstrukte gleichwertig gegenüberstünden. Nicht nur dieses Beispiel lehrt: Von *Wahrheit* und *Wirklichkeit* läßt sich nicht sinnvoll reden, ohne daß auch auf den *Inhalt* von Erfahrung, Erkenntnis und Information ernstlich Bezug genommen wird.

Die inhaltsbezogene, beispielsweise von der Kirche seit jeher praktizierte, und die erkenntniskritische, der Aufklärung zu verdankende Bestimmungsweise des Wahrheitsbegriffs sind im Hinblick auf ihre soziopolitische Wirksamkeit also mit je spezifischen, komplementären Stärken und Schwächen behaftet: Festigkeit, die zum Dogmatismus werden kann, hier - Beweglichkeit, die zum Opportunismus werden kann, da, wobei mit einem Gewinn an der einen Qualität stets ein Verlust an der anderen verbunden ist.

Max Weber hat dies in die Gegenüberstellung von Gesinnungsethik und Verantwortungsethik gefaßt. In ihrer Rezeption wird häufig übersehen, daß er keineswegs nur die Verantwortungsethik gelten lassen wollte. Vielmehr erkannte er klar, daß sie in Beliebigkeit ausarten kann, weshalb sie in gesinnungsethischer Prinzipientreue ihre Grenzen finden müsse.[1] Daß diese Überlegung gesellschaftspolitisch relevant ist, zeigt ein bekanntes historisches Beispiel: Während die *NSDAP* bei den protestantischen Wählern norddeutscher Großstädte schon verhältnismäßig früh Fuß fassen konnte, gab es auch Jahre nach der Machtübergabe an Hitler und unter repressiver Einflußnahme der herrschenden Nazis auf die Stimmabgabe in konservativ-katholischen, ländlich geprägten Gebieten immer noch eine erhebliche Zahl von Wählern, die ihr die Zustimmung verweigerten.[2] Es bietet sich an, die geringere Resistenz des liberalen protestantischen Milieus, das zweifellos stärker von der Toleranzidee der Aufklärung affiziert war, auf ein Defizit an inhaltlichem Grundsatzbewußtsein in diesem Milieu zurückzuführen.

Angesichts der Komplementarität von Vorzügen und Nachteilen sollte es sich verbieten, die prozedurale, auf Noch-zu-Erkennendes hin orientierte Rationalität und die substantielle, auf den Inhalt von schon Erkanntem rekurrierende Vernunft als sich ausschließende Alternativen aufzufassen. Sinnvoller wäre es, mögliche *Synthesen* zwischen den zwei Herangehensweisen auszuloten, um eine Vorstellung von der Konstitution der Wahrheit zu entwickeln, die sich nach beiden Seiten hin durch ein Optimum an Resistenz gegen die Gefahr sowohl des Dogmatismus als auch des Opportunismus auszeichnet.

Bemerkenswert hierfür ist die Argumentation des katholischen Theologen Johann Baptist Metz, der innovativ und erfolgreich versucht, substantielle Vernunft, die der prozeduralen Rationalität die notwendige Grenze setzt, als „anamnetische Vernunft“ konkreter zu bestimmen.[3] Es hat natürlich mit der christlichen Tradition zu tun, wenn Metz die *Vergegenwärtigung des Leidens anderer,* zum Beispiel von Terror-Opfern, als jenes universale, nicht durch Toleranz relativierbare Prinzip anvisiert, das den Kern der substantiellen Vernunft ausmacht. Dieser Vorschlag erscheint vor allem deshalb bemerkenswert, weil er realistischer und weniger instrumentalisierbar ist als die von der Kritischen Theorie genährte Illusion, Wahrheit müsse zur Auflösung von Herrschaft führen.

Wahrheit und Gesellschaft

Bevor die Medienethik sich bei der Bestimmung der Wahrheitsqualität um die Bildung einer Synthese bemühen kann, gilt es zunächst, den Vorsprung, der auf dem prozeduralen Argumentationsstrang erarbeitet worden ist, durch Reflexionen über die Struktur von Informations*inhalten* aufzuholen, die Journalisten nicht vernachlässigen dürfen, wenn sie dem Wahrheitsgebot nachkommen wollen. Es geht dabei um die Bestimmung einer Struktur von Inhalten, die um Wahrheits- und Wirklichkeitsnähe bemühten Journalisten *zusätzlich* zu den methodischen Standards der Wahrhaftigkeit wichtig sein sollten.

Die Ethik der Öffentlichkeitsberufe hat mit der Standesethik etwa der Ärzte, der Priester oder der Rechtsanwälte gemeinsam, daß sie zwar in die allgemeine Ethik eingebettet ist, sich aber deutlich erkennbar aus dieser heraushebt. Charakteristisch dafür ist zum Beispiel, daß der Verhaltenskodex des Deutschen Presserats für Journalisten einerseits universale, im Prinzip für alle Menschen Geltung beanspruchende Normen enthält, etwa das Verbot, andere Menschen physisch oder psychisch zu gefährden bzw. ihre Privatsphäre zu verletzen (Wahrung der Menschenwürde), andererseits aber auch auf die besondere Aufgabe dieser Berufsgruppe (Herstellung von Öffentlichkeit) zugeschnittene Imperative wie die Gebote, Werbung vom redaktionellen Teil zu trennen oder Fehlinformationen an Ort und Stelle zu korrigieren. Daß universale und professionelle Normen auch in Konkurrenz miteinander treten können und daß es in solchen Fällen nicht von vornherein klar sein muß, welche Kategorie die andere übertrumpft, zeigt sich beispielsweise an der Forderung des Presserats, es sei sorgfältig abzuwägen zwischen dem Informationsinteresse der Öffentlichkeit und den schutzwürdigen Persönlichkeitsrechten des Individuums.[4]

Auch eine nicht-prozedurale Bestimmung der Struktur wahrheitsgemäßer Informationsinhalte im Rahmen der Medienethik, wie sie hier versucht werden soll, muß sowohl universale wie berufsspezifische Aspekte berücksichtigen. Wenn Johann Baptist Metz mit seinem Plädoyer für anamnetische Vernunft auf die christliche Tradition zurückgreift, ist davon zwar für die berufsspezifische Dimension solcher Überlegungen nicht viel Klärendes zu erwarten, denn Jesus hat ja für alle Menschen gelitten und nicht nur für die Angehörigen einer bestimmten Profession. Konsequenterweise stellt Metz das Sich-Erinnern an die Leiden anderer auch nicht als eine gruppenspezifische Aufgabe dar, sondern als substantielles Vernunftsprinzip der Politik im Sinne einer Sphäre, die alle betrifft und an der daher jede(r) Bürger(in) sich beteiligen (können) sollte. Aber für die universalistische Dimension bedeutet die Idee der anamnetischen Vernunft auch in der Medienethik einen erheblichen Gewinn. Daß sich für die journalistische Information immer und überall die Aufgabe stellt, menschliches Leid öffentlich zu machen, geht z.B. aus der in den *Publizistischen Gesamtplan* der *EKD* von 1979 eingegangenen Forderung Robert Geisendörfers hervor, evangelische Publizistik habe im Sinne einer Stellvertreterfunktion benachteiligten Gruppen, die sich sonst kein Gehör in der Gesellschaft verschaffen können, eine Stimme zu leihen.[5] Das war natürlich auch als Kritik an den „säkularen" Medien gemeint.

Journalismus und andere Öffentlichkeitsberufe sind freilich erst durch eine sozio-kulturelle Entwicklung, die wesentlich jünger ist als die christliche Tradition, notwendig geworden und tatsächlich entstanden. Mehr als von dieser ist daher von einer *Analyse der modernen Gesellschaftsstruktur* für die Frage zu erhoffen, was Wahrheit oder Wirklichkeitsnähe jenseits prozeduraler Bestimmungen für diese Berufe bedeuten kann. Auch dieser professionelle Anteil an der substantiellen Produktionsethik der

Medien läßt sich freilich noch in den universalistischen Rahmen anamnetischer Vernunft integrieren, wenn man die Analyse unter die Leitfrage nach dem charakteristischen Leid des Menschen an der Moderne stellt. Das legt eine handlungstheoretische Sichtweise nahe, die sich für die subjektiven Motive und Empfindungen der Handelnden interessiert.

Gesellschaft und Entfremdung

Der Versuch, Antworten auf die Frage nach Wahrheit und Wirklichkeit im Journalismus nicht erkenntnistheoretisch, sondern *gesellschaftstheoretisch* zu fundieren und dabei anamnetische Vernunft walten zu lassen, hebt zwangsläufig mit einer Besinnung auf jenes konstitutive Strukturmerkmal der Gesellschaft an, das das spezifische Leiden an der Moderne hervorbringt.[6]

Max Weber hat dieses Charakteristikum als umfassende (Zweck-)Rationalisierung des Lebens beschrieben, für die ihm das berühmte Wort vom „stahlharten Gehäuse"[7] der Hörigkeit nicht übertrieben erschien, um die Belastung des Individuums durch die Sozialstruktur zum Ausdruck zu bringen.

Wenn es überhaupt einen Konsens in der Sozialwissenschaft gibt, dann ist es die von ihrem Anfang an für wahr gehaltene und besonders von der Systemtheorie bis zum Exzeß durchgespielte Prämisse, daß alle gesellschaftliche Entwicklung im Prinzip ein Prozeß fortschreitender *funktionaler Differenzierung* ist, der „Institutionen" entstehen läßt, deren jede sich ganz auf die Erfüllung einer bestimmten oder einiger weniger für das Zusammenleben von Menschen notwendiger Aufgaben konzentriert. Die moderne Gesellschaft ist insofern ein signifikantes Stadium dieses Prozesses, als sie nicht nur eine vorher nie dagewesene Zahl solcher Institutionen umfaßt; sondern auch wegen deren innerer Verfassung, für die eine unaufhebbare Neigung zur Herausbildung bürokratischer Organisationsstrukturen charakteristisch ist. Die für Bürokratien typischen Elemente wie Plan- und Rechenhaftigkeit, genau fixierte horizontale und vertikale Kompetenzverteilung, Nachvollziehbar- und Kontrollierbarkeit aufgrund von Aktenkonservierung usw. bilden sich in vielfältigen Ausprägungen und Kombinationen heraus, damit die Institutionen ihre spezifischen Funktionen optimal erfüllen können. Insofern ist die *Bürokratisierung* ein integraler Bestandteil der Modernisierung.

Woran leiden Menschen, die gegenüber einer Vielzahl von bürokratischen Institutionen handeln müssen und von diesen sozusagen „umstellt" sind?

Der Mensch der Moderne, der fortwährend mit Behörden, Schulen und Universitäten, Industrieunternehmen, Bahn, Post, kirchlicher Verwaltung, Gewerkschaften, oder Rundfunkanstalten in Kontakt steht, bekommt von diesen „Institutionen“ ebenso fortwährend bedeutet, daß sein Handeln für sie *keine Folgen* haben kann, weil sie sich ausschließlich an die um ihres Existenzzwecks willen fixierten Regeln, also Gesetze, Verordnungen, Dienstpläne, Kompetenzverteilungen in Organisationsstrukturen usw. halten müßten. Der strikte Verweis auf die angebliche Eigendynamik einer Institution kann explizit gegeben werden, wenn beispielsweise der Beamte bei der Ablehnung eines Gesuchs bedauernd auf seine Vorschriften hinweist; er kann aber auch implizit geschehen, weil ja jeder zu wissen glaubt, daß man am Fahrplan oder am Fernsehprogramm nichts ändern kann, wenn einem eine Zugverbindung oder eine Sendung nicht paßt. Die für die moderne Gesellschaft typische Erfahrung des Subjekts, permanent auf die Wirkungslosigkeit seiner Intentionen und Aktivitäten hingewiesen zu werden, muß auf die Dauer dazu führen, daß das Subjekt von vornherein darauf verzichtet, Folgen des eigenen Handelns zu berücksichtigen.

Dieser für die Moderne charakteristischen Handlungsweise („Rezeptivität“) wohnt freilich ein *Irrtum* inne, denn tatsächlich sind ja bürokratische Großinstitutionen keineswegs unabhängig von ihrem Publikum, sondern richten sich nach dessen Handlungsweisen etwa bei Wahlen, beim Konsum oder bei der Mediennutzung. Daß das Publikum durchaus Möglichkeiten hat, Institutionen zu beeinflussen, demonstriert beispielsweise das penetrante Interesse der Medienproduzenten für Auflagenzahlen und Einschaltquoten.

Die sich aus der Kunden- oder Klientenbindung der Institutionen ergebenden Auswirkungen von Handlungen sind allerdings für dessen Subjekt *schwer wahrnehmbar*, weil zeitversetzt und an die Bedingung geknüpft, daß viele andere Subjekte ähnlich handeln. Nicht das Fehlen von Handlungsfolgen, sondern deren *Ungleichzeitigkeit* und *Undurchschaubarkeit* bringen also in komplexen Strukturen das Phänomen der endemischen Rezeptivität hervor. Wenn Bürokratien sich unabhängig vom Tun und Lassen, Wünschen und Fürchten der Menschen verhalten, dann nicht zuletzt deshalb, weil sie aufgrund ihrer ostentativen internen Zweckrationalität *fälschlich* für unabhängig von ihrer äußeren Umwelt *gehalten werden.* Erst dieses „falsche Bewußtsein“ verleiht den großen Institutionen ihre scheinbar erdrückende Macht.

In Anlehnung an Hegel und Marx kann die durch gesellschaftliche Komplexität hervorgebrachte Unfähigkeit, strukturelle Ablagerungen des eigenen sozialen Handelns als solche zu erkennen, *Entfremdung* genannt werden.[8] In Anlehnung an Max Weber, der es „Verantwortungsethik“ nannte, die Folgen des eigenen Handelns so zu berücksichtigen, daß man für sie eintreten kann[9], läßt sich die These bilden, daß die komplexitätsbedingte Undurchsichtigkeit von Handlungsfolgen *Verantwortungslosigkeit* nach sich zieht. Beide Begriffe spielen in zivilisationskritischen Deutungen der Moderne eine eminente Rolle.

Entfremdung und Interaktion

Warum geht der durch die moderne Sozialstruktur nahegelegte Verzicht darauf, sich der Auswirkungen des eigenen Handelns auf die materielle und soziale Umwelt bewußt zu werden, mit Leid einher, wie mit dem Begriff „Entfremdung“ behauptet wird? Warum muß darin ein Problem gesehen werden, wie es der Begriff „Verantwortungslosigkeit“ impliziert?

Im Blick auf das Individuum läßt sich diese Frage nur vor dem Hintergrund eines wenigstens in Grundzügen ausgemalten Menschenbildes beantworten. Eine europäische Tradition, die in der Neuzeit von Goethe und Marx prononciert worden ist,[10] definiert das humane „Gattungswesen“ als „freie bewußte Tätigkeit“, die es dem Subjekt gestattet, sich in der durch diese Tätigkeit anverwandelten Umwelt wiederzuerkennen. Die menschliche Natur als Grundverlangen nach *Aktivität,* die *wahrnehmbare Folgen* hat: es gibt etliche Gründe, die diese anthropologische Prämisse stützen. Der wichtigste: Im Vergleich zu Pflanzen und Tieren ist der Mensch ein Mangelwesen, das darauf angewiesen ist, seine Welt selbst herzustellen. Die ungeheure Vielfalt an Kulturen, die dieses Mangelwesen hervorgebracht hat, zeigt zugleich die Freiheitschance, die in dieser Natur angelegt ist: Der Mensch ist nicht nur ein zur Aktivität gezwungenes, sondern auch ein weltoffenes, lernfähiges und kreatives Wesen.

Am reinsten treten diese Grundzüge des Menschentums im künstlerischen Schaffen hervor, das seit Anbeginn zur humanen Lebensweise zu gehören scheint. Gegenüber der übrigen Natur äußern sie sich als - heute problematisch gewordener - Drang, deren (feindliche) Kräfte zu beherrschen und sich dienstbar zu machen. Am sublimsten ist die naturhafte „vita activa“ im sozialen Bereich, an den wir daher in dieser Beziehung zuletzt denken. Hier ist von einem Grundbedürfnis nach *Interaktion,* d.h. nach Wechselwirkung zwischen aufeinander bezogenen folgenreflexiven Handlungen auszugehen, beispielsweise also danach, Abneigung als Streit oder Zuneigung als Liebe auszuleben und sich dabei in den Handlungen der Bezugsperson zu spiegeln.

In der *politischen* Dimension des Sozialen ist die nach anverwandelnder Tätigkeit strebende conditio humana am Grundbedürfnis nach Partizipation und Mitbestimmung zu erkennen, mithin an der Triebkraft von *Demokratie,* die als Interaktion zwischen mündigen Bürgern und Institutionen aufgefaßt werden kann. Daß sich die Demokratie als besonders dauerhafte Staats- und Gesellschaftsform erweist, demonstriert die Kraft der Interaktion, zwischen gegensätzlichen Interessen zu vermitteln und Probleme Lösungsprozessen zu unterziehen.

Wenn das Bedürfnis nach Anverwandlung der Umwelt durch selbstbestimmte Tätigkeit der Kern der menschlichen Natur ist, dann muß die Zurückdrängung der Folgenreflexivität durch die komplexe Struktur der modernen Gesellschaft die *Unterdrückung* dieser Natur bedeuten. Daß dem Subjekt durch seine gesellschaftliche Umwelt fortwährend signalisiert wird, sein Handeln könne keine Wirkungen haben, muß eine äußerst leidvolle Erfahrung sein, wenn das Subjekt seinem Wesen nach solcher Wirksamkeit bedarf. Die Entfernung von seiner aktiven Natur, die durch die komplexitätsbedingte Verzögerung und Undurchsichtigkeit von Handlungsfolgen herbeigeführt wird, macht die „normale“ Pathologie des Individuums in der Moderne aus.

Damit jedoch nicht genug. Hochkomplexe Strukturen belasten nicht nur auf spezifische Weise ihre Individuen, sondern auch sich selbst, die Gesellschaft. Denn wenn die Interaktion als soziale Beziehung, in der auf beiden Seiten realistisch-folgenreflexiv gehandelt wird, die Kraft zum Interessenausgleich und zur Selbstregulierung in sich trägt, dann muß es dort, wo es komplexitätsbedingt an realistischer Folgenreflexivität und damit an Interaktion insbesondere zwischen Institutionen und ihrem Publikum mangelt, zum Aufbau von *sozialen Ungleichgewichten* und *Problemen* kommen.

Als Demonstrationsobjekte eignen sich Extremfälle wie die *DDR*. Dort hatte die Bevölkerung aufgrund der zur Schau gestellten Selbstherrlichkeit von Partei und Regierung fast ganz verlernt, Auswirkungen eigener Handlungsweisen auf den Staat für möglich zu halten, und infolgedessen das Bemühen um echte Mitbestimmung aufgegeben. Die Folgen sind bekannt: Akkumulation unbearbeiteter Konfliktstoffe, deren wachsende Spannung sich schließlich in der äußersten Form folgenreflexiven Kollektivhandelns, einer nicht nur gegen die sich verschärfenden Probleme, sondern gegen das ihnen zugrundliegende System gerichteten Revolution entlud. Aber auch in marktwirtschaftlich-demokratischen Gesellschaften finden sich - weniger spektakuläre - Beispiele. Daß es in der Bundesrepublik Deutschland zu einer weder von den Politikern noch dem Publikum und am wenigsten den Journalisten gewollten Fehlentwicklung im Rundfunkwesen kommen konnte, liegt nicht zuletzt daran, daß es keine der beteiligten Seiten bei ihrem Handeln in bezug auf die beiden anderen schafft, die an sich absehbaren langfristigen Folgen zu berücksichtigen.[11]

Interaktion und Illusion

Wenn das Verlangen nach selbstbestimmter Gestaltung der Umwelt, also nach Handlungsfolgen, zur Grundausstattung des Menschen gehört, dann verschwindet dieses Verlangen auch unter der widrigen Bedingung der Komplexität keineswegs. Im Gegenteil: Der Mensch der Moderne hat ein besonders starkes, weil permanent frustriertes Bedürfnis danach, sich seine Umwelt anzuverwandeln und sich in den Wirkungen seiner Handlungen wiederzuentdecken. Und das heißt: er hat ein besonders starkes Bedürfnis danach, daß seine Handlungen überhaupt Folgen haben (können). Für den sozialen Bereich heißt das: Der Mensch der Moderne hat ein besonders starkes, weil tendenziell frustriertes Verlangen nach *Interaktion.*

Das legt die Befürchtung nahe, daß er bereitwillig an den interaktiven Charakter seiner sozialen Beziehungen glaubt, auch wo er mit seinen Handlungen gar kein Gegenüber erreicht - wenn seiner Wahrnehmung nur Anhaltspunkte dafür gegeben werden, daß seine Handlungen Folgen haben und „andere" mit ihm interagieren.

In der modernen Gesellschaft gibt es ein reichhaltiges und immer noch wachsendes Angebot an *empirischen Stimuli,* sich solche *Illusionen* zu machen. In der ersten Hälfte des 20. Jahrhunderts spielte der charismatische „Führer" eine besondere Rolle, den soziale Bewegungen gerade in der Moderne offenbar brauchen, um sich durchsetzen zu können. Dieser Führer verkörpert das permanente Versprechen, als sorgendes Oberhaupt einer großen Familie, auch „Volksgemeinschaft" genannt, mit jedem ihrer Mitglieder unmittelbar zu interagieren. Viele „Volksgenossen" ließen sich von diesem trügerischen Schein nicht zuletzt deshalb betören, weil es tatsächlich das Leiden an der Moderne als Entfremdung von Institutionen, Bürokratien und Technologien gibt.

Nach dem Zusammenbruch der auf Führerprinzip und Gemeinschaftsideologie fußenden Herrschaftssysteme hat in der zweiten Jahrhunderthälfte eine andere Form an Bedeutung gewonnen, über die Entfremdung hinweghelfende Illusionen zu evozieren: die technisch-mediale Simulation von Interaktionspartnern auf Kinoleinwänden, Fernsehbildschirmen oder Computer-Monitoren. Was das Publikum im Augenblick der Rezeption gegenüber dem in einem Kriminalfilm agierenden Kommissar oder gegenüber dem Sprecher einer Nachrichtensendung auch empfinden, denken, sagen mag, es wird damit keinen Einfluß auf deren Handeln in diesem Film oder dieser Nachrichtensendung nehmen. Es handelt sich eben nicht um ein Interaktionsangebot, sondern um ein *Ventil,* um den Druck aufgestauter Interaktionsbedürfnisse zu mindern.

Ein etwas komplizierterer Fall ist der Umgang mit Spielautomaten und Computern, weil das Handeln des Nutzers dabei ja tatsächlich „Folgen" hat. Aber auch hier wird lediglich auf besonders raffinierte Weise die Illusion von Interaktion erzeugt, da diese Geräte ja keine sinnbildenden Subjekte sind, die ihr Handeln auf das des Nutzers zurückbeziehen. Und die Handlungsfolgen sind auch nur in einem vom Apparat und seiner Programmierung zugelassenen engen Rahmen möglich, so daß es letztlich an der Freiheit fehlt, die notwendig ist, damit die humane Natur als Anverwandlung der Umwelt durch ein handelndes Subjekt sich verwirklichen kann.

Die beiden ohne Anspruch auf Vollständigkeit genannten Formen der Illusionsstimulation kommen auch in Kombination miteinander vor. Es sei nur an die Vorliebe Hitlers und Goebbels' für Radio, Film und Fernsehen erinnert, also Medien, die für die propagandistischen Verführungs- und Überredungszwecke eines Regimes besonders brauchbar sind, weil sie die Illusion des unmittelbaren Kontakts zwischen Medienakteuren und Publikum erwecken. Dem gedruckten Wort haben sie in dieser Hinsicht weniger zugetraut, vermutlich weil sie gespürt haben, daß sich die Illusion einer wirkungsmächtigen Spontaneität in der „Volksgemeinschaft" und eines emotionalen Einklangs mit dem „Führer" durch ein Medium, das sich per se als solches zu erkennen gibt, bedeutend schwerer stimulieren läßt.

Eine politisch-propagandistische Instrumentalisierung der audiovisuellen Medien durch verbrecherische Regime findet heute in den westlichen Demokratien nicht mehr statt. Aber auch in diesen modernsten, komplexesten, demokratisiertesten und technologisiertesten Gesellschaften gibt es nach wie vor eine starke Empfänglichkeit für die Illusion, als Rezipient(in) mit den Medienakteuren im Lautsprecher oder auf dem Bildschirm zu interagieren. Nicht zuletzt die Inflation des Wortes „Kommunikation" in den Öffentlichkeiten von Wissenschaft und Geschäft ist bezeichnend für die offenbar weiter wachsende Bereitschaft , sich durch die Massenmedien oder „große Kommunikatoren" (Prototyp: Ronald Reagan) zu unbewußten Illusionen über die Wirksamkeit des eigenen Handelns verführen zu lassen.

Günther Anders, der die Anfänge des Fernsehens in den *USA* erlebt hat, hat schon in den fünfziger Jahren kritisch auf das Moment der *Täuschung* hingewiesen, das allen elektronischen Kommunikations- und Interaktionsangeboten innewohnt. Anders hatte den Mut, es für unmenschlich zu halten, wenn sich Hausfrauen in den Star einer Serie verlieben oder ältere Damen Jäckchen für die Babys im Fernsehen häkeln.[12] Daß Familienserien, überhaupt alle fiktionalen Programmgenres im „dualen" Programmangebot im Vormarsch sind, und daß auch die journalistische Information im Fernsehen immer stärker mit appetitanregenden Unterhaltungselementen gewürzt wird, spricht nicht für den oft angenommenen Lernprozeß, der mit zunehmendem Medienumgang die gesellschaftliche Bedeutung jener elektronisch erzeugten Täuschung, wie sie etwa der Massenhysterie bei der fingierten „Invasion vom Mars“ in den dreißiger Jahren zugrundelag, abgeschwächt habe.

Im übrigen bleibt die prinzipielle *Instrumentalisierbarkeit* der medial stimulierten Illusion für ideologische Zwecke bestehen, auch wenn eine Ideologisierung, wie sie der Faschismus betrieben hat, aufgegeben worden ist.

Illusion und Aufklärung

Welcher „Rezipient“ berücksichtigt schon, wenn er eine als schlecht empfundene Sendung eingeschaltet läßt, daß er damit tatsächlich zu ihrer Erhaltung im Programmangebot beiträgt? Und wer läßt sich nicht gern von den freundlichen Damen und Herren, die uns vom Bildschirm aus anlächeln, in der angenehmen, weil traditionellerweise zur Interaktion gehörenden, aber trügerischen Empfindung wiegen, sie wären höchst persönlich für einen selbst da? Es braucht nicht viel Phantasie, um sich vorzustellen, daß und wie *Entfremdung* und *Illusion* gegenüber politischen Parteien, Behörden, Wirtschaftsunternehmen, der Bahn und vielen anderen Institutionen auf ähnliche Weise zusammenkommen und sich mischen.

Was folgt daraus für die Bestimmung von Wahrheit und Wirklichkeit im *Journalistenberuf?* Journalismus, das sagt schon das Wort[13], soll und will „aufklären“, der Begriff von Wahrheit und Wirklichkeit in diesem Beruf ist eng mit dem Begriff „Aufklärung“ verbunden. Wenn die pathologische Signatur der Moderne eine Täuschung (sowohl im Sinne von Getäuscht-Werden als auch Sich-Täuschen) ist, indem subjektive Rezeptivität wie auch interaktionsgemäßes Handeln aufgrund der Schwierigkeit, vermittelte und zeitversetzte Handlungsfolgen in komplexen Strukturen als solche wahrzunehmen, *deplaziert,* also an Stellen gerückt werden, wo entweder tatsächliche Handlungsfolgen verkannt oder vorgespiegelte imaginiert werden, dann ergibt sich daraus eine inhaltliche Vorstellung, was „Aufklärung“ bedeuten kann.

Aus gesellschaftstheoretischer Sicht verlangt das Gebot zu Wahrheit und Wirklichkeitsnähe dem Journalismus die *Orientierungsleistung* ab, die Deplaziertheit von subjektiver Rezeptivität (als Entfremdung) und interaktionsgemäßem Handeln (als Illusion) zurechtzurücken, indem in komplexen Strukturen schwer wahrnehmbare Handlungsfolgen *transparent* gemacht werden. Denn wenn es zutrifft, daß die modernen Institutionen nur scheinbar „eigendynamisch“ sind, in Wahrheit aber abhängig von den Handlungsweisen ihrer Klienten oder Mitglieder, dann muß es für das einzelne Handlungssubjekt auch möglich sein, solche Auswirkungen seines Tuns und Lassens zu durchschauen und in dessen subjektiven Sinn einzubeziehen.

Das für die moderne Gesellschaft charakteristische Problem der Entfremdung und der sich daraus ergebenden Selbstregulierungsdefizite ist also *prinzipiell lösbar*. Journalismus kann zu dieser Lösung beitragen, indem er sich an die Orientierungsaufgabe hält, einerseits tatsächliche, aber unmittelbar nicht wahrnehmbare Handlungsfolgen transparent zu machen, und andererseits aufgrund interessierter Stimulation imaginierte Interaktion zu desillusionieren.

Aufklärung, auch journalistische, verfolgt traditionellerweise das Ziel, Trugbilder, falsche Hoffnungen und Illusionen zu zerstören. Diese *destruktive Strategie* bleibt oft unwirksam oder in ihrer Wirkung auf intellektuelle Minderheiten beschränkt, weil sie den Menschen das Fernsehen oder andere Ersatzobjekte ihrer Interaktionsbedürfnisse madig macht, ohne sich darum zu scheren, wie diese Bedürfnisse denn sonst befriedigt werden sollen. Dies muß zu Abwehrreaktionen führen, aus denen das Mißverhältnis zwischen der großen Zahl und dem Engagement bisheriger (journalistischer) Aufklärungsbemühungen und ihrer realen Erfolglosigkeit auch zu erklären sein mag. Es genügt eben nicht darauf hinzuweisen, daß Faschismus oder Vielsehen gefährlich sind, erfolgreiche Aufklärung hätte auch zu zeigen, was denn Besseres an deren Stelle treten könnte. Solcher *konstruktiven Strategie* bietet sich im Journalismus die Veranschaulichung der Folgen an, die das alltägliche Konsum-, Wahl- oder Einschaltverhalten hat. Aufklärungsjournalismus dieser Art zielt auf informiertes und bewußtes Handeln ab und stärkt das Selbstbewußtsein des Subjekts gegenüber der scheinbaren Zwangsläufigkeit moderner Institutionen, indem er deren Abhängigkeit von ihren Klienten und Kunden zeigt.

Ein Beispiel ist die Medien begleitende Publizistik: Der realistischen Folgenreflexivität im Publikum förderlich wären lebensnahe Reportagen über den Berufsalltag von Redakteuren in Rundfunkanstalten und wie sie mit der Information über die Einschaltquoten ihrer Sendungen umgehen. Bisher blitzt in der Medienpublizistik nur gelegentlich eine Ahnung von der zwar komplizierten, aber realen Interaktion zwischen Medienmachern und Publikum auf, z.B. im folgenden ironischen Kommentar zum Überhandnehmen der Tennisübertragungen infolge des „Phänomens" Boris Becker im deutschen Fernsehen: „Wir (die Zuschauer nämlich) wußten, daß unsere Unentschlossenheit, per Fernbedienung abzuschalten, Konsequenzen haben würde. Einschaltquoten würden errechnet werden, die dem Sender und den Sponsoren Ansporn zu weiteren Mammutübertragungen geben, heilige Programm-Kühe wie die ‚Tagesschau' und ‚heute' zuhauf auf dem Altar in den Sendezentralen geschlachtet werden."[14] Ernsthaft, genau und oft gegeben, würden solche Hinweise das Selbstbewußtsein der Zuschauer fördern, durch das eigene Nutzungsverhalten das Programm mitbestimmen zu können. Der Gedanke läßt sich natürlich wieder von der Medienpublizistik auf die Berichterstattung über andere Institutionen übertragen.

Aufklärung und Praxis

Journalisten haben über *Geschehenes* zu berichten und nicht über Zukünftiges zu spekulieren. Zeitversetzte Folgen aktueller Handlungen haben aber den Status des Potentiellen und nicht des Faktischen, und sie liegen nicht in der Gegenwart oder Vergangenheit, sondern in der Zukunft.

Mit dem Prinzip *Folgentransparenz* kann also *nicht* gemeint sein, dem Publikum mögliche, aber noch nicht eingetretene Folgen bestimmter Handlungen als gewiß vorzustellen, um besser vor damit verbundenen Gefahren warnen zu können. Auch dies würde, indem es von der eigenständigen Reflexion entbindet, kaum das Verantwortungsbewußtsein der Empfänger solcher Botschaften stärken. Sondern es geht darum, die Leserin oder den Zuschauer dafür zu sensibilisieren, daß viele ihrer alltäglichen Handlungen *überhaupt weitreichende Wirkungen haben (können)*, was eine *notwendige Voraussetzung* ist, um sie als solche wahrzunehmen. Die Entscheidung, welche Handlungen und welche Folgen dies sind, sollte der Journalist seinem Rezipienten nicht abnehmen wollen, weil damit jene Freiheit eingeengt würde, die Verantwortungsethik erst möglich macht. Seine Aufgabe ist es vielmehr, die erforderlichen *Informationen* bereitzustellen, damit solche Entscheidungen bewußt und kompetent getroffen werden können.

Dafür bietet sich das Zurückführen *bekannter Folgen*, über die berichtet wird, auf vergangene und im Prinzip *ebenfalls bekannte* Handlungen an. Vom Journalismus vergangener Jahrzehnte hätte also nicht erwartet werden können, daß er bei Berichten über die Kühlgeräteindustrie oder den FCKW-Verbrauch die gesundheitsschädliche Verdünnung der Ozonschicht in der Stratosphäre voraussagt. Vom gegenwärtigen Journalismus muß aber im Sinne der Folgentransparenz erwartet werden, daß er beim Thema Ozonlöcher nicht zu sagen vergißt, wie diese letztlich mit dem direkten oder indirekten FCKW-Verbrauch jedes Konsumenten zusammenhängen.

Journalistische Folgentransparenz, die so nicht das kausale, aber das zeitliche Verhältnis von Ursache und Wirkung umdreht, wird zwar konkreten Problemen stets hinterherhinken. Auch im Falle unerwünschter Handlungsfolgen läßt sie sich nämlich erst bewerkstelligen, wenn diese bereits eingetreten sind. Dies muß aber in Kauf genommen werden, wenn die Bestimmung seiner Wahrheitsqualität als Folgentransparenz nicht zu einer erneuten Ideologisierung des Journalismus führen soll. Zuspätkommen ist der unvermeidliche Preis überprüfbarer Faktizität, also jener Wahrheitsqualität, die die prozedurale Vernunft mit Recht verlangt.

Es gibt jedoch auch jenseits der bloßen Erkenntniskritik Gründe, die diesen Preis annehmbar erscheinen lassen. Der wichtigste ist schon angedeutet worden: Das „Prinzip Verantwortung"[15] bedeutet weniger ein konkretes Verbot bestimmter Handlungen, die bekannte unerwünschte Folgen haben - dies würde ja die Unbedenklichkeit von Handlungen mit ungewissen Folgen nahelegen -, als die Präsenz des Wissens, daß Handlungen nicht-absehbare und daher natürlich auch nicht-intendierte Folgen haben können, sowie eine aus diesem Wissen gespeiste *Skepsis* gegenüber der unbedachten *Tat.* Und diese grundsätzliche Vorsicht läßt sich ebenso gut, wenn nicht besser durch einen Journalismus stärken, der erwünschte wie unerwünschte Handlungsfolgen erst nachträglich, wenn sie eingetreten sind, durchschaubar macht.

Journalisten, die sich konsequent der Versuchung zur spekulativen Prognose widersetzen, haben es im übrigen leichter, von Verantwortung entlastende Spekulationen auf die Zukunft zu *kritisieren.* Ein solider Journalismus kann es sich beispielsweise leisten, die übliche Beweislastregel bei der Einführung neuer Technologien umzudrehen. Was man von der früheren Medienberichterstattung über den FCKW-Verbrauch durchaus hätte erwarten können, ist das unnachgiebige Pochen auf den Nachweis der Unbedenklichkeit im Sinne „negativer", desillusionierender Aufklärung.

Der herkömmliche Informationsjournalismus freilich vermag Auswirkungen von Handlungsweisen der gesellschaftlichen „Basis" beispielsweise auf politische Institutionen kaum durchschaubar zu machen, weil er sich auf die institutionelle Politik konzentriert und diese so von den Einstellungen und Bewußtseinslagen des Publikums abgekoppelt erscheinen läßt. Und der Boulevard-Journalismus ist dazu kaum besser in der Lage, weil er sich zum Zweck der Publikumsmaximierung ganz überwiegend um die subjektiven Gefühle, Interessen und Sinngebungen des Publikums kümmert und dabei die strukturelle Ebene der Institutionen vernachlässigt, auf der die Handlungsweisen der „Basis" deshalb ebenfalls folgenlos erscheinen. Ein Beispiel: Auf den Super-GAU im sowjetischen Atomkraftwerk Tschernobyl im Frühjahr 1986 reagierte die Tagespresse auf diametral entgegengesetzte Weise: Zeitungen wie die *Frankfurter Allgemeine* oder die *Frankfurter Rundschau* berichteten vor allem darüber, was national und international von Regierungen zum Schutz der Bevölkerung und zur Verhinderung zukünftiger Katastrophen getan und geplant wurde. Dagegen schilderte die *Bild*-Zeitung vor allem, welche Gefahren mit der nuklearen Verseuchung im Alltag verbunden waren, und gab Tips, wie man sich zumindest notdürftig schützen konnte. Der jeweils komplementäre Themenbereich fehlte anfangs fast ganz.[16]

Wenn Personen und Institutionen vom Journalismus überhaupt miteinander in Verbindung gebracht werden, dann meist nur so, daß die Folgen institutioneller Dynamik, beispielsweise der Gesetzgebung, für das Alltagshandeln gezeigt werden, aber nicht in umgekehrter Richtung so, daß die Möglichkeiten des Publikums, per Wahl oder Konsumverhalten auf die institutionelle Dynamik einzuwirken, plastisch deutlich würden. Gerade auf diese Verbindung käme es aber an, wenn Folgenreflexivität und Interaktion in den komplexen Makrostrukturen moderner Gesellschaften gestärkt werden sollen. Dafür brauchte es einen Journalismus, der die tatsächlich vorhandenen, aber durch die funktionale Differenzierung auch zwischen ihren bewußtseinsbildenden Institutionen verborgenen Verbindungsfäden zwischen „System" und „Lebenswelt" (Jürgen Habermas)[17] sichtbar macht.

Anmerkungen

1. M. Weber, *Der Beruf zur Politik*, in: M. Weber, *Soziologie. Weltgeschichtliche Analysen. Politik*, Stuttgart, 4. Aufl. 1968, S. 167–185, hier S. 183f.

2. Auf dieses Phänomen ist bereits vor der Machtübergabe an Hitler hingewiesen worden. Vgl. Th. Geiger, *Die soziale Schichtung des deutschen Volkes*, Stuttgart 1932, wo es im Exkurs *Die Mittelstände im Zeichen des Nationalsozialismus* (S. 109–122) z.B. heißt: „... die politische Gleichgültigkeit, die bis dahin in weiten Kreisen der Angestellten geherrscht hatte, die ... bestehende Abneigung gegen den proletarischen Parteisozialismus erleichterten ihm [dem Nationalsozialismus] das Eindringen um ein übriges. ... Nur die katholischen Angestelltenverbände haben vermutlich standgehalten, ebenso wie die katholischen Arbeitergewerkschaften. Denn dort wird die ständische Mentalität durch die thomistisch-katholische Gesellschaftsphilosophie abgefangen" (S. 121f.).

3. Vgl. J.B. Metz, *Religion und Politik auf dem Boden der Moderne. Eine Positionsbestimmung im Lichte der Neuen Politischen Theologie*, in: *Frankfurter Rundschau*, vom 10.6.1995.

4. Vgl. *Publizistische Grundsätze (Pressekodex) und Richtlinien für die publizistische Arbeit nach den Empfehlungen des Deutschen Presserats*, in: *Schwarz-Weiß-Buch, Spruchpraxis des Deutschen Presserats*, Bonn 1990, S. 293–320.

5. Vgl. R. Geisendörfer, *Für die Freiheit der Publizistik*, Stuttgart 1978, S. 40, 46.

6. Von hier bis zum vorletzten Abschnitt VI. folgt die Argumentation im wesentlichen meiner Habilitationsschrift. Vgl. H. Pöttker, *Entfremdung und Illusion. Soziales Handeln in der Moderne*, unver. Manuskript, Universität-Gesamthochschule Siegen, Fachbereich 1, Juni 1995.

7. Vgl. M. Weber, *Gesammelte Aufsätze zur Religionssoziologie*, Tübingen, 4. Aufl. 1947, S. 203.

8. Vgl. K. Marx, *Ökonomisch-philosophische Manuskripte (1844)*, in: K. Marx / F. Engels, *Studienausgabe in 4 Bänden*. Hrsg. von I. Fetscher, *Bd. II, Politische Ökonomie*, Frankfurt a.M. 1966, S. 38–129.

9. Vgl. Weber, *Beruf*, a.a.O. (Anm. 1).

10. Vgl. J.W. v. Goethe, *Erfahrung und Wissenschaft. Bedeutende Fördernis durch ein einziges geistreiches Wort*, in: Goethe, *Werke*, Hamburger Ausgabe in 14 Bde., Bd. XIII, Hamburg, 2. Aufl. 1958, wo es heißt: „Der Mensch kennt nur sich selbst, insofern er die Welt kennt, die er nur in sich und sich nur in ihr gewahr wird. Jeder neue Gegenstand, wohl beschaut, schließt ein neues Organ in uns auf." (S. 38); sowie Marx, *Manuskripte*, a.a.O. (Anm. 8).

11. Vgl. H. Pöttker, *Informelle Politiksteuerung. Zur Interaktion zwischen Politikern, Journalisten und Publikum*, in: *Rundfunk und Fernsehen*, 1991, Heft 1, S. 71–82.

12. Vgl. G. Anders, *Die Welt als Phantom und Matrize. Philosophische Betrachtungen über Rundfunk und Fernsehen*, in: ders., *Die Antiquiertheit des Menschen, Band II. Über die Seele im Zeitalter der zweiten industriellen Revolution*, München 1956.

13. Darin steckt das französische Wort „le jour", der Tag; die Zeit, wenn es hell ist.

14. R. Falksohn, *Das besitzergreifende Medium*, in: *Deutsches Allgemeines Sonntagsblatt*, vom 16.3.1986.

15. Vgl. H. Jonas, *Das Prinzip Verantwortung – Versuch einer Ethik für die technologische Zivilisation*, Frankfurt a.M. 1984.

16. Vgl. H. Pöttker, *Tschernobyl in den Schlagzeilen der deutschsprachigen Tagespresse*, in: *medium*, 1986, Heft 3, S. 26–32.

17. Vgl. J. Habermas, *Theorie des kommunikativen Handelns, Band 2, Zur Kritik der funktionalistischen Vernunft*, Frankfurt a.M. 1981, bes. Abschnitt VI. 2: *Entkoppelung von System und Lebenswelt* (S. 229–293).

III MEDIEN UND WIRKLICHKEITEN

Zu den spannendsten und grundlegendsten Themen der Philosophie gehört die Frage nach dem Sein des Seienden und nach der Möglichkeit und den Voraussetzungen des menschlichen Erkennens und des menschlichen Urteils. Welchen Realitätsgehalt haben Aussagen? Ist ein wahres Urteil überhaupt von einem falschen zu unterscheiden? Und wenn ja: mit Hilfe welcher Kriterien? Die empirisch orientierten Kommunikationswissenschaften haben sich -nach einer längeren Phase der Abstinenz, was Erkenntniskritk und philosophische Hermeneutik betrifft - mit solchen Fragen beschäftigt und sind vor allem über systemtheoretische und biologisch-theoretische Ansätze wieder zum Nachdenken über die Wirklichkeit des Erkannten und des medial Vermittelten gekommen.

Wenig berührt von derlei philosophischen Diskussionen entwickelt sich die moderne Gesellschaft weiter. Im Übergang von der Industriegesellschaft zur Informations- und Dienstleistungsgesellschaft (oder wie immer man sprachlich die aktuellen Übergänge bezeichnen mag) verändern die traditionellen Medien ihre Funktion; Öffentlichkeit im Sinn der bürgerlichen Gesellschaft stellen sie offensichtlich nicht mehr her. Gerade die Revolution des Mediensystems in Deutschland hat - vor allem am Beispiel des Fernsehens - alle Menschen direkt erfahren lassen, wie sehr die Medien und hier speziell wiederum das Fernsehen das Entstehen einer Erlebnisgesellschaft befördern und den öffentlichen Diskurs beschädigen.

Behindert also Medienproduktion in der jetzigen Form eher die realitätsorientierte Wahrnehmung dessen, was vor sich geht, durch Menschen und Bürger? Publizisten und Reporter stehen dagegen auf und verstehen sich als Anwälte der Realität gegen individuelle und unter Umständen auch mehrheitliche Konstruktionen von Wirklichkeit, die sich unverstellter Wahrnehmung bedrängender Probleme bewußt oder unbewußt verweigern.

Besondere Bedeutung für die Wirklichkeitskonstitution der Menschen haben Medien, die fiktionale Stoffe präsentieren. Früher waren es erzählte bzw. gelesene Märchen und Sagen, heute sind es Fernsehserien. Von Kritikern meist verdächtigt, Menschen Gelegenheit zur Flucht vor der Realität ihres Lebens zu bieten, sind sie sicherlich vielfach in der Lage, den Menschen Hilfe zur Konfliktlösung und Selbstfindung anzubieten. Der Bezug zur Wirklichkeit der Zuschauer wird in einer gekonnten Mischung von fortlaufender Erzählung, Problem- und Konfliktorientierung sowie glückender und mißglückender Schicksale „praktikabel", handlungsleitend.

Wirklichkeit und Medien: In den geschilderten Ansätzen erweisen sich Medien(produkte) als in dem Maße hilfreich, als sie realitätsorientierte Wahrnehmung ermöglichen und befördern.

Günter Bentele

Wie wirklich ist die Medienwirklichkeit?

Anmerkungen zu Konstruktivismus und Realismus in der Kommunikationswissenschaft[1]

Einleitung

Die wissenschaftstheoretische Diskussion in der deutschsprachigen Publizistik- und Kommunikationswissenschaft war nie eine kontinuierliche. Diese Diskussionen tauchten eher sporadisch auf und waren nicht immer auf der Höhe der zeitgenössischen wissenschaftstheoretischen Diskussionen.

Anfang der 60er Jahre gab es eine Auseinandersetzung zwischen den wenigen Lehrstuhlinhabern (und anderen), ob die Publizistikwissenschaft eher eine normativ orientierte, geisteswissenschaftliche oder eine empirisch orientierte, sozialwissenschaftliche Disziplin sei,[2] eine Auseinandersetzung, die auch als „Methodenstreit der Publizistikwissenschaft" bezeichnet wurde.[3] Später tauchten vereinzelt auch wissenschaftstheoretische Überlegungen zur Publizistikwissenschaft auf, die aber ohne große Wirkung blieben.[4] Ende der 70er und Anfang der 80er Jahre diskutierten wichtige Fachvertreter die Grenzen und die Gegenstände der Disziplin und bezogen hierbei auch wichtige wissenschaftstheoretische Fragen ein.[5]

Nachdem die Diskussion um die zentralen Gegenstandsbereiche des Fachs heute nicht mehr sehr virulent ist,[6] stellt sich Anfang der 90er Jahre dem Fach eine theoretische Herausforderung und gleichzeitig Diskussionschance dar: das konstruktivistische „Paradigma". Nachdem schon seit Mitte der 70er Jahre beispielsweise durch Winfried Schulz (Schulz 1976) der Gedanke der Konstruiertheit der Medienrealität in den Mittelpunkt nachrichtentheoretischer Überlegungen gerückt war, stellt sich die Entwicklung des „radikalen Konstruktivismus" und dessen Adaption für die Kommunikationswissenschaft als Chance dar, durch einen (wenngleich kleinen) „Paradigmenstreit" wichtige theoretische Grundlagen des Fachs zu diskutieren und vielleicht einige Schritte weiterzukommen. Vereinfacht stellt sich diese theoretische und metatheoretische Diskussion um das „bessere Paradigma" als Streit zwischen „konstruktivistischen" und „realistischen" Ansätzen dar. Diese Auseinandersetzung geht vor allem um die Fassung von Grundbegriffen des Fachs (z.B. Kommunikation, öffentliche Kommunikation, Medien, Medienwirklichkeit, Objektivität, Wahrheit), sie geht um Leistungen der Medien sowie um die Relationen, die zwischen Journalisten, Medienprodukten, Ereignissen und Rezipienten bestehen und sie geht um methodologische Fragen. Die Diskussion vermag durchaus fruchtbar zu werden und einen neuen Abschnitt theoretischer Seriosität des Fachs zu markieren.[7]

Die Herausforderung

„Die sogenannte Wirklichkeit ist das Ergebnis von Kommunikation." Diese These von Watzlawick (1985, S. 7), im Vorwort eines seiner populärwissenschaftlichen Bücher geäußert, bringt eine Position auf den Begriff, die heute besser unter dem Namen „Konstruktivismus" bekannt ist. Für die Publizistik- und Kommunikationswissenschaft hat insbesondere das Funkkolleg *Medien und Kommunikation* (Merten/Schmidt/Weischenberg 1990/91) einen neuen Impuls in die Grundlagendiskussion gebracht. Der entsprechende Schlüsselsatz, der gleichzeitig Programm ist, lautet: „Medien konstruieren Wirklichkeit" (Merten 1990, S. 97). Diese zwei Theoreme von der durch Kommunikation bzw. den Medien konstruierten Wirklichkeit sind nach meiner Auffassung in ihrer Undifferenziertheit zumindest ebenso *unsinnig* wie *sinnvoll*.

Sinnvoll sind sie insofern, als sie auf die subjektiven Aktivitäten der Akteure innerhalb jeglicher Kommunikationsprozesse hinweisen. Innerhalb jedes Kommunikationsprozesses werden - dies wurde spätestens seit der Sprechaktphilosophie der 60er und 70er Jahre deutlich - kommunikative Wirklichkeiten im und durch den Akt des Kommunizierens konstruiert (vgl. Austin 1962, Searle 1971). Deutlich wurde aber auch damals schon, daß sich der Sprechakt nicht im performativen Akt, d.h. in der Konstruktion einer neuen sprachlichen Wirklichkeit erschöpft, sondern daß gleichzeitig auch durch den „referentiellen Akt" eine Bezugnahme auf außersprachliche Realität stattfindet.

Unsinnig (und sogar gefährlich) sind die oben genannten Kurzformeln insofern, als sie Einsichten in Zusammenhänge interpersonaler wie auch öffentlicher Kommunikation auch zu behindern vermögen.

Entgegen Watzlawick (1985, S. 143) ist es auch für gesellschaftlichen Bereich, für die Wirklichkeit zweiter Ordnung - also auch für den Bereich menschlicher Kommunikation und medienvermittelter Information - nicht absurd, sich darüber zu streiten, was „wirklich" wirklich ist, und es ist höchst sinnvoll, sich mit dem unterschiedlichen Realitätsgehalt verschiedener Medienwirklichkeiten zu beschäftigen.

Drei Diskussionsebenen

Es scheint sinnvoll zu sein, innerhalb der Diskussion um Realismus und/oder Konstruktivismus zumindest drei unterschiedliche Ebenen zu unterscheiden:

a) eine kommunikationspraktische (journalistische oder PR-bezogene) Diskussionsebene,

b) eine kommunikationswissenschaftliche Diskussionsebene und

c) eine allgemeinere erkenntnis- und wissenschaftstheoretische Ebene.

Auf der *kommunikationspraktischen* Ebene werden schon seit geraumer Zeit Sinn, Relevanz und Realisierbarkeit zentraler journalistischer Normen (Wahrheitsnorm, Objektivitätsnorm) diskutiert. Im kommunikationspraktischen Alltag sind bestimmte Annahmen über die Existenz, die Beschreibbarkeit von Ereignissen als Teil der sozialen und natürlichen Wirklichkeit notwendig. Es sind Annahmen über die Möglichkeit adäquater Darstellung von Wirklichkeit notwendig und finden sich als Teil journalistischer „working theories" (McQuail 1983). Eine solcher Annahmen ist es beispielsweise, daß Nachrichten(journalisten) die Wirklichkeit möglichst objektiv zu beschreiben hätten. Eine andere - entgegengesetzte - Annahme ist, daß soziale Realität nie vollständig und nie objektiv (auf der Basis eines bestimmten Objektivitätsverständnisses) beschrieben werden kann.

Die Diskussion um zentrale journalistische Normen wie Wahrheit und Objektivität ist (fast) so alt wie die Berichterstattung selbst und wird auch in Zukunft anhalten. Unvermeidlich scheint es, sich dieser Diskussion so oder so zu stellen (vgl. Bentele/Ruoff 1982; Bentele 1988b)

Auf der *kommunikationswissenschaftlichen* Ebene geht es zentral beispielsweise um unterschiedliche Verständnisse der Nachrichtenherstellung, um unterschiedliche Auffassungen darüber, wie das Verhältnis zwischen Ereignissen einerseits und der Medienberichterstattung andererseits beschaffen ist. Diskutiert wird die kommunikationswissenschaftliche Frage, inwieweit Vergleiche von „Texten" mit „Wirklichkeit" überhaupt möglich und sinnvoll sind. Schulz (1976) hielt solche Vergleiche prinzipiell nicht für möglich, im Gegensatz beispielsweise zu Kepplinger (1992). Solche unterschiedlichen theoretischen Auffassungen haben methodologische Konsequenzen für die empirische Kommunikationswissenschaft und können sich potentiell zu unterschiedlichen kommunikationswissenschaftlichen Paradigmen entwickeln.

In vielen Diskussionen, werden sie nun auf der journalistisch-praktischen Argumentationsebene oder auf der kommunikationswissenschaftlichen Ebene geführt, ist es schwierig, zu Verständigungen oder gar zu Übereinstimmungen zu kommen, wenn nicht auf *Basistheorien* rekurriert wird. In diesem Fall befinden wir uns auf der *erkenntnis- und wissen-*

schaftstheoretischen Diskussionsebene. Hier werden Fragen nach dem generellen Verhältnis zwischen Individuum und Natur, Individuum und Gesellschaft, Fragen von Erkennbarkeit von Welt etc. gestellt. Innerhalb des kommunikationswissenschaftlichen Diskurses wird diese Ebene nur selten und dann eher zögerlich betreten. Obwohl die Gründe - wie mangelnde Bereitschaft, sich allgemeine erkenntnis- und wissenschaftstheoretische Kompetenzen anzueignen - auf der Hand liegen, scheint es mir auch für die Kommunikationswissenschaft wichtig zu sein, sich auf diese Diskussionsebene einzulassen und aus kommunikationswissenschaftlicher Sicht zu versuchen, Position zu beziehen (vgl. Bentele 1988b).

Nicht nur deshalb, weil diese drei Diskussionsebenen häufig miteinander vermengt werden, sondern auch aus Gründen höherer Präzision in der Theoriebildung kann eine analytische Trennung dieser drei Ebenen nützlich sein und mit dazu beitragen, Mißverständnisse zu vermeiden.

Die beiden Paradigmen - rekonstruiert

Vorbemerkung

Beide Paradigmen tauchen in unterschiedlichen *Varianten* auf. Nicht nur der konstruktivistische Ansatz weist ein weites Spektrum von Autoren unterschiedlicher Herkunft auf,[8] dies gilt in gleicher Weise auch für das realistische Paradigma. Neben den *Unterschieden* können aber auch *Gemeinsamkeiten* zwischen ihnen ausgemacht werden, ansonsten hätte es keinen Sinn, überhaupt von „Ansätzen“ oder „Paradigmen“ zu sprechen.[9]

Innerhalb beider Paradigmen kann man zwischen „einfachen“ oder „naiven“ Varianten einerseits, „elaborierten“ Varianten andererseits unterscheiden. Der von mir im vorletzten Kapitel skizzierte „rekonstruktive“ Ansatz stellt den Versuch einer Synthese dar, wobei er in entscheidenden Punkten eine „elaboriert-realistische“ Position bezieht. Meine These ist, daß dieser Ansatz geeignet ist, die Probleme des naiv-realistischen, aber auch Probleme unterschiedlicher Varianten des konstruktivistischen Paradigmas zu überwinden.

Die realistische Position

Eine naiv-realistische Position der Nachrichtentheorie könnte wie folgt umschrieben werden: „Nachrichten bilden die Realität ab.“ Eine solche Formulierung läßt sich heute zwar in dieser Schlichtheit wohl kaum mehr auffinden, es ist aber diese (mögliche) Position, gegen die Konstruktivisten meist argumentieren.

In diesem Zusammenhang scheint es weiter nützlich, zwei Positionen zu unterscheiden: a) eine deskriptive und b) eine normative Version der

„Spiegeltheorie". Während die deskriptive Variante der Spiegelmetapher (Medien bilden Realität ab) *erkenntnistheoretisch* eng mit der Position eines „naiven Realismus" verbunden ist, wie er innerhalb der Geschichte der Philosophie von Demokrit bis Feuerbach oder auch bei modernen Naturwissenschaftlern immer wieder vertreten wurde, ist die - normative - Forderung, daß Medien Realität adäquat abzubilden hätten, eine weitgehend akzeptierte Forderung, die sogar die deskriptive Variante häufig ausschließt.[10]

Eine differenziertere Formulierung der realistischen Position innerhalb der Nachrichtentheorie könnte wie folgt lauten:

Nachrichten sind Mitteilungen über Tatsachen, Sachverhalte oder Ausschnitte von Wirklichkeit. Es wird davon ausgegangen, daß die Tatsachen, Sachverhalte, die zusammen die Realität ausmachen, weitgehend unabhängig von irgendwelchen Beobachtern (z. B. Journalisten) existieren. Als solche können sie von Journalisten wahrgenommen und adäquat wiedergegeben bzw. abgebildet werden.

Begriffe wie „Abbild", „Bild" oder „Spiegel" fungieren in realistischen Positionen meist als umgangssprachliche Metaphern und werden sinnvollerweise nicht in einem geometrisch präzisierten Verständnis, sondern mit der *Unschärfe* benutzt, die notwendig ist, wenn man vom „Bild, das einem die Nachrichten bieten" oder von der lokalen Berichterstattung als „Spiegel von Lebensräumen"[11] spricht. Eine solche Position ist bei Journalisten im Sinne einer „working theory"[12] eine historisch verbreitete Position gewesen und hat auch heute noch eine große Anhängerschaft.

Für *Journalisten* (Ebene a) bedeutet dies eine Basis für zumindest eine zentrale ethische Norm: die Aufgabe, wahrheitsgemäß und objektiv zu berichten, d.h. in den journalistischen Beschreibungen der Realität diese sozusagen abzubilden und so zu beschreiben „wie sie ist". Zum anderen kann diese Theorie aber auch als Legitimationsargument gegenüber Kritik fungieren, Kritik, die meist von politischer Seite vorgetragen wird und zum Ziel hat, bestimmte Verzerrungen der Berichterstattung anzuprangern.[13]

Für den *Kommunikationswissenschaftler* (Ebene b) ergibt sich aus dieser Grundposition, daß ein Vergleich zwischen der Realität und der journalistischen Berichterstattung zumindest *möglich* ist. Teilweise kann auch eine gewisse *Notwendigkeit* für einen solchen Vergleich aus dieser Position abgeleitet werden. Daraus folgt wiederum, daß auch die strukturelle Übereinstimmung der Beziehung zwischen den Tatsachen, Sachverhalten, Realitätsausschnitten auf der einen Seite und den Mitteilungen auf der anderen Seite, also die Adäquatheit der Berichterstattung untersucht werden kann.

Bekanntere Studien, die nach der Methode der „Wirklichkeitsanalyse" oder dem „Realitätstest" vorgingen (vgl. Kepplinger 1990) reichen von

Lippmann/Merz (1920), die die amerikanische Berichterstattung über die Russische Revolution mit dem vergleichen, „what really happened“, über Lang/Lang (1968, 1984), also die Studien zum McArthur-Day, in der die Fernsehdarstellungen von Ereignissen mit den subjektiven Wahrnehmungen unmittelbarer Teilnehmer an denselben Ereignissen verglichen werden, oder der Studie von Halloran/Elliot/Murdock (1970), in der ebenfalls die soziale Realität einer Demonstration (rekonstruiert anhand von Augenzeugenberichten) mit der entsprechenden Darstellung in den Medien verglichen wurde[14] bis zu den Gewaltstudien im Rahmen der „cultivation hypothesis“[15] und vielen weiteren Einzelstudien.

Entscheidend bei den elaborierteren Varianten des realistischen Paradigmas sind folgende Positionen:

a) die Annahme einer von der Berichterstattung im Prinzip unabhängigen natürlichen oder sozialen Realität;

b) kennzeichnend für realistische Ansätze ist weiterhin der Versuch, wo immer möglich, Realitätsdaten (extramediale Daten) mit Daten der Berichterstattung (intramediale Daten) in Relation zu setzen. Darüber hinaus können Daten subjektiver Realitätsbilder - erhoben z.B. per Meinungsumfragen - Daten über die Auffassung von Journalisten oder beliebige weitere mit extra- und intramedialen Daten verglichen werden;

c) objektive Berichterstattung in mehr oder minder differenziertem Sinn für möglich gehalten.

Die konstruktivistische Position

Eine idealtypische Formulierung der *konstruktivistischen* Position der Nachrichtentheorie könnte wie folgt lauten:

Es existiert keine von den Journalisten und Rezipienten unabhängige Realität, die sie nur abbilden. Diese Realität wird von den Journalisten erst geschaffen bzw. konstruiert. Die gängige Argumentation der - eher einfachen - konstruktivistischen Position in der Kommunikationswissenschaft ist ausführlich bei Schulz (1976, S. 27ff.) zusammengefaßt.

Als eine wesentliche kommunikationswissenschaftliche Konsequenz dieses Ansatzes ergibt sich nicht nur die Behauptung, „ daß der Versuch, Nachrichten mit dem, ‚was wirklich geschah‘, zu vergleichen, *prinzipiell unmöglich* ist“ (Schulz 1976, S. 26; Hervorh. durch d.A.). Die Frage, ob das Bild, das die Medien (bzw. das Fernsehen) von der Realität zeichnen, „richtig“ sei, läßt sich, so Schulz, mit wissenschaftlichen Mitteln letztlich nicht beantworten. Die Frage, was „wirklich“ geschah, welches das „richtige“ Bild der Realität ist, sei letztlich eine metaphysische Frage und niemand sei in der Lage, darüber Auskunft zu geben. Allenfalls ließe sich ein Vergleich mit bestimmten Normen oder Wunschbildern von Realität denken.

Bei Autoren, die radikal-konstruktivistische Positionen vertreten, steht nicht nur die Konstruktion einer kognitiven, „operativ geschlossenen" Welt durch das menschliche Gehirn im Vordergrund, es werden auch Begriffe wie Wahrheit, Objektivität, Adäquatheit oder Korrespondenz abgelehnt.[16]

Folgende Kennzeichen können für die konstruktivistischen Position als zentral gelten:

a) es wird auf die Voraussetzung einer vom Journalisten im Prinzip unabhängig existierenden Wirklichkeit verzichtet; oder

b) es wird davon ausgegangen, daß - sollte so etwas wie Realität existieren - diese zumindest nicht abbildbar bzw. nicht erkennbar ist, daß alles, was wir über die „Wirklichkeit" sagen können, das ist, daß es sie gibt (vgl. Schmidt 1990, S. 65);

c) ausgehend von b) wird ein Vergleich zwischen Realitätsdaten und Daten der Berichterstattung abgelehnt bzw. als unmöglich betrachtet;

d) das erkenntnistheoretische Subjekt-Objekt-Verhältnis wird sowohl bezüglich individueller Kognition, wie auch bezüglich der Rolle von Medien konstruktivistisch gefaßt: Realität wird als von Medien konstruiert aufgefaßt[17];

e) Begriffe wie Wahrheit, Objektivität, Adäquatheit etc. werden in dieser Perspektive zumeist aufgegeben.[18]

Innerhalb der konstruktivistischen Sichtweise wird also auf einen Wirklichkeitsbegriff verzichtet, wie er das Fundament journalistischer Arbeit darstellt. Einen Wirklichkeitsbegriff, der davon ausgeht, daß Realität weitgehend unabhängig vom Journalisten existiert und es journalistische Aufgabe ist, diese Realität adäquat zu erfassen und sie sodann wahrheitsgemäß, möglichst vollständig und verständlich darzustellen.

Problematische Aspekte?

Welche Probleme ergeben sich aus der zumindest naiv-realistischen, aber auch der konstruktivistischen Positionen?

Die problematischen Konsequenzen des *naiv-realistischen* Ansatzes im Sinne einer deskriptiven Spiegeltheorie liegen auf der Hand: Ein solcher Ansatz kann die subjektiven Anteile des einzelnen Journalisten an der Berichterstattung sowie die strukturellen Leistungen des Mediensystems nicht hinreichend fassen. Außerdem steht er dem Phänomen der „Medienereignisse", den Ereignissen also, die für die Medien oder sogar von den Medien produziert werden, relativ hilflos gegenüber.

Die problematischen Aspekte des *konstruktivistischen* Ansatzes sind jedoch, so scheint mir, ebenso offensichtlich. Ich möchte vor allem vier Aspekte herausstellen, bezüglich derer mir konstruktivistische Ansätze nicht nur problematisch, sondern als erklärungsschwächer als elaborierte realistische Ansätze erscheinen.

a) Konstruktivistische Positionen vereinfachen extrem oder sind mißverständlich

Dieses Vereinfachungssyndrom macht sich unterschiedlich bemerkbar. Zum einen wird innerhalb konstruktivistische Überlegungen polarisiert, statt differenziert. Menschliche Erkenntnisse beispielsweise sind nicht *entweder* objektiv bzw. wahr *oder* nur praktikabel, beide Auffassungen lassen sich miteinander verbinden. Wahrnehmen und Erkennen muß nicht notwendig *entweder* als Wirklichkeitskonstruktion *oder* als Wirklichkeitsabbildung aufgefaßt werden, viel spricht dafür, Wahrnehmen und Erkennen als Abbildung *durch* Konstruktion aufzufassen. Begriffe wie „Glaubwürdigkeit", „Verläßlichkeit" oder „Toleranz" treten nicht automatisch an die Stelle von Begriffen wie „Wahrheit", „Adäquatheit" oder „Korrespondenz" bzw. schließen diese aus: es spricht viel dafür, daß beide Begriffsreihen innerhalb einer Theorie integriert werden können. Die Auffassung von Sprache als System von Zeichen und als Instrument der Verhaltensorientierung schließen sich nicht aus, sondern verhalten sich komplementär zueinander.[19] Diese Polarisierung von Positionen kann zwar hilfreich sein, um den eigenen (neuen) Ansatz innerhalb der „scientific community" zu profilieren, ist aber dennoch der Sache nicht angemessen.

Eine extreme *Vereinfachung* stellt die zentrale Metapher der „Konstruktion" dar. Gleichzeitig ist diese Metapher mißverständlich.[20] Es ist evident, daß die These, Nachrichten (oder Medien insgesamt) konstruierten erst Realität, in dieser Allgemeinheit empirisch jederzeit falsifizierbar ist. Weder werden Erdbeben und Hungerkatastrophen, noch Zugunglücke, Einbrüche, Chemieunfälle oder Gipfeltreffen von Medien *konstruiert*. Was „konstruiert" wird, ist die Berichterstattung über diese Ereignisse, die zu einer eigenen Wirklichkeitsform, der Medienwirklichkeit führt. Die Konstruktionsprozesse finden einerseits in den Köpfen der beteiligten Journalisten (und der beteiligten Rezipienten) statt. Diese sind aber andererseits deutlich zu unterscheiden von den sozialen Konstruktionsregeln, auf Basis derer die Medienwirklichkeit in den Redaktionen „konstruiert" wird (vgl. Rühl 1989).

Ein Teil der Ereignisse, über die Journalisten und Medien berichten, sind für die Medienberichterstattung inszeniert. Aber auch in diesem Fall gibt es eine unaufhebbare *Differenz* von Ereignis einerseits und Berichterstattung *über* das Ereignis andererseits. Nicht „die Nachrichten", die einzelnen Journalisten oder „die Medien" konstruieren also diese Ereignisse. Ereignisse geschehen im Bereich der Natur, sie geschehen unter menschlichem Einfluß oder Menschen konstruieren sie real. Die Berichterstattung *über* die Ereignisse ist ein sachlich und sozial davon deutlich zu unterscheidender „Konstruktionsprozeß", der nach ganz anderen Konstruktionsregeln verläuft als der Ereignisprozeß. Nur in Einzelfällen „konstruieren" Journalisten die Wirklichkeit selbst, über die sie dann berichten: Wenn ein Kamerateam beispielsweise Jugendliche dazu anhält und sie dafür bezahlt, daß sie Molotow-Cocktails werfen, die sie ansonsten nicht geworfen hätten. In diesen Fällen liegt eine intentionale *Verfälschung* bzw. Verzerrung der Wirklichkeit vor, die zentralen journalistischen Normen widerspricht. Nachrichten sind zwar eine *Interpretation* von Realität, aber es lassen sich eben richtige von falschen Interpretationen, mehr oder weniger *adäquate* Interpretationen unterscheiden. Der Akt der nachrichtlichen Interpretation ist nicht beliebig offen, sondern bemißt sich vor allem an den Kriterium der *Realitätsadäquatheit.* Von daher muß auch betont werden, daß die entscheidende Differenz zwischen Realität und Medienrealität *unaufhebbar* ist.

Innerhalb des konstruktivistischen Paradigmas wird aber keine systematische Unterscheidung zwischen der *ontologischen* und der *gnoseologischen* Konstruktion vorgenommen, beides wird undifferenziert mit Hilfe der Konstruktionsmetapher bezeichnet. Das läuft darauf hinaus, keinen Unterschied mehr zwischen dem Bild des Malers und der darauf abgebildeten Landschaft, zwischen dem Photo und der darauf abgebildeten Person, zwischen Zeichen und Bezeichnetem mehr zu machen. Gerade wenn Unterscheidungen am Anfang jeder Theoriebildung stehen (vgl. Schmidt 1993, S. 106), ist es wichtig, selbstreflektiv mitzubedenken, *welche* Unterscheidungen *wie* vorgenommen werden.

Wenn allerdings „Konstruktion" nur heißen soll, daß für Rezipienten nur die Medienwirklicheit „existiert" (vgl. Schmidt 1993, S. 108f.), weil sie die Wirklichkeit, über die berichtet wird, nicht direkt wahrnehmen konnten, so zeigt diese Erklärung auch eine erhebliche *Mißverständlichkeit* der zentralen theoretischen Formel des konstruktivistischen Ansatzes.

b) Konstruktivistische Kernaussagen sind trivial

Die Feststellung, daß alle Unterscheidungen (auch die zwischen Subjekt und Objekt, Wirklichkeit und Medienwirklichkeit) im Kopf des Wissenschaftlers vorgenommen werden, also ein Konstrukt sind, ist eher trivial. Wichtig ist, beurteilen zu können, *welche* Unterscheidungen die jeweilige Sache besser als andere treffen. Dazu sind reicht es nicht aus, zu sagen, daß unsere Unterscheidungen auf eingespielten Konventionen beruhen. Dies erklärt nicht, *warum* wir Unterschiede zwischen Bildern und dem Abgebildeten machen, Unterschiede zwischen Texten und dem, was in den Texten beschrieben wird und warum dies alle Mitglieder der menschlichen Spezies machen.

Trivial scheint mir weiterhin die Aussage zu sein, daß wir nicht „direkt“ zwischen unseren Wahrnehmungen und „der Realität“, sondern nur zwischen Wahrnehmungen und Wahrnehmungen unterscheiden können (Schmidt 1993, S. 105). Dieser Kritikpunkt trifft allenfalls wiederum den Popanz einer naiv-realistischen Position, die heute kaum mehr vertreten wird. Es geht ja gerade darum, zwischen der Wahrnehmung der Ereignisse selbst und der in den Medien *dargestellten* Ereignisse zu unterscheiden und es geht vor allem um den Präzisionsgrad, den Verzerrungsgrad, die Adäquatheit der Berichterstattung, *weil* für Rezipienten die Ereignisse selbst nur selten direkt wahrnehmbar sind. All die wichtigen Unterschiede zwischen der Wahrnehmung von Ereignissen durch die Akteure (z.B. Politiker, Pressesprecher), die Wahrnehmung derselben Ereignisse durch die Journalisten und der meist sehr eingeschränkten Wahrnehmungsmöglichkeiten der Ereignisse durch die Rezipienten werden hier undifferenziert in der Konstruktionsmetapher vermengt.

c) Konstruktivistische Positionen sind teilweise selbstwidersprüchlich bzw. inkonsistent

Einige der Positionen des „radikalen Konstruktivismus“ sind *inkonsistent* bzw. selbstwidersprüchlich: Auf der einen Seite werden Begriffe wie Wahrheit und Objektivität als Kriterien menschlichen Erkennens abgelehnt. Auf der anderen Seite wird aber ein (zumindest impliziter) Wahrheits*anspruch* für den eigenen (konstruktivistischen) Ansatz und gegen realistische Ansätze erhoben. Wenn dies nicht so wäre, wäre der ganze Aufwand, die Überlegenheit des konstruktivistischen Ansatzes argumentativ zu zeigen, sinnlos und überflüssig. Ebenfalls weist die Benutzung von Vokabeln wie „Vorurteile“ (Schmidt 1993, S. 105) oder „Mißverständnisse“, die auf Seiten von „Realisten“ vorhanden seien, darauf hin, daß durchaus (im Gegensatz zu der eigenen Theorie) von der Möglichkeit „richtigen“ oder „adäquaten“ Verstehens ausgegangen wird. Noch klarer wird die uneingestanden *realistische* Position bei Konstruktivisten, wenn diese mit der Vokabel „in Wirklichkeit“ begründet wird.[21]

Dort wo allerdings jeglicher Wahrheitsanspruch der eigenen Theorie völlig aufgegeben wird, wird auch jeder Wissenschaftsanspruch aufgegeben. Die Konsequenz wäre, daß es keine Kriterien mehr dafür angebbar wären, *wissenschaftliches* Argumentieren von spielerischem Small talk zu unterscheiden.

d) Konstruktivistische Positionen engen die Methodenvielfalt und journalistische Kritikmöglichkeiten ein

Phänomene der *Verzerrung* können innerhalb eines konsequent konstruktivistischen Ansatzes prinzipiell nicht mehr untersucht werden, da hierzu Realitätsvergleiche durchgeführt werden müssen. Damit entfallen eine Reihe von Möglichkeiten, beispielsweise Kriminalitätsberichterstattung in den Medien mit der Kriminalitätsentwicklung, wie sie durch Statistiken abgebildet wird, zu vergleichen. Natürlich sind auch Statistiken mit „subjektiven Elementen“ behaftet, haben aber in der Regel doch einen entscheidend anderen Präzisionsgrad als Einzelbeobachtungen oder journalistische Berichterstattung. Auf der praktisch-journalistischen Diskussionsebene führt der konstruktivistische Ansatz dazu, daß nicht mehr eindeutig zwischen der Realitätshaltigkeit (und damit Qualität) zwischen Boulevard-Journalismus und seriösem Journalismus von Qualitätszeitungen unterschieden werden kann. Wenn beides nur Realitäts*konstruktionen* sind, wenn gleichzeitig Begriffe wie Wahrheit und Objektivität aufgegeben werden bzw. nur noch Kommunikationsangebote sind, die nach Kriterien wie Glaubwürdigkeit (nicht aber danach, ob sie tatsächlich richtig oder falsch berichten) beurteilt werden können, dann entfällt letztlich jede Kritikmöglichkeit gerade unsauberer journalistischer Arbeit. Im übrigen ist die Ersetzung von Begriffen wie Wahrheit und Richtigkeit durch Begriffe wie Glaubwürdigkeit auch insofern sehr kurzsichtig, als wir es häufig (vgl. z.B. den Mordfall Kennedy, den Fall Watergate, den Fall Barschel und vieles andere) mit verschiedenen *glaubwürdigen Versionen* von ein und derselben Wirklichkeit zu tun haben, die sich aber ausschließen und von denen nur eine Version *wahr* sein kann. Nicht nur investigativer Journalismus, sondern Journalismus schlechthin würde wichtige gesellschaftliche Funktionen aufgeben, wenn er das Ziel der wahrheitsgetreuen Berichterstattung, was auch entsprechende Recherche voraussetzt, nicht mehr verfolgen würde.

Existieren Möglichkeiten der Integration oder Konvergenz der beiden Ansätze?

Auf der allgemeinen erkenntnistheoretischen Ebene existieren durchaus nicht wenige und entscheidende *Gemeinsamkeiten* zwischen den unterschiedlichen Spielarten von (kognitivem) Konstruktivismus und der Evolutionären Erkenntnistheorie (EE), die als Basistheorie für einen rekonstruktiven Ansatz innerhalb der Kommunikationswissenschaft aufgefaßt werden kann (vgl. dazu das nächste Kapitel).

Gemeinsam sind weitgehend die hypothetisch-realistische Auffassung der natürlichen und der sozialen Realität. Schmidt (1990, S. 35) weist darauf hin, daß dem radikalen Konstruktivismus kein ontologischer, allerdings wohl ein epistemologischer Solipsismus zugrunde liegt. Beide Paradigmata gehen also von der Existenz von Realität aus. Unterschiedlich ist aber die Auffassung der *Erkennbarkeit* von Realität. Während der radikale Konstruktivismus davon ausgeht, daß die Existenz von Realität alles ist, was wir über die Realität wissen können, geht die evolutionäre Erkenntnistheorie davon aus, daß es deutlich mehr ist, was wir über die realen Strukturen sagen können. Während die konstruktivistische Position bezüglich der Möglichkeiten zur Kognition und Kommunikation als „pessimistisch" bezeichnet werden kann, läßt sich die realistische Position eher als „optimistisch" kennzeichnen.

Ähnlich in beiden Positionen ist auch der Verweis auf neurologische und biologische Forschung. Während der Konstruktivismus in dieser Hinsicht u.a. auf Arbeiten von Maturana, Varela und Roth verweist, ist es innerhalb der EE vor allem die Evolutionsbiologie sowie die vergleichende Verhaltensforschung, die bislang als Basistheorien herangezogen worden sind. Die jeweiligen Bezugstheorien sind nicht nur empirisch vielfältig und multidisziplinär bestätigt, sondern sind auch gut miteinander kompatibel.

Einer der entscheidenden Unterschiede zwischen beiden Positionen besteht in der Fassung des Verhältnisses zwischen wahrnehmendem Organismus und dem, was wahrgenommen wird, anders ausgedrückt: der Struktur der Umgebung des Organismus einerseits und den Erkenntnisstrukturen andererseits. Während sich hier der Konstruktivismus - philosophisch gesprochen - eine solipsistische Position zu eigen macht, entwickelt die EE eine realistische Position. Beide Positionen müssen sich aber dem Problem stellen, wie dieses Verhältnis gefaßt wird. Es muß ja - soll die Theorie auch etwas erklären - dazu Stellung genommen werden, warum bestimmte Erkenntnisse mehr „Erfolg" haben als andere, warum bestimmte Beschreibungen „oder Konstruktionen" von Wirklichkeit eher akzeptiert werden als andere. Traditionelle Begriffe, die den Präzisionsgrad von Erkenntnissen bezeichnen, sind „Wahrheit" und „Objektivität". Der Begriff, der dies für die konstruktivistische Position zu leisten versucht, ist der der „Viabilität".[22]

Während der Konstruktivismus allerdings - soweit ich sehe - nicht erklären kann, *warum* bestimmte Wahrnehmungen und Erkenntnisse nun viabel sind und andere nicht, warum sie erfolgreich sind, kann die EE dies erklären. *Richtige* Wahrnehmungen, *wahrheitsgemäße* Erkenntnisse, und - im journalistischen Bereich - *objektive* Berichterstattung sind deshalb erfolgreicher im Vergleich zu *falschen* Wahrnehmungen, *unwahren* Erkenntnissen und *verzerrter* Berichterstattung, weil die entsprechenden Teilstrukturen aufeinander „passen".[23] Das Konzept der „Passung" stellt damit gleichzeitig die evolutionsbiologisch fundierte Begründung für die Möglichkeit von objektiver Erkenntnis im Rahmen der EE dar.

Obwohl der Gedanke an dieser Stelle nicht ausgeführt werden kann, scheint mir hier die Erklärungskraft der EE im Vergleich zum kognitiven

Konstruktivismus deutlich stärker zu sein. Der Passungsbegriff innerhalb der EE hält bei gleichzeitiger biologischer Fundierung an der Vorstellung von (sehr komplexer) Repräsentation fest und kann zusätzlich das Phänomen des Erkenntnisfortschritts erklären, das innerhalb des konstruktivistischen Denkens sehr schwierig oder gar nicht erklärbar ist. Die Kuhnsche Auffassung von sich gegenseitig ablösenden Paradigmata widerspricht dem nicht.

Wenn man das konstruktivistische Paradigma ebenso wie das der EE selbst als *Rekonstruktion von menschlichen Erkenntnisprozessen* auffaßt, als Versuche, den Prozeß menschlicher Kognition als Prozeß und in seiner Entwicklung theoretisch nachzuzeichnen, so wird man - in rekursiver Anwendung des Viabilitätsbegriffs bzw. des Passungsbegriffs auf die beiden Paradigmata selbst - sagen können, daß sich erst in Zukunft erweisen wird, welche der beiden Rekonstruktionen überlebensfähiger sein wird.

Die Lösung: Ein rekonstruktiver Ansatz in der Kommunikationswissenschaft?

Aus den vorhin genannten Problemen heraus, die naiv-realistische, aber auch konstruktivistische Ansätze aufweisen, kann man versuchen, einen nachrichtentheoretischen Ansatz zu formulieren, der zwar auf der einen Seite nicht naiv abbildtheoretisch verfährt und die normativ berechtigte Zielvorstellung, Nachrichten sollen Realität adäquat wiedergeben, deskriptiv mißversteht, auf der anderen Seite aber auch nicht einem naiven Konstruktivismus anheim fällt, der letztlich nicht mehr sehen kann, daß Nachrichten durch alle subjektiven Momente und Konstruktionsprinzipien hindurch Realität beschreiben. Eine „rekonstruktive Perspektive“, wie man sie nennen könnte, soll die Alternative „Abbild *oder* Konstruktion“, „Mimesis *oder* Simulation“ hinfällig machen.

Die (erkenntnistheoretische) Basistheorie für einen solchen Ansatz ist die ebenfalls biologisch fundierte Evolutionäre Erkenntnistheorie (EE), die hier allerdings nicht dargestellt werden kann.[24] Nur kurz sollen aber folgende Positionen festgehalten werden:

1. Für die EE existieren objektive, reale Strukturen. Auch wenn sich Realismus weder beweisen noch widerlegen läßt, ist es vernünftig, sie als real anzusehen. Alles Wissen über diese Realität ist *hypothetisch,* also vorläufig, fehlbar, nicht völlig gewiß. Die objektive Realität ist zumindest weitgehend von *subjektiven Erkenntnisstrukturen* eines einzelnen Erkenntnissubjektes *unabhängig* und läßt sich durch Wahrnehmung, Denken und Wissenschaft zumindest teilweise erkennen.

2. Die subjektiven Erkenntnisleistungen lassen sich durch drei Begriffe differenzieren: *Perspektivität, Selektivität* und *Konstruktivität.* Diese sub-

jektiven Prinzipien spielen auf allen *Erkenntnisebenen* (Wahrnehmung, Erfahrung, Alltagsdenken, wissenschaftliche Erkenntnis), d.h. auf allen Ebenen der einfachen und komplexen Informationsaufnahme und -verarbeitung, also auch bei der journalistischen Realitätsverarbeitung eine fundamentale Rolle.

3. *Selektivität* als grundlegendes Merkmal des Erkenntnisprozesses trägt zur notwendigen *Reduktion von Komplexität* bei. Ist dieses Prinzip innerhalb der Alltagserkenntnis schon Notwendigkeit, so wird es im „journalistischen Erkenntnisprozeß“ nicht nur auf individueller, sondern auf der Ebene kleinerer Sozialsysteme (Redaktion, Einzelmedium, Gesamtmediensystem) differenziert, kultiviert und zu *Selektionssystemen* ausgebaut.

4. Objektive und subjektive Erkenntnisstrukturen passen aufeinander wie ein Werkzeug auf das Werkstück, wie die Fußsohle auf den Boden paßt oder die Flossen der Fische zum Wasser passen. Dieser *Passungscharakter* aller menschlichen Erkenntnis kann im Rahmen der EE nicht nur biologisch begründet werden (subjektive Erkenntnisstrukturen sind in einem biologischen Passungsprozeß innerhalb der biologischen Evolution entstanden), sondern stellt auch im Gegensatz zu Auffassungen innerhalb des Radikalen Konstruktivismus einen sehr differenzierten *Repräsentationsmechanismus* dar.

Ausgangspunkt für eine rekonstruktive Theorie ist der *hypothetische Realismus*. Es wird davon ausgegangen, daß es nicht nur legitim, sondern auch sinnvoll ist, die Einsichten, die innerhalb der Erkenntnistheorie am einzelnen Individuum gewonnen wurden, auch auf das Einzelindividuum Journalist, darüber hinaus aber auch auf mediale Teilsysteme (Redaktionen, Einzelmedien) sowie auf das Mediensystem als Ganzes nutzbringend zu übertragen. Die Übertragung auf mediale Teilsysteme und das gesamte Mediensystem einer Gesellschaft wird durch das systemtheoretische Vorgehen möglich und legitimiert.

Vom hypothetischen Realismus und der EE ausgehend können folgende Grundpositionen für einen *rekonstruktiven Ansatz innerhalb der Kommunikationswissenschaft*[25] formuliert werden:

1. Für journalistische Berichterstattung existiert in der Regel ein vom Berichterstatter relativ unabhängiger Realitätsausschnitt. Unabhängig zumindest in einem ontologischen Sinn: Nicht alle, aber der größte Teil der Ereignisse, über die die Medien berichten, finden ontologisch (nicht gnoseologisch) unabhängig vom einzelnen Journalisten statt. Ein großer Teil der Ereignisse findet in diesem Sinn auch unabhängig vom Mediensystem insgesamt statt. Natürlich gibt es untersuchte und untersuchbare Einflüsse der Berichterstattung, der einzelnen Journalisten (z.B. durch die Anwesenheit von Fernsehteams) und der „Medienlogik“ insgesamt auf

das Geschehen, worüber berichtet wird. Dennoch bleibt immer eine „Restunabhängigkeit" im Sinne einer unaufhebbaren *Differenz* zwischen dem, worüber berichtet wird und dem berichtenden System. Dies gilt auch für typische „Medienereignisse" (wie z.B. Pressekonferenzen), die nur zum Zweck der Induzierung von Medienberichterstattung „konstruiert" bzw. inszeniert werden, allerdings in der Regel nicht von Journalisten, sondern von PR-Fachleuten.

2. Jeder Akt der Berichterstattung ist nur durch das Wechselspiel von subjektiven Strukturen der Berichterstattung und des Berichterstatters einerseits und objektiven Wirklichkeitsstrukturen andererseits beschreib- und erklärbar.

3. Ein bestimmte Menge von Realitätsausschnitten ist sozial konstituiert, eine Teilmenge dieser Realitätsausschnitte wird durch die Existenz von Medien mitkonstituiert.

4. Nachrichten können (und sollten) nicht nur als Konstruktion, sondern als *Rekonstruktion* von Wirklichkeit aufgefaßt werden, unabhängig davon, ob Wirklichkeit sozial konstituiert ist oder nicht. Empirisch ist feststellbar, inwieweit sie (mehr oder weniger) *adäquate* Rekonstruktionen darstellen, oder inwieweit sie *verzerrt* sind.

5. Wahrheitsgemäße und objektive Berichterstattung ist daher - in einer nicht-naiven Weise verstanden als adäquate Realitätsrekonstruktion - nicht nur normativ sinnvoll, sondern auch faktisch realisierbar. Die Feststellung irgendeiner Art von verzerrender Berichterstattung setzt logisch immer die Möglichkeit unverzerrter Berichterstattung voraus.

Aufbauend auf diesen zentralen Positionen läßt sich eine Nachrichtentheorie und - weiter gefaßt - eine Theorie der öffentlichen Kommunikation entwickeln, die journalistische Berichterstattung als mehrstufige *Realitätsrekonstruktion* begreift. Innerhalb dieses rekonstruktiven Ansatzes werden nicht nur unterschiedliche *Realitätstypen* oder Wirklichkeitstypen wie natürliche Realität, soziale Realität, kommunikative Realität, Medienrealität und fiktive Realität unterschieden und in ein Verhältnis gesetzt, es werden auch die fundamentalen Wahrnehmungs- und Erkenntnisprinzipien *Selektivität, Perspektivität* und *Konstruktivität* auf den Prozeß der öffentlichen Kommunikation bezogen. Die basalen Prinzipien der Wahrnehmung, Erkenntnis und Berichterstattung lassen sich mit kommunikationswissenschaftlichen Teiltheorien wie dem Agenda-Setting, der Nachrichtenfaktorentheorie oder dem Kultivierungsansatz gut kombinieren.

Wichtig ist, daß innerhalb dieses Ansatzes auch der Begriff der „Verzerrung" eine wichtige Rolle spielt. Verzerrung ist nicht mit Selektivität identisch, allerdings können aus selektiven Darstellungen - ebenso wie aus perspektivischen oder aus der Konstruktion selbst Verzerrungen entstehen.

Ein grundlegender Mechanismus des *Medienrelativismus*, ein innerhalb der Mediensysteme eingebauter „Unschärfemechanismus“, der aber dennoch die für Alltagszwecke notwendige Orientierung über Umweltprozesse ermöglicht, wird für die Theorie herausgearbeitet. Dadurch wird der Prozeß der öffentlichen Kommunikation mit Wahrnehmungsprozessen von Lebewesen generell vergleichbar. Dies nicht nur metaphorisch, sondern strukturell.

Innerhalb der Wahrnehmungs- und Erkenntnismöglichkeiten eines Einzellers beispielsweise können – bedingt durch die Begrenztheit des biologischen Erkenntnisapparats – unterschiedliche Reize nicht eindeutig unterschieden werden. Die Tatsache, daß hier aber etwas (der Reiz) *real* vorhanden ist, auf was auch reagiert wird, und die Tatsache, daß diese Fähigkeit es diesen Lebewesen ermöglicht, in ihrer Umwelt zu überleben, ist nicht mehr auf *Konstruktionen* reduzierbar, sondern benötigt eine Fähigkeit, die sinnvollerweise nur *Rekonstruktion* genannt werden kann. Diese Rekonstruktion ist die Fähigkeit, sich auf reale Dinge in der Umgebung des Organismus mit einer *ausreichenden* Präzision beziehen zu können, ausreichend, um das Leben des Einzelorganismus und der gesamten Art zu sichern. Auf höheren Evolutionsstufen übernehmen die Wahrnehmungsorgane und das Gehirn diese Fähigkeit. Der Erkenntnisapparat konstruiert also nicht „wild“ darauf los (solche Apparate hatten wohl innerhalb der biologischen Evolution keine Chancen), sondern muß in der Lage sein, die materielle und soziale Umgebung *ausreichend präzise* zu rekonstruieren. Es ist trivial festzustellen, daß die physiologischen Prozesse innerhalb des Gehirns oder auch schon der Wahrnehmungsorgane keine „kleinen Bildchen“ der Umgebung darstellen, dennoch muß das Gehirn ausreichende Strukturähnlichkeiten mit der Umgebung insgesamt herstellen.

Dieselbe Leistung nun kann dem Mediensystem als ganzem und auch einzelnen Medienteilsystemen zugesprochen werden. Ähnlich unpräzise wie der biologische Wahrnehmungsapparat des Paramaeciums (aber auch des menschlichen Gehirns) ist, ist es auch der Wahrnehmungs„apparat“ des Mediensystems einer Gesellschaft. Ähnlich aber wie der Wahrnehmungsapparat des Paramaeciums es diesem Tier erlaubt, sich in seiner Umwelt zurechtzufinden, ähnlich wie es uns unser Erkenntnisapparat (Gehirn plus Wahrnehmungsorgane) erlaubt, uns zumindest innerhalb des Mesokosmos ausreichend zu orientieren und zurechtzufinden, ähnlich erlauben es uns auch unsere Mediensysteme, uns in den Räumen und Bereichen, die uns in der Regel nicht mehr durch unmittelbare Wahrnehmung und Kommunikation zugänglich sind, „zurechtzufinden“.

Mediensysteme produzieren trotz aller Unschärfe und trotz aller Unterschiede meist ein ausreichend adäquates Bild über das Geschehen in lokalen, regionalen und internationalen Räumen. Ansonsten könnten wir uns überhaupt nicht über das politische, wirtschaftliche, sportliche oder kulturelle Weltgeschehen informieren.

Wenn in biologischen Erkenntnisapparaten die Rekonstruktionsleistung in jahrmillionenlangen Prozessen der biologischen Evolution entstanden ist, so ist diese Rekonstruktionsleistung in der Menschheitsgeschichte innerhalb der hier entstandenen Kommunikationsmittel, zunächst schon in der Sprache angelegt. Durch verbale Kommunikation sind Menschen in der Lage, außersprachliche Sachverhalte zu repräsentieren oder dies nicht zu tun, also z.B. zu lügen. Aber auch die Fähigkeit zu lügen setzt immer die Fähigkeit, die Wahrheit zu erkennen, voraus.

Innerhalb der Mediensysteme wird die Rekonstruktionsfähigkeit durch Berichterstattungs*normen* gesichert, die historisch zu bestimmten Zeitpunkten entstanden sind und sich - auch in kontroversen Auseinandersetzungen - weiterentwickeln. Die journalistische Objektivitätsnorm und auf der Rezipientenseite der Glaubwürdigkeitsmechanismus können in dieser Perspektive als Gegentendenzen zu medialen Verzerrungstendenzen aufgefaßt werden. *Diskrepanzerfahrungen*[26] des Publikums sind wichtig, weil sie über negative ökonomische und imagebezogene Auswirkungen auf die entsprechenden Medienorganisationen deren Präzisionsgrad und deren Bezugnahme auf die soziale Wirklichkeit mitsteuern.

Wie wirklich ist die Medienwirklichkeit?

Unter Berücksichtigung der vorangegangenen Überlegungen kann nunmehr die eingangs gestellte Frage nach dem *Wirklichkeitsgrad* der Medienwirklichkeit (Wie wirklich ist die Medienwirklichkeit?) noch einmal neu aufgenommen werden. Dabei muß „wirklich" differenziert werden in „wirklich" im Sinne von „real existierend" und „wirklich" im Sinne von „genau, präzise".

1. Medienwirklichkeit ist *wirklich* (real existierend) in folgender Hinsicht: Medienwirklichkeit ist als konstruierte Zeichenwirklichkeit real. Sie kann wahrgenommen, auf ihre Produktionsmechanismen und ihre Strukturen hin untersucht werden, sie kann in ihrem Eigenleben ernstgenommen werden. Auch Verwechslungsphänomene (Verwechslung von Medienrealität und Realität) können unter Zugrundelegung gerade dieser Unterscheidung untersucht werden. Wichtig ist aber, daß *falsche* und *richtige* kommunikative Wirklichkeiten, also auch Medienwirklichkeiten unterschieden werden können. Es läßt sich also trefflich - entgegen Watzlawick - darüber streiten, was wirklich *wirklich* ist und was wirklich, aber falsch ist.

2. Medienwirklichkeit ist in ihrer Funktion der Repräsentation anderer Realitäten in zweifachem Sinne *wirklich*: Andere Wirklichkeiten werden

durch Medienwirklichkeit erst erfahrbar, werden *für uns* wirklich. Unabhängig von uns sind sie aber *für andere* wirklich (real existierend). *Für uns* ist es innerhalb von Informationsgesellschaften aber auch fundamental wichtig, welchen Wirklichkeitsgrad, d.h. welchen Präzisionsgrad die Berichterstattung aufweist. Die Übermittlung richtiger - nicht falscher - Information über die Ereignisse und Zustände in der Welt, die ausreichend genaue und damit „wirkliche" (im zweiten Sinn) Repräsentation anderer Wirklichkeiten, nicht die beliebige Konstruktion von Realität ist für uns letztlich lebens- und überlebensnotwendig.

Nicht darin, daß die Medienwirklichkeit *konstruiert* ist, liegt ihre große Leistung und ihre Funktion. Diese Erkenntnis ist nicht neu, und sie ist ein Stück weit trivial. Die wichtige Leistung der Medien und die wichtige Herausforderung für Theorien öffentlicher Kommunikation liegt darin, theoretisch zu rekonstruieren und empirisch zu untersuchen, wie und mit welchem Genauigkeitsgrad andere Wirklichkeiten repräsentiert werden bzw. verzerrt werden. Gerade die Nicht-Beliebigkeit der Konstruktion, gerade der permanente Versuch der Herstellung adäquater (objektiver) und damit brauchbarer Medienwirklichkeiten ist die Hauptleistung der Medien. Dies spricht natürlich nicht gegen die Tatsache, daß wir die Medien auch zur Konstruktion fiktiver Realitäten (Spielfilme, Fernsehserien, Krimis und Horrorfilme) sowie zur Übermittlung oder Herstellung von Unterhaltungsereignissen (Musik/Sport/Kultur) benötigen.

3. Medienwirklichkeit ist *wirklich* in einem buchstäblichen Sinn, im Sinn von *wirkend.* Der Begriff Wirklichkeit in unserer heutigen Bedeutung von Realität (seit dem 15. Jahrhundert bezeugt) hat etymologisch sehr viel zu tun mit dem Verb *wirken,* was (nach Duden) vermutlich eine Ableitung des Substantivs „Werk" ist. Medienwirklichkeit zeigt und hat gesellschaftliche Auswirkungen und psychologische Wirkungen, sie wirkt auf uns Leser, Hörer, Zuschauer ein. Als Einflußfaktor ist Medienwirklichkeit wiederum ein realer Konstitutionsfaktor für die gesellschaftliche Realität und für die individuellen Vorstellungen.

Medienwirklichkeit ist als vom Menschen nach bestimmten Regeln produzierte Wirklichkeit weder nur „naives" Abbild anderer Realitäten, noch auf die Funktion eines Konstrukts zu reduzieren, das mit den anderen von ihr repräsentierten Wirklichkeiten nichts mehr zu tun hat. Medienwirklichkeit ist (in ihrem Informationsteil) *Rekonstruktion* anderer Wirklichkeiten, Rekonstruktion realer Ereignisse für die Leser, Hörer und Zuschauer. Dies ist nicht nur eine Beschreibung einer Medienfunktion, dies muß gleichzeitig *normative Vorgabe und Zielsetzung* für die Medien sein, ohne die die Abweichung von den Realitäten vermutlich größer wäre.

Anmerkungen

1. Dieser Beitrag ist ursprünglich erschienen in Bentele/Rühl (1993), S. 152–171. Er wurde für den vorliegenden Band aktualisiert und geringfügig bearbeitet. Wir danken dem Universitätsverlag Konstanz für die Abdruckerlaubnis.

2. Vgl. Eberhard (1961), Dovifat (1962), sowie einige Diskussionsbeiträge in der Zeitschrift *Publizistik*, 1964, Heft 4.

3. Vgl. z.B. Knoche (1978), S. 88ff.

4. Vgl. z.B. Schmidt (1966), Dröge (1967), Scharf/Schlie (1973).

5. Vgl. Ronneberger (1978), Saxer (1980), Rühl (1985).

6. Vgl. zusammenfassend aber z.B. Wagner (1989, S. 71ff.).

7. Zur Darstellung der auf die Kommunikationswissenschaft bezogenen radikal-konstruktivistischen Ansätze vgl. Merten/Schmidt/Weischenberg (1991/1992) und Merten/Schmidt/Weischenberg (1994), vgl neuerdings auch die Beiträge in der österreichischen Zeitschrift *Medien Journal*, 1995, Heft 4. Kritik an diesen Ansätzen wurde - grundsätzlich - z.B. von Nüse et.al. (1991) geäußert, auf die kommunikationswissenschaftlichen Aspekte bezogen innerhalb verschiedener Beiträge in Bentele/Rühl (1993).

8. Vgl. die Literatur, die beispielsweise in den Beiträgen von Krippendorff (1993) oder in Merten/Schmidt/Weischenberg (1994) genannt wird.

9. Dies scheint mir im übrigen auch für zentrale Begriffe wie den der „Kommunikation" zu gelten; die von Krippendorff (1993, S. 24) aufgelisteten (unterschiedlichen) Kommunikationsverständnisse haben durchaus Gemeinsamkeiten und eine wichtige Aufgabe der Wissenschaft besteht ja darin, diese Gemeinsamkeiten und Strukturähnlichkeiten ausfindig zu machen.

10. So werden in der Diskussion auf Ebene a) und b) häufig Positionen wie die folgende formuliert: die „ganze Wahrheit" oder „absolute Objektivität" ist zwar innerhalb der journalistischen Berichterstattung nicht erreichbar, aber zumindest anzustreben.

11. Vgl. z.B. Renckstorf (1987).

12. Vgl. zu diesem Begriff McQuail (1983, S. 18), der zwischen Alltagstheorien der Medien, (journalistischen) Arbeitstheorien und wissenschaftlichen Theorien über Medien unterscheidet.

13. Vgl. dazu u.a. Epstein (1974).

14. Vgl. dazu auch Noelle-Neumann/Mathes (1987), die in der Tradition von Halloran u.a. zwischen Ereignissen selbst und im Medium dargestellten Ereignissen klar unterscheiden.

15. Vgl. zusammenfassend Burdach (1987) und Signorelli/Morgan (1990).

16. Vgl. z.B. Schmidt (1990, S. 65ff.), Luhmann (1990).

17. Ein weiteres Charakteristikum, das von Schulz (1989) genannt wird, der „aktive" Charakter der Medien bei der Produktion von Medienrealität, ist nicht notwendigerweise an eine konstruktivistische Position gekoppelt.

18. Vgl. allerdings Schulz (1989), der hier eine vermittelnde Position einnimmt und auch auf Basis der „kopernikanischen" Auffassung Objektivität - als Norm - für sinnvoll hält.

19. Vgl. zu allen Beispielen Schmidt (1990, S. 50ff.).

20. Dies gestehen mittlerweile auch Konstruktivisten wie S. J. Schmidt (1994) zu.

21. In der Überschrift „In Wirklichkeit: individuell und gesellschaftlich bewährt" wird für die eigene, konstruktivistische Position gegen die vermeintlich falsche und realistische Position selbst auf realistische Art und Weise argumentiert. Vgl. Schmidt (1990, S. 63).

22. Vgl. von Glasersfeld (1987, S. 141), von Glasersfeld (1992, S. 23ff.).

23. Zum Passungsbegriff innerhalb der EE vgl. Vollmer (1985) und Wagner (1987).

24. Vgl. zusammenfassend beispielsweise: Vollmer (1975; 1985; 1986).

25. Vgl. ausführlicher dazu Bentele (1988 a; 1992).

26. Vgl. zu diesem Begriff bzw. zu diesem Ansatz Bentele (1994).

Literatur

Austin, J. L. (1962), *How To Do Things With Words*, Cambridge.

Bentele, G. (1982), *Objektivität in den Massenmedien. Versuch einer historischen und systematischen Begriffsklärung*, in: G. Bentele / R. Ruoff (Hrsg.), *Wie objektiv sind unsere Medien?*, Frankfurt a.M., S. 111-155.

Bentele, G. (1988 a), *Wie objektiv können Journalisten sein?*, in: L. Erbring / S. Ruß-Mohl/B. Seewald/B. Sösemann (Hrsg.), *Medien ohne Moral. Variationen über Journalismus und Ethik*, Berlin, S. 196-225.

Bentele, G. (1988 b), *Objektivität und Glaubwürdigkeit von Medien. Eine theoretische und empirische Studie zum Verhältnis von Realität und Medienrealität*, unveröff. Habilitationsschrift, Berlin.

Bentele, G. (1992), *Fernsehen und Realität - Ansätze zu einer rekonstruktiven Medientheorie*, in: K. Hickethier / I. Schneider (Hrsg.), *Fernsehtheorien*, Berlin, S. 45-67.

Bentele, G. (1994), *Öffentliches Vertrauen - normative und soziale Grundlage für Public Relations*, in: W. Armbrecht / U. Zabel (Hrsg.), *Normative Aspekte der Public Relations. Grundlagen und Perspektiven. Eine Einführung*, Opladen, S. 131-158.

Bentele, G. / M. Rühl (Hrsg.) (1993), *Theorien öffentlicher Kommunikation. Problemfelder, Positionen, Perspektiven*, München.

Burdach, K. (1987), *„Violence Profile" und Kultivierungsanalyse: die Vielseherforschung George Gerbners*, in: M. Schenk, *Medienforschung*, Tübingen, S. 344-365.

Dovifat, E. (1962), *Ergebnisse der Publizistikwissenschaft*, in: *Publizistik*, 1962, Heft 2, S. 78-81.

Dröge, F. (1967), *Theorie und Erkenntnistheorie in der Publizistikwissenschaft*, in: *Publizistik*, 1967, Heft 4, S. 219-231.

Eberhard, F. (1961), *Thesen zur Publizistikwissenschaft*, in: *Publizistik*, 1961, Heft 5, S. 259-266.

Epstein, E. J. (1974), *News from Nowhere. Television and The News*, New York.

Glasersfeld, E. von (1987), *Wissen, Sprache und Wirklichkeit. Arbeiten zum radikalen Konstruktivismus* (autorisierte deutsche Fassung von W. K. Köck), Braunschweig/Wiesbaden.

Glasersfeld, E. von (1992), *Konstruktion der Wirklichkeit und des Begriffs der Objektivität*, in: *Einführung in den Konstruktivismus*, München/Zürich, S. 9-39.

Halloran, J. D. / P. Elliot / G. Murdock (1970), *Demonstration and Communication: A Case Study*, Harmondsworth.

Kepplinger, H. M. (1989), *„Instrumentelle Aktualisierung. Grundlagen einer Theorie publizistischer Konflikte"* (i. Zus. mit H.-B. Brosius, J. F. Staab u. G. Linke), in: *Kölner Zeitschrift für Soziologie und Sozialpsychologie*, 1989, Sonderheft 30, S. 199-220.

Kepplinger, H. M. (1992), *Ereignismanagement. Wirklichkeit und Massenmedien*, Zürich.

Knoche, M. (1978), *Einführung in die Pressekonzentrationsforschung*, Berlin.

Krippendorf, K. (1993), *Schritte zu einer konstruktivistischen Erkenntnistheorie der Massenkommunikation*, in: Bentele/Rühl (Hrsg.), a.a.O., S. 19-51.

Lang, K. / G. E. Lang (1968), *Politics and Television*, Chicago.

Lippmann, W. / Ch. Merz (1920), *A Test of the News*, in: *The New Republic*, vom 4.8.1920, S. 1-42.

Luhmann, N. (1990), *Das Erkenntnisprogramm des Konstruktivismus und die unbekannt bleibende Realität*, in: ders. (1990), *Soziologische Aufklärung 5*, Opladen, S. 31-58.

McQuail, D. (1983), *Mass Communication Theory. An Introduction*, London u.a.

Merten, K. (1990), *Inszenierung von Alltag, Kommunikation, Massenkommunikation, Medien*, in: Deutsches Institut für Fernstudien an der Universität Tübingen (Hrsg.), *Funkkolleg*

Medien und Kommunikation. Konstruktionen von Wirklichkeit, Studienbrief 1, Weinheim/Basel, S. 79-108.

Merten, K. / S. J. Schmidt / S. Weischenberg (Hrsg.) (1990/91), *Medien und Kommunikation; Konstruktionen von Wirklichkeit*, Weinheim/Basel.

Merten, K. / S. J. Schmidt / S. Weischenberg (Hrsg.) (1994), *Die Wirklichkeit der Medien. Eine Einführung in die Kommunikationswissenschaft*, Opladen.

Noelle-Neumann, E. / J. Mathes (1987), *The „Event as Event" and the „Event as News": The Significance of „Consonance" for Media Effects Research*, in: *European Journal of Communication*, 1987, Heft 4, S. 391-414.

Nüse, R. et. al. (1991), *Über die Erfindung/en des Radikalen Konstruktivismus. Kritische Gegenargumente aus psychologischer Sicht*, Weinheim.

Renckstorf, K. (1987), *Lokalprogramme von Hörfunk und Fernsehen: Spiegel der Unterschiedlichkeit von Lebensräumen? Befunde aus den Niederlanden und der Bundesrepublik Deutschland*, in: *Media Perspektiven*, 1987, Heft 6, S. 381-387.

Ronneberger, F. (1978), *Zur Lage der Publizistikwissenschaft. Ein Essay*, in: G. Steindl (Hrsg.) (1978), *Publizistik als Profession. Festschrift für Johannes Binkowski aus Anlaß der Vollendung seines 70. Geburtstages*, Düsseldorf, S. 11-19.

Rühl, M. (1985), *Kommunikationswissenschaft zwischen Wunsch und Machbarkeit. Einige Betrachtungen zu ihrer Identität heute*, in: *Publizistik*, 1985, Heft, 2/3, S. 229-246.

Rühl, M. (1989), *Organisatorischer Journalismus. Tendenzen der Redaktionsforschung*, in: M. Kaase / W. Schulz (Hrsg.), *Massenkommunikation. Theorien, Methoden, Befunde*, Opladen, S. 253-269.

Saxer, U. (1980), *Grenzen der Publizistikwissenschaft. Wissenschaftswissenschaftliche Reflexionen zur Zeitungs-/Publizistik-/Kommuniktionswissenschaft seit 1945*, in: *Publizistik*, 1980, Heft 2, S. 525-543.

Scharf, W. / O. Schlie (1973), *Zur Diskussion wissenschaftstheoretischer Probleme in Publizistik- und Kommunikationswissenschaft*, in: *Rundfunk und Fernsehen*, 1973, Heft 1, S. 54-71.

Schmidt, R. H. (1966), *Thesen zur Wissenschaftstheorie der Publizistikwissenschaft*, in: *Publizistik*, 1966, Heft 3/4, S. 407-434.

Schmidt, S. J. (1990a), *Wir verstehen uns doch? Von der Unwahrscheinlichkeit gelingender Kommunikation*, in: Deutsches Institut für Fernstudien an der Universität Tübingen (Hrsg.), *Funkkolleg Medien und Kommunikation. Konstruktionen von Wirklichkeit, Studienbrief 1*, Weinheim/Basel, S. 50-78.

Schmidt, S. J. (1990b), *Der Radikale Konstruktivismus: Ein neues Paradigma im interdisziplinären Diskurs*, in: ders. (Hrsg.), *Der Diskurs des Radikalen Konstruktivismus*, Frankfurt a.M., S. 11-88.

Schmidt, S. J. (1993), *Kommunikation - Kognition - Wirklichkeit*, in: Bentele/Rühl (Hrsg.), a.a.O., S. 105-117.

Schmidt, S. J. (Hrsg.) (1987), *Der Diskurs des Radikalen Konstruktivismus*, Frankfurt a.M., S. 256-286.

Schmidt, S. J. (1994), *Konstruktivismus in der Medienforschung: Konzepte, Kritiken, Konsequenzen*, in: Merten/Schmidt/Weischenberg (Hrsg.) (1994), a.a.O., S. 592-623.

Schulz, W. (1976), *Die Konstruktion von Realität in den Nachrichtenmedien*, Freiburg/München.

Schulz, W. (1989), *Massenmedien und Realität*, in: *Kölner Zeitschrift für Soziologie und Sozialpsychologie*, 1989, Sonderheft 30.

Schulz, W. (1989), *Massenmedien und Realität. Die „ptolemäische" und „kopernikanische" Auffassung*, in: M. Kaase / W. Schulz (Hrsg.), *Massenkommunikation. Theorien, Methoden, Befunde*, Opladen, S. 135-149.

Searle, J. (1971), *Sprechakte. Ein Sprachphilosophischer Essay*, Frankfurt a.M.

Signorelli, N. / M. Morgan (Hrsg.) (1990), *Cultivation Analysis. New Directions in Media Effects Research*, Newbury Park/London/New Delhi.

Vollmer, G. (1975), *Evolutionäre Erkenntnistheorie. Angeborene Strukturen im Kontext von Biologie, Psychologie, Linguistik, Philosophie und Wissenschaftstheorie*, Stuttgart.

Vollmer, G. (1985), *Was können wir wissen? Bd. 1. Die Natur der Erkenntnis. Beiträge zur Evolutionären Erkenntnistheorie*, Stuttgart.

Vollmer, G. (1986), *Was können wir wissen? Bd. 2. Die Erkenntnis der Natur. Beiträge zur modernen Naturphilosophie*, Stuttgart.

Wagner, G. P. (1987), *Der Passungsbegriff und die logische Struktur der evolutionären Erkenntnistheorie*, in: R. Riedl / F. M. Wuketitis (Hrsg.), *Die Evolutionäre Erkenntnistheorie*, Berlin/Hamburg.

Wagner, H. (1989), *KommuniktionsWissenschaft (Zeitungs-Wissenschaft). Das Fach, das Studium, die Methoden* (*ZW-Paper* 6), München/Mühlheim.

Watzlawick, P. (1985), *Wir wirklich ist die Wirklichkeit? Wahn Täuschung Verstehen*, München (1. Aufl. 1976)

Weischenberg, S. (1995), *Konstruktivismus und Journalismusforschung*, in: *Medien Journal*, 1995, Heft 4, S. 47-56.

Klaus Eder

Politische Öffentlichkeit oder öffentliche Meinung?

Eine Theorie des öffentlichen Diskurses

Die im 18. und 19. Jahrhundert entstehende und sich entfaltende bürgerliche Gesellschaft läßt sich unter zwei Gesichtspunkten analysieren. Sie verarbeitet auf der einen Seite die Effekte der ökonomisch-technischen Veränderungen, die mit der kapitalistischen Produktion einhergingen, durch die soziale Differenzierung der Bevölkerung. Alte soziale Klassen steigen ab, neue steigen auf, und Marx meinte sogar in der Mitte des 19. Jahrhunderts, daß alles auf eine Gesellschaft mit zwei Klassen zulaufe. Er hat sich dabei geirrt, genauso wie jene Theoretiker der 50er Jahre unseres Jahrhunderts, die bereits die klassenlose Massengesellschaft am Horizont zu sehen glaubten. Eine soziale Differenzierung setzt sich durch, die die in Stände gegossenen Klassenlagen durch marktbedingte Klassenlagen ersetzt.

Auf der anderen Seite bringt diese entstehende bürgerliche Gesellschaft ein neues Modell sozialer Ordnung hervor, das sich vom Modell der traditionalen Ordnung in grundsätzlicher Hinsicht unterscheidet. Dieses Modell artikuliert in idealisierter Form den institutionellen Rahmen, der das sich zunehmend differenzierende Gesellschaftssystem zusammenhält. Es ist das Modell der freien und gleichen Assoziation von Bürgern, die sich selbst durch öffentliche, d.h. gemeinsame Diskussion konstituiert. Dieses Modell einer egalitär-diskursiven sozialen Ordnung ist gekennzeichnet durch den totalen Bruch mit dem traditionalen Modell der Hierarchie, einer sozialen Ordnung, die vorgegeben ist, die eine - wie das Wort sagt - heilige Ordnung ist.[1]

Das Diskursmodell politischer Öffentlichkeit

Die kulturelle Innovation, die der Entwicklung der modernen Gesellschaft zugrundeliegt, ist das Modell der freien und gleichen Assoziation räsonierender Bürger. Dieses Modell impliziert ein Strukturprinzip, das für alle Formen rechtlich-politischer Regelungen konstitutiv geworden ist. Solche Regelungen sind prinzipiell an den Vorbehalt gebunden, daß ihnen alle gleichermaßen zustimmen können müssen. Das Ergebnis dieses Entwicklungsprozesses ist die Bindung der Legitimität normativer Regelungen an kollektive Willensbildungsprozesse. Solche Willensbildungsprozesse bedürfen ihrerseits wiederum der sozialen Regelung. Sie brauchen einen sozialen Ort, in dem sie stattfinden können. Sie brauchen eine soziale Struktur, die kollektive Willensbildungsprozesse von den kontingenten Motiven der der einzelnen unabhängig macht und sie durch Organisation auf Dauer stellt. Beides, Ort wie soziale Stabilisierung, bietet die Institution der politischen Öffentlichkeit. Sie ist – zusammen mit der kapitalistischen Organisation des Marktgeschehens – das evolutionär Neue der modernen Gesellschaft.

In evolutionstheoretischer Perspektive ist die Institutionalisierung von politischer Öffentlichkeit die Auflösung jenes Paradoxons, das die griechische Demokratie beschäftigt hat. Es beruht auf der Annahme, daß nur der aufgeklärte Bürger an der demokratischen Willensbildung beteiligt sein dürfe. Wie aber wird man aufgeklärter Bürger? Die alten Griechen setzten einfach sozialökonomische Bedingungen. In der Moderne gelingt die Überwindung dieser Setzung/Konvention: Man wird aufgeklärt, indem man an einem Dialog beteiligt wird. Demokratische Willensbildung ist der Bereich, in dem Aufklärung stattfindet.[2]

Allerdings hat diese politische Öffentlichkeit nie ihrem Ideal freier und gleicher räsonierender Bürger entsprochen. Sie ist nicht Realität, sondern Modell. Zwar hat Habermas in seiner Analyse des Strukturwandels der Öffentlichkeit (1962) geglaubt, in den Kaffeehäusern und politischen Assoziationen reale Anhaltspunkte für das Funktionieren des Modells politischer Öffentlichkeit gefunden zu haben, das dann in der sozialstaatlichen Transformation zerbrochen ist. Hier vermischt Habermas ein Modell der Realität mit der Realität selbst. Das Modell einer politischen Öffentlichkeit liegt selbst den pervertiertesten Formen der Moderne (etwa dem nationalen Sozialismus im deutschen Faschismus) zugrunde. Die institutionelle Manifestation oder Verkörperung dieses Modells wird aber nicht durch die Strukturlogik der Logik kontrolliert. Sie wird durch die Logik einer Praxis oder genauer: durch die Logik miteinander konkurrierender Praktiken auf dem Feld der Politik bestimmt. Die Frage ist also, wie das Modell zum Orientierungspunkt gesellschaftlicher Praxis und damit zu einem zentralen Feld gesellschaftlicher Auseinandersetzungen wird.

Sobald wir den Aspekt praktischer Handlungen einführen, kommen auch die sozialstrukturellen Voraussetzungen wieder ins Blickfeld der Analyse politischer Öffentlichkeit: objektive Klassenlagen und kulturelle Konfliktlinien, die die national integrierte kapitalistisch-industrielle Gesellschaft kennzeichnen und deren miteinander konkurrierenden Logiken politische Praxis formen. Diese Kontextbedingungen werden nur zu leicht in der Analyse politischer Öffentlichkeit als theoretisch sekundär abgetan oder gar auf das „Empirische" abgeschoben. Doch es sind diese Praktiken, an denen und durch die hindurch wir die Logik oder – wie man auch formulieren kann – das „Organisationsprinzip" politischer Öffentlichkeit ablesen können. Sie sind die Faktoren, die das Strukturmodell politischer Öffentlichkeit substantiell verkörpern. Es hängt von historisch spezifischen Praxisformen ab, welche kulturellen Traditionen (linke, rechte, traditionalistische, anarchistische usw.) dann in der Geschichte in die politisch-kulturelle Organisation der modernen Gesellschaft eingebaut werden.

Dieser Zusammenhang von Modell und seiner praktischen Durchsetzung wird durch eine spezifische Struktureigenschaft dieses Modells problematisiert, nämlich durch die Idee einer Gleichheit der Menschen. In diese Idee ist die Kritik sozialer Verhältnisse systematisch eingebaut: Die egalitären Ansprüche einer freien Assoziation der Bürger machen die überlieferte Ungleichheit der sozialen Herkunft ebenso illegitim wie die durch die kapitalistische Industrialisierung forcierte Ungerechtigkeit gesellschaftlicher Verhältnisse. Daraus folgt, daß der praktische Gebrauch des Strukturmodells politischer Öffentlichkeit vor einer spezifischen Problematik steht. Politische Praxis ist klassenspezifisch und muß zugleich eine die Klassenstruktur negierende Logik politischer Praxis konstituieren.

Die evolutionär wohl „geschickteste" Auflösung dieses Paradoxons ist die funktionale Trennung von Sozialstruktur und politischer Praxis. Das hat die Illusion einer einheitlichen politischen Praxis jenseits von Klassenlagen nähren können. Ein erster Mechanismus, der dies ermöglicht hat, ist der Mechanismus der Wahl, in deren Vollzug alle gleich sind. Dieser Mechanismus wird verstärkt und unterstützt durch eine zweite „Erfindung", die Erfindung der öffentlichen Meinung. Eine Meinung können alle haben; daraus ergibt sich die Illusion einer in die öffentliche Meinung eingebauten fundamentalen Gleichheit. Beides, Wahl und öffentliche Meinung, garantieren allerdings keine Öffentlichkeit in dem emphatischen Sinn, wie sie im 19. Jahrhundert als Grundlage rationaler Politik entworfen worden ist.

Wandlungen der Praxis des Diskursmodells

Die Gleichsetzung von öffentlicher Meinung und politischer Öffentlichkeit hat zwar die soziologische Analyse politischer Öffentlichkeit banalisiert, zugleich aber die Fragestellung geschärft. Was ist die öffentliche Meinung? Die öffentliche Meinung, die in der Umfrageforschung erscheint, gibt es, wie Bourdieu es formuliert hat, gar nicht. Es gibt nur die Umfrageforschung, die eine öffentliche Meinung artikuliert. Die Umfrageforschung ist selbst ein Teil der öffentlichen Meinung.[3] Sie unterscheidet sich von anderen öffentlichen Meinungen allerdings in ihrem Anspruch. Sie ist eine öffentliche Meinung, die öffentliche Meinungen zu repräsentieren behauptet. Sie ist öffentliche Meinung über öffentliche Meinungen. Das macht es erforderlich, die Rolle der Meinungsforschung und deren Selbstimplikation in die Produktion öffentlicher Meinung genauer zu analysieren. In der Umfrageforschung werden politische Meinungen aggregiert und als öffentliche Meinung konstruiert. Dieser Produktionsprozeß öffentlicher Meinung kann auch noch besondere Legitimität beanspruchen, weil sie wissenschaftlich erzeugte öffentliche Meinung ist.

Das macht die Analyse politischer Öffentlichkeit komplizierter als Theorie und Praxis öffentlicher Meinungsforschung dies unterstellen. Vor die Alternativen gestellt, im Hinblick auf den Gegenstand entweder ganz „draußen" oder ganz „drinnen" zu sein, bleibt ein Ausweg, den insbesondere Bourdieu zum Programm soziologischer Analyse erhoben hat: die Methode der „desillusionierenden Objektivierung". Für eine Theorie politischer Öffentlichkeit bedeutet dies, politische Öffentlichkeit als Medium und Ergebnis sozialer Auseinandersetzungen zu sehen, die deren Form und Inhalt bestimmen.

Die in jüngster Zeit beobachtbaren Veränderungen in der politischen Kultur der Bundesrepublik sind sowohl mit negativer wie mit positiver Zielrichtung mit den Sozialwissenschaften in Verbindung gebracht worden. Daß die Sozialwissenschaften für die Entwicklung öffentlicher Meinung kausal oder moralisch verantwortlich sind, dürfte zwar eine Überschätzung der Sozialwissenschaften implizieren. Daß sie damit zu tun haben, dürfte andererseits unbestritten sein. Sie sind Teil der politischen Kultur; ihre empirischen Ergebnisse sind Teil des politischen Diskurses der Gesellschaft, die die öffentliche Meinung wieder beeinflussen. Zugleich beziehen sich die Sozialwissenschaften reflexiv auf diese politische Kultur und auf die Verwendung des von ihr produzierten Wissens in der politischen Kultur.[4]

Das Phänomen der Meinungsforschung ist also interessant nicht deswegen, weil es öffentliche Meinung wiedergibt, sondern deswegen, weil es auf einen zentralen Faktor im Strukturwandel der Öffentlichkeit hinweist, nämlich die Entstehung eines neuen kollektiven Akteurs „Wissenschaft" in der politischen Öffentlichkeit. Dieser Akteur tritt in Konkurrenz zu den etablierten Trägern des Modells politischer Moderne und irritiert: Denn Wissenschaft hält sich nicht mehr an die Regeln der Wertfreiheit, was ja nur erlaubt hat, sie aus der Konkurrenz im praktischen Umgang mit dem Modell diskursiver Auseinandersetzung herauszuhalten (in der deutschen Tradition thronte sie, die Wissenschaft, immer drüber, obwohl sie real mittendrin steckte).

Diese Komplizierung des Feldes des praktischen Umgangs mit dem Modell (der Idee, dem Projekt) der Moderne hat sich in der jüngsten Entwicklung der politischen Kultur verstärkt. Es gibt ein komplexes Ineinander von Eliten, Wissenschaft, Protest, professioneller Politik und einfacher Betroffenheit. Die Fronten sind unklar - sie gehen oft quer durch die etablierten Differenzen von links/rechts, rational/irrational, wissenschaftlich/unwissenschaftlich.

Der Strukturwandel der politischen Öffentlichkeit beschränkt sich nicht nur auf die Verwissenschaftlichung der Diskussion. Das wäre nur eine zusätzliche Dimension einer Analyse der Logik des Umgangs mit dem Mythos der Moderne. Die Verwissenschaftlichung bedeutet in diesem Sinne weniger als mit ihr gemeinhin assoziiert wird. Sie bedeutet aber auch mehr, weil sie die Bedingungen der Praxis anderer sozialer Gruppen beeinflußt und modifiziert. Die Reflexivität kollektiver Praktiken verändert sich, was eine strukturelle Veränderung der Logik der Praxis zur Folge hat. Es ist also nicht die Wissenschaft, die die Öffentlichkeit verändert (Stichworte „Expertokratie“ und „Professionalisierung der Öffentlichkeit“), sondern die durch diese Entwicklungen veränderte Logik der Praxis, die den Strukturwandel der Öffentlichkeit bestimmt.

Neue politische Öffentlichkeit?

Damit stellt sich die Frage nach einer „realistischen“ Theorie, die die sozialen Gebrauchsweisen öffentlicher Kommunikation erklären kann. Eine häufig vertretene These lautet, daß nicht mehr Aufklärung, sondern Konsumtion öffentliche Kommunikation steuert.[5] Nicht mehr Kognition, Wahrheit der Fakten und Anspruch auf moralisch begründbares Handeln, sondern emotionales Wahrnehmen und Erleben steuert öffentliche Kommunikation. Dieser These liegt das Modell einer kognitive Geltungsansprüche überholenden Erfahrbarkeit der Welt zugrunde. Mit dieser neuen Utopie arbeiten die Kleinproduzenten von Kultur wie die Konsumenten von Kultur. Sie schafft professionelle Betätigungsfelder jenseits der bürgerlichen Kultur - ein Kleinbürgertum massenmedialen Produzierens und Konsumierens.

Die These von einem Strukturwandel der Öffentlichkeit ist also keine Behauptung über Bestehen oder Vergehen des modernen Mythos „egalitär-diskursive Kommunikation“. Sie ist eine Behauptung über einen strukturellen Wandel der Logik der Praxis öffentlicher Kommunikation. Es geht nicht um die Frage, ob dieser Mythos je real geworden ist (die Ergebnislosigkeit einer solchen Argumentation zeigt sich besonders gut an der Frage, ob es überhaupt je eine „bürgerliche Gesellschaft“ gegeben hat). Bei der Frage nach dem Wandel der Logik der Praxis öffentlicher Kommunikation geht es darum zu zeigen, welche sozialen Gruppen in welcher Weise mit dem Modell egalitär-diskursiver Kommunikation umgehen.

Die traditionelle Logik der Praxis, also die des 19. Jahrhunderts, läßt sich sozial und sachlich relativ problemlos bestimmen. Sozial ist sie in den bürgerlichen Schichten verankert, die die Geschichte des politischen Denkens im 19. Jahrhundert geprägt haben. Sachlich manifestiert sie sich in der Differenzierung politischer Strömungen, der Differenzierung in liberale, konservative und soziale Strömungen. Die Logik dieser Praktiken hängt eng zusammen mit der Entwicklung einer kapitalistischen Wirtschaftsform, eines ungebremsten technischen und ökonomischen Wachstums, und einer die Folgen dieses Wachstums kompensierenden und korrigierenden Staatstätigkeit.

Diese Bedingungen sind heute nicht mehr gegeben. In sachlicher Hinsicht etabliert sich eine Praxislogik, die sich auf die alte Praxislogik reflexiv bezieht und sich in diesem Prozeß neu konstituiert. Der privilegierte soziale Ort, an dem wir die Genese dieser neuen Praxislogik beobachten können, sind die neuen sozialen Bewegungen. Hier kumulieren veränderte gesellschaftliche Problemlagen, Prozesse der Verwissenschaftlichung und Effekte neuer Kommunikationstechnologien.[6] Dabei ist es irrelevant, wie in diesen Bewegungen ideologisch mit diesen Phänomenen umgegangen wird. Entscheidend ist die Frage, wie diese Prozesse die Logik ihrer Praxis affizieren, ob sie es nun wollen oder nicht.

Dabei entsteht die Frage, ob die These eines bloß mehr am Erleben orientierten Produzierens und Konsumierens öffentlicher Kommunikation richtig ist. Am Beispiel der durch Bewegungen erzeugten Öffentlichkeit soll im folgenden das Argument verteidigt werden, daß diese These zu kurz greift. Sicherlich ist quantitativ der größere Teil öffentlicher Kommunikation „Erlebniskommunikation". Dies ist der Normalzustand öffentlicher Kommunikation, was auch alltäglich in Form von Zuschauerquoten gemessen und vermessen wird. Doch sind solche Normalzustände prekär, wenn sie politisch mobilisiert werden. Was die Zuschauerquoten politisch macht, ist die Macht, die in ihrer Mobilisierbarkeit begründet ist. Politische Öffentlichkeit ist ein realer Machtfaktor mit der Option, politisches Handeln unter Legitimationsdruck zu setzen und damit unter Argumentationszwänge zu stellen. Das konsumierende Publikum kann sich empören; das ist die Macht öffentlicher Meinung. Doch jeder, der diese Macht benutzt, hat es mit einem zweischneidigen Schwert zu tun. Diejenigen, die die Macht haben, fürchten es. Diejenigen, die keine Macht haben, suchen diese Furcht zu nutzen. Politische Öffentlichkeit ist also mehr als nur Erlebensproduktion und -konsumtion. Sie ist ein politisches Machtinstrument, das kollektive Gefühle mit Argumenten verbinden muß. Dieser Zusammenhang macht die Macht öffentlicher Meinung prekär. Es gilt deshalb, genauer die Besonderheit dessen zu klären, was Habermas „kommunikative Macht" genannt hat.[7]

Zu einer politischen Soziologie der modernen Öffentlichkeit

Um die Logik kommunikativer Macht zu fassen, möchte ich die Effekte der Professionalisierung und Verwissenschaftlichung öffentlicher Kommunikation in den sozialen Gruppen untersuchen, die eine etablierte Öffentlichkeit verteidigen oder eine Gegenöffentlichkeit gegen diese zu setzen versuchen. Darauf, daß neue Formen kollektiver Praxis mit Veränderungen in den Kommunikationsmedien zu tun haben, ist des öfteren hingewiesen worden. Die neuen sozialen Bewegungen sind nicht vorstellbar ohne die Wirksamkeit neuer Kommunikationstechnologien, ohne massenmediale Selbstdarstellungsmittel.[8] Die Theorie der Kommunikationsmedien, die die soziologische Theorie (von Parsons bis Luhmann und Habermas) anbietet, scheint für dieses Problem jedoch wenig analytische Kraft zu besitzen. Es fehlt eine Theorie, die den sozialen Gebrauch von Kommunikationsmedien ins Blickfeld rückt.

Dieser soziale Gebrauch ist bestimmt durch die technischen, organisatorischen und kulturellen Veränderungen in den modernen „Massenmedien". Sie haben die Logik der Praxis öffentlicher Kommunikation verändert. Die öffentliche Kommunikation adressiert nicht mehr nur die bürgerliche Gesellschaft; sie wird allen zugänglich. Die sozialen Gebrauchsweisen von Kommunikationsmedien haben die Bedeutung politischer Öffentlichkeit der praktischen Logik eines oligopolistischen Meinungsmarktes untergeordnet. Das hat manche dazu bewogen, nicht mehr am Modell politischer Öffentlichkeit festzuhalten und die realistische Schlußfolgerung zu ziehen, daß dieses Modell seine Modellfunktion verloren habe. Man müsse es in seinen Funktionen verstehen und analysieren.

Gerhards/Neidhardt haben den Versuch unternommen, eine solche Soziologie der Öffentlichkeit programmatisch zu begründen. In ihrem Versuch kehrt das Grundproblem von funktionalistischen Ansätzen wieder. Wie kann man solche dem Gegenstand zugeschriebenen Funktionen angemessen einführen, ohne sie a priori bestimmen zu müssen? Eine genetische Ableitung (aus der Entstehung von Öffentlichkeit im Prozeß der Ausbildung der bürgerlichen Gesellschaft) ist dann unzureichend, wenn wir anerkennen, daß Öffentlichkeit einen Funktionswandel erfahren hat. Entweder man setzt abstrakt an (Öffentlichkeit erfüllt die Funktion, Kommunikation zu ermöglichen - aber das ist tautologisch) oder man führt Funktionen empirisch, d.h. vor aller Theorie, ein.

Die Aussage, daß Öffentlichkeit wie ein Markt funktioniere, in dem Präferenzstrukturen im politischen Feld miteinander verknüpft werden, ist ein wichtiger Punkt. Aber sie sagt nur die Hälfte; denn auch Präferenzen werden in Kommunikationen gebildet. Und Präferenzen heißt hier: sich mit bestimmten Themen/Meinungen bzw. Kombinationen von ihnen zu identifizieren. Die Differenz von Öffentlichkeit und Markt besteht dann darin, daß der Markt nicht reflexiv funktioniert: Auf dem Markt werden Präferenzen in Abhängigkeit von faktischen (oder auch kalkulierten) Effekten von Handlungen relevanter anderer bestimmt, während in der Öffentlichkeit uno actu mit der Kommunikation von Themen Präferenzstrukturen kommuniziert und damit der dauernden kommunikativen Überprüfung ausgesetzt werden.[9]

Die funktionalistische Beschreibung der Öffentlichkeit beruht auf Common sense: das System Öffentlichkeit wird als expertenorientiert gesehen; Nicht-Verstehen ist für es konstitutiv, und für die meisten ist es geschlossen. Diese Bestimmungen sind nicht einfach Abweichungen von einer Norm; sie werden vielmehr als strukturelle Bedingungen des Prozessierens von Kommunikation in der Öffentlichkeit gesehen. Die Frage nach der Sinnorientierung dieses Systems erscheint auf den ersten Blick überzeugend („Einfachheit, damit man ankommt"). Doch es stellt sich die Frage, ob diese Vereinfachung (meist auf Symbole) nicht bloß eine erste Ebene öffentlicher Kommunikation ist.[10]

Der analytische Vorschlag, aus dieser funktionalistischen Reduktion öffentlicher Kommunikation auszubrechen, ist, drei Ebenen der Sinnorientierung zu unterscheiden: die kognitive Ebene der Argumentationen (die ablaufen und denen zugehört wird, obwohl sie in der Regel nicht verstanden werden - das gilt schon für die *Tagesschau*-Texte!), die Ebene der moralisch-politischen Identifizierung (Reduktion von kognitiven Argumenten auf moralische Perspektiven) und schließlich die Ebene des Wiedererkennens von symbolischen/ästhetischen Kommunikationen von Realität (von Mitterands Flaggenritualismus bis hin zur Ökowerbung von Elektrokonzernen). „Einfach" ist dann nur Ebene 3 (evtl. auch Ebene 2, je nach Bildungsstand).

Daß öffentliche Kommunikation gelingt, ist nicht eine Frage der Erfüllung der Funktion „Einfachheit" oder „Offenheit". Diese Funktionen sind vielmehr empirisch variable Ergebnisse des Versuchs von (kollektiven) Akteuren, öffentliche Kommunikation von Themen und Meinungen zu beeinflussen. Das, was sich „objektiv" voraussetzen läßt, sind (technische) Ressourcen von Kommunikation, sind Mittel zur Finanzierung von Kommunikationskampagnen, sind soziale Beziehungen, die den Zugang zu Medien (insbesondere Massenmedien) öffnen. Öffentlichkeit ist ein soziales Feld mit bestimmten Ressourcen, die Akteure (traditionellerweise die politischen Eliten) zu nutzen, im Extremfall zu monopolisieren suchen, ohne die Logik des Feldes kontrollieren zu können. Zyklen von Aufmerksamkeit setzen sich durch; die beste Werbung hilft nicht, wenn niemand mehr zuhört (wie einfach die Botschaft auch formuliert sein mag).

Zu erklären ist also, wie Protestakteure auf den drei oben genannten Ebenen in den öffentlichen Kommunikationsprozeß intervenieren, wie sie Kommunikationsressourcen nutzen, und wie sie auf allen drei Ebenen mit Experten, Eliten und der „public opinion" interagieren und wie dies Öffentlichkeit als ein Sozialsystem reproduziert. Ob sich dabei einige der oben genannten Funktionserfüllungen mit einstellen, ist von sozialen Bedingungen abhängig - man möchte ja gern, daß Öffentlichkeit wirklich offen und verständlich ist.

Öffentlichkeit als Kommunikationssystem

Das Spezifikum öffentlicher Kommunikation ist gerade deren Fähigkeit, über das normale Erleben hinauszugehen. Moderne politische Parteien haben als erste gelernt, die Waffe öffentlicher Stimmungen zu nutzen. Wahlkampagnen sind Erlebnismobilisierungen. Doch das Entscheidende an ihnen ist, daß sie internen Restriktionen unterworfen sind: Man darf nicht zuviel versprechen; man darf aber auch nicht das kollektive Gefühl von Gerechtigkeit unterschätzen. Moderne soziale Bewegungen haben begonnen, diese Macht in ähnlicher Form zu nutzen. Sie spielen mit Gefühlen, Bildern, Emotionen (ein Beispiel ist die jüngste *Greenpeace*-Kampagne, die *Brent-Spar-Story*), aus denen sie eine Geschichte machen. In dieser Geschichte steckt zugleich ein politischer Sinn: der Hinweis auf ein Recht auf Information, auf Wahrheit im Sinne extensiver Information des Publikums, und der Hinweis auf ein Gefühl von Gerechtigkeit, daß alle gleichermaßen für die soziale und natürliche Welt um sie herum verantwortlich sind. Experten und Gegenexperten beginnen über die empirischen Indikatoren zu diskutieren, die eine politische Entscheidung anleiten können.[11]

Dieser Dynamik öffentlicher Kommunikation können sich zunehmend weniger jene entziehen, die sich bislang als außerhalb öffentlicher Kommunikation stehend verstanden haben: nämlich Wirtschaftsakteure. Der Markt definiert in ihrem Selbstverständnis die Logik ihrer Praxis. Öffentliche Kommunikation ist dann nur mehr eine Frage des Angebots von konsumierbarer Kommunikation. Es gibt keine Differenz zwischen dem Produkt „Hemd" und dem Produkt „Nachrichten". In dem Maße, wie sich im Zuge der ökonomischen Organisation öffentlicher Kommunikation (das sog. „privatwirtschaftliche" Mediensystem) diese Produktäquivalenz herstellt, verfängt sich die Praxis wirtschaftlichen Handelns in der Ambivalenz des politischen Sinns ihrer Produkte. Auch das „Hemd" wird politisch, wenn Konsumenten sich des Arguments annehmen, daß Hemden unter entwürdigenden Bedingungen hergestellt worden sind.

Der zu beobachtende Effekt ist, daß organisierte wirtschaftliche Praxis sich an Öffentlichkeit nicht mehr nur im Sinne eines konsumierenden Publikums richtet, sondern auch ein „Image" ihrer selbst mitkommuniziert. Dieses Image enthält implizite oder explizite Referenzen auf kognitive Bestandteile politischer Diskurse: auf Offenheit und Information, auf Gerechtigkeit. Das grüne Image moderner Großunternehmen ist ein besonders eindrucksvolles Beispiel dafür, wie ökonomische Praxis an die Kultur öffentlicher Kommunikation angebunden wird. Jenseits der ökonomischen Rationalität wirtschaftlichen Handelns werden damit Geltungsansprüche in wirtschaftliches Handeln eingebaut, die sich aus den Zwängen öffentlicher Kommunikation ergeben.[12]

Die Ausdehnung öffentlicher Kommunikation führt also nicht einfach zur bloßen Ausdehnung von massenmedialen Erlebniswelten, die von einer wachsenden Masse Publikum konsumiert werden. Diese zu einfache kulturkritische Haltung übersieht die Doppeldeutigkeit dieses Prozesses. Öffentliche Kommunikation geht nicht in Konsum auf. Sie bleibt potentiell an Wahrheit und Richtigkeit gebunden, die unter zu klärenden Bedingungen die Beteiligten unter Argumentations- und Legitimationsdruck setzt.

Mit diesem Prozeß der doppeldeutigen Ausdehnung verändert sich zugleich die Struktur dieser Kommunikation. Die Einheiten öffentlicher Kommunikation sind nicht mehr länger „Privatleute", einzelne Bürger (wenn sie es je waren). Es sind kollektive Akteure, die an die Stelle von Privatleuten treten und das Modell der egalitär-diskursiven Verständigung von Privatleuten auf neue soziale Füße stellen. Das Publikum bleibt ein Resonanzboden für Normalität, für Erleben. Dem Publikum gegenüber treten jedoch Akteure, die dieses Publikum zu gewinnen suchen. Öffentliche Kommunikation wird ein Zusammenhang konkurrierender Kommunikationsstrategien kollektiver Akteure. Das bedeutet allerdings nicht, zu behaupten, daß der objektive Geist öffentlicher Kommunikation die beteiligten kollektiven Akteure zu moralisch begründbarem Handeln zwingt. Dies wäre in der Tat naiv idealistisch. Es geht vielmehr um das Phänomen, daß öffentliche Kommunikation eine Spannung zwischen der Rationalität verselbständigter sozialer Sphären wie der Wirtschaft, der bürokratischen Verwaltung und auch des privaten Alltags einerseits und der Macht öffentlicher Kommunikation andererseits herstellt, und zwar dadurch, daß letztere immer die Option bietet, diese Rationalitäten unter dem Gesichtspunkt universalisierbarer Geltungsansprüche zu betrachten, zu analysieren und zu beurteilen.

Das Paradoxon einer Theorie öffentlicher Kommunikation

Die methodische Grundhaltung, die der Rekonstruktion einer Logik der Praxis öffentlicher Kommunikation zugrundeliegt, besteht in der Einsicht, daß man im eigenen Kopf das Richtige nicht erkennen kann. Man braucht dazu immer den anderen. Nicht der Monolog, nur der Dialog bringt die Wahrheit näher. Deshalb muß man es der Kommunikation zwischen den Menschen überlassen, herauszufinden, was Gerechtigkeit ist. Der Begriff der öffentlichen Meinung ist nichts anderes als die Einlösung dieses Prinzips.

Letztlich ist auch das soziologische Denken nichts anderes als ein Beitrag zu diesem öffentlichen Diskurs. Es zeichnet sich dadurch aus, daß es die formalen Bedingungen dieses öffentlichen Diskurses und seine Blokkierung explizit macht und insofern ein Ferment dieses öffentlichen Diskurses sein kann, aber eben nur dann, wenn der soziologische Diskurs sich auf diese normativen Fragen, letztlich auf die Frage nach der richtigen, moralisch rechtfertigbaren, nach einer gerechten sozialen Ordnung einläßt. Wer auch immer meint, Soziologie habe damit nichts zu tun, täuscht sich: Die Soziologie kann sich nicht außerhalb des Diskurses stellen, den sie selbst als soziale Tatsache untersucht. Die Soziologie hat die schwierige Aufgabe, sich selbst immer zugleich auch noch als soziale Tatsache zu denken. Wenn man das mit der Einstellung der empirischen Sozialforschung tut, dann heißt das, daß Sozialforschung letztlich auf eine kommunikative Beziehung zur sozialen Welt konstitutiv gegründet ist.

Eine solche methodische Einstellung muß sich gegen die Mechanismen des Wissenschaftssystems durchsetzen. Die Hindernisse, die ihm im Wege liegen, sind selbst sozialer Natur. Das System der Anerkennung, das das Wissenschaftssystem kennzeichnet, stellt vor eine fatale Alternative, die Bourdieu folgendermaßen formuliert hat: entweder eine akademisch gewordene Methodologie zu befolgen oder Feuilleton-Kritik am akademischen Betrieb zu liefern. Das aber sabotiert die für sozialwissenschaftliche Forschung notwendige Nähe und Distanz. Soziologie als Beruf ist mehr als die gefällige Darbietung von originellen Einfällen und mehr als die dauernde Wiederholung wohlbekannter Thesen. Soziologie als Beruf, das ist die Produktion wissenschaftlicher Aussagesysteme, die mit den Fakten stimmig zu sein suchen und in sich stimmig sein wollen. Das aber erfordert einen Typus sozialwissenschaftlicher Forschungsarbeit, den weder elegante methodische Verfahren noch theoretische Totalisierung leisten können. Irgendwo – so Bourdieu – zwischen der theoretischen Arroganz eines Adorno und der empiristischen Unterwürfigkeit eines Lazarsfeld, die einstmals ein gemeinsames Forschungsprogramm versuchten, ist sozial relevante und folgenreiche empirische Sozialforschung zu suchen.

Anmerkungen

1. Diese These ist entwickelt in K. Eder, *Geschichte als Lernprozeß? Zur Pathogenese politischer Modernität in Deutschland,* Frankfurt a.M. 1985. Sie schließt an die Habermassche Konzeption politischer Öffentlichkeit (J. Habermas, *Strukturwandel der Öffentlichkeit. Untersuchungen zu einer Kategorie der bürgerlichen Gesellschaft,* Neuwied 1962) an und versucht, die Theorie kommunikativen Handelns historisch und sozial zu kontextualisieren.

2. In der jüngeren Demokratiediskussion hat der Gesichtspunkt der Deliberation eine Renaissance erfahren. Dabei geht es um die Verbindung von Deliberation und konkreten organisatorischen und institutionellen Prozeduren. Vgl. statt vieler anderer J.S. Dryzek, *Discursive Democracy. Politics, Policy and Political Science,* New York 1990.

3. Wichtig sind hier die Arbeiten von Pierre Bourdieu u. Patrick Champagne. Vgl. P. Bourdieu, *Questions de sociologie,* Paris 1980, und ders., *Die feinen Unterschiede. Kritik der gesellschaftlichen Urteilskraft,* Frankfurt a.M. 1982, sowie P. Champagne, *Le cercle politique. Usages sociaux des sondages et nouvel espace politique,* in: *Actes de la recherche en sciences sociales,* 1988, Heft 71/72, S.71–97, und ders., *Faire l'opinion. Le nouveau jeu politique,* Paris 1990.

4. Ob das dann „Verwendungsforschung" im Sinne von U. Beck / W. Bonß (Hrsg.), *Weder Sozialtechnologie noch Aufklärung? Analysen zur Verwendung sozialwissenschaftlichen Wissens,* Frankfurt a.M. 1989, oder „kritische Theorie" heißt, ist zweitrangig.

5. Beispiele dazu sind etwa die Arbeiten von M. Edelman, *Politik als Ritual. Die symbolischen Funktionen staatlicher Institutionen und politischen Handelns,* Frankfurt a.M. 1976.

6. Zu diesem Problemkreis siehe die Arbeiten in D. Rucht, *Research on Social Movements. The State of the Art in Western Europe and the USA,* Frankfurt a.M. 1991. Zur theoretischen Orientierung dieser Forschungen siehe auch K. Eder, *The New Politics of Class. Social Movements and Cultural Dynamics in Advanced Societies,* London 1993.

7. Zu diesem Begriff siehe J. Habermas, *Faktizität und Geltung. Beiträge zur Diskurstheorie des Rechts und des demokratischen Rechtsstaats,* Frankfurt a.M. 1992.

8. Zum Zusammenhang von sozialen Bewegungen und Medien vgl. R. Schmitt-Beck, *Über die Bedeutung der Massenmedien für soziale Bewegungen,* in: *Kölner Zeitschrift für Soziologie und Sozialpsychologie,* 1990, S.642–662. Wichtig auch die Arbeiten in F. Neidhardt (Hrsg.), *Öffentlichkeit, öffentliche Meinung, soziale Bewegung,* Opladen 1994, insbesondere D. Rucht, *Öffentlichkeit als Mobilisierungsfaktor für soziale Bewegungen,* in: Neidhardt, a.a.O., S.337–358.

9. Zu vermuten ist, daß hier der Vorteil von substantiellen Kommunikationstheorien liegt. Vgl. dazu J. Elster, *The market and the forum: Three varieties of political theory,* in: J. Elster / A. Hylland (Hrsg.), *Foundations of Social Choice Theory,* New York 1988.

10. Ein systemtheoretischer Bestimmungsversuch findet sich in J. Gerhards, *Politische Öffentlichkeit. Ein system- und akteurstheoretischer Bestimmungsversuch,* in: Neidhardt, a.a.O. (Anm. 8), S. 77–105. Siehe auch J. Gerhards / F. Neidhardt, *Strukturen und Funktionen moderner Öffentlichkeit: Fragestellungen und Ansätze,* in: S. Müller-Doohm / K. Neumann-Braun (Hrsg.), *Öffentlichkeit – Kultur – Massenkommunikation. Beiträge zur Medien- u. Kommunikationssoziologie,* Oldenburg 1991, S.31–89. Weiterführend zum Problem des normativen Gehalts von Öffentlichkeit B. Peters, *Der Sinn von Öffentlichkeit,* in: Neidhardt, a.a.O. (Anm. 8.), S.42–76.

11. Vgl. D. Rucht, *Gegenöffentlichkeit und Gegenexperten. Zur Institutionalisierung des Widerspruchs in Politik und Recht,* in: *Zeitschrift für Rechtssoziologie,* 1988, Heft 9, S.290–305.

12. Dazu K.-W. Brand, *Strukturveränderungen des Umweltdiskurses in Deutschland,* in: *Forschungsjournal Neue Soziale Bewegungen,* 1993, Heft 6, S.16–24, und ders., *Der ökologische Diskurs. Oder: Wer bestimmt Themen, Formen und Entwicklung der öffentlichen Umweltdebatte,* in: G. de Haan (Hrsg.), *Umweltbewußtsein und Massenmedien. Perspektiven ökologischer Kommunikation,* Berlin 1995.

Wolfgang R. Langenbucher

Das Bewußtsein steigern

Publizisten und Reporter im Dienst der gesellschaftlichen Entwicklung

„Wir sind die Verfassungsschützer" - so war ein Gespräch überschrieben, das Fritz J. Raddatz mit Günter Grass Ende 1983 in São Lorenco an der Algarve-Küste in Portugal führte und Ende Februar 1984 in der Wochenzeitung *Die Zeit* veröffentlichte. Vor dem Hintergrund einer von Günter Grass zunehmend katastrophal eingeschätzten Weltlage (zentrales zeitgeschichtliches Stichwort: Stationierung von Mittelstreckenraketen mit atomaren Gefechtsköpfen) entwickelte sich eine längere Gesprächspassage, in der es um die Kompetenz von Schriftstellern (und auch Theologen oder Ärzten) ging, ohne wirkliche Sachkenntnis hochpolitische und hochtechnische Dinge zu be- und verurteilen. Auf diesen Vorwurf der Anmaßung reagierte Grass mit einem heftigen Angriff:

„Selbst in Ihrer Zeitung finde ich wenig Sachkompetenz, dafür mehr nahezu zwanghaft ausgewogene Meinung. Unser Aufruf von Heilbronn wurde nicht mit Argumenten zur Kenntnis genommen. Voreingenommen hat man Zeter, Mordio und Anmaßung geschrien: Herrn Dr. Sommers Glosse in der *Zeit* Nr. 52/83 zeigte, daß er die Texte nicht gelesen hatte. Dabei wäre ich froh, wenn den Schriftstellern ein Teil dieser Aufgaben abgenommen wäre, wenn wir nur bessere Journalisten hätten und Theo Sommer, statt staatserhaltende Leitartikel zu schreiben, z.B. nach Kellinghusen ginge, in die Artillerie-Kaserne, wo taktische Atomwaffen mit deutschen Bedienungsmannschaften stationiert sind. Das wäre eine journalistische Tat. Er könnte uns darüber aufklären, auf welche Art und Weise allein schon mit den taktischen Atomwaffen in der Bundesrepublik - und es gibt 4000 davon - Schindluder mit der Bundeswehr getrieben wird.

Doch je ausgewogener, lammfrommer sich die Presse gibt, um so mehr fällt Schriftstellern, Wissenschaftlern und anderen Bürgern die Aufgabe zu, quasi Ersatzdienst zu leisten."[1]

Daß es das Versagen des Journalismus ist, wodurch sich der Schriftsteller zum Ersatzdienst, zum Notdienst des Tagesjournalismus abberufen fühlt, das ist ein Schlüsselgedanke für das politisch-publizistische Engagement des Romanciers, Lyrikers und Bildhauers Günter Grass und zugleich auch ein Schlüssel einer Analyse der gesellschaftlichen Relevanz der professionellen Tätigkeit des Publizisten und des Reporters. Was Grass als Versagen kritisiert, kann, ja muß man demokratietheoretisch auch ganz anders interpretieren.

Publizistik - Jedermanns Beruf

Angesichts der seit Jahrzehnten anhaltenden theoretischen Verwirrung zu dieser Frage in der Publizistik- und Kommunikationswissenschaft müßte man für eine Klärung weit ausholen. Axiomatisch und ohne große Theorieakrobatik sei deshalb formuliert: Die in demokratischen Verfassungen garantierte Meinungsäußerungsfreiheit ist ein Jederfrau- und Jedermannsrecht und gerade kein Privileg einer Profession, Kaste oder Klasse. Daraus folgt unmittelbar die prinzipielle Nichtberuflichkeit des Publizisten und eine Ähnlichkeit - wenn nicht Identität - mit der Rolle des Intellektuellen. Erinnert sei in diesem Zusammenhang an die knappe und klare Formulierung von Ralf Dahrendorf von 1965: „Die soziale Rolle des Intellektuellen ist vor allem durch den selbständigen und bewußten Umgang mit dem Wort gekennzeichnet. ... Bestimmte Berufe legen ihren Trägern die Rolle des Intellektuellen sehr nahe, andere machen sie ziemlich unwahrscheinlich; aber grundsätzlich handelt es sich nicht um eine Rolle aus der Ordnung der Berufe, eher schon um eine aus der der Herrschaft, vielleicht sogar um eine *sui generis.*“[2]

Damit wird der analytische Blick auf Strukturen, Zusammenhänge und Sachverhalte frei, die weit über den Journalismus im engeren, beruflich-professionellen Sinne hinausgehen und nach den spezifisch kommunikativen Qualitäten der politischen Kultur einer Gesellschaft zu fragen erlauben. Wer bestreitet diese Publizistik, welche Personen aus welchen Berufen, mit welchen Wirkungsabsichten und welchen Erfolgen? Wie verhalten sich - offen oder restriktiv - Zeitungen und Zeitschriften, Radio und Fernsehen dazu? Und wenn es tatsächlich um eine Rolle aus der Ordnung der Herrschaft geht: Wie reagieren die Politiker?

Plastisch mögen diese Fragen - und die möglichen Antworten - durch exemplarisch gegriffene Werke und Biographien gemacht werden.

Zunächst aber noch einmal eine Einblendung in das Gespräch zwischen Günter Grass und Fritz J. Raddatz aus dem Jahre 1983. Nach dem obigen Zitat geht es in dem kritischen Angriff von Grass nämlich weiter: „Dabei wäre es Aufgabe der Presse herauszufinden: Wieviel chemische Waffen lagern auf dem Boden der Bundesrepublik im Pfälzer Wald; sind auch bakteriologische Waffen dabei? Diese Behauptungen werden aufgestellt. Ich kann sie weder bestätigen noch widerlegen. Ist es nicht Pflicht der Presse, dem nachzugehen? Gehörte es nicht zu den Aufgaben von

Herrn Sommer, im politischen Teil Ihrer Zeitung, statt wie ein verhinderter Staatssekretär zu schreiben, seiner journalistischen Arbeit nachzugehen, und zwar genau zu recherchieren?"[3]

Diese Kritik am real existierenden Journalismus läßt sich bei der Reportage wohl nicht so ohne weiteres demokratietheoretisch umpolen, wie dies für die Publizistik oben vorgeschlagen wurde. Der Reporter und die Reportage bedürfen institutioneller Infrastrukturen, der Professionalität eines sicheren Handwerks und der unternehmerischen Findigkeit bei der Themensuche und Problemidentifikation. Deshalb wieder axiomatisch unter Verzicht auf die notwendige historische und theoretische Feinargumentation: Der Reporter ist keine kommunikative Jedermannsrolle, sondern ein Beruf in etablierten Medien.

Fast unnötig zu sagen, daß diese Dichotomisierung von Publizist und Reporter idealtypisch ist, daß es hauptberufliche Ausprägungen da und nebenberufliche dort gibt und daß natürlich in modernen, demokratischen Mediengesellschaften öffentliche Kommunikation ohnehin nur mit und durch die Medien dauerhaft funktioniert. Klaus Mehnert (1906–1984), einer der bekanntesten politisch-publizistischen Allrounder der ersten Nachkriegsjahrzehnte, erzählt in seinen Erinnerungen noch von anderen Zeiten: „Die 50er Jahre, in denen das Fernsehen noch am Anfang seiner Verbreitung stand, waren eine Zeit der öffentlichen Vorträge. Wollte man einen oft gehörten Kommentator, einen oft gelesenen Publizisten sprechen *sehen,* mußte man in seinen Vortrag gehen. Es gab ausverkaufte Säle. Zweimal füllte ich die Karlsruher Schwarzwaldhalle mit ihren 4200 Sitzen."[4]

Ganz sind solche Zeiten auch heute nicht vorbei, zumal die Medien und insbesondere das Fernsehen eine Popularität produzieren, die dann auch wieder zum Besuch von Live-Ereignissen motiviert. Und doch: die Massenmedien sind für Publizistik und Reportage nicht alles, aber ohne die Massenmedien wären Publizistik und Reportage nichts - um einen in anderen Zusammenhängen gerne gebrauchten Spruch abzuwandeln. So behandeln konsequenterweise die meisten Beiträge dieses Bandes Medienthemen und damit Strukturen und Funktionen. Hier dagegen stehen *Personen* und ihr *Werk* zur Debatte. Der Ansatz und die Vorgehensweise sind für den gelernten Kommunikationswissenschaftler ungewohnt und trotzdem ganz und gar empirisch. Wer ausblendet, daß es jenseits des Journalismus in den Organisationen noch genuine Elemente, publizistische Persönlichkeiten gibt - sei es drum, daß dieser Begriff seine nicht unproblematische Geschichte hat -, der blendet kommunikative Sachverhalte aus, denen wir politisch-demokratische Leistungen verdanken, deren gesellschaftliche Relevanz der mindestens vergleichbar ist, die wir mit unserer üblichen Begrifflichkeit verfolgen.

Günter Grass - der Bürger

Als Beispiel noch einmal Günter Grass. Seiner Diagnose eines schriftstellerischen Ersatz- und Notdienstes in der politischen Kommunikation ging bei ihrer Äußerung im Jahre 1983 eine fast 20jährige Erfahrung voraus. Im Bundestagswahlkampf 1965 hatte er erstmals mit drei Wahlreden mitgewirkt. War dies noch ein Alleingang, so wurde Grass 1969 der Initiator einer sozialdemokratischen Wählerinitiative und damit wohl zum Pionier der in den 70er Jahren sich ausbreitenden Bürgerinitiativbewegung. Sein 1959 erschienener Roman *Die Blechtrommel* hatte ihn in den 60er Jahren - in einem kometenhaften Aufstieg - weltweit zu einem der bekanntesten deutschsprachigen Autoren gemacht. Schon 1961, allerdings hinter den Kulissen, hatte er sich politisch engagiert, ausgelöst durch die Diffamierungen, mit denen sich der Bundeskanzlerkandidat der *SPD* - Willy Brandt - im Bundestagswahlkampf auseinandersetzen mußte. Günter Grass betätigte sich als Ghostwriter. Wie er in einer programmatischen Rede in Wien 1973 - *Der Schriftsteller als Bürger - eine Siebenjahresbilanz* - später ausführte, habe ihn diese „Verleumdungskampagne" (der damalige Bundeskanzler Konrad Adenauer hatte in einer Wahlrede in Regensburg in diffamierender Absicht auf die uneheliche Herkunft und die Emigrationszeit von Willy Brandt angespielt) gegen Willy Brandt zusätzlich für seine spätere politische Arbeit motiviert.[5]

In dieser Rede erinnert sich Grass noch einmal an seine damaligen Erlebnisse: Mit Unterstützung von Studenten, aber ohne Kontakt zur Parteiorganisation der *SPD,* begab er sich im Frühsommer und Frühherbst des Jahres 1965 von Passau bis Flensburg auf zwei Wahlreisen. „Für einen Schriftsteller, der bislang nur die üblichen Dichterlesungen gegen Honorar, flankiert von Gummibäumen und Zimmerlinden, vor gutbürgerlichem Publikum gewohnt war, ein neuer und aufregender, ein mich in Frage stellender Vorgang. ... Die erste Veranstaltung fand in Hamburg statt. Ein Anfangserfolg war die bloße Tatsache, daß die dort meistgelesenen Springer-Zeitungen ihre Berichte nicht ins Feuilleton abschoben, sondern im politischen Teil relativ groß herausstellten. Damit waren für alle späteren Veranstaltungen die Weichen gestellt. Das Engagement eines parteiungebundenen Schriftstellers für die *SPD* konnte nicht mehr als amüsante kulturpolitische Veranstaltung im unverbindlichen Bereich des Feuilletons weggelobt werden: die sonst so beliebte Spielwiese blieb unbenutzt."[6]

Er sprach sein Publikum als „Bürger" an und diese Anrede war Programm: Für ihn war seine damals beginnende und später in allen Variationen durchgespielte und intensivierte Publizistik „die politische Nebenarbeit eines Schriftstellers ..., das selbstverständlichste Betragen eines Bürgers."[7]

Gegen die übliche depressive Larmoyanz von Intellektuellen formulierte Günter Grass in der Rückschau auf seine langjährige publizistische Arbeit ganz und gar selbstbewußt: „Der knappe Sieg im Herbst des Jahres 1969 und eine Regierung Brandt/Scheel wären ohne den Beitrag der sozialdemokratischen Wählerinitiative nicht möglich gewesen.“[8]

Der Schriftsteller als Bürger - das ist das ethische Programm von Günter Grass, die Legitimation seines öffentlichen Handelns und das Argument zur Abwehr von Kritik, die natürlich vor allem von der konservativen Seite der Politik kam. Im Laufe der 60er und 70er Jahre entstand so ein erstaunlich umfangreiches publizistisches Werk. In der *Werkausgabe in 10 Bänden* gibt es einen *Band IX*: *Essays, Reden, Briefe, Kommentare* mit über 1000 Seiten. Und der *Band X* enthält *Gespräche mit Günter Grass* und umfaßt auch noch einmal über 500 Seiten. Dabei handelt es sich in beiden Fällen um eine Auswahl der jeweiligen Herausgeber. Weitere Höhepunkte dieser öffentlichen Wirksamkeit, die sozusagen Zinsen aus dem Kapital seines schriftstellerischen Weltruhmes waren, lagen in den frühen 70er Jahren.

Aber mit dieser Epoche hatte solches publizistisches Engagement von Künstlern und Schriftstellern auch längst an Selbstverständlichkeit gewonnen; auch war der Ersatz- und Notdienst nicht mehr ganz so notwendig wie Anfang der 60er Jahre. Das literarische Publikum begann sich daran zu gewöhnen, daß seine „Dichter“ - zumindest einige - sich als publizistische Zeitgenossen begreifen. Zu den seitdem alltäglich gewordenen Instrumenten der Teilnahme am öffentlichen Disput gehören die Resolution und der „offene Brief“. Sie haben einmal mehr, einmal weniger Konjunktur. Ihr Ausbleiben aber wird heute schon öffentlich eingeklagt - verständlicherweise mit der wechselseitigen Kritik, auf dem einen oder anderen Auge blind zu sein. Zu dieser Selbstverständlichkeit gehört auch, daß diese Art Bürger-Publizisten zu allen möglichen Tagesfragen in den Medien zum Gespräch gebeten werden. Der unendliche Stoffhunger zumal des Fernsehens, aber auch der zahllosen Radiostationen produziert eine publizistische Unersättlichkeit, die den in den 50er und 60er Jahren noch kritisch eingeklagten Zugang zur Öffentlichkeit zur kommunikativen Inflation werden ließ. Solche Publizistik der gesprochenen Sprache entbehrt oft genug formal wie inhaltlich der überzeugenden Qualität. Dagegen hatte Günter Grass - wie vor ihm vielleicht nur Thomas Mann und neben ihm Heinrich Böll - rhetorische, sprachliche und ästhetische Maßstäbe gesetzt, die die Herausgeber seiner Werkausgabe zu Recht motivierte, diese in den Gesamtzusammenhang aufzunehmen. In diesem Nebeneinander der Werke zeigt sich dann auch, daß es - zumindest bei einem Dichter und Schriftsteller wie Günter Grass - „phasenweise überaus enge Wechselbeziehung(en) zwischen politischer und schriftstellerischer

Arbeit" (D. Hermes) gibt.[9] Und wenn Günter Grass schließlich 1980 sein literarisches Engagement mit folgenden Sätzen einkreist, dann wird klar, daß er zwischen literarischem Stil und politischem Schreiben gar nicht unterscheiden kann und will: „Ein Schriftsteller muß in Frage stellen, er muß zu schnell verheilende, vernarbende Wunden wieder aufreißen, damit kein Krankheitsherd zurückbleibt, und damit steht er natürlich oft im Gegensatz zu den herrschenden Meinungen, zu der herrschenden Politik, zu den Politikern."[10]

Das Gespräch, aus dem dieses Zitat stammt, ist überschrieben *Ein Revisionist in Peking* und reflektiert überhaupt den Unterschied schriftstellerischer und journalistischer Arbeit, wenn beide dem gleichen Ziel - wie hier: einer Reise nach China - gelten: „Ein Schriftsteller, besonders, wenn er episch arbeitet, ist in der Lage, unter der dünnen Schicht der Aktualität die Strukturen dessen zu erkennen, was dauert, überdauert."[11]

Diese Äußerungen in einem Gespräch mit der Zeitschrift *Das neue China* liegen 15 Jahre zurück. In der Zwischenzeit erschien der Roman *Die Rättin*, ein alptraumhaftes Weltuntergangsbuch; kurz danach lebte Günter Grass einige Monate in Kalkutta. Beides wurde als ein Einschnitt in seiner Biographie bewertet. Aber auch ohne Reflexion dieser und weiterer Stationen im Leben und Werk bleibt prototypisch und modellhaft stilbildend, wie sich hier ein Literat politisch-publizistisch engagierte: als selbstbewußter Bürger, grundwertorientiert, antiutopisch und einer realistischen Demokratietheorie verpflichtet.

Diesem Publizistikverständnis stellt Helmut L. Müller in seiner Studie über westdeutsche Schriftsteller und die Politik exemplarisch das politisch-publizistische Engagement von Hans Magnus Enzensberger gegenüber, der sich zumindest in den 60er Jahren „geradezu prinzipiell als Gegenspieler der politischen Macht" verstand: Der Schriftsteller als Utopist. Und auch Max Frisch und Heinrich Böll werden in diesem Buch zu einer variantenreicheren Typenbildung herangezogen. Aber sosehr sie sich unterscheiden - allen ist gemeinsam ihre Opposition zur Macht.[12]

Publizistische Unabhängigkeit - eine Lerngeschichte

Kein Zweifel, daß die gesellschaftliche Bedeutung von Literatur durch die Publizistik der Literaten aus der politischen Kultur und der Dynamik öffentlicher Meinungsbildung seit Jahrzehnten nicht mehr wegzudenken ist. Damit ist in Deutschland und Österreich ein westlicher Normalzustand erreicht. Ohne die Vermittlungsbereitschaft und Vermittlungskapazität der großen Massenmedien wäre diese Wirkung freilich undenkbar gewesen. Hatten diese also auf einen eigenen publizistischen Anspruch nach 1945 verzichtet? Vielen Beobachtern erschien dies im Vergleich mit der Publizistik der Weimarer Republik in der Tat so. Unter dem nachwirkenden Einfluß der Medienpolitik der Besatzungsmächte begriffen wir diesen Wandel aber allmählich auch als eine nachgeholte Lektion in Demokratie. In der Programmphilosophie der öffentlich-rechtlichen Rundfunkanstalten fand dieses Selbstverständnis seine unzweifelhaft deutliche Ausprägung. Journalismus als Beruf wurde in Assoziation nicht mit Meinungen, sondern mit Nachrichten allmählich zur herrschenden Lehre. Aber damit verschwand selbstverständlich die Publizistik nicht aus den Zeitungen und Zeitschriften oder den Sendungen der Rundfunkanstalten. Geschichte, Eigenart und Wirkung des modernen Leitartikels der Wochenzeitungen beispielsweise haben bisher wenig wissenschaftliche Aufmerksamkeit gefunden. Doch wäre dies ein hier einzufügendes Kapitel.

Dokumentiert ist ein anderes Beispiel, das auch noch den Vorzug hat, zur Rehabilitation eines Mediums beizutragen, das es von der katholischen Kirche über die Intellektuellen bis zu den Politikern in den 50er und 60er Jahren schwer hatte und nur langsam einer gelassenen Toleranz begegnete: die Illustrierte, hier speziell der *Stern* und noch eingeschränkter die seit 1958 regelmäßig vom langjährigen Chefredakteur dieses Blattes, Henri Nannen, veröffentlichten Briefe *Lieber Sternleser!* Eine Sammlung von 325 dieser - einer in diesem Gewerbe erstaunlichen Kontinuität einer journalistischen Karriere zu verdankenden - Texte, wurden 1984 als Buch veröffentlicht. Mit diesen Briefen wurde Publizistikgeschichte geschrieben. Häufig beziehen sie sich auf Dinge, die dann im Heft als Reportage oder Serie veröffentlicht werden; nicht selten sieht der Chefredakteur sich auch genötigt, journalistische Aktivitäten der früheren Hefte zu verteidigen, Kritiker zu korrigieren und einordnende oder gewichtende Lesehinweise zu geben. Dabei spricht Henri Nannen immer mit dem Anspruch politischer Unabhängigkeit; er versteht Machtkritik als publizistisches Prinzip und bemüht das Pathos dessen, der nur der Wahrheit und dem Recht verpflichtet ist. Schon in seinem zweiten Brief am 5. April 1958 gibt er diesem „Gesetz der Unabhängigkeit" sozusagen eine eherne Formulierung und dies aus naheliegendem Grunde: ist doch der Verleger des *Stern* gleichzeitig *CDU*-Bundestagsabgeordneter! Wohl auch - oder gerade - ihm wird ins Stammbuch geschrieben: „Kein Redakteur des *Stern* hat jemals eine Zeile geschrieben, die er nicht allein vor seinem Gewissen zu verantworten hatte. Und kein *Stern*-Redakteur wird jemals einen Satz zu schreiben haben, der nicht seine eigenen, aus echter Unabhängigkeit geborenen Gedanken wiedergibt."[13]

Sieben Jahre später bestätigt Hans Habe, nach dem Kriege selbst am Aufbau einer neuen Presse als amerikanischer Besatzungsoffizier beteiligt, in einem Sammelband des Titels *20 Jahre danach. Eine deutsche Bilanz 1945–1965*, zumindest dem größten Teil der deutschen Presse, daß sie gegen den Strom schwimme: „Es ist das beste, was ich von der Presse eines Landes sagen könnte."[14]

Wahrscheinlich - nein: sicher - war diese bilanzierende Bemerkung eine Schmeichelei, aber wenn es in den ersten beiden Jahrzehnten der Zweiten Deutschen Republik überhaupt zu einer solchen publizistischen Unabhängigkeit kommen konnte, so hat dazu - neben dem Nachrichtenmagazin *Der Spiegel* - wohl gerade der Chefredakteur des *Stern*, Henri Nannen, beigetragen, denn er formulierte dieses eherne „Gesetz der Unabhängigkeit" in einer durchaus schwierigen Situation. Als Bundestagsabgeordneter der *CDU* gehörte sein Verleger Gerd Bucerius nicht nur selbst sozusagen zur anderen Seite, sondern war auch dem Druck seiner Partei und insbesondere ihrer Spitzenkräfte - einschließlich des damaligen Bundeskanzlers Konrad Adenauer - ausgesetzt.

Heute gelesen sind diese Kolumnen an die „lieben Leser" nicht zuletzt das Dokument einer Lerngeschichte des Nachkriegspersonals der deutschen Politik. Rhetorisch war schnell gelernt, welchen Stellenwert man der Meinungsäußerungsfreiheit in einer Demokratie zuzugestehen hat. Praktisch und politisch-psychologisch aber führte die natürliche Konkurrenz von Politik und Publizistik zu den allerheftigsten Auseinandersetzungen, die dann in der *Spiegel*-Affäre im Jahre 1962 kulminierten.[15] Aber z.B. noch 1958 sah sich ein *Stern*-Reporter Ermittlungen des Bundesgerichtshofes ausgesetzt, weil er - Namen und Rang nennend - über eine Prügelei zwischen betrunkenen Beamten des Verfassungsschutzamtes berichtet hatte.[16] Im übrigen hatten solche demokratischen Lerndefizite nicht nur die Politiker, sondern beispielsweise - wie man Nannens Editorials auch wieder zahlreich entnehmen kann - auch die Ärzte und andere der typischen Funktionseliten. Den anhaltendsten und in seiner Folgewirkung weitreichendsten Tabubruch dieser Art vollbrachte der *Stern* freilich mit seiner sozusagen vorweggenommenen publizistischen neuen Ostpolitik. Agenten Moskaus zu sein, war in diesem Zusammenhang an die Adresse der *Stern*-Reporter noch ein geradezu zurückhaltender Vorwurf der politischen und publizistischen Gegner.

Viele Jahre später -1983 - bewertete Gerd Bucerius diese publizistischen Wirkungen von Henri Nannen und dem von ihm geleiteten Blatt so: „Heute kann Genscher auf einem Vertriebenentreffen kühl sagen: ‚Wir haben keine Gebietsansprüche an Polen und die Tschechoslowakei.' Noch 1960 wehrte sich der weiß Gott mutige Herbert Wehner gegen jeden, der auf die Gebiete jenseits der Oder-Neiße verzichten wollte: Da breche ihm das Herz. Gegen die öffentliche Meinung einer ganzen Nation lehrte uns Nannen den ‚Nachbarn Polen' den ‚Nachbarn Tschechoslowakei' in einer historischen Artikelserie kennen und ihre durch Zeitablauf gewonnenen Rechte respektieren. Er schwamm nicht auf der Welle, er vor allem erzeugte sie. ... Die Geschichte hat der sozialliberalen Koalition die schmerzliche Mission aufgetragen, Frieden mit den östlichen Nachbarn zu machen. Ohne Nannens Vor-Kämpfe hätte sie das 1969 und 1972 nicht geschafft."[17]

Es war im übrigen noch ein anderer Publizist, dessen ganzes berufliches Schicksal durch diese so kontroverse Einschätzung der Ostpolitik bestimmt wurde und der im *Stern* schließlich sein Podium fand: Paul Sethe. Seinem überraschenden Tode (12.12.1901–21.06.1967) hat Henri Nannen einen seiner Briefe gewidmet. Um den Preis einer Mitherausgeberschaft bei der *Frankfurter Allgemeinen Zeitung* und später seines Postens bei der Tageszeitung *Die Welt* hielt er an seiner Position einer publizistischen Opposition zur Politik des kalten Krieges und zur Ideologie des Antikommunismus fest.

Für die sogenannte neue Ostpolitik war ohnehin bezeichnend, daß sie zunächst einmal als Publizistik stattfand. Den Startschuß gab eine berühmt gewordene Rede vor der Evangelischen Akademie Tutzing von Egon Bahr, der damals Senatspressechef in Berlin unter dem Berliner Bürgermeister Willy Brandt war. Der Chronist der Ära Brandt/Scheel Arnulf Baring schrieb später in seinem Buch *Machtwechsel*, daß dieses Umdenken große Mühe bereitet habe. Lange bevor irgendwelche Entscheidungen fallen konnten, mußten Veränderungen in den Köpfen stattfinden. Und diejenigen, die diese Veränderungen vorbereitet hatten, waren „grüblerische" Einzelgänger. Darunter zählten nicht zuletzt eine ganze Reihe von Publizisten (so etwa Peter Bende). Später dann waren Figuren aus der Welt der Publizistik wie Günter Gaus, Klaus Harpprecht und Klaus Bölling wichtig. Und schließlich stammte ja Brandt selbst aus dieser Welt. Und auch später war die politische Ära der sozialliberalen Koalition in bis dahin unbekannter Weise von Publizistik begleitet. Dies bedeutete vor allem eine höchst kontroverse und hitzige Intensität der öffentlichen Auseinandersetzung. Besonders dramatisch verlief diese nach dem von Heinrich Böll in leidenschaftlicher Erregung geschriebenen und im *Spiegel* am 10.1.1972 veröffentlichten Essay *Will Ulrike Gnade oder freies Geleit?* Nicht erst damit, aber damit heftiger als zuvor, wurde der Terrorismus zum großen publizistischen Streitthema und blieb dies in wellenförmigem Auf und Ab bis heute.[18]

Als Zwischenergebnis dieses Versuches zur Rolle der Publizistik sei festgehalten: die Bedingung der Möglichkeit von Publizistik ist ganz offensichtlich eine wie immer – sei es persönlich aufgrund des in einer anderen Arena gewonnenen Ruhmes (der kometenhaft aufgestiegene *Blechtrommel*-Autor) oder aufgrund der institutionell-ökonomischen Unabhängigkeit eines erfolgreichen Mediums (die Illustrierte als erfolgreicher Werbeträger) – gewonnene Autonomie und „Persönlichkeit".

Nun sind beide Bedingungen häufiger gegeben, und trotzdem fehlt es an profilierten publizistischen Figuren. Es muß wohl noch ein sehr persönliches, individuelles Moment hinzukommen: Die Lust oder auch Leidensfähigkeit, aufzustehen gegen Mehrheitsmeinungen, gegen den Zeitgeist. Solcher publizistischer Nonkonformismus kann sich im einsamsten Falle bis zur Ein-Mann-Opposition steigern oder stilisieren. Was solche Persönlichkeitspublizistik für eine Gesellschaft bedeutet, wird vor allem durch die politischen Randbedingungen entschieden. In einer brüchigen, scheiternden Demokratie (Weimarer Republik) wird Publizistik zur tragischen Prophetie; in der Diktatur wird sie zur „Vertriebenen Wahrheit“[19] oder – wo das Exil nicht mehr rechtzeitig erreicht oder verweigert wird – für ihre Protagonisten zur tödlichen Gefahr; in einer funktionierenden Demokratie aber gehört die Publizistik in den großen sozialtheoretischen Zusammenhang des sozialen Wandels durch Minoritäten.[20]

Für das Nachkriegsdeutschland (und übrigens auch für das Nachkriegsösterreich) hätte eine solche Geschichte von Publizistik und Gesellschaft nicht wenige Kapitel, und viele davon wären wohl – ganz entgegen dem gängigen Klischee von der Wirkungslosigkeit des Geistes – veritable Erfolgsgeschichten. Zumindest wenn eine Demokratie sich einigermaßen konsolidiert hat, bedarf es nicht mehr der pathetischen Freiheitsgestik, die Henri Nannen in seinen Briefen an die *Stern*-Leser um 1960 wohl zurecht für notwendig hielt. Harry Pross[21], der diese Entwicklung kontinuierlich in Deutschland seit der Nachkriegszeit beobachtet hat, gab dieser selbstverständlicheren, gelasseneren Auffassung 1965 so Ausdruck: „Staatsapparat muß sein. Publizistik muß auch sein. Ihre sozialen Funktionen sind denkbar verschieden. Aber beide beruhen auf Übertragung. Die Staatlichkeit auf fixierter Repräsentation, die Publizistik auf plebiszitärem Mandat, das sich in ständigem Austausch mit dem Publikum erneuert. Ein dunkles Bewußtsein dieser Gemeinsamkeit dämmert inzwischen auch in deutschen Köpfen.“[22]

Ein sozusagen ganz unaufgeregtes, normales Beispiel läßt sich in den Memoiren des oben schon erwähnten Klaus Mehnert nachlesen. Im Nachwort nennt er seinen „Beruf“ den eines „Beobachters der Weltpolitik“; langdauernde, weltweite Reisen und der Besuch internationaler Konferenzen waren typisch für diese Arbeit. „Gegenwarts-Neugier“ trieb ihn; durch die Beschreibung von Wirklichkeit wollte er seinen Lesern und Hörern helfen, die Welt „zu verstehen, sich in ihr zurechtzufinden.“[23]

Solche Beispiele gesammelt, würden vielleicht – einen Buchtitel von Niklas Luhmann abwandelnd – rechtfertigen, von der „Publizistik der Gesellschaft“ zu sprechen. Dies gilt erst recht, wenn man sich einmal klar macht, wie sehr Publizistik die Wissenschaft mit der Gesellschaft verbindet – durch das Schreiben und Reden von – im Prinzip – Wissenschaftlern aller Disziplinen gerade außerhalb ihrer Disziplinen und nicht in ihrer Fachsprache. Damit ist auch etwas anderes als die von der Wissenschaft immer wieder eingeklagte „Popularisierung“ gemeint. Dieses Geschäft ist prinzipiell - von zufälligen Ausnahmen dazu „begabter“ Wissenschaftler abgesehen - die hauptberufliche Sache von Vermittlern, z.B. Wissenschaftsjournalisten. Publizistik von Wissenschaftlern dagegen gilt - genau wie beim Schriftsteller - den Tages- und Zeitfragen. Um welches Kaliber es hier u.U. geht, sei nur angedeutet mit dem Beispiel von Theodor Eschenburg, dem großen, 1904 geborenen Tübinger Politikwissenschaftler. Seine regelmäßigen Beiträge in der Wochenzeitung *Die Zeit* begründeten eine wirkungsvolle Tradition der politischen Kontrolle durch Publizistik.[24] Bis heute ist *Die Zeit* ein derartiges Podium geblieben. Auch z.B. Ralf Dahrendorf publizierte dort regelmäßig.

Um wenigstens die Spannbreite zu verdeutlichen, die dieses Thema hat, sei noch ein weiteres Beispiel erwähnt: Auch die Arbeit eines Wolfram Siebeck, der ebenso monoman wie geistreich für ein besseres Essen und Trinken streitet, ist Publizistik im hier verstandenen Sinne! In seinem Buch *Die Beisln von Wien* bezeichnet er seine Gourmet-Kritik als „Konsumentenberatung“ und als „im höheren Sinne, ein Stück Aufklärung“.[25]

Die Reportage als Mediengeschäft

Beruflichkeit und Nichtberuflichkeit existieren in der Publizistik der Gesellschaft also bunt gemischt nebeneinander. Bei der Reportage haben sich die Dinge anders entwickelt. In den Kapiteln einer allfälligen Darstellung über „Die Reportage der Gesellschaft“ muß es für den professionellen typischen (Medien-)Journalismus um Sachverhalte gehen. Hier gibt es Traditionen, für die z.B. ein Name wie Egon Erwin Kisch steht.[26] Lehrbücher vermitteln die notwendigen Arbeitstechniken z.B. der Recherche.[27] Textsammlungen versuchen eine Kanonbildung.[28] Eine Buchreihe wie *Die andere Bibliothek* von Hans Magnus Enzensberger beweist mit immer mehr Namen, daß die „Große Reportage“ in die denkbar anspruchsvollsten kulturellen Zusammenhänge gehört. Und für die Thematik dieses Buches wichtig: es fehlt nicht an rechtlicher und ethischer Brisanz. So mußten sich Gerichte auf allen Stufen des Rechtswesens mit der brisanten Frage auseinandersetzen, wie weit die Methoden der verdeckten teilnehmenden Beobachtung gerechtfertigt sind.[29] Schließlich ließ die Übernahme der Idee des investigativen Journalismus aus den USA ganz neue Wirkungen und Probleme entstehen.

Es galt zu lernen, daß Skandale nichts Anstößiges sind, sondern ein „Sieg des demokratischen Prinzips der öffentlichen Kontrolle“. Wo die klassischen Kontrollinstitutionen (Parlamente, Rechnungshöfe u.ä.) nicht mehr ausreichen oder versagen, wachsen der Publizistik und dem Journalismus Kontrollfunktionen zu.[30]

Für diese Aufdeckungsleistungen gilt charakteristischerweise, daß sie selten von Rundfunk und Fernsehen erbracht werden. Sie sind eine Spezialität der großen, meist wöchentlich erscheinenden Magazine. Freilich würden viele ihrer Skandalisierungsversuche versickern, wenn nicht die Beteiligung anderer Medien und eben insbesondere des Fernsehens daraus eine Kampagne gemacht hätten.

Die Reportage des Fernsehens

Einen exquisiten Beitrag zur Reportage liefert das Fernsehen dagegen mit dem Dokumentarfilm.

Weihnachten 1971. Im *ARD*-Programm wurde ein Beitrag, verantwortet vom *Süddeutschen Rundfunk*, mit dem ganz und gar harmlosen Titel *Bemerkungen über den Rothirsch* gesendet. In der Abmoderation sagte der Autor: „Ich meine, dies ernste Thema war eine knappe Stunde des stillsten Abends Ihres Jahres wert. Man rettet den deutschen Wald ja nicht, indem man *O Tannenbaum* singt."[31] Horst Stern, der Schöpfer dieses journalistischen Fernsehdokumentes, der im Laufe der Jahre insgesamt 26 derartige Produkte lieferte, rührte mit dieser detailgenauen Erkundung an zahlreiche Tabus. Dem telefonischen Protest vieler Zuschauer folgte ein lebhaftes Echo der Jäger-Lobby, und vier Monate später kam es sogar zu einem Bundestags-Hearing, um die Vorwürfe Sterns über die Schuld am Tode des Waldes öffentlich zu diskutieren, besser zu widerlegen. „Seiner Beweisführung konnten die Angegriffenen freilich nicht viel mehr als verbale Schmollmünder entgegenhalten, getroffen von ungemein bissigen, aber ins Schwarze treffenden Sätzen."[32] Horst Stern steht für mindestens 20 vergleichbare Dokumentarfilmer, vergleichbar in der Qualität, im Anspruch der Werkhaftigkeit. Manche - wie Ralph Giordano - sind inzwischen durch Buchveröffentlichungen aus der Konturlosigkeit des Mediums Fernsehen herausgetreten, das den Werkcharakter anscheinend selbst dann nicht deutlich werden läßt, wenn jemand kontinuierlich über viele Jahre einschlägige Sendeplätze bedient.

Der Dokumentarfilm ist eine der wichtigen zeitgenössischen Erscheinungsformen der Reportage. In den öffentlich-rechtlichen Fernsehanstalten konnte diese audiovisuelle journalistische Form trotz aller technischen Imperative, in die ihr Entstehen eingebunden ist, durchaus jenen Werkcharakter gewinnen, der sie zur medienspezifisch charakteristisch ausgeprägten Darstellungsform werden ließ. Inzwischen sind die - als solche aber aufgrund vieler Umstände kaum präsenten - „Gesammelten

Werke“ durchaus zahlreich. Wenn es so schwer ist, sich dieser Traditionen zu versichern, so liegt dies daran, daß die Einsicht in diesen Werkcharakter einigermaßen schwierig ist. Das Fernsehen ist der wichtigste Abspielort des journalistischen Dokumentarfilms, aber auch fast die einzige Institution, die seine kontinuierliche Produktion sichert. Das Fernsehen aber orientiert sich gemeinhin am Prinzip der Einfachverwertung der üblichen Aktualitätenware, was für Nachrichtensendungen und Magazinen völlig sachadäquat sein mag. Aber auf den Dokumentarfilm angewandt, darf man diese Verbannung ins Archiv wohl als einen Ausdruck brutaler Unsensibilität bezeichnen. Es mag für diese Verbannung viele Gründe geben, zum Beispiel urheberrechtliche, aber weil es in Jahrzehnten nicht gelungen ist, hier andere Lösungen zu finden, ist eine ganze Tradition des modernen Journalismus „verschlampt“. Der Fernsehkritiker H. Bachmüller weist darauf hin, in welch seltsamem Gegensatz dazu steht, daß die „ältesten Spielfilmklamotten endlos wiederholt“ werden, Dokumentarfilme aber unter Verschluß bleiben. Er vermutet, die Sender hätten wohl „selber keine Ahnung ..., über welche Schätze sie verfügen.“[33]

Als verständlichsten Grund für diese Einsargung könnte einem noch in den Sinn kommen, daß die Wiederaufführung dieser Produkte klarmachen würde, wie wenig die Rundfunkanstalten diese hohe Kultur des Dokumentarfilms heute pflegen, seitdem die Konkurrenz des privaten Fernsehens im Kampf um die Reichweiten die Sendeplätze für Großreportagen immer knapper und die Budgets immer kleiner werden ließ. Anfang der 90er Jahre gibt es allerdings - wenn auch schwache - Anzeichen für ein Umdenken gerade mit Blick auf die kommerzielle Konkurrenz, weil zumindest einzelne Programmdirektoren begreifen, daß gerade der Dokumentarfilm die journalistische Visitenkarte eines öffentlichen, der Gesellschaft verantwortlichen Fernsehens sein könnte.

Hier ließe sich - auch aus dem Fundus - in Zukunft programmpolitisch manches wiedergutmachen. Ein Beispiel: Eberhard Fechner, bekanntgeworden durch seine Fallstudie über eine Berliner Selbstmörderin (*Nachrede auf Klara Heydebreck*), war 220 Stunden filmischer Augen- und Ohrenzeuge beim Majdanek-Prozeß. Aus diesem Material entstand ein Viereinhalb-Stunden-Film: *Der Prozeß*. Ein gewaltiges Werk, dem die Abendprogramme verschlossen blieben und das nur in den Dritten Programmen gezeigt wurde.

Der *Süddeutsche Rundfunk* in Stuttgart hat Anfang der 90er Jahre ein *Haus des Dokumentarfilms* eingerichtet. Von ihm gehen nun Impulse aus, die dem Anspruch des Dokumentarfilms und seinem Werkcharakter bei sehr vielen seiner kontinuierlich damit befaßten Produzenten gerecht werden.

Zumindest seit einer Serie, die die Redaktion der Fernsehseite der *Süddeutschen Zeitung* vor einigen Jahren gestartet hat, ist anhand von Fakten nachprüfbar, wie viele dieser dokumentarfilmischen Werke seit Jahrzehnten im Umkreis der Fernsehanstalten geschaffen wurden. In ihrer Einleitung zu dem Buch, das einen Teil dieser Artikel sammelt, erörtert die Herausgeberin Cornelia Bolesch die Frage, welche Unterschiede es zwischen journalistischem und dokumentarischem Arbeiten gibt. Dieses Begriffsverständnis ist bei der Lektüre des folgenden Zitates mitzudenken: „Journalistisches und dokumentarisches Arbeiten dürfen nicht gegeneinander ausgespielt werden. Eine konstruktive Diskussion kann sich nur darum drehen, welche Möglichkeiten es gibt, daß beide Arbeitsweisen und Aufträge sich gegenseitig bereichern und welche Spielräume der Apparat Fernsehen möglichst vielen unterschiedlichen Handschriften läßt. Der aktuelle Fernsehjournalismus braucht zu seiner Fortentwicklung den weitergehenden dokumentarischen Entwurf."[34]

An einer anderen Stelle leitet sie aus der Fülle des in diesem Buch ausgebreiteten Materials noch eine weitere aufschlußreiche Beobachtung ab: „Die kontinuierliche Beschäftigung mit immer neuen Varianten des einen Themas ist ein Alternativmodell auch zu einem anderen Journalistentyp: Zum Image des auf allen Hochzeiten tanzenden, von allen Dingen etwas, aber nicht allzuviel verstehenden Allroundreporters, der vor allem durch seine gute ‚Schreibe' die Dinge in den Griff kriegt. Die Dokumentarfilmer ... haben aus der Kontinuität der ‚Passion', mit der sie sich ihrem Thema verschrieben haben, eine unbestechliche Sachautorität entwickelt - die besonders für Politiker ein Ärgernis ist. Die mögen es nicht, wenn sich jemand erlaubt, ihnen mangelnde Qualifikation nachzuweisen. Vor allem hier, im Erwerb dieser Kompetenz, ist das dokumentarische Arbeiten Vorbild für den (Tages- [d. A.]) Journalismus."[35] Mit „Passion" meint Cornelia Bolesch vor allem die Probleme, denen der Dokumentarfilm insgesamt und einzelne seiner Vertreter oft obsessiv nachgehen. Dies sind zum einen historische Themen, dann die Region und vor allem die Umwelt: „Das hängt wiederum sowohl mit der Geschichte als auch mit der Region zusammen. Dank so kompetenter Meinungsführer wie Horst Stern, der überregional das Tabu des besinnlichen Weihnachtsfestes mit einer bitterbösen Attacke auf das Rotwild brach, oder Dieter Wieland, der in der bayerischen Region zu einem Archivar der schleichenden Dorfzerstörung wurde, ist das Fernsehen hier zumindest in einigen Ressorts ... im allgemeinen dem Bewußtseinsstand der Gesellschaft (vor allem der Politiker) weit voraus gewesen."[36]

Bisher war nur von deutschen Beispielen die Rede. Sie überwiegen unter den 48 Porträts von Dokumentarfilmern in dem jetzt mehrfach zitierten Buche. Ob es in der Schweiz und in Österreich eine ähnlich verborgene Tradition gibt, wäre erst noch aufzuarbeiten. Ein umfängliches Porträt müßte in einem solchen Zusammenhang gewiß Hugo Portisch gelten, der als Reporter ohne Zweifel u.a. ein großes Werk des historischen Journalismus geschaffen hat. Immerhin findet der aus Wien stammende Georg Stefan Troller eine eingehende Würdigung.

Wer sich beispielsweise an sein *Pariser Journal* erinnert, das genau fünfzigmal zwischen 1962 und 1971 für den *WDR* gedreht wurde, der wünscht sich gewiß, daß er es gelegentlich wiedersehen und ebenso zwanglos nach einer Videokassette greifen könnte wie nach jedem beliebigen Buch. Ähnliches gilt für Trollers Sendereihe *Personenbeschreibung,* die er als Sonderkorrespondent des *ZDF* realisierte. Auch in den Archiven des *ORF* oder der *SRG* dürfte man wahrscheinlich fündig werden, ähnlich wie damals die Redaktion der Fernsehseite der *Süddeutschen Zeitung,* die ursprünglich nach einem oder zwei Dutzend Folgen aufhören wollte und am Ende auf sehr viel mehr Beiträge kam.[37]

Wenn man vom Dokumentarfilm im Medium Fernsehen spricht, so ist eine naheliegende Assoziation zu einem weiteren Kapitel in der Darstellung „Die Reportage der Gesellschaft" die Auslandsberichterstattung. Auch sie gibt es selbstverständlich in einer Alltagsversion, aber ebenso in einer Version als sozusagen exquisite Reporterware. Und auch diese Produkte zeichnen sich durch ihren Persönlichkeitscharakter aus: Thilo Koch oder Hans Walter Berg, Peter Scholl-Latour oder Gerd Ruge und wieder Hugo Portisch oder Barbara Coudenhove-Kalergi; und gerade die Fernsehanstalten Deutschlands, Österreichs und der Schweiz haben im Laufe der Jahrzehnte auch im internationalen Vergleich beachtliche Netze von Auslandskorrespondenten aufgebaut und dabei in vielen Fällen profilierten Persönlichkeiten eine Karrierechance gegeben. Nichts dokumentiert dies für viele Fälle deutlicher als die regelmäßigen Buchveröffentlichungen, die nicht selten auch zu Bestsellererfolgen wurden und werden. Um die gesellschaftliche Relevanz der Reportage umfassend zu dokumentieren und zu analysieren, müßte man eine ganze Reihe vergleichbarer Kapitel entwerfen. Daß es gerade Bücher sind - wie auch der Hinweis auf entsprechende Bände in Enzensbergers *Anderer Bibliothek* zeigte - das mag dem geradezu paradox erscheinen, der Publizistik und Reportage nur als tagesaktuelle Produkte (miß-)verstehen kann. Natürlich ist die Fülle dieser täglichen Medien und Dienstleistungen unübersehbar, aber doch nicht so überwältigend, daß daneben die journalistischen Kulturleistungen aus dem Blick bleiben dürfen. Ihnen galt - bewußt einseitig - dieser Beitrag.

Und noch etwas: Wer die medienkritische Debatte der letzten Jahre verfolgt und an ihr teilgenommen hat, der wird diesen Beitrag vielleicht auf geradezu monströse Weise apologetisch empfinden. Dieses ist richtig diagnostiziert; jedoch nicht Folge von Naivität, sondern von Analyse und

Beobachtung. Im Zugriff mag das mehr dem Habitus eines Literaturwissenschaftlers gegenüber seinem Sujet als der gängigen kommunikationswissenschaftlichen Haltung gleichen. Aber das sollten wir auch wieder als unsere Aufgabe begreifen - den Beitrag zur Kanonbildung, den positiven Aufweis dessen, was Publizistik und Reportage der Gesellschaft unverzichtbarerweise bringen. Es geht dabei auch um die (Re-)Konstruktion eines kommunikationswissenschaftlichen Themas.

Anmerkungen

1. *Gespräche mit Günter Grass.* Hrsg. von K. Stallbaum, Darmstadt/Neuwied 1987, S. 312 (*Werkausgabe in 10 Bänden,* hrsg. von V. Neuhaus, Bd. X).
2. R. Dahrendorf, *Gesellschaft und Demokratie in Deutschland,* München 1965, S. 309.
3. *Gespräche mit Günter Grass,* a.a.O. (Anm. 1), S. 312f.
4. K. Mehnert, *Ein Deutscher in der Welt. Erinnerungen 1906–1981,* Frankfurt a.M. 1983, S. 383.
5. G. Grass, *Essays. Reden. Briefe. Kommentare.* Hrsg. v. Daniela Hermes, Darmstadt/Neuwied 1987, S. 583 (*Werkausgabe in 10 Bänden,* hrsg. von V. Neuhaus, Bd. IX).
6. Ebd., S. 583f.
7. Ebd. S. 584.
8. Ebd., S. 587.
9. D. Hermes, *„Weil dieses vergeblich anmutende Steinewälzen zum Menschen gehört." Nachwort,* in: Grass, *Essays,* a.a.O. (Anm. 5), S. 936.
10. *Gespräche mit Günter Grass,* a.a.O. (Anm. 1), S. 226.
11. Ebd., S. 223.
12. H.L. Müller, *Die literarische Republik. Westdeutsche Schriftsteller und die Politik.* Mit einem Nachwort von Kurt Sontheimer, Weinheim/Basel 1982, S. 13.
13. H. Nannen, *Lieber Stern-Leser! Briefe an den Leser 1958–1983,* Hamburg 1984, S. 14.
14. H. Habe, *Wunder, Segen und Fluch der deutschen Presse,* in: H. Hammerschmidt, *20 Jahre danach. Eine deutsche Bilanz 1945–1965,* München u.a. 1965, S. 343.
15. Vgl. A. Grosse / J. Seifert, *Die Staatsmacht und ihre Kontrolle,* Freiburg 1966; T. Ellwein / M. Liebel / O. Negt, *Die Reaktion der Öffentlichkeit,* Freiburg 1966.
16. Nannen, a.a.O. (Anm. 13), S. 20.
17. G. Bucerius, *Kein Nachruf. Henri Nannen nach der Stern-Krise,* in: *Die Zeit,* Nr. 22, vom 27.5.1983, S. 7.
18. Vgl. A. Baring (in Zusammenarbeit mit Manfred Görtemarker), *Machtwechsel. Die Ära Brandt-Scheel,* Stuttgart 1982.
19. W.R. Langenbucher / F. Hausjell (Hrsg.), *Vertriebene Wahrheit. Journalismus aus dem Exil,* Wien 1995.
20. S. Moscovici, *Sozialer Wandel durch Minoritäten,* München 1979 (zuerst engl. 1976).
21. R. Scheidges, *Harry Pross. Im Unruhestand. Ein Souverän unter den deutschen Publizisten,* in: *Die Zeit,* Nr. 36, vom 2.9.1988, S. 65.
22. H. Pross, *Politik und Publizistik in Deutschland seit 1945. Zeitbedingte Positionen,* München 1980, S. 109, 119.
23. Mehnert, a.a.O. (Anm. 4), S. 368, 492.
24. S. Krause-Burger, *Bockwurst oder Bratwurst. Besuch bei Theodor Eschenburg - einem der wichtigsten Politikwissenschaftler der Nachkriegszeit,* in: *Süddeutsche Zeitung,* Nr. 244, vom 22./23.10.1994, S. III.

25. W. Siebeck, *Die Beisln von Wien,* Wien/München 1995, S. 8.

26. H. Nannen (Hrsg.), *Schreib das auf. Die besten Stories aus dem Jahre 1977. Deutsche Reportagen,* Hamburg 1978, S. 14.

27. M. Haller, *Die Reportage. Ein Handbuch für Journalisten,* München/Basel 1987, S. 13.

28. W. R. Langenbucher (Hrsg.), *Sensationen des Alltags. Meisterwerke des österreichischen Journalismus,* Wien 1992.

29. G. Kromschröder, *Ich war einer von ihnen. Enthüllungs-Reportagen,* Frankfurt a.M. 1987; L.A. Mueller, *Es kommt auf die Verhältnismäßigkeit der Mittel an. Ein Gespräch über Rollenjournalismus mit dem Stern-Reporter Gerhard Kromschröder,* in: *medium,* 1983, Heft 12, S. 16-18.

30. G.M. Hafner / E. Jacoby (Hrsg.), *Die Skandale der Republik,* Frankfurt a.M. 1990, S. 9-12.

31. C. Grefe, *Horst Stern. Das Vertrauen ins Fernsehen verloren,* in: C. Bolesch (Hrsg.), *Dokumentarisches Fernsehen. Ein Werkstattbericht in 48 Porträts,* München 1990, S. 76-80.

32. Ebd.

33. In seinem Beitrag über Edith Scholz, in: Bolesch, a.a.O. (Anm. 31), S. 58.

34. Bolesch, a.a.O. (Anm. 31), in ihrer Einführung unter der Überschrift *Dokumentarisches Fernsehen - ein Beziehungsproblem.*

35. Ebd., S. 17.

36. Ebd., S. 18.

37. Vergleiche zu der vorstehenden Passage: W.R. Langenbucher, *Wahrheit - Aufklärung - Verantwortung. Thesen zu einer historischen Theorie des modernen Journalismus,* in: *Publizistik,* 1993, Heft, S. 311-321.

Lothar Mikos

„Es wird dein Leben!"

Fernsehserien und ihre Bedeutung für Lebensgeschichte und Lebenswelt von Zuschauern

Serien stellen in fast allen Vollprogrammen des Fernsehens einen gewichtigen Teil des Programms dar. Die verschiedenen Serienformen wie Krimireihen, Mehrteiler oder die auf Endlosigkeit angelegten „echten" Serien können sich zudem beim Publikum anhaltender Beliebtheit erfreuen.[1] Das liegt unter anderem daran, daß Serien wie *Lindenstraße, Gute Zeiten, schlechte Zeiten, Verbotene Liebe* oder *Marienhof* in ihren Themen und den Geschichten, die sie erzählen, am Alltag ihrer Zuschauer orientiert sind. Das trifft selbst auf Serien zu, die auf den ersten Blick nichts mit dem Leben der Zuschauer gemein haben, wie die inzwischen historischen Beispiele *Dallas* oder *Denver-Clan* zeigen. Denn in den Serien steht vor allem die Familie im Mittelpunkt, nicht als konkrete Sozialgemeinschaft oder soziale Gruppe, sondern als Symbol für zwischenmenschliche Beziehungen. Es geht also in den Serien nur scheinbar um konkrete Familien. In erster Linie geht es um die ästhetische Inszenierung von zwischenmenschlichen Beziehungen und damit die ästhetische Inszenierung von familialen Interaktionsstrukturen. Diese Strukturen sind den Zuschauern aus dem eigenen Leben bekannt, da sie in ihrem Alltag permanent mit anderen Menschen konfrontiert sind, zu denen sie in Beziehung stehen bzw. zu denen sie sich in Beziehung setzen.

Serien können daher auch als symbolische Repräsentanzen der Befindlichkeiten ihres Publikums gesehen werden. In diesem Sinn sind Fernsehserien als „kulturelles Forum" zu verstehen, auf dem sich die verschiedenen Lebensauffassungen einer Gesellschaft in Relation zu den Serienfiguren darstellen lassen.[2] Die Zuschauer können dadurch zur Auseinandersetzung mit diesen Themen angeregt werden. Sie setzen sich anhand der erzählten Geschichten in den Serien, den familialen Interaktionsstrukturen der Figurenkonstellationen und der Art und Weise, wie die Figuren in den Serien ihre Probleme bewältigen, mit sich selbst auseinander, mit ihren aktuellen Problemen ebenso wie mit ihrer Lebensgeschichte, und verbinden so das in den Serien Gesehene mit ihren eigenen Erfahrungen. Auf diese Weise eignen sich die Zuschauer die Serienerzählungen an und machen sie zu ihrer eigenen Seriengeschichte. Im Rahmen ihrer lebensweltlichen Bezüge tragen die Serien so zum sinnhaften Aufbau der sozialen Welt der Zuschauer bei.[3] Neben den sozialen Bezügen in der alltäglichen Lebenswelt tragen so die Serien zur Aushandlung der Identität der Zuschauer bei. Fernsehserien werden für ihre Zuschauer zu einem Moment der Identitätsarbeit. Im folgenden wird zunächst die Realität der Familie als symbolische Objektivation familialer Interaktionsstrukturen in den Serien selbst dargestellt, bevor anhand von Beispielen gezeigt wird, wie Zuschauer mit Geschichten und Figuren aus den Serien umgehen, um sie in ihre Lebenswelt und ihre Lebensgeschichte zu integrieren.

Die Realität familialer Interaktionsstrukturen

Thematisch steht der populäre Mythos der Familie als Basis des sozialen Lebens im Mittelpunkt der Serien. Mythen stellen nicht nur erzählte Geschichten dar, sondern sind Elemente gelebter Wirklichkeit, die auf gesellschaftliche Bedeutungsgehalte und die Sinnhaftigkeit sozialen Handelns verweisen.[4] Mythen sind Erzählungen, in denen sich soziale Erfahrung manifestiert. Die Darstellung von Familien in den Familienserien ist so einerseits vom Mythos Familie geprägt, der vom Chronotopos der Familienidylle determiniert ist,[5] und zum anderen aufgrund der konkreten Handlungen der Familienmitglieder und den sich daraus ergebenden familialen Interaktionsstrukturen auch von sozialen Topoi, wie „Auch in reichen Familien gibt es Probleme", „Geld allein macht nicht glücklich" oder „Lügen haben kurze Beine" etc. Neben dem zentralen Mythos der Familie tauchen in den Familienserien zahlreiche andere moderne wie klassische Mythen in neuem Gewand auf. In den amerikanischen Serien sind es die mit dem „american way of life" verbundenen Mythen und der Mythos Stadt; oder auf biblische Geschichten rekurrierende Mythen wie z.B. die Geschichte der verfeindeten Brüder Kain und Abel.

Familienserien haben so generell mythischen Charakter, der als typisches Merkmal des Genres gelten kann. Bereits Lévi-Strauss hat darauf hingewiesen, daß dynamische Gesellschaften versuchen, mythische Strukturen durch die Dialektik von Einzelnem und Dauerndem aufrechtzuerhalten.[6] Gerade diese Dialektik ist es, die sich im Genre der Familienserien wiederfindet. Das Prinzip der Wiederholung gleicher Grundmuster (wie Orte, Personen, Ambiente) und teilweise auch zwanghafter Handlungsmuster der Protagonisten entsprechend dem aus der Psychoanalyse bekannten Wiederholungszwang, die in zyklischen Rhythmen sowohl im Rahmen der Handlung wiederkehren als auch auf dem Bildschirm erscheinen, ist verbunden mit dem Prinzip der einzigartigen, unwiederholbaren Handlungen der Protagonisten, die die Geschichte in ihrer Zukunftsorientierung vorantreiben. Umberto Eco hat das Prinzip der Serien als das der Dialektik von Wiederholung (bzw. Schema) und Innovation oder Ordnung und Neuheit beschrieben.[7] In dieser Dialektik sieht Eco ein wesentliches Element jeder künstlerischen Tätigkeit. Zugleich ist es ein wesentliches Element des Alltags, der aus Routine und Ritualen ebenso besteht wie aus den kleinen Innovationen und Veränderungen der Ordnung, die z.B. die vom Alltagsdruck entlastende Freizeit bestimmen.

Die Dialektik von Ordnung/Schema und Innovation bzw. Einzelnem und Dauerndem stellt in ihrer Serialität immer auch eine Abstraktion vom Konkreten dar. Die Serie als Prinzip ist damit immer zugleich Metakommunikation, weil sich das individuell Besondere als Allgemeines darstellt und damit seine Strukturprinzipien offenbart. Dies ist u.a. ein wesentliches Moment künstlerischer Produktion, sei es in der seriellen Musik oder in der seriellen Produktion von Bildern und Gemälden wie sie Andy Warhol betrieben hat, der nach Buchloh „das Prinzip der Serie und die an der Wiederholung des Gleichen orientierte Art der Präsentation als entscheidend wichtige ästhetische Strategien begriffen hat."[8] Erst in der seriellen Aneinanderreihung der *Campbell*-Suppendosen verschwindet ihre individuelle Besonderheit zugunsten ihrer gesellschaftlichen Bestimmtheit. Zugleich liegt im Prinzip der Serialität auch ein Moment von Ritualisierung und Routine, das dem Alltagsleben ähnelt.

In den Familienserien des Fernsehens verschwindet die Individualität der Protagonisten hinter mythischen Elementen und gesellschaftlich determinierten familialen Interaktionsstrukturen. Familienserien sind somit immer zugleich Metakommunikation über das Familienleben, nicht nur der Protagonisten, sondern auch des Publikums. In diesem Sinn manifestieren sich in den Familienserien unbewußte Wünsche, Phantasien und Bedürfnisse der Zuschauer, weil sich im zentralen Mythos Familie und den sich aus den Handlungen der Protagonisten ergebenden familialen Interaktionsstrukturen allgemeine Strukturprinzipien gesellschaftlichen Lebens offenbaren, die auf allgemeinen Mustern sozialer Erfahrung beruhen. Zugleich kommt es in einzelnen Serienfolgen jedoch zu jenem klischeebestimmten Verhalten der Protagonisten, das sich, wie Lorenzer es formuliert hat, über den Kopf der in der Szene Handelnden hinweg durchsetzt.[9] Allerdings werden die Handlungen nicht klischeebestimmt gelassen, da sie durch das dramaturgische Mittel der Dialoge tendenziell immer symbolisiert werden und so zur Selbstreflexivität der Handlung beitragen. Die Strukturen und Prozesse der Interaktionen in den Serien werden jedoch erst in der Serialität einzelner Folgen deutlich. Für die Zuschauer ist dies der Knotenpunkt, an dem sich das Leben in den Familienserien und das der Zuschauer begegnen, die Serie ist wie das Leben, und das Leben ist wie eine Serie. Die Serienfamilien bewältigen ihre Krisen und die sozialen Dramen, indem sie diesen Ereignissen eine gemeinsame Bedeutung zuweisen, genau wie es die Konfliktparteien im Alltag, die Familien vor dem Bildschirm, ebenfalls tun. Hierin liegt ein wesentliches Element der realistischen Illusion, die von den Serien ausgeht.[10] Die Erzählungen in den Familienserien bleiben so den lebensweltlichen Kontexten verhaftet, indem sie über die Ebene des emotionalen oder psychologischen Realismus die Zuschauer mit den Themen der eigenen Kultur konfrontieren und zu einer spielerischen Auseinandersetzung mit der eigenen Identität beitragen.

Familienserien funktionieren hauptsächlich über diesen emotionalen und psychologischen Realismus. Die Erfahrung glücklicher wie trauriger Gefühle aus dem Kontext familiärer Bindungen und zwischenmenschlicher Beziehungen ermöglicht es den Zuschauern angesichts ähnlicher Beziehungskonstellationen in den Serien, in der Rezeption ihre eigenen Gefühle auf die der Serienheldinnen und -helden zu übertragen. In diesem Sinne machen Serien Übertragungsangebote in allen nur erdenklichen Kombinationen familiärer Gefühlshaushalte. Möglich ist dies u.a. auch, weil sich die Familien in den Serien am Bild der bürgerlichen Familie als Gefühlsgemeinschaft orientieren. Familienserien sind gewissermaßen eine Erzählung von Gefühlskonstellationen. Es geht weniger um die eigentlichen Handlungen der Protagonisten als vielmehr darum, wie sie sich dabei fühlen und wie sie die Handlungen der anderen Familienmitglieder emotional bearbeiten. Gefördert wird dies durch die oben beschriebene Erzählweise aus der persönlichen Sicht der Betroffenen.

Der Konfliktstoff der Familienserien, die kleinen sozialen Dramen, die den Alltag der Serienfamilien bestimmen, ist in der Struktur der Familie selbst angelegt. Es ist der Konflikt zwischen den Gefühlen, die innerhalb einer Familie bedeutsam sind, und den Idealen und Werten einer Familienideologie, in der die Familie zugleich Keimzelle der bürgerlichen Gesellschaft wie auch ihr Gegenstück ist. Diesen Widerspruch hat Scheuer als „Geburtsfehler der bürgerlichen Familie“ bezeichnet: „Gefühle bieten keine Sicherheit für eine ideale Gemeinschaft, sie können sogar geheuchelt werden bzw. zur Sentimentalität verkommen. So ist es nicht so sehr der soziale Standeskonflikt, der die Familie als Liebesgemeinschaft bedroht, sondern die Gemeinschaftsideologie selbst: die Liebe.“[11] Das hat das bürgerliche Trauerspiel ebenso deutlich gemacht wie die modernen Familienserien im Fernsehen. Familienserien leben nicht wie klassische Hollywood-Filme von der Wiederherstellung einer zerstörten Ordnung.

Familienserien als soziale Dramen

Familienserien sind die Verkörperung der permanent gestörten Ordnung schlechthin. Konflikte und Probleme sind nicht dazu da, gelöst zu werden, sondern jede scheinbare Lösung ist nur wieder Anlaß für neuen Konfliktstoff. Darin liegt ein wesentliches Moment in der Dramatisierung der auf Endlosigkeit angelegten Handlung. Harmonie existiert in den Familienserien prinzipiell nur als unerreichbare Utopie. Erst die Konflikte bringen das Salz in die Erzählsuppe. Sie bilden den Humus, auf dem die Geschichten der Familienserien gedeihen. Die Geschichten erinnern ein wenig an die von Turner als „soziale Dramen" bezeichneten Ereignisse, die in allen Gesellschaften die gleichen Prozeßstrukturen aufweisen und als soziale Basis vieler narrativer Formen dienen.[12] Soziale Dramen weisen nach Turner vier Phasen auf: Bruch, Krise, Bewältigung und Reintegration oder Anerkennung der Spaltung. Soziale Dramen entstehen zudem in Gruppen, deren Mitglieder die gleichen Werte und Interessen und außerdem eine gemeinsame Geschichte haben. Serienfamilien scheinen dafür wie geschaffen. In der Regel beginnt ein soziales Drama nach Turner „mit dem öffentlichen Bruch einer sozialen Norm, der Verletzung einer moralischen Regel, dem Verstoß gegen ein Gesetz, einen Brauch oder eine Etikette".[13]

In den Familienserien werden dabei besonders gern große Emotionen wie Liebe, Haß, Eifersucht oder Neid eingesetzt, die zu Verstößen der Protagonisten gegen die Ordnung führen, oder es wird mit dem beliebten Mittel der Intrige gearbeitet. Gerade die Kunst der Intrige scheint wie geschaffen als Mittel zur Auslösung sozialer Dramen in den Familienserien. Schon befindet sich die Gruppe inmitten einer Krise, in der nun Anpassungs- und Bewältigungsmechanismen eingesetzt werden. Das ist der Punkt, an dem in Familienserien ein Großteil der Spannung entsteht. Denn im Mittelpunkt der Serien stehen die Reaktionen der Protagonisten in den konfliktträchtigen Situationen und die darauf folgenden Bewältigungsmechanismen. Es geht also nicht um den Ehebruch als solchen, sondern um die Art und Weise, wie alle Beteiligten mit dieser Situation umgehen.

Die erzählte soziale Realität der Familie in den Serie ergibt sich gewissermaßen aus dem Zusammenwirken von drei Ebenen: einer materiellen, einer ideellen und einer emotionalen. Auf der materiellen Ebene geht es um den Lebensstil der Serienfamilien in seiner materiellen Ausprägung, auf der ideellen Ebene um die für die Serienfamilien gültigen Normen, Werte und Rollenbilder, die im Zusammenleben von Bedeutung sind, und auf der emotionalen Ebene um die oben beschriebenen Gefühlskonstellationen. In einzelnen Serien kann eine der drei Ebenen dominant sein, im *Denver-Clan* war es die materielle Ebene, in der *Lindenstraße* ist es die ideelle, bei den *Drombuschs* die emotionale.[14] Oft sind die Familienserien jedoch von einem emotionalen Realismus gekennzeichnet, der mit materieller und ideeller Fiktion einhergeht. Auf der materiellen Ebene geht es dann um die ästhetische Inszenierung von Luxus- und Konsumwünschen der Zuschauer, auf der ideellen Ebene sind Idealtypen von Normen und Werten tragend, die immer wieder Material für konflikthafte Verwicklungen, die sozialen Dramen der Familienserien bieten. Die besondere Nähe zum Leben der Zuschauer wird jedoch mit dem emotionalen Realismus erreicht, der die Bewältigungsstrategien der sozialen Dramen in den erzählten Seriengeschichten an Gefühlskonstellationen bindet, die dem Publikum aus dem eigenen Leben bekannt sind. Auf diese Weise bilden sich Anknüpfungspunkte für die Zuschauer, sich mit der eigenen Lebensgeschichte und dem eigenen Leben anhand der Serien auseinanderzusetzen. Eigene Erlebnisse und Erfahrungen können durch die Seriengeschichten in neuem Licht gesehen werden. Eigene Probleme werden zwar durch die Serien nicht gelöst, aber der Anstoß, sie selbst zu lösen, kann durch die gezeigten Bewältigungsstrategien kommen.

Identitätsarbeit

Erst durch diesen Bezug zum Leben sowie den Erfahrungen und Erlebnissen der Zuschauer machen die Familienserien im Fernsehen Sinn. So werden sie in den dynamischen Prozeß der Identitätsentwicklung eingebunden. Identität ist keine statische Eigenschaft der Zuschauerindividuen, sondern sie entwickelt sich ein Leben lang in der Auseinandersetzung mit anderen Personen und mit den vorgegebenen alltäglichen Bedingungen des Lebens.[15] Identitätsarbeit hat so immer einen doppelten Charakter, sie stellt sich einerseits als eine Art permanenter Identitätsfindung dar und andererseits als permanente Rekonstruktion der eigenen Lebensgeschichte vor dem Hintergrund aktueller Ereignisse und Lebensbedingungen, die sich in Interaktionssituationen manifestieren. In diesem Sinn kann Identität als dynamischer Prozeß gesehen werden, der in der Entfaltung der eigenen Biographie zwischen „Selbstverstehen und Selbstgestalten“[16], denn sie basiert darauf, daß die Individuen ihr Schicksal handelnd selbst in die Hand nehmen.

Vor diesem Hintergrund rezipieren die Zuschauer auch die Geschichten der Fernsehserien und eignen sie sich an. Die Zuschauer weisen ihnen aufgrund eigener lebensgeschichtlich bedeutsamer Erfahrungen Bedeutungen zu, die sich aus vergangenen wie gegenwärtigen Lebenssituationen und den damit verbundenen Interaktionsstrukturen speisen. Diese für die Zuschauer bedeutsamen Themen werden mit Ereignissen aus der Serienerzählung in Zusammenhang gebracht. In ihnen wird die Verbindung von aktueller Lebenssituation und Serienerzählung deutlich.

Vor allem sind es familiale Interaktionsmuster und Beziehungsstrukturen, die in der Aneignung der Serien für die Zuschauer Sinn machen.

Das soll an einigen Beispielen deutlich gemacht werden.[17] Für Herrn Riemann, zum Zeitpunkt des Interviews 42 Jahre alt, spielt insbesondere die Glaubwürdigkeit von Personen und Handlungen in den Serien eine wichtige Rolle. In seinem eigenen Leben ist er in bezug auf Personen schon mehrfach enttäuscht worden, so daß diese Glaubwürdigkeit für ihn ein entscheidendes Thema geworden ist, das vor allem auch die Aneignung der Serien bestimmt. Glaubwürdigkeit heißt für ihn allerdings nicht, daß die Personen oder Serienfiguren keine Widersprüche haben dürfen, sondern daß er diese Widersprüche in einen für ihn selbst nachvollziehbaren Zusammenhang bringen kann. Denn nur wenn diese für ihn wichtige Glaubwürdigkeit existiert, im Leben wie in den Serien, kann er den für ihn wichtigen Nutzen aus dem Kontakt mit diesen Menschen ziehen. Seine Glaubwürdigkeitskriterien haben einen starken referentiellen Bezug zu eigenen Lebenssituationen.

> „Ich gucke mir zum Beispiel keine Folgen an, wenn mir schon die Hauptdarsteller unsympathisch sind. Das ist für mich sehr wichtig. Die müssen für mich sympathisch sein, daß ich mich, ich will nicht sagen, mich mit ihnen identifizieren kann, aber daß ich sie, sagen wir mal, als die Person, die sie dort verkörpern, daß sie glaubhaft das darstellen, und daß man davon ausgehen kann, so könnte es sein."

In der Aneignung der Serien spielen weitere wesentliche Themen für ihn denn auch eine große Rolle, weil sie mit Personen zusammenhängen, die für ihn im eigenen Leben wichtig sind. Einerseits ist es das Verhältnis zu seiner Mutter, das er insbesondere an den Situationen im *Denver-Clan,* in denen Alexis als Mutter agiert, und entsprechenden Situationen in *Dallas* mit Miss Ellie aktualisiert, andererseits die Beziehungsstrukturen seiner geschiedenen Ehe, die er aufgrund der Ähnlichkeit zwischen J. R. Ewings Sekretärin Sly und seiner Ex-Ehefrau aktualisiert. Aufgrund seiner eigenen homosexuellen Neigungen thematisiert Herr Riemann auch im Interview immer wieder die Figur des Steven Carrington im *Denver-Clan.* Auch hier spielt die Glaubwürdigkeit der Darstellung in der Serie eine entscheidende Rolle, so fand er den ersten Darsteller des Steven „glaubhafter" als den zweiten. Die Kombination aus Homosexualität und Verhältnis zur Mutter ist denn für ihn auch vor allem am Mutter/Sohn-Verhältnis von Alexis und Steven wichtig. Die Aneignung der Serien ist für Herrn Riemann von diesen lebensgeschichtlich bedeutsamen Themen bestimmt, und dieser starke referentielle Bezug, der sich für ihn als Glaubwürdigkeit der Serienerzählung darstellt, führt dazu, daß er große Gemeinsamkeiten mit den Serienhelden entdeckt.

> „Wir durchleben unsere Welt ja auch mal in Höhen und mal in Tiefen, und das macht uns mit diesen sogenannten Serienhelden auch manchmal sehr gleich."

Unterstützt wird dies durch die Zukunftsorientierung der Serien, die es ermöglicht, daß die Serienfiguren im Verlauf der Erzählung Erfahrungen und Lernprozesse machen, die auch zu einem Wandel ihrer Persönlichkeit beitragen. Für Herrn Riemann ist das wieder ein Zeichen für Glaubwürdigkeit, denn im richtigen Leben geht es genauso zu.

„Personen wandeln sich im Leben, und auch Personen wandeln sich im Seriendasein. Und das ist eben ein Teil von Glaubwürdigkeit, der in diesen Serien lebt. ... Daß sich Menschen irgendwo im Zuge der Zeit im Verhalten zu anderen Menschen ändern. Sie nehmen irgendwo Lehren an oder sie lernen mit der Zeit mit, werden auch erwachsener und ... J.R. hat graue Haare bekommen oder Alexis wird jetzt nur noch mit Weichzeichner fotografiert. Das sind alles Sachen, die im Zuge der Zeit auch im Zuge der Serien sich ereignen, und man altert mit den Serien und auch die Serienhelden altern. Man lebt mit ihnen und altert auch mit ihnen, so wie sie selbst."

Der referentielle Bezug zum eigenen Leben, der für Herrn Riemann in der Aneignung eine große Rolle spielt, deutet an, daß er sich im Rahmen des ästhetischen Rollenspiels der parasozialen Interaktion mit den Serienfiguren mit der eigenen Identität auseinandersetzt.

Auseinandersetzung mit Partnerbeziehungen

Die Interaktionsstrukturen in den Partnerbeziehungen sind für die 36jährige Frau Lipski bedeutende Themen, die in der Aneignung der Serien eine große Rolle spielen. Die unglücklichen Erfahrungen in der eigenen Ehe, die kurz vor der Scheidung steht, sowie die daraus resultierenden Folgen, sind für sie das entscheidende Thema in der Aneignung der Serienerzählungen. Das wird vor allem bei einer ihrer Lieblingsserien, *Dallas*, deutlich. So hätte sie Bobby Ewing an Pamelas Stelle nicht laufen lassen und erkennt in der Ehe von Miss Ellie und Clayton Farlow Interaktionsstrukturen der eigenen Ehe wieder. Eine glückliche Partnerbeziehung ist für sie denn auch eine entscheidende Erfahrung, die sie auch nach einer Scheidung nicht missen möchte. Deshalb findet sie es vollkommen richtig, wenn sich die Eheleute nach der Scheidung wieder einen neuen Partner suchen.

„Was ich sagen wollte, das ist also, warum soll sie (Miss Ellie, d.A.) nicht wieder heiraten. Ich finde das also ganz vernünftig. Es ist also meine generelle Einstellung zu diesen Sachen und warum nicht? Denn, wenn der Partner nicht mehr da ist, ich finde es nicht gut, wenn man dann unbedingt alleine bleiben soll und egal wo, wann, warum. Ja, ob das nun wie eben bei Bobby durch die Scheidung war oder bei Pamela oder jetzt bei Miss Ellie durch den Tod des Partners, warum soll der überlebende Teil oder der ... jeder Partner dann sich nicht wieder einen anderen suchen? Ja, das finde ich also eine ganz vernünftige Einstellung."

Insbesondere die Ehen in *Dallas* von J.R. und Sue Ellen, Pamela und Bobby oder Miss Ellie und Clayton Farlow geben Frau Lipski immer wieder die Möglichkeit, die eigenen schmerzlichen wie glücklichen Erfahrungen in der Rezeptionssituation zu aktualisieren. Sie findet die Erfahrungen ihrer Ehe in den Beziehungen auf dem Bildschirm wieder und bindet das Verhalten der Serienfiguren sowie deren Eigenschaften in die Beziehungsstrukturen, die sie erlebt hat, ein.

„Was gefällt Ihnen denn an Clayton oder was mißfällt Ihnen an dem?"

„(Überlegt) Ja, er ist ...; Sie bringen einen ja ganz schön ... (Lachen). Clayton, ja. (Pause) Er könnte mehr mit seinen Problemen oder mit seinen Vorstellungen, mit seinen Sachen rauskommen. Er erzählt ja zuwenig, und es ist also, er ist mir also sehr verschlossen und das gegenüber seiner Frau, die halt sovieles nicht erfährt oder erst später erfährt oder von anderen erfährt und so weiter. Das ist also etwas, was ich nicht gut finde. Das finde ich also für eine Ehe absolut nicht gut, und das hat Clayton halt auch zeitweise."

„So sind die Männer."

„Ja, meistens ja, leider. Aber ich meine, J.R. erzählt zwar auch nichts, und trotzdem ist das etwas anderes, denn ich meine, wenn er über seine Geschäftspraktiken nichts erzählt, finde ich das also noch eher akzeptabel, als wenn Clayton über seine ureigensten Gefühle und Probleme nicht spricht. Und das sollte man also schon tun, und das, finde ich also, kommt bei ihm immer sehr deutlich raus, daß er das halt nicht tut. Und das, ja, mißfällt mir im Grunde genommen schon daran, nicht. Das mag ich nicht."

Frau Lipski sieht in Clayton Farlow in bestimmter Hinsicht Ähnlichkeiten mit ihrem Mann. Entscheidend für die konkrete Aneignung ist aber nicht diese Ähnlichkeit, sondern die Auswirkung dieser Charaktereigenschaft auf eine bestimmte Beziehungsstruktur, die selbst erlebt wurde und nun anhand der Beziehung von Miss Ellie und Clayton Farlow in *Dallas* auf dem Bildschirm aktualisiert werden kann. Aufgrund der Darstellung eines familialen Interaktionsmusters in der Serie kommt es in der konkreten Rezeptionssituation zum Übertragungserleben. Erinnert werden die „Problemabende" mit ihrem Mann, die Frau Lipski veranstaltete, um sich mit ihm mal „auszuquatschen" und „Probleme zu wälzen". Die Szene in der Serie erhält ihre Bedeutung erst aus der Bedeutungszuweisung durch die Zuschauerin. Seriengeschehen und Zuschauerleben vermischen sich in der Rezeptionssituation, ähnlich wie bei Herrn Riemann, der in J.R. Ewings Sekretärin Sly seine Ex-Ehefrau sieht. Die Situationen auf dem Bildschirm werden mit den eigenen Erinnerungsbildern überlagert oder wie es Frau Tietz ausdrückt: „Es wird dein Leben!"

Für Frau Lipski sind neben den Beziehungsstrukturen in Ehen vor allem die Erziehungsprobleme und das Verhältnis der Serienmütter zu ihren Kindern ein entscheidendes Thema in der Aneignung. Hier kann sie eigene Erziehungskonzepte überprüfen, und die Serienmütter schneiden dabei recht schlecht ab. Aufgrund der besonders intensiv erlebten aktuellen Situation der in Scheidung befindlichen Ehe und dem eigenen Festklammern an ihrer dreijährigen Tochter, die ihr Halt gibt, kommt es bei ihr in der Aneignung der Serien zu einer intensiven Auseinandersetzung mit der eigenen Lebenssituation und der eigenen Identität. Der aktuelle Bezug zwischen Serienleben und ihrem eigenen führt zu einer starken emotionalen Nähe zu den Serien, in der die Interaktionsstrukturen des Ehemann/Ehefrau-Verhältnisses und des Mutter/Kind-Verhältnisses immer wieder eine große Rolle spielen.

Die Interaktionsstrukturen von Ehen und Partnerschaften sind auch bei Frau Kunze, 65 Jahre alt, ein immer wiederkehrendes Thema, das die aktuelle Rezeptionssituation stark bestimmt. Ihre eigenen vielfältigen Erfahrungen in der Ehe und mit mehreren Geliebten bilden einen reichen Schatz an Gefühlen, Eindrücken und Lernerfahrungen, die in der Aneignung der Serien in entsprechenden Situationen aktualisiert werden können. Die Liebe in allen Variationen ist so nicht nur in ihrem bisherigen Leben bestimmend, sondern auch bei den Serien, von den glücklichen Gefühlen bis hin zu den schmerzlichen, die nicht nur mit Beziehungsproblemen, sondern auch mit Krankheiten der Partner zusammenhängen. Daneben spielt insbesondere das Verhältnis zu ihrem Sohn eine wichtige Rolle, sowohl als Erfahrung der Geburt und der Erziehung als auch im Verhältnis zwischen erwachsenen Menschen.

Bei Frau Friedel, 67 Jahre alt, ist es eine aus eigenen Erfahrungen mit einer Kriegsehe und dem frühen Tod des Mannes resultierende Abwehr von intensiven Gefühlen, die mit Themen wie Liebe, Krankheit oder Tod zusammenhängen. So findet sie denn, daß Krankheit und Tod in den Serien überhaupt nicht vorkommen sollten, und Liebe, so wie sie sie versteht, gibt es in den Serien auch nicht.

„Und da wird vor allen Dingen so viel von Liebe gesprochen. Liebe - ich liebe dich, ich liebe dich, und so geht das dauernd. Und im Handumdrehen haben sie einen anderen, und den lieben sie auch. Also das paßt auch irgendwie nicht. Da wird - *Denver-Clan* und *Dallas* - da wird viel von Liebe geredet. Ich liebe dich. Und dabei liegen sie schon mit einem anderen wieder im Bett. ... Na wissen Sie. Das ist doch keine Liebe, wenn ich gleich wieder einen anderen oder eine andere habe. Da kann man doch nicht von Liebe reden. Pamela, die braucht ja den Bobby nicht zu verlassen, nicht, und nun sind sie wieder zusammen. Aber - ich liebe dich - hat einen anderen und liebt den Bobby trotzdem. Das paßt doch irgendwie nicht."

„Was ist denn für Sie Liebe?"

„Für mich ist Liebe, wenn ich nur einen Mann liebe. Den liebe ich. Also, wenn ich einen Mann liebe, dann liebe ich den. Und dann sehe ich nicht auf einen anderen. Dann kann mich kein anderer Mann interessieren. Man kann doch nicht so oft lieben, oder?"

Der besondere Reiz der Serien liegt für Frau Friedel vor allem darin, daß die Serien einerseits ihren eigenen Vorstellungen von Recht und Ordnung permanent zuwiderlaufen, andererseits aber gerade dadurch die Möglichkeit besteht, die in der Realität unterdrückten Gefühle in der Serienaneignung in der Phantasie auszuagieren, um sie dann um so vehementer verleugnen und verdrängen zu können, ob es sich nun um die permanenten Bettgeschichten in den Serien handelt, die „nicht gut für unsere Jugend“ sind, oder um das „ewige Trinken“ oder die Wohnungseinrichtungen in Serien wie der *Lindenstraße,* alles wird über den Kamm des „Proletenmäßigen“ geschert. Dabei ist das nur eine Metapher für das Triebhafte, das im Leben der sich selbst streng disziplinierenden Frau Friedel überhaupt keine Rolle spielen darf.

Für die 63jährige Frau Schmidt hingegen bieten die Serienerzählungen, insbesondere *Dallas,* die Möglichkeit, ihren Gefühlen freien Lauf zu lassen und sich fast hemmungslos in die Männer auf dem Bildschirm zu verlieben, um diese imaginierten Beziehungen dann durch die Rollenidentifikation mit deren jeweiligen Frauen auch in der Phantasie ausleben zu können. Dabei spielt ihr eigenes Schicksal, das ihr einen Ehemann versagte, eine wichtige Rolle. Ihr Verlobter blieb im Krieg, und sie mußte anschließend das Geschäft ihres Vaters weiterführen, da blieb keine Zeit und wenig Gelegenheit für eine Ehe oder Partnerschaft. Die findet sie nun in der Phantasie in der Aneignung der Serien, sei es, daß sie wie ein verliebtes kleines Mädchen erklärt, daß ihr der Bobby Ewing gefällt und sie inständig hofft, daß er und Pamela wieder zusammenkommen, oder sei es, daß sie sich mit der Rolle von Miss Ellie als Geliebte von Clayton Farlow identifizieren kann, weil sie Clayton gern selbst geheiratet hätte. Sie kommt immer wieder auf Clayton Farlow zu sprechen und gerät ins Schwärmen. Clayton und die Frauen, die zu ihm in einer Beziehung stehen, haben für sie eine besondere Bedeutung.

„Also der Clayton, der hat mir auch gut gefallen. Der hat mir sehr gut gefallen. Ja, also der, ich finde, der hat Einfühlungsvermögen gehabt. Und wirklich, also der hat mir sehr gut gefallen. So in seiner ganzen Art, so dieses ruhige, dies besonnene und eh nichts übers Knie brechen, möchte ich sagen, hat sich auch so dem gefügt, also bitte das ist ihre Familie, und sie (Miss Ellie, d. A.) ist das Oberhaupt der Familie, und das sollte nicht irgendwie heruntergespielt werden oder so. Der hat mir in seiner Art sehr gut gefallen. Ach irgendwie also, ich möchte bald sagen, ich hätte es gewünscht, wenn auch der Altersunterschied sehr groß war, wenn er die Sue Ellen geheiratet hätte. Also dann hätte ich gesagt, ah ja, ja, ja, da hat sie endlich mal 'nen Mann, der es gut mit ihr meint oder so. Also der auch wirklich mal auf sie eingeht, und so auch gemeint hätte, sie würde nie mehr trinken, oder so, weil sie irgendwie die Wärme hat, die eben 'ne Frau braucht, und die na ja so Art behütet sein oder so, ja, geborgen sein, so wollen wir's mal nennen. Also das, würde ich sagen, ja das hat mir ehrlich gesagt, das habe ich bedauert, daß das auch, ich hätte das mit dem Sohn, mit dem Sohn von Clayton, ..."

„Mit dem Dusty ..."

„Ja, Dusty, das hätte ich auch ... Also ich glaube, auch das wäre eine nette Verbindung geworden. Das wäre 'ne nette Verbindung geworden."

„Und was macht Sue Ellen?!"

„Häh, ach Gott, nein, also!"

„Blöde Kuh!"

„Ja, genau! Da haben Sie vollkommen recht. Ja, nicht also das wäre, und dann hoffte ich ja, daß sie dann mit dem Vater irgendwie einig wird. Ich meine, Gott, wissen Sie, Altersunterschied hin, Altersunterschied her, interessiert mich nicht, wenn sie sich verstehen und so, und das muß jeder mit sich abmachen. Das hätte mich gar nicht gestört, also. Dann hätte ich noch gesagt, so jetzt hat sie wenigstens mal den Mann, den sie wirklich braucht, der wirklich auch alles für sie tut. Und ich muß sagen, ich hätte auch gerne gesehen, wenn die beiden, die Miss Ellie und der Clayton geheiratet eh ja, wenn die beiden geheiratet hätten (das taten sie in der Serie erst nach dem Interview, d. A.), denn ich glaube, auch Miss Ellie wäre dann mal zur Ruhe gekommen, und er hätte ihr wahrscheinlich den ganzen familiären Kram da dann doch ein bißchen vom Hals gehalten, ja. Wenn sie auch nicht etwa aus der Familie nun raus sollte oder so, aber doch, daß er ihr dieses Ganze mal ein bißchen fernhält. Und ich könnte mir gut vorstellen, daß sie doch ein bißchen darunter gelitten hat, wie sie dann gemerkt hat, Mensch, das geht ja doch alles nicht so, wie ich mir das gedacht habe, nicht, also das schon."

„Da liegt mir ja 'ne ganz gemeine Frage auf der Zunge."

„Ja, dann mal los!"

„Hätten Sie denn auch Clayton Farlow geheiratet, Sie ganz persönlich?"

„(Flüstert) Soll ich's Ihnen offen sagen? Jaaa!"

„Das hab' ich mir doch fast gedacht."

Das haben Sie sich gedacht. Schon an den Augen so (Lachen). Warum soll ich's verheimlichen, nicht? Ja, ja, also ..."

Clayton Farlow ist für Frau Schmidt der einfühlsame, verständnisvolle Mann, der ihr in ihrem Leben versagt blieb. In den Szenen, in denen er als Partner der Frauen in *Dallas* auftritt, sei es nun Sue Ellen oder Miss Ellie, schlüpft sie in die Rolle dieser Frauen und kann so in der Phantasie den Wunsch nach Wärme und Geborgenheit in einer Beziehung ausagieren. Diese Beziehungsstruktur stellt sich als szenisch verfaßtes Thema dar, das die ganze Lebenssituation von Frau Schmidt kennzeichnet.

Auseinandersetzung mit Familienstrukturen

Während bei vielen Frauen die Ehe- und Beziehungsstrukturen und mit ihnen verbundenen Erfahrungen als bedeutsame Themen das Leben und die Aneignung der Serienerzählungen bestimmen, sind es bei der 16jährigen Frau Murmann die familialen Interaktionsmuster, die sich auf ein Familienleben schlechthin beziehen. Für sie, die nach der Trennung der Eltern mit der Mutter zusammenlebte, haben vor allem die Wünsche nach Zusammenhalt der Familie eine große Bedeutung, sowohl in ihrem Leben als auch in der Aneignung der Serien. So findet sie es gut, wie Krystle Carrington im *Denver-Clan* zu ihrem Mann steht, findet, daß Alexis ihre Kinder ausnutzt und bewundert den Zusammenhalt von Jason und Conny in den *Colbys*. So fährt sie nicht nur in den Ferien zu den Verwandten, die eine große Familie haben, sondern schafft sich diese, einschließlich der Geschwister, in der Phantasie in der Rezeptionssituation.

„Also überhaupt gucke ich sehr gern Familienserien an. Also, wo eine große Familie ist, wie *Ich heirate eine Familie,* wo drei Kinder sind, und wo man auch irgendwie die negativen Sachen sieht, wo sich die Geschwister auch untereinander zanken, aber auch irgendwie gegenseitig was unternehmen oder einen auch beschützen. Und bei den *Drombuschs* fand ich das auch ganz toll. Zum Beispiel jetzt, wo sie das Haus gekauft hatten, und dann, wo der Herr Drombusch gestorben ist, und der Onkel oder Cousin von der Frau Drombusch sie dann unterstützt hat, aber sie das dann nur als Hilfeleistung gesehen hat, praktisch, und er natürlich sie heiraten wollte, aber sie von ihm nichts wissen wollte. Also, Familienserien finde ich unheimlich toll."

Die Wärme und Geborgenheit, die Frau Schmidt in einer Beziehung sucht, wünscht sich Frau Murmann in einer großen Familie. Zwar sieht sie, praktisch wie sie veranlagt ist, auch die negativen Seiten, aber Unterstützung durch Verwandte ist ihr ebenso wichtig wie der Zusammenhalt unter Geschwistern. Neben den familialen Interaktionsstrukturen sind es die Erfahrungen mit der Pflege ihres krebskranken Vaters, die für sie sehr bedeutsam sind. Die Krankengeschichten in den Serien und das mit Krankheiten verbundene „Leid", wie sie es ausdrückt, stoßen auf ihr besonderes Interesse. In den entsprechenden Situationen in den Serien kann sie die eigenen Erfahrungen aktualisieren, die sich auf ihre ganze Lebenssituation auswirken.

Für Herrn Andacht, 33 Jahre alt, ist das Verhältnis zur Mutter in der Aneignung der Serien ein wichtiges Thema. In seiner Kindheit und Jugend war er von seiner Mutter vernachlässigt worden und hatte nie das Gefühl, von ihr geliebt zu werden. Diese Vernachlässigung durch die eigene Mutter führt dazu, daß er die Mütter in den Serien, seien es nun Barbara Bel Geddes als Miss Ellie in *Dallas,* Mutter Beimer in der *Lindenstraße* oder Inge Meysel in *Die Unverbesserlichen* als „unheimlich peinliche Figuren" wahrnimmt.

„Also sie repräsentieren natürlich so die Übermutter, dieses was eben in unserem männlich-chauvinistischen Kopf da drin ist, daß die Frau das wirklich überglückende Wesen ist. Ja, also immer unter Selbstaufgabe versuchen, irgendwie alles zusammenzuhalten."

Die Erfahrungen mit seiner eigenen Mutter und die Sozialisation in links-alternativen Kreisen, in denen feministisches Gedankengut rezipiert wurde, haben für Herrn Andacht ein rational anderes Frauenbild entstehen lassen, als es in den Serien präsentiert wird. So findet er denn inaktive Frauen schrecklich und verweist dabei auf Pamela Ewing (*Dallas*), die offenbar das Leiden brauche, und auf Sue Ellen (*Dallas*), die nur immer dasitze und heule. Diesem rationalen Frauenbild steht jedoch ein durch die Erfahrungen in der eigenen Kindheit geprägtes, emotional bestimmtes Mutterbild gegenüber, das in den entsprechenden Situationen nurmehr als „peinlich" erlebt wird. Die frühe Scheidung der Mutter und das Dasein als Einzelkind, die ihn sehr geprägt haben, haben bei Herrn Andacht die Solidarität des Familienverbandes zu einem szenisch verfaßten Thema gemacht, das sich einerseits in der Schaffung eines eigenen kleinen Familienverbandes mit seinen beiden Mitbewohnerinnen ausdrückt, die zudem seinem neuen Frauenbild entsprechen, und sich andererseits in der Aneignung anhand entsprechender Situationen in den Serienerzählungen aktualisieren kann. Auf das Thema der Familiensolidarität kommt er denn auch mehrfach zu sprechen.

Diese zumindest spielerische Auseinandersetzung mit der eigenen Identität ist ein Grundmuster der Serienrezeption und -aneignung. Vor allem dann, wenn die Protagonisten in den Serien anders handeln, als es die Zuschauer getan hätten, tritt eine Distanz zum Geschehen auf dem Bildschirm ein, daß zur Auseinandersetzung mit dem eigenen Selbstverständnis zwingt. Die familialen Muster in den Serienerzählungen erhalten ihren Sinn erst durch die Bedeutungszuweisungen der Zuschauer, die gerade an den Bruchstellen zwischen Nähe und Distanz einen referentiellen Bezug zu den eigenen Erfahrungen herstellen und sich so in der Aneignung der Serien ihrer selbst vergewissern.

Serien, Lebensgeschichte und der sinnhafte Aufbau der Welt

In der Rezeptionssituation setzen sich die Zuschauer mit der eigenen Identität auseinander. Diese Auseinandersetzung hat den Doppelcharakter der Identitätsarbeit zwischen Identitätsfindung einerseits und Rekonstruktion der eigenen Lebensgeschichte andererseits. Das bleibt oft nicht nur auf eine individuelle Auseinandersetzung während der Rezeption beschränkt, sondern findet auch in der gemeinsamen Bearbeitung der gesehenen Seriengeschichten mit anderen Personen im Alltag statt. So unterhält sich Frau Murmann mit ihrer Freundin, mit der sie manchmal zusammen guckt, über die Bewältigungsmechanismen in den Serien wie über die eigenen.

„Also, wenn man sich jetzt in die Rolle reinversetzt und das so sieht, was jemand gerade gemacht hat, dann kommt das schon mal so, also, so würde ich das nicht machen, und, warum macht sie das denn oder derjenige das? Oder das war ein großer Fehler, den sie jetzt gerade begehen. Also da unterhalten wir uns schon drüber."

„Und überlegt dann auch, wie ihr es besser gemacht hättet?"

„Ja, eben wie man besser vorgeht."

Bewältigungsmechanismen und Problemlösungen werden also nicht nur passiv rezipiert, sondern aktiv in der Auseinandersetzung mit der eigenen Identität bewertet. Die eigene Lebenswelt ist der Referenzpunkt, an dem sich die Serienrealität und die Protagonisten mit ihren Handlungen messen lassen müssen. Dabei kann man einerseits größere Handlungskompetenz als die Serienhelden und -heldinnen zeigen, andererseits werden aber auch Möglichkeiten eröffnet, von den Figuren zu lernen, weil man die Bewältigungsmechanismen aus den Serien an der eigenen Praxis überprüfen kann. Dies ist insbesondere bei den krisenhaften Situationen im Rahmen von Partnerbeziehungen und Familienleben möglich, weil sich hier der Anknüpfungspunkt für eigene Erfahrungen zeigt, da die Interaktionsstrukturen aus dem eigenen Leben und Erleben bekannt sind. Durch psychische Mechanismen wie Übertragungserleben, Rollenidentifikation und Projektion werden die Zuschauer einerseits in das Serienleben eingebunden, andererseits aber durch die Handlungen der Protagonisten auch oft genug wieder aus dieser starken emotionalen Beteiligung und Nähe in eine Distanz zurückgeworfen, in der sich dann die Möglichkeit der Identitätsarbeit eröffnet.

In der Serienhandlung erkennen die Zuschauer so die eigenen Wünsche und Bedürfnisse: „Die populären Serien konfrontieren mit Über-Ich und Es-Regungen, bestätigen Alltagswissenoder -theorien, fordern zu Vergleichen mit der Realität heraus, führen den eigenen Umgang mit Gefühlen oder Vorstellungen über Beziehungen vor Augen. Phantasien, die die Serien hervorrufen, haben mit der eigenen Person, der eigenen Familie und der eigenen Emotionalität zu tun."[18] Aus dem ästhetischen Rollenspiel mit den Figuren in den Serien heraus kann es so an den Bruchstellen zwischen Serienidentität der Serienfigur und eigener Identität der Zuschauer zu Identitätsarbeit kommen, in der die Zuschauer sich ihrer eigenen Identität vergewissern.

Das kann sowohl in einem bewußten Sich-Fallenlassen und einem genußvollen Sich-Einlassen auf das ästhetische Rollenspiel bestehen, als auch in einer zwanghaften Zuwendung zu den Familienserien, weil in ihnen die in der eigenen Realität nicht erfahrbaren Gefühle und befriedigenden Objektbeziehungen dargestellt werden und in der Rezeptionssituation zumindest in der Phantasie ausagiert werden können. Die Serien dienen so als Material, mit dem sich die Zuschauer auf dem Hintergrund ihrer eigenen lebensweltlichen Bezüge ihre eigenen Bedeutungen basteln. Dabei spielen die lebensgeschichtlich bedeutsamen, szenisch verfaßten Themen eine wesentliche Rolle. Die Zuschauer setzen sich also vor dem Hintergrund ihrer Identität mit den Serien und deren Geschichten auseinander und vergewissern sich dabei ihrer selbst und ihres lebensweltlichen Kontextes. Sie nehmen sich sowohl als Individuen wie als gesellschaftliche Wesen wahr und haben in der Konfrontation mit anderen Lebensauffassungen, Lebensentwürfen und lebensweltlichen Verweisungszusammenhängen, wie sie die Familienserien darstellen, die Möglichkeit zur Identitätsfindung und zur Rekonstruktion ihrer Lebensgeschichte. Darin liegt die Wahrheit der Serien im Fernsehen und ihre ethischen Implikationen. Denn durch die Rückbindung der Erfahrungen in der konkreten Rezeptionssituation an den sozialen Kontext werden die Serien und ihre Geschichten zu Bestandteilen alltäglicher sozialer Erfahrung und Praxis. Sie dienen den Zuschauern in Verbindung mit ihren eigenen Erfahrungen zum sinnhaften Aufbau ihrer sozialen Welt.

Anmerkungen

1. Vgl. zur Differenzierung der verschiedenen Serienformen: L. Mikos, *Fernsehserien. Ihre Geschichte, Erzählweise und Themen*, in: *medien+erziehung*, 1987, Heft 1, S. 2-16; sowie ders., *Es wird dein Leben! Familienserien im Fernsehen und im Alltag der Zuschauer*, Münster 1994, S. 135ff.

2. Vgl. zum Fernsehen als kulturellem Forum: H.M. Newcomb / P.M. Hirsch, *Fernsehen als kulturelles Forum. Neue Perspektiven für die Medienforschung*, in: *Rundfunk und Fernsehen*, 1986, Heft 2, S. 177-190. Zur thematischen Vielfalt der Serien am Beispiel der *Lindenstraße* siehe auch: M. Jurga, *Die „Lindenstraße" als kulturelles Forum*, in: ders. (Hrsg.), *Lindenstraße. Produktion und Rezeption einer Erfolgsserie*, Opladen 1995, S. 55-72; sowie K. Hickethier, *Die Fernsehserie und das Serielle des Fernsehens*, Lüneburg 1991, insbes. S. 53ff. Zur Faszination der Serien durch Alltagsnähe sie auch: P. Prugger, *Wiederholung, Variation, Alltagsnähe. Zur Attraktivität der Sozialserie*, in: G. Giesenfeld (Hrsg.), *Endlose Geschichten. Serialität in den Medien*, Hildesheim 1994, S. 90-113.

3. Zum sinnhaften Aufbau der sozialen Welt durch die Subjekte siehe: A. Schütz, *Der sinnhafte Aufbau der sozialen Welt. Eine Einleitung in die verstehende Soziologie*, Frankfurt a.M. 1974.

4. Vgl. dazu B. Malinowski, *Der Mythos in der Psychologie der Primitiven*, in: ders., *Magie, Wissenschaft und Religion. Und andere Schriften*, Frankfurt a.M. 1983, S. 77-129, hier S. 83; sowie M. Frank, *Der kommende Gott. Vorlesungen über die Neue Mythologie*, Frankfurt a.M. 1982, insbes. S. 107ff.

5. Zum Chronotopos der Familienidylle bei Tolstoi siehe: M. M. Bachtin, *Formen der Zeit im Roman. Untersuchungen zur historischen Poetik*, Frankfurt a.M. 1989, S. 200.

6. Vgl. C. Lévi-Strauss, *Mythologica I. Das Rohe und das Gekochte*, Frankfurt a.M. 1976, S. 11ff.

7. Vgl. U. Eco, *Die Innovation im Seriellen*, in: ders., *Über Spiegel und andere Phänomene*, München/Wien 1988, S. 155-180.

8. Vgl. B.H. Buchloh, *Andy Warhols eindimensionale Kunst: 1956–1966*, in: K. McShine (Hrsg.), *Andy Warhol Retrospektive*, München 1989, S. 37–57.

9. Vgl. A. Lorenzer, *Sprachzerstörung und Rekonstruktion. Vorarbeiten zu einer Metatheorie der Psychoanalyse*, Frankfurt a.M. 1973, S. 123.

10. Zur realistischen Illusion in Serien vgl. I. Ang, *Das Gefühl Dallas. Zur Produktion des Trivialen*, Bielefeld 1986, insbes. S. 49ff.

11. H. Scheuer, *„Theater der Verstellung" – Lessings „Emilia Galotti" und Schillers „Kabale und Liebe"*, in: *Der Deutschunterricht*, 1991, Heft 6, S. 58–74, hier S. 74.

12. Vgl. V. Turner, *Vom Ritual zum Theater. Der Ernst des menschlichen Spiels*, Frankfurt a.M./New York 1989, S. 101ff.

13. Ebd., S. 110.

14. Vgl. zur Dominanz der ideellen Ebene in der „Lindenstraße" auch: N. Cieslik, *Das Genre der Familienserie. Eine Untersuchung über den Zusammenhang zwischen den Inhalten von Fernsehserien und ihrer dramaturgischen Inszenierung*, Diplomarbeit. Hochschule der Künste Berlin 1992, S. 57f.; sowie die Darstellung der Ergebnisse in: N. Cieslik, *Beste Wohnlage. Produktion, Anspruch und Probleme der „Lindenstraße"*, in: *medien praktisch*, 1991, Heft 4, S. 19–23. Vgl. allgemein zur *Lindenstraße* und ihren Geschichten auch: Jurga (Hrsg.), a.a.O. (Anm. 2); sowie Mikos, *Leben*, a.a.O. (Anm. 1), insbes. S. 235–246.

15. Zur Ausbildung der Identität vgl. J. Belgrad, *Identität als Spiel. Eine Kritik des Identitätskonzepts von Jürgen Habermas*, Opladen 1992; E.H. Erikson, *Identität und Lebenszyklus. Drei Aufsätze*, Frankfurt a.M. 1973; E. Goffman, *Stigma. Über Techniken der Bewältigung beschädigter Identität*, Frankfurt a.M., 4. Aufl. 1980; ders., *Interaktionsrituale. Über Verhalten in direkter Kommunikation*, Frankfurt a.M. 1986; ders., *Rahmen-Analyse. Ein Versuch über die Organisation von Alltagserfahrungen*, Frankfurt a.M. 1980; G.H. Mead, *Geist, Identität und Gesellschaft*, Frankfurt a.M., 7. Aufl. 1988. Als Überblick über Identitätstheorien vgl. L. Krappmann, *Soziologische Dimensionen der Identität*, Stuttgart, 2. Aufl. 1972; sowie G.W. Hunold, *Identitätstheorie: Die sittliche Struktur des Individuellen im Sozialen*, in: *Handbuch der christlichen Ethik, Bd. 1*, Freiburg/Basel/Wien 1993, S. 177–195. Zu verschiedenen Zugangsweisen zum Problem der Identität siehe auch: B. Kienzle / H. Pape (Hrsg.), *Dimensionen des Selbst. Selbstbewußtsein, Reflexivität und die Bedingungen von Kommunikation*, Frankfurt a.M. 1991. Zur Identitätskrise in modernen Gesellschaften siehe auch: S. Frosch, *Identity Crisis. Modernity, Psychoanalysis and the Self*, London 1991, insbes. S. 187ff.

16. Vgl. Belgrad, a.a.O. (Anm. 15), insbes. S. 242ff.

17. Die Beispiele entstammen einer qualitativen Studie zur Rezeption und Aneignung von Familienserien; vgl. L. Mikos, *Serie und Alltag. Die Wirklichkeit der Fernsehserien ist die ihrer Zuschauer*, in: *medien praktisch*, 1992, Heft 3, S. 9–14; sowie Mikos, *Leben*, a.a.O (Anm. 1). Die Interviewpassagen beziehen sich zum Teil auf Serien, die inzwischen nicht mehr in den Programmen zu finden sind. Doch die ihnen zugrundeliegenden Strukturen und Funktionen der Serienrezeption und -aneignung haben allgemeinen Charakter und können von den konkreten Fällen abstrahiert werden, ohne ihre Gültigkeit zu verlieren. Zu den Strukturen und Funktionen der Serienrezeption und -aneignung siehe ausführlich: Mikos, *Leben*, a.a.O. (Anm. 1), S. 266–397. Zitate entstammen, soweit nicht anders angegeben, den Zuschauerinterviews. Die Namen der Befragten wurden aus datenschutzrechtlichen Erwägungen geändert.

18. J.-U. Rogge, *Gefühl, Verunsicherung und sinnliche Erfahrung. Zur Aneignung von populären Medien im Prozeß der Zivilisation*, in: *Publizistik*, 1988, Heft 2–3, S. 243–263, hier S. 254.

IV MEDIENQUALITÄT

Am Ende ein Blick auf die in diesem Buch schon behandelten Fragen aus einem anderen Blickwinkel. „Quality Assessment“ - dieser Begriff aus der industriellen Produktion ist längst auch schon in die Sphäre kultureller und ideeller Produktion eingeführt worden. Daß ein Produkt gut gemacht und den ihm zugedachten Zwecken bzw. Zielen möglichst ohne Einbußen gerecht werden soll, ist eine Forderung mit sittlichem Gehalt in dem Maße, wie diese Zwecke bzw. Ziele selbst sittlicher Natur sind. Daß der Begriff „Medienqualität“ in vielen Debatten unscharf ist und mangels begrifflicher Schärfe als nahezu ideologische Waffe verwendbar ist, belegt aber nicht seine generelle Unbrauchbarkeit. Ein Blick auf die medienbezogene Qualitätsdebatte der letzten Jahre in Deutschland zeigt, daß Qualität der Medienprodukte als unverzichtbar angesehen wird.

Neue kommunikationswissenschaftliche Studien zeigen einerseits, wie schwierig es ist, Qualität empirisch zu fassen; andererseits kann man heute gerade bei Informationsmedien mit empirischer Analyse und vergleichender Arbeit ziemlich weit kommen. - Die Produktqualität von Medien hat mit dem Prozeß ihrer Herstellung sehr viel zu tun. Gerade in den arbeitsteiligen Medienproduktionsprozessen gehört Transparenz als wichtiges Moment hinzu. Sie kann geradezu als betriebswirtschaftliches Gegenstück zur demokratietheoretischen Forderung nach Transparenz in Politik, Wirtschaft und Gesellschaft angesehen werden.

Das ganze Buch zusammenfassend beschließt eine Analyse des Dokumentarfilms in seiner Beziehung zur Fernsehinformation die Reihe der Beiträge dieses Buches. Wie Journalismus gewinnt, wenn er sich seiner aufklärerischen Herkünfte bewußt bleibt und sie professionell pflegt, so kann das Fernsehen - sofern es überhaupt noch informieren will - aus einer zukunftsgerichteten Motivation heraus von einer neuen Rezeption der Einsichten der Dokumentarfilmer in die Eigenheiten ihrer Arbeit und von den Produktionsweisen des Dokumentarfilms nur profitieren.

Hans-Dieter Kübler

Medienqualität – was macht sie aus?

Zur Qualität einer nicht beendeten, aber wohl verstummenden Debatte

Dekrete und Plädoyers

Am – möglichen, vermutlich erwünschten – Ende einer kurzen Diskussion über Programmqualität, journalistische Qualität(ssicherung) etc. scheint (wieder) alles beim Alten: „Qualität im Fernsehen", dekretiert H. Janke[1], inzwischen stellvertretender *ZDF*-Programmdirektor, gilt ihm und seinem Sender „als alltägliche, souverän durchgehaltene Leitvorstellung ... für eine Programmpraxis, die dem Publikum etwas zu bieten hat und den Machern entspricht". Und souverän einvernehmend reklamiert er alle erdenklichen Prädikate für sein, das öffentlich-rechtliche, Programm: die passende „Performance (Seriosität, Glaubwürdigkeit, Verständlichkeit)" für die Nachrichtensendungen, Magazine und Reportagen, Zivilcourage in „allen heiklen Angelegenheiten" – wo nötig – inbegriffen, „Realismus und Unverschämtheit" für die „Wonnen trivialer Unterhaltung", „thematische und methodische Originalität" für den Fernsehfilm, ambitionierte, eben kultivierte „Kulturvermittlung" („Berichterstattung wäre zu wenig") in den Kulturprogrammen, die beim Publikum „Horizonte eröffnen", Spaß bei und „sonstwie" wertorientiert die Kindersendungen, nur wenig, möglichst dramaturgisch begründete Gewalt, „niemals Dogmenverbindlichkeit", Angebote für exklusive Minderheiten – zwecks „Kalkvermeidung" – und überall „Menschen und Gegenstände", die nicht nach ihrem (publizistischen) Marktwert ausgesucht werden, sondern die etwas zu sagen und zu bedeuten haben. Kurzum: „Wir inspizieren unser Programm in allen Sparten und Ressorts, auf allen Plätzen und Sendung für Sendung ... darauf, was es jeweils leistet und (mit unseren personellen und materiellen Ressourcen) leisten kann" – und nennen das Geleistete oder noch zu Leistende – so läßt sich kongenial weiterdenken – offensiv und stiekum: Qualität – um damit eine Kategorie marktstrategisch zu besetzen, die in den letzten Jahren allen Programmverantwortlichen ein wenig zu schaffen machte und die nicht mehr preisgegeben werden darf.

Nicht länger mehr sollen sich dafür „Akademiebeschwörung[en] (oft unter Unzuständigen)" mucksen, sondern die dafür professionell Zuständigen und zugleich (mächtig) Verantwortlichen in den Chefetagen der öffentlich-rechtlichen Programmveranstalter sind (allein) berufen. Denn allzu schmerzlich dürfte noch in Erinnerung sein, daß Qualitätsprädikate in manchen Medien-(Kritiker-)Kreisen zeitweise eher an die Privat-Kommerziellen - allen voran an D. Thomas *RTL* - verteilt wurden, sei es infolge ihres enormen Publikumszulaufs, sei es infolge der zunächst ungewollten Aushängeschilder wie *Spiegel-TV* oder das Experimentalfernsehen von A. Kluge; immer weniger wurden sie mit der unscheinbaren, eher routinierten Normalität der öffentlich-rechtlichen Programme verknüpft.

Und ebenso will man offenbar vergessen machen, was Rezipienten wie Kritiker - selbsternannte wie professionelle - landauf landab beklagen: Daß der Qualitätsverlust des Fernsehens, gemeint ist in der Retrospektive natürlich das öffentlich-rechtliche, seit Jahren, mindestens seit der bereitwilligen Anpassung („RTLisierung“[2]) an die Sensationsrenner der Privat-Kommerziellen, also etwa seit fast 10 Jahren, offenkundig und zugleich ärgerlich ist. Wie man ebensowenig darin erinnert werden will, daß mit den Einnahmeneinbrüchen und den Kostensteigerungen just bei den Publikumsmagneten, also bei Spielfilm und Sport, die Etats für das hausgemachte Qualitätsfernsehen nicht nur relativ, sondern auch absolut immer knapper werden, und daß etliche Sparten - wie Fernsehspiel oder Kinderprogramm - fast schon zum Sterben verurteilt sind. Mit all diesen Einbußen will die forsche Reklamation offensichtlich Schluß machen und unmißverständlich, ja apodiktisch verkünden: Qualität ist das, was wir machen. Da erübrigt sich natürlich jede weitere Diskussion, erst recht die Suche nach Kriterien - wie immer, wenn Dogmen an die Stelle von Diskursen treten.

Aber auch unverhoffte, gewiß ungebetene Hilfe von anderer Seite sekundiert: Mit ironischer Hellsichtigkeit prophezeit etwa auch der ehedem unerbittliche, ja marxistische Kritiker, nämlich K. Kreimeier in seinem *Lob des Fernsehens*, nicht nur das Ende der Debatte, sondern bereits deren Obsoleszenz: „Vermutlich werden diese Debatten [über Qualität] noch vor dem Jahre 2000 vergessen sein, möglicherweise schon vor der 750. Folge der *Lindenstraße* (die 500. wurde am 2. Juli 1995 ausgestrahlt).“[3] Ebenso hatte die Kollegin von der *Zeit*, B. Sichtermann, dafür plädiert, man solle Fernsehen weder länger dämonisieren noch auf ein kulturelitäres Podest stellen, sondern als etwas ganz Normales, Banales betrachten wie das elektrische Licht oder das Omnibusfahren.[4] Müssen dann aber noch sophistische, geistreiche Überlegungen über Funktion und Qualität angestellt werden, oder genügt es nicht, einfach zu registrieren, was gefällt und was die erwünschten Quoten - sprich: Gewinne einspielt?

Das Ringen um rationale Begriffe und Indikatoren

Zwiespältig, undurchsichtig, mitunter sogar vorgeschoben und strategisch instrumentiert mutet die Debatte über Medienqualität, journalistische Qualität, Informationsqualität - schon die Termini changieren - in jedem Fall und bis heute an - auch wenn sich ihrer inzwischen die Wissenschaft angenommen und einige Klärungen und Strukturierungen aufgeboten hat. Zu vieles wird unter sie subsumiert - letztlich die gesamte Funktionsbestimmung der Medien in demokratischen, pluralen Gesellschaften; zu Unterschiedliches, wenn nicht Widersprüchliches wird in sie hineingenommen oder mit ihr prätendiert, und evident sind die Involvierungen und Interessenimplikationen in der immer härteren Medienkonkurrenz. Auch muß man konstatieren, daß die Diskussionen in den diversen Kreisen divergent verlaufen, bei den Kritikern anders als bei den Wissenschaftlern, bei den Produzenten anders als bei den Publika. Außerdem unterliegen die Kriterien Moden und Konjunkturen, ihre Definitionen mögen sich wechselseitig befruchten, aber auch ignorieren. Daher kann es insgesamt kein konzises, verläßliches, kein dauerndes Bild geben.

Im amerikanischen Journalismus, wo pragmatische Funktionsbestimmung und kollektive Anerkennung in Form von Preisen und Stipendien immer schon höher geschätzt wurden als verfassungsrechtliche Normierungen und gesetzliche Regularien, wo der Glaube an das Machbare und das „learning by doing“ ebenfalls verbreiteter und angesehener sind als die Einforderung von (ominöser) Begabung und dekretierter Qualifikation, werden Diskussionen über Qualität und Erfolg seit jeher konkret, am passenden Produkt oder bezogen auf bestimmte, als Vorbilder ausgewählte Personen und Leistungen geführt. Entsprechende Usancen der Prädikation sind daher selbstverständlich. Sie ergeben sich aus der kollektiven Übereinstimmung und intuitiven Approbation von Jurys, also meist von Gremien mit bereits selbst so hervorgehobenen Professionellen. Ihre Begründungen und Maßstäbe werden häufig als beispielhafte Muster in Journalistenschulen und in Rezeptbüchern vermittelt und formieren so eine kasuistische Tradition weit geteilter, kaum mehr hinterfragter Qualität.

Ihre wissenschaftliche Begründung und Überprüfung folgt gemeinhin dieser Denkhaltung, fordert jedenfalls kaum die hierzulande übliche Substantiierung oder gar Ontologisierung ein. Qualität ergibt sich demnach aus einem vielfältigen Geflecht funktionaler Konditionen und professioneller Relationen, aber auch zeitgenössischer Kontingenzen und eingespielter Routinen, ohne daß sie jeweils eindeutig und objektiv definiert werden kann. Vielmehr fügt sie sich zwanglos ein in das Credo von Fairneß, Engagement und Wahrhaftigkeit, aber auch von Effizienz und Erfolg, das dem Journalismus in den USA seit jeher eignet, wie sie von diesen Attributen auch selbst wieder ihre Legitimation und konkrete Ausgestaltung erfährt. Ob dieses System zudem noch mit ethischen Anforderungen fundiert wird, die sich - recht besehen - wiederum funktional und pragmatisch ergeben, sei dahin gestellt.[5]

Hierzulande sind die wenigen Diskussionsstränge in der Kommunikationswissenschaft vor etwa 15 Jahren aufgegriffen worden. Einerseits wurden sie demokratietheoretisch untermauert, so daß Qualität zu einem Prädikat der verfassungsrechtlichen Norm der Meinungsfreiheit aufstieg, zum anderen wurden sie tentativ strukturiert und analytisch ausformuliert: etwa durch Anleihen bei der Semiotik und Ästhetik. Dadurch lassen sich allerdings nur Kategorien erzielen, die jeweils einzeln in der Analyse betrachtet und relativ bewertet werden können, aber in ihrer Summe und erstrebten Konsistenz wiederum schwer aufeinander zu beziehen sind.

Jeweils stand und steht dahinter die Intention, journalistische Qualität gewissermaßen immanent, als ein wesentliches Charakteristikum des jeweiligen Medienprodukts zu definieren und zu qualifizieren. Aber gelten soll diese Prädikation jenseits der konkreten Beschaffenheit des jeweiligen Medienprodukts, also typisierend oder gar abstrakt. Doch wie lassen sich Qualität eines - sagen wir - Nachrichtentextes mit der eines Spielfilms generell und absolut erfassen? Wie soll dies ohne Blick auf die Anforderungen, Bedingungen und Leistungen der jeweiligen Produktion, ohne Einbezug der jeweils Mitwirkenden und erst recht ohne Berücksichtigung der Rezeption, und zwar der des jeweiligen Publikums einschließlich dessen Wertungen wie der des wissenschaftlich Analysierenden, gelingen?

Zwangsläufig würde dadurch manche Grundeinsicht der Kommunikationswissenschaften erneut aufs Spiel gesetzt oder naiv ignoriert, auch wenn man sie nicht so strikt wie der radikale Konstruktivismus apostrophieren will. Schon funktionalistische Ansätze streiten sich weithin mit der Suche nach Qualität, wenn sie ontologisch und universal gelten will. Herauskommen kann dabei kaum etwas anderes als rabulistische Terminologie. Oder wie es G. Wallisch, nach einer erschöpfenden Sichtung aller verfügbaren Ansätze und Definitionsversuche, auch der in der Philosophie und in der Literaturwissenschaft, resümierte: „Die journalistische Qualität schlechthin kann es nicht geben. ... Jedes Thema, das ein Journalist aufgreift und behandelt, verlangt einen besonderen, auf die Thematik abgestimmten Zugang. Genauso verhält es sich mit der Rezeption des Artikels durch das Publikum.“[6]

Ein Blick zurück auf die Qualitätsdebatte

Politische und öffentliche Resonanz erfuhr die Diskussion um Qualitätsfernsehen hierzulande besonders nachdrücklich, als man Anfang der

90er Jahre die öffentlich-rechtlichen Anstalten in die („Sinn-")Krise redete (die freilich vorrangig ökonomisch durch die enormen Einnahmeeinbußen infolge der Umlenkung der Werbegelder verursacht wurde) und die privat-kommerziellen Sender inzwischen soweit etabliert waren, daß man glaubte, ihnen eine Qualitätssprung zumuten zu können und wohl auch zu müssen, da sie inzwischen Marktführer geworden waren und entsprechend größere Publika bedienen. Fast vergessen wurden dabei der Spruch und die Qualifizierung des *Bundesverfassungsgerichts* von 1986, das den privat-kommerziellen Anbietern eine mindere Qualität und lückenhaftere Wahrnehmung der verfassungsmäßigen Obliegenheiten zugebilligt hatte. Eilfertig gemeindeten smarte Kritiker die Schlagwörter und vermeintlichen Testate von „quality television" aus Großbritannien und den USA, den inzwischen ohnehin ständig imitierten TV-Vorbildern, ein – mit der unbewiesenen Behauptung, auch hierzulande könnten private Sender diese Standards erreichen.

In den Augen mancher Interessenvertreter mutierte dieses Postulat sogar dahingehend: nur noch die Privaten könnten diese Standards erreichen, und die öffentlich-rechtlichen würden über kurz oder lang entbehrlich. (Daß solche Diskussionen mit speziellen Vorzeichen übrigens kaum für die anderen Medien geführt werden, illustriert einmal mehr, wie atemlos und aufgesetzt die gesamte Debatte geführt wurde: Presse und inbesondere der weithin schon „formatierte" Hörfunk bräuchten von ihr eigentlich nicht verschont zu bleiben.)

L. Hachmeister, damals der alerte Chef des *Adolf Grimme Instituts des deutschen Volkshochschulverbandes* und sich mit dem inzwischen hoch angesehenen Preis schon als Präzeptor des bundesdeutschen Fernseh-Niveaus wähnend (ursprünglich hatte der Grimme-Preis etwas andere Intentionen), wurde nicht müde, in zahlreichen Interviews, Artikeln und Referaten Chancen und Ansprüche des Qualitätsfernsehens auszuloben – stets verbunden mit der rabiaten Diagnose von der „Sinnkrise" oder gar vom Untergang des öffentlich-rechtlichen Systems. Im *Jahrbuch Fernsehen 1991/92* faßte L. Hachmeister seine Kriterien für ein solches Fernsehen wie folgt zusammen:

„– Um sich vom realen Marktmodell abzuheben, findet die Rede über ‚quality television' ihre Grundreferenz in demokratietheoretischen Vorgaben, vor allem in der Annahme, daß ein mehrheitlich akzeptierter Public-service-Rundfunk, der weitgehend unabhängig von ökonomischen und staatlichen Einflußgruppen agieren kann, für die Stabilität und Fortentwicklung einer Demokratie wichtig ist.

– Die handwerklichen und künstlerischen Kennzeichen von ‚quality television' können methodisch nur durch einen professionellen Normen- und Wertekonsens ermittelt werden. Es gibt kein Supremat einzelner Genres

und Sparten; der Qualitätsbegriff ist für Fernsehfilme, Nachrichten, Beratungsprogramme, Dokumentationen etc. jeweils spezifisch zu diskutieren.
- Die Bewertung der Programmqualität eines Senders hängt mit ‚quality television' zusammen, ist aber nicht absolut von diesem abhängig. Wesentliche Gratifikationen, die verschiedene Zielgruppen vom Fernsehen erhalten, sind nicht produkt-, sondern situationsspezifisch, z.B. Zeit-Totschlagen, Lust an purem Entertainment. So kann auch kein absoluter funktionaler Zusammenhang zwischen Bildungsniveau und Rezeptionsverhalten hergestellt werden. Als besonderes Phänomen wären gerade jene Sendungen zu untersuchen, die über alle Bildungsschichten hinweg rezipiert werden und Sekundärkommunikation auslösen.
- Zu erforschen wären die Wandlungen und Grenzüberschreitungen verschiedener Produktions- und Rezeptionsklassen (‚trash-tv', Kultfernsehen, ‚quality televison'). So ist Kultfernsehen ein explizit historisches und häufig auch generationsspezifisches Attribut, das sich erst in zeitlichen Abständen zur Ausstrahlung herausbildet. *Dallas* fällt z.B. heute im Urteil vieler Kritiker, die in der Ausstrahlung der Serie zu Beginn noch einen Angriff auf die öffentlich-rechtliche Fernsehkultur gesehen haben, in die Merkmalsklasse des Kultfernsehens.
- Technologische Veränderungen in der audiovisuellen Produktion (Schulterkameras, Bluebox, Computergrafik, HDTV) haben einen gravierenden und häufig unterschätzten Einfluß auf die Distinktionsvariable ‚Qualität'."[7]

So ambitioniert und facettenreich die kategorialen Dimensionen auch sind, keine von ihnen ist bislang analytisch in Angriff genommen worden. Es genügte wohl, sie zu postulieren und mit ihrer Präsentation Politik und Publicity zu machen. Nur einige Dissertationen mühen sich inzwischen um empirische Erhebungen und Operationalisierungen, die zwangsläufig bereichsspezifisch und unzulänglich bleiben müssen. Am plausibelsten und am besten empirisch durchzuführen sind Studien über Nachrichten, da für sie die normativen Setzungen weithin vorliegen, plausibel und akzeptiert sind. Entweder nehmen sich solche Studien Produkt-Vergleiche vor, oder sie vollziehen den Weg der Nachrichtenproduktion nach und suchen Kriterien der Selektion zu eruieren. So kommt G. Schütte bei seiner vergleichenden Analyse der Fernsehnachrichten in den USA, von *CBS*, und bei *ARD* und *ZDF* und anhand zweier Zeitvergleiche (1983 und 1993) zu dem Fazit, daß sich seit Einführung des dualen Systems die Nachrichten hier den kommerziellen Mustern annähern: „Aktualitätsdruck und die Tendenz zur visuellen Darstellung führen dabei zu formal ähnlichem Gebrauch von Schlüsselbildern und Schlüsselwörtern. ... Es überwiegen Bilder und Berichte von vielfach zeremonialen Auftritten internationaler Politstars“[8], dagegen verliere die Hintergrundberichterstattung an Gewicht. Doch was bedeuten solche Befunde und Urteile für die Qualität (zumal sie schon seit jeher zur ehedem idelogiekritischen Nachrichtenkritik zählen und immer mal wieder - allerdings mit jeweils verschiedenen Bezugsrahmen - moniert wurden[9])? Heißt Anpassung an kommerzielle - manche sagen auch: fernseh-spezifische - Standards mehr oder weniger Qualität der Fernsehnachrichten, zumal für wen, für welche Publika? Wenn diese mehr und mehr - wie mit Quoten belegt und vielfach beklagt wird - den seriösen Nachrichtensendungen ausweichen und sich lieber vom seichten Infotainment der Privat-Kommerziellen „informieren“ lassen, dann exekutieren sie - danach betrachtet - bereits unterschiedliche Qualitätsmaßstäbe.

Welches Informationsmaterial Journalisten über die Nachrichtenagenturen in Deutschland - nämlich von der *Deutschen Presse Agentur* (*dpa*), von *Association Press* (*AP*), *Reuters*, *Agence France-Presse* (*AFP*), dem *Deutschen Depeschen-Dienst* (*ddp*) und dem - damals noch existierenden - *Allgemeinen Deutschen Nachrichtendienst* (*ADN*), zur Verfügung gestellt bekommen, untersucht L. M. Hagen[10] empirisch anhand von sechs Ereignissen aus dem Jahre 1992. Als Qualitätskriterien wählt er „die Menge der Informationen“, ihre „Relevanz“, „Richtigkeit“, „Transparenz“, „Sachlichkeit“, „Ausgewogenheit“, „Vielfalt“, „Aktualität“ und ihre „Verständlichkeit“ aus. Um sie zu begründen und für eine standardisierte wie „intensive“ , also qualitative Inhaltsanalyse zu operationalisieren, bietet er beeindruckendes theoretisches Rüstzeug auf, das er sich von der Hermeneutik bis zu K. Poppers Rationalismus, von der strukturellen Semantik bis zum radikalen Konstruktivismus holt. Dennoch bleiben Verkürzungen und Engführungen nicht aus: Schon sein einleitender Begriff der Information - nämlich als Wissensvermittlung - ist unzureichend, bestenfalls tautologisch, und ebenso dürfte seine pragmatische Setzung, Qualität als Summe der genannten Merkmale zu begreifen, nicht ohne Widerspruch bleiben. Sicher, die meisten sind plausibel, aber in ihrer prinzipiellen Vielschichtigkeit und Multivalenz werden sie unweigerlich verkürzt, letztlich auf die Perspektive der Produzenten hin.

Denn die Messungen am Produkt allein eruieren nun einmal keine Befunde und Wertungen der Rezeption. So nimmt es kaum wunder, daß die Produzentensicht am Ende die Qualität der Agenturarbeit gewichtet und ihnen allen mehr und gründlichere Recherche anempfiehlt, was wiederum seit jeher von kritischer Seite gefordert wird - eben aufgrund der eingangs rekapitulierten Normenpostulate über die öffentliche Aufgabe des Journalismus. Daß diese öffentliche Aufgabenbestimmung sich schon seit Anbeginn mit den ökonomischen Kautelen journalistischer Produktion und Verkaufe streitet, daß sie aber auch immer weniger mit der alltäglichen Medienrezeption, mit der „Alltagsrationalität der Rezipienten", übereinstimmt, die nun selbst bei der Nachrichtenrezeption um sich greift - oder von den Medienforschern endlich entdeckt wird[11] - solche Inkonsistenzen kann Hagens Detailstudie nicht berücksichtigen. Sie indizieren ohnehin objektive Dilemmata, die in der menschlichen Kommunikation per se begründet sind und an der Qualitätsdebatte nur neuerlich erkenntlich werden.

Ein systematischer Entwurf

Gewissermaßen als Summe der internationalen Forschung wie auch als operatives, freilich noch heuristisches Konzept für eingehende Messungen und empirische Leistungsvergleiche zwischen öffentlich-rechtlichen und privaten Fernsehprogrammen stellten bereits 1992 H. Schatz, Politikwissenschaftler in Duisburg, und W. Schulz, Kommunikationswissenschaftler in Erlangen-Nürnberg, in einem Gutachten fünf „Dimensionen der [Fernseh]-Programmqualität"[12] auf. In ihren externen, vor allem normativen Bezügen halten sie die Dimensionen für nahezu erschöpfend, in ihren internen - etwa auf der Ebene der Programme - seien noch weitere Differenzierungen erforderlich, wie die Autoren einräumen und weshalb sie wohl nicht zuletzt die genannten Dissertationen anregten. Auch die Perspektive des Publikums und der Rezeption bedürfen noch weiterer Dimensionierungen.

Wiederum recht pragmatisch wird Qualität als „eine Eigenschaft, die bestimmten Normen entspricht"[13], definiert. Diese lassen sich aus unterschiedlichen Wertesystemen ableiten wie etwa aus politischen Werten, aus Werten der Profession, Werten einer allgemeinen Ästhetik, Werten des Publikums etc. Dabei muß berücksichtigt werden, daß diese Wertsysteme zueinander, aber auch als einzelnes Gebilde in sich heterogen sind, nicht von allen geteilt werden und sich widersprechen können. Eine Auswahl und Gewichtung ist also jeweils erforderlich, auch für einen solchen systematischen Entwurf. Wissenschaft bewegt sich mithin auf dem schmalen Grat der empirischen Beschreibung einerseits und der subjektiven Urteilsfindung und Entscheidung andererseits. Nur möglichst große Transparenz und sequentielle Kategorienfindung können intersubjektive Kontrolle und sachliche Validität ermöglichen.

Als verbindlicher normativer Rahmen haben sich in demokratisch-rechtsstaatlichen Gesellschaften die gesetzlichen Regularien und ihre juristischen Auslegungen herausgebildet. Deshalb beschreiben die beiden Autoren die gesetzlichen und verfassungsgerichtlichen Grundlagen des öffentlich-rechtlichen und des privaten Rundfunks, die ihrerseits am Grundgesetz orientiert sind und im Wert Rundfunkfreiheit kulminieren: „Rundfunkfreiheit ist in ihrem Kern Veranstaltungsfreiheit. Schutz ist nicht nur vor staatlicher, sondern auch vor privater Einflußnahme zu gewährleisten", postulieren Schatz und Schulz[14], ohne die gegenläufig pralle und vielfach kritisierte Wirklichkeit kontrastiv zu würdigen.

Die Maxime läßt sich einerseits als Qualität des Mediensystems insgesamt kennzeichnen, wenn darunter das Zusammenspiel, die (planbaren) Entwicklungschancen und die Qualität aller Medien einer Gesellschaft, inzwischen auch einer Region oder eines transnationalen „Kommunikationsraumes" wie Europa gemeint sind. Außerdem müssen noch einzelne Branchen - etwa Printmedien und elektronische Medien - unterschieden werden; mit den wachsenden intermediären Verflechtungen wachsen sie allerdings mehr und mehr zusammen und müssen auch korrelativ betrachtet werden.

Andererseits ließe sich eine Strukturqualität der Medienproduktion daraufhin identifizieren, wie die diversen Anbieter strukturell zueinander, aber auch in ihrer inneren Organisation so konstituiert sind, daß die Erfüllung der normativen Ansprüche zumindest theoretisch-programmatisch gegeben ist: Für den bundesdeutschen Rundfunk gipfeln sie im Gebot der strukturellen Vielfalt, die inzwischen vom *Bundesverfassungsgericht* für das duale Rundfunksystem auf die Kondition der informatorisch-kulturellen Grundversorgung hin konkretisiert wurde, sowie in der Programmvielfalt, die eine Vielfalt der Aufgaben, nämlich Information, Unterhaltung, Bildung und Beratung, sowie eine Vielfalt der Meinungen und gesellschaftlichen Gruppen, also der sozialen Repräsentanz und der Ausgewogenheit, umschließt.

Umgekehrt wird - mit der gegebenen Grundversorgung - den privaten Anbietern kommerziellen Rundfunks bekanntlich ein „Anforderungsrabatt" bei der Erfüllung der Aufgaben und der Erreichung qualitativer Standards eingeräumt, nicht aber bei der zu erzielenden Verwirklichung eines Voll- oder Gesamtprogramms und bei der Einhaltung der Rechtsvorschriften im Rundfunksstaatsvertrag und den zuständigen Mediengesetzen der Länder. Streng betrachtet, erfüllt jedoch kein kommerzielles Fernsehprogramm bis heute alle Anforderungen des jeweiligen Lizenzgesetzes des entsprechenden Bundeslandes, ohne daß es dafür Beanstandungen gegeben hätte. Beispielsweise bietet kein Kommerzsender ein explizites Bildungsprogramm an. Ist das System der kommerziellen Sender „außenpluralistisch" organisiert, so kann sogar das Vielfaltsgebot gewisse Konzessionen hinnehmen, und zwar sowohl in der Eigentumsstruktur wie auch in der Programmvielfalt.

Aus den gesetzlichen Bestimmungen leiten Schatz und Schulz die drei folgenden Dimensionen der Programmqualität ab: das Gebot der Vielfalt, wie es in § 20, Abs. 1 und 4 und § 23, Abs. 2 des *Rundfunkstaatsvertrags* gefordert wird, das Gebot der journalistischen Professionalität (§ 23, Abs. 3) und das Gebot der Rechtmäßigkeit (§ 23, Abs. 1), das außerdem die Beachtung des Jugendschutzes, des Datenschutzes und der umfangreichen Werberegelungen einschließt.

Diese rechtlichen Gebote müssen für die empirische Erfassung präzisiert und „in eine informationshaltige Sprache übersetzt werden"[15], wobei Spannweiten der Umsetzung gegeben sind und ihre jeweilige (selektive) Füllung begründet werden muß. Aus kommunikationswissenschaftlicher Sicht fügen ihnen Schatz und Schulz noch die Kategorien der Relevanz und die der Akzeptanz hinzu. Dabei sind sie sich im klaren, daß diese Kategorien keine gesetzlich sanktionierten Bezüge und Substanzen haben und zugleich objektive, d.h. auf das Produkt bezogene, wie subjektive, d.h. sowohl auf die Produzenten wie auf die Rezipienten bezogene, Bestimmungen wie Konkretisierungen erfahren.

Systematisch und differenziert werden die einzelnen Kategorien aufgefüllt; sie brauchen hier nicht alle im Detail rekapituliert zu werden. Außer Frage ist, daß Relevanz und Akzeptanz sich als diffizilste und vageste Kategorien erweisen und dementsprechend für die empirische Messung, worauf die Autoren abzielen, besonders sperrig sein dürften.

So kann Relevanz nicht als absoluter Indikator - es gibt keine abstrakte Relevanz medialer Kommunikation -, sondern nur als relativer begriffen werden: als jeweils soziale Relevanz von Fernsehprogrammen. Gefragt werden soll, ob und inwieweit „der in Frage stehende Sachverhalt die Befindlichkeit oder Lebenslage von Individuen oder sozialen Gruppen berührt, weil er objektiv oder in ihrer subjektiven Wahrnehmung für sie wichtige Normen und Werte, Bedürfnisse und Interessen, Meinungen und Einstellungen tangiert - positiv oder negativ, direkt oder indirekt, aktuell oder zukünftig"[16]. Diese Zielsetzung ist noch nicht sehr konkret und bedürfte für ihre empirische Operationalisierung weiterer Differenzierungen und Präzisierungen. Bislang untersucht wurde die Relevanz medialer Botschaften wiederum nur ansatzweise: in der Nachrichtenwert-Theorie und in der Gratifikationsforschung. In quantitativer Hinsicht kann die Zahl der von einem Sachverhalt oder Vorgang real oder potentiell Betroffenen angeführt werden.

Für qualitative Gewichtungen schlagen Schatz und Schulz die „Wirkungsintensität" des Sachverhaltes oder des Ereignisses, die „Zentralität" des durch eine mediale Botschaft berührten Wertes, die „soziale Position", die Prominenz oder Macht von Personen, über die berichtet wird, die „Freiwilligkeit" oder Unfreiwilligkeit, mit der sich ein Betroffener in eine Gefahrensituation begeben hat, die räumliche und ethische „Nähe" des Geschehens, die auch die emotionale Betroffenheit vermuten läßt, und die „Irreversibilität" und Nachhaltigkeit der Wirkung eines Geschehens und endlich die Kompensierbarkeit der ausgelösten (Vor- und) Nachteile vor. Mit diesem Set von Merkmalen versuchen sie deskriptiv einzukreisen, wie sich in diversen Kumulationen „Relevanz“ darstellen könnte. Doch diese Indikatoren sind qualitative, in sich selbst vielschichtige, auch inkonsistente, jeweils interpretationswürdige Termini, die empirisch höchstens partiell erschlossen werden können und sich in der realen Repräsentanz ganz unterschiedlich auffüllen.

Wie relevant ein Medienthema tatsächlich ist, ist aber auch systematisch - ohne Bezug auf eine konkrete Rezipientengruppe - schwer abzuschätzen. Aus der Agenda-Forschung ist bekannt, daß verschiedene Multiplikatorsysteme unterschiedliche Relevanzzuschreibungen bewirken, mindestens lancieren können. Als immer wieder verblüffende Polarität läßt sich etwa täglich die divergente Nachrichtenlage zwischen Boulevard- und seriösen Medien registrieren. Längst fungieren die Massenmedien selbst als Attributoren von Relevanz; sie läßt sich mithin nicht mehr allein bei den Rezipienten abrufen. Will heißen: Themen werden nur noch relevant, wenn sie in und durch die Massenmedien verbreitet und von diesen dadurch mit dem Prädikat der Relevanz ausgezeichnet werden. Gleichwohl behalten sich die Rezipienten gewissermaßen ihre persönlichen Relevanzen vor, mit denen sie die medialen Relevanzen auswählen, beachten und bewerten.

Außerdem lassen sich zwischen den Medien bestimmte Hierarchien und Abhängigkeiten beobachten: Meinungsführerschaft erstrebt und erlangt etwa der öffentlich-rechtliche Rundfunk äußerst selten; Skandale und brisante Themen läßt er von anderen, in der Regel privaten Medien entdecken und aufgreifen und hängt sich dann in seiner Berichterstattung an deren öffentlichen Karrieren dran. Diese sogenannte „Mainstream-Orientierung“ wird dem öffentlich-rechtlichen Rundfunk vom Ausgewogenheitspotential bzw. von den diversen politischen Rücksichtnahmen aufgezwungen, vermuten jedenfalls die Kritiker.

Relevanz und Akzeptanz dürften in der subjektiven Wahrnehmung und Wertung des Publikums eng zusammenhängen, sich aber nicht gänzlich decken. Zu beklagen sei - so Schatz und Schulz[17] -, daß Interessen, Wünsche und Bedürfnisse des Publikums weder in den rechtlichen Grundlagen noch in den Experten-Diskussionen berücksichtigt werden. Programmgrundsätze orientieren sich eher an politischen, elitär-kulturellen und pädagogischen Zielen, nicht aber daran, was dem Publikum gefällt.

Aber - so muß man fragen - wäre eine solche Ausrichtung nicht nur eine deklamatorische Verbeugung vor dem Publikum, denn über Einschaltquoten, Marketing und Absatzzwang haben die realen Akzeptanzen des Publikums ja längst massiven Einfluß auf die Programmgestaltung? Soll in den Grundsätzen etwa stehen: Gesendet wird, was gefällt? Die wachsende

Konkurrenz der Veranstalter untereinander läßt eher befürchten, daß noch ungenierter und aggressiver die „Währung" bedient wird, die Publikumsgeschmack genannt wird. Umgekehrt wäre zu überlegen, ob nicht Kriterien von Qualität einbezogen werden, die Akzeptanz eben nicht nur auf pure Einschaltquoten und schiefe Marktmodelle reduzieren. Die Debatte um das Qualitätsfernsehen war ja - positiv betrachtet - ein Vorstoß, um diesen quantitativen Teufelskreis nach unten zu durchbrechen.

Denn fast nahezu alle Forschungen - gewiß auch die um empirische, vermeintlich objektivierbare Qualitätsmaßstäbe bemühten - zielen darauf ab, das Publikum noch exakter zu disponieren, auf Werbe- und Programmstrategien hin zu eichen und die eingeschlagenen (Zielgruppen-) Spezifizierungen und Formatierungen der Programme wirksamer werden zu lassen. Als besonders geeignet und forschungsökonomisch vertretbar bieten sich dafür aus der Sicht von Schatz und Schulz umfassende Erhebungen der Gratifikationen von Publikumsgruppen an. Intensivere Fallstudien werden meist nur bei Programminnovationen vorgenommen. Die früheren Beurteilungen (Infratest-Index) erwiesen sich als zu ungenau und willkürlich. Nach den vorliegenden Erkenntnissen müßte es möglich sein, „konkrete Hypothesen über den Zusammenhang zwischen Programmeigenschaften einerseits und der Publikumsakzeptanz andererseits zu entwickeln, aus denen sich dann wiederum inhaltsanalytische Kategorien ableiten lassen"[18] - so jedenfalls die Erwartungen und Prämissen der beiden Autoren.

Die den Gratifikationsstudien vorausgehenden Inhaltsanalysen hätten die wesentlichen, das Publikumsurteil bestimmenden Elemente von Fernsehsendungen zu ergründen, sie in Beziehung zu den Kommunikationsbedürfnissen des Publikums und der jeweiligen Besonderheit der Programmgattung zu setzen sowie andere wichtige Determinanten in Betracht zu ziehen.[19]

Abermals belegen diese Postulate, daß für die Erstellung eines Akzeptanz-Indexes als Teilindex für die Erfassung von Programmqualität nicht nur noch viele Grundsatzfragen offen sind, vielmehr sich bei deren empirischen Erfassung weitere Probleme stellen werden. Denn subjektive Kontingenzen und situative Imponderabilien sind gewiß nicht auszuschließen. Außerdem dürften schon immer traktierte Dualitäten zwischen Elite und Masse, Quantität und Qualität etc. erneut aufbrechen und sich nicht mit vermeintlicher wissenschaftlicher Logik oder Sachlichkeit neutralisieren lassen. Es ist daher wenig verwunderlich, daß Akzeptanz in dem beschriebenen Sinn bisher kaum meßbar, geschweige denn aufgrund definierter Kriterien einklagbar ist.

Ingesamt handelt es sich bei diesem Entwurf wahrlich um ein Maximalprogramm, das aber in seinen Prämissen und Gewichtungen eher auf die Informationsfunktionen des Mediums konzentriert ist. Ästhetik, Fiktionalität, Dramaturgie und Unterhaltsamkeit von Programmen sind zwar nicht ausgeschlossen, aber eben auch nicht ausdrücklich mitgedacht und operativ konzipiert. Gleichwohl dürfte die Realisierung noch lang auf sich warten lassen - läßt man beiseite, ob sie überhaupt zu wünschen wäre. Denn Mißbräuche sind ja keineswegs auszuschließen. Hingegen sehen Schatz und Schulz die Chancen für empirische Qualitätsforschung positiv, sie halten sie sogar als sukzessive „wissenschaftliche Durchdringung" des Programms für dringend geboten: „Die Fülle der zu berücksichtigenden Einflußfaktoren und die teilweise gegebenen methodischen Probleme sollten ... nicht als Hindernis, sondern als Ansporn zu deren schrittweiser und zumindest gradueller Lösung gelten. Qualitative Programmbeurteilungskriterien böten eine angemessenere Basis eines Leistungsvergleichs, auch zwischen öffentlich-rechtlichen und privaten Fernsehprogrammen, ein Anspruch, dem eine quantitativ ausgerichtete ‚Erfolgs-'Bemessung nicht voll gerecht werden kann"[20] - so die Schlußsentenz.

Qualität - ein Maßstab des Publikums?

„Kann das Publikum wollen" fragte 1963 Th. W. Adorno[21] angesichts des gerade erst zu senden beginnenden und sehr kultur-, heute würde man sagen: qualitätsbeflissenen Fernsehens. Gleichwohl verneinte er die Frage - von der elitären Position des Kultur- und Kunstkenners aus. Heute - und künftig noch mehr - wird man „überhaupt noch" hinzusetzen müssen, denn wie sich Einlullungs- und Attraktionsstrategien via Medium und intermediärem Marketing potenziert und verschärft haben und weiter in diese Richtungen optimieren, das war vor über 30 Jahren gewiß noch unvorstellbar. Dennoch wird diese Frage nicht mehr gestellt. Vielmehr hält man das Publikum für souveräner, unbeeinflußbarer und selbstbewußter als je zuvor; nur in abseitigen Katastrophenberichten werden mediensüchtige Individuen vorgeführt, solche, die sich zu Gewalttaten oder Sexorgien hinreißen lassen und dafür die Medien verantwortlich machen. Mit Vorliebe sind es Kinder und Jugendliche, die als noch nicht genug gefestigt und urteilsreif gelten, einschlägig auffallende Erwachsene werden fast schon als krank, mindestens als psychisch labil apostrophiert.

Gewiß hat die Medienforschung mit der Anerkennung der Eigenständigkeit des Publikums bzw. des einzelnen Rezipienten einen gewichtigen Wechsel in ihren Prämissen, einen sogenannten Paradigmenwechsel gegenüber ihrer überkommenen Medienfixiertheit und Wirkungsversessenheit vollzogen.[22] Aber zu fragen bleibt, ob sie sich in ihren Annahmen nicht allzu unbefangen gibt und allzu bereitwillig ausblendet, was ehedem als gesellschaftliche Wirkungen freilich recht vage umrissen wurde und was eine nunmehr fast 50jährige Fernsehsozialisation geprägt hat. Wenn beispielsweise in der Qualitätsforschung über die bereits erörterten Kategorien hinaus erfragte Urteile des Publikums zu exquisiten Qualitätsmaßstäben erhoben werden, dann werden jene sozialisatorischen Einflüsse ignoriert: Läßt sich denn Fernsehen anders vorstellen als wie es ist? Diese Fragen dürften die wenigsten beantworten können, doch sie wird nicht einmal gestellt.

Intensiv haben Schenk und Gralla[23] die internationale Forschung über *Qualitätsfernsehen aus der Sicht des Publikums* durchforstet und sind wiederum auf recht vorläufige, unbefriedigende und heterogene Ansätze gestoßen. Die meisten begnügen sich mit der Erhebung weniger - zugleich recht willkürlich gesetzter - Items, die auch in der Summierung eine auch nur angemessene Qualitätsnorm nicht ausfüllen können. Immerhin ergeben sich für die verschiedenen, großen Programmkategorien - wie Unterhaltung und Information - unterschiedliche Kriterien, die schwerlich zu einem einheitlichen, umfassenden Qualitätsmaßstab für ein Programm zusammengerechnet werden können. Vielmehr schreiben zumal verschiedene Publikumsgruppen den Kanälen divergierende Attribute zu und ziehen aus ihren Sendungen auch unterschiedliche Gratifikationen: Bekanntlich kann sich die *Tagesschau* immer noch rühmen, die glaubwürdigste Nachrichten-Sendung zu sein, das *ZDF* kämpft mit dem Image des Biederen und Altväterlichen, *RTL* gilt Jüngeren als unkonventionell und mit Pep, Älteren, etwas Anspruchsvolleren, als Ausbund von Boulevard und Sensationsmache, gleichgültig was jeweils konkret geboten wird.

Qualitätsmaßstäbe können mithin nicht allein am konkreten Programm entwickelt und eruiert werden; ein solches Vorgehen wäre außerdem zu aufwendig. In der „engen Verzahnung von Attributen- und Gratifikationsforschung“ sehen Schenk und Gralla „einen Ansatz, um die Ursachen der Qualitätsvorstellungen der Empfänger von Fernsehprogrammen differenziert zu beschreiben und gleichzeitig dazu beizutragen, Anregungen für Neukonzeptionen von Programmen zu stiften.“[24] Solch hoher Anspruch erstaunt - angesichts der nicht gerade üppigen und ermutigenden Forschungslage und angesichts kaum durchgeführter empirischer Studien. Und ob er in seiner praktischen Konsequenz von den Produzenten gewollt oder ernst genommen wird, dürfte ebenfalls offen sein.

Jedenfalls gibt sich der Vertreter des Medienreferats im *Hessischen Rundfunks*, wo offenbar einige kleine, aber kaum methodisch beschriebene Fallstudien durchgeführt wurde, weit zurückhaltender: „Die Befürchtung mancher Programm-Macher, durch eine Rezipientenforschung, die sich intensiv mit ihren Produkten auseinandersetzt, nicht nur in ihrer Arbeit orientiert und unterstützt, sondern auch in ihrer Gestaltungsfreiheit eingeschränkt zu werden, womöglich populistische Anpassungsleistungen gegenüber dem Publikumsgeschmack erbringen zu müssen, ist in öffentlich-rechtlichen Rundfunkanstalten so nicht begründet. Neben die Wahrnehmung der Zuschauerinteressen treten hier bekanntlich noch andere Maßstäbe der Programmarbeit."[25] Aber offenbar existieren solche Befürchtungen - sonst müßten sie nicht beruhigt werden. Ohnedies haben die beiden Fallstudien - zu Kulturmagazinen und politischen Diskussionen - als übereinstimmendes Qualitätsmerkmal des Publikums nur dessen „Erwartung" ergeben, daß das Fernsehen seine „medieneigenen technischen und gestalterischen Mittel souverän nutzt und ausspielt"[26]. Aber welche dies in concreto sind bzw. wie sie vom Publikum erfragt wurden und ob dieses Fazit nicht doch wieder nur Konstrukte der Macher reflektiert, das läßt sich dem Bericht nicht entnehmen.

Professionalität - Qualitätsmaßstab der Produktion?

Unmerklich (oder fast zwangsläufig, weil system- oder interessenbedingt, so scheint es jedenfalls) verschieben sich Qualitätsfindungen und -bestimmungen jeweils weg von den diffusen, unkalkulierbaren Erwartungen und Vorlieben des Publikums in die ungleich exakter fixierbaren und auch berechenbaren Perspektiven der Produktion. Dort stellen sie sich in mindestens zwei Begründungszusammenhängen dar. In einem eher idealistisch-normativen, der auf die öffentlichen Aufgaben und die demokratiespezifischen Erfordernisse rekrutiert und auch ethische Verpflichtungen kennt oder einklagt: Kategorien wie Wahrheit, mindestens Wahrhaftigkeit und Richtigkeit, Gemeinwohlorientierung, Aufklärung und Mündigkeit, Interessenunabhängigkeit bzw. Transparenz, Vielfalt und Sachlichkeit sind ihm immanent und werden jeweils zur allfälligen Fundierung und Rechtfertigung bemüht - wie immer sie auch inhaltlich gefüllt sind und/oder worauf sie sich auch jeweils beziehen.

Der andere Begründungszusammenhang ist ein utilitaristischer und pragmatischer Zusammenhang und konkretisiert sich in Intentionen des Programm-Marketings, der Akzeptanzoptimierung und der Produkteichung bzw. -ausrichtung, wie es für die kommerziellen Sender in den USA schon seit jeher üblich ist und sich inzwischen auch hierzulande, bei öffentlich-rechtlichen wie privaten, einführt.[27] Denn die Ware Fernsehen ist inzwischen zu teuer, als daß man sie ungetestet auf den Markt schicken kann. Ist sie einmal gesendet und kommt nicht an, sind nicht nur die Investitionskosten perdu, auch das Image des Senders leidet darunter, und vor allem sind die Werbekunden um ihre meist im voraus „garantierten" Einschaltquoten, sprich: Reichweiten für den Werbespot, betrogen. Preisnachlässe und Stornierungen sind dann unausweichlich. In diesem ökonomischen Bedingungsgefüge muß also die Diskussion um Qualität ebenfalls gesehen werden; es dürfte künftig immer wichtiger werden. Wie es sich vereinbart mit dem nach wie vor bestehenden, mindestens vielfältig beschworenen normativen Begründungszusammenhang, beschreibt wieder einmal - aber zunehmend rigoroser - das strukturelle Dilemma, die Janusköpfigkeit kuranter Medienproduktion.

In die Sprache des praktischen Journalismus übersetzen sich diese Konditionen gemeinhin, wenn auch unzureichend, als Professionalität. Auch dieses Postulat kann beliebig gefüllt werden, je nach dem Funktionsverständnis des Verlags oder Veranstalters, der Tradition und Formatierung des Mediums und Produkts, dem Selbstverständnis des Journalisten oder Machers. Vorwiegend sind es mithin informelle, teilweise intuitive Routinen, konventionalisierte Standards, aus täglichen Situationen gefestigte Gewohnheiten, die, sofern akzeptiert und anerkannt, zu vermeintlich natürlichen Orientierungen ausreiften, aber auch strukturelle, durch die Produktionsorganisation vorgegebene Richtlinien, die um des Erfolgs und der Karriere willen eingehalten werden. Werden sie explizit abgefragt, können sie nur zögernd und vage artikuliert werden; sie bleiben meist im Stadium des Willkürlichen oder eben Selbstverständlichen.[28] Denn lange Zeit, für viele bis heute, ist Journalismus ein Handwerk, das „man on the job", also durch praktische Berufssozialisation, lernt, aber nicht durch abstrakte Vorgaben und theoretische Modelle. Erst mit der Akademisierung der journalistischen Ausbildung im Laufe der 70er Jahre werden solche rationalisierten Professionskriterien und Qualifikationen postuliert, ausformuliert und sanktioniert, auffallenderweise nicht selten von erprobten Journalisten, die nun ins Lehrmetier gewechselt haben[29].

Inzwischen werden für die Definition der journalistischen Professionalität sowie die Anforderungen an sie viele Aspekte angeführt, gewissermaßen beschreibt sie - mindestens theoretisch - eine spezielle Normhierarchie in sich. So berufen sich Schatz und Schulz[30] zunächst abermals auf die rechtlichen Kodifikationen, verweisen auf allgemeine anerkannte Vorgaben, wie sie sich in den *Publizistischen Grundsätzen* (*Pressekodex*) und in den *Richtlinien für die publizistische Arbeit* des *Deutschen Presserates* finden. Sodann werden für verschiedene Genres und Aufgaben - allen voran wiederum für die Berichterstattung - Prinzipien und Regeln aufgeführt, die sich auf die nun schon mehrfach erwähnten Kriterien der Richtigkeit, Vollständigkeit, Sachlichkeit, Neutralität, Unparteilichkeit orientieren und ebenso journalistische Fairness sowie die Prüfung der Quellenvalidität einfordern. Häufig werden diese Normen unter dem Anspruch der Objektivität subsumiert, eine Formulierung, die - philosophisch betrachtet - mißverständlich ist und vermieden werden sollte.

Dennoch gehört sie zur alltäglichen Prädikation von Journalisten. Abermals sind die nicht-informativen Gattungen weitgehend ausgespart; ihre Produktion und Bewertung unterliegen anderen, eher künstlerischen und kreativen Routinen, die längst noch nicht den Grad an Standardisierung, mindestens artikulierter Reflexivität erreicht haben wie die der Berichterstattung.

Die bereits genannten Regelwerke und Rezepturen für das journalistische Handwerk versprechen, auf ihre Weise das Gebot der Professionalität einzulösen. Mit ihren Ratschlägen und Modellbeispielen sollen Journalisten lernen, komplexe Themen und Ereignisse zu bearbeiten und ihre publizistische Darstellung nach den professionellen Standards zu bewerkstelligen. Diese Publikationsflut zeigt zum einen die Nachfrage an, die offenbar durch höhere Qualitätsstandards in der Praxis angeregt wird, zum anderen belegt sie auch den Wunsch und die Gewißheit der einschlägigen Praxiswissenschaften, besonders der Journalistik, solches Handwerkszeug verläßlich und effektiv lehren zu können und seine Beherrschung nicht mehr der individuellen Intuition und dem berühmten journalistischen Gespür zu überlassen.

Ob mit ihnen und all den anderen Diskussionen und Reflexionen die Qualität journalistischer Produktion gesichert oder gar erhöht wird, sei dahingestellt. Kritiker vermuten schon seit längerem das Gegenteil, aber aus anderen, nämlich strukturellen und ökonomischen Gründen. Insofern scheint die Debatte um Qualität in der Tat eine verkürzte, wenn nicht eine camouflierende zu sein - sofern Qualität nicht längst bereits ein Begriff des Medienmarketings geworden ist. Dann braucht er die Medienethik aber nicht mehr zu bekümmern.

Anmerkungen

1. H. Janke, *Was heißt Qualität im Fernsehen?*, in: Zweites Deutsches Fernsehen (Hrsg.), *ZDF-Jahrbuch '94,* Mainz 1995, S. 69-71.
2. W.A. Perger, *Unter Fälschern. Privatfernsehen verdirbt den Journalismus,* in: *Die Zeit,* Nr. 6, vom 2.2.1996, S. 1.
3. K. Kreimeier, *Lob des Fernsehens,* München/Wien 1995, S. 11.
4. B. Sichtermann, *Fernsehen,* Berlin 1994.
5. Vgl. dazu S. Ruß-Mohl, *Der I-Faktor. Qualitätssicherung im amerikanischen Journalismus. Modell für Europa?*, Zürich 1994.
6. G. Wallisch, *Journalistische Qualität. Definitionen - Modelle - Kritik,* Konstanz 1995, S. 233.
7. L. Hachmeister, *Realverfassung und Sinnverlust. „Programmqualität" und die Zukunft des öffentlich-rechtlichen Fernsehens,* in: Adolf Grimme Institut (Hrsg.), *Jahrbuch Fernsehen 1991/1992,* Marl 1992, S. 23-27, hier S. 25.
8. G. Schütte, *Informationsspezialisten der Mediengesellschaft. Die Produktion von Fernsehnachrichtensendungen in den USA, der Bundesrepublik Deutschland und der DDR,* Wiesbaden 1994, S. 374f.

9. Vgl. H.-D. Kübler, *„Die Aura des Wahren oder die Wirklichkeit der Fernsehnachrichten"*, in: H. Kreuzer / K. Prümm (Hrsg.), *Fernsehsendungen und ihre Formen. Typologie, Geschichte und Kritik des Programms in der Bundesrepublik Deutschland*, Stuttgart 1979, S. 249–289; E. Straßner, *Fernsehnachrichten. Eine Produktions-, Produkt- und Rezeptionsanalyse*, Tübingen 1982.

10. L.M. Hagen, *Informationsqualität von Nachrichten. Meßmethoden und ihre Anwendung auf die Dienste von Nachrichtenagenturen*, Opladen 1995. – Siehe auch seinen Beitrag in diesem Band, S. 211–230.

11. H.-B. Brosius, *Alltagsrationalität in der Nachrichtenrezeption. Ein Modell zur Wahrnehmung und Verarbeitung von Nachrichteninhalten*, Opladen 1995.

12. H. Schatz / W. Schulz, *Qualität von Fernsehprogrammen. Kriterien und Methoden zur Beurteilung von Programmqualität im dualen Fernsehsystem*, in: *Media Perspektiven*, 1992, Heft 11, S. 690–712. – Siehe auch: W. Schulz, *Qualität von Fernsehprogrammen*, in: W. Hömberg / H. Pürer (Hrsg.), *Medien – Transformation Zehn Jahre dualer Rundfunk in Deutschland*, Konstanz 1996, S. 45–59.

13. Schatz/Schulz, a.a.O. (Anm. 12), S. 690.

14. Ebd., S. 691.

15. Ebd., S. 692.

16. Ebd., S. 696

17. Ebd., S. 705.

18. Ebd., S. 706.

19. Ebd., S. 707.

20. Ebd., S. 711.

21. Th. W. Adorno, *Kann das Publikum wollen?*,in: A.R. Katz (Hrsg.), *Vierzehn Mutmaßungen über das Fernsehen*, München 1963, S. 55-60.

22. H.-D. Kübler, *Kommunikation und Massenkommunikation. Ein Studienbuch*, Münster/ Hamburg 1994, S. 147ff.

23. M. Schenk / S. Gralla, *Qualitätsfernsehen aus der Sicht des Publikums. Literaturrecherche zum Forschungsstand*, in: *Media Perspektiven*, 1993, Heft 1, S. 8–15.

24. Ebd., S. 13.

25. E. Oehmichen, *Qualität im Fernsehen aus Zuschauerperspektive*, in: *Media Perspektiven*, 1993, Heft 1, S. 16–20, hier S. 19.

26. Ebd.

27. S. Reiter / S. Ruß-Mohl (Hrsg.), *Zukunft oder Ende des Journalismus? Medienmanagement – publizistische Qualitätssicherung – redaktionelles Marketing*, Gütersloh 1994.

28. S. Weischenberg u.a., *Journalismus in Deutschland. Design und erste Befunde der Kommunikatorstudie*, in: *Media Perspektiven*, 1993, Heft 1, S. 21–33; S. Weischenberg u.a., *Merkmale und Einstellungen von Journalisten. Journalismus in Deutschland II*, in: *Media Perspektiven*, 1994, Heft 4, S. 154–167.

29. Siehe etwa die Reihe *Praktischer Journalismus* bei UVK Medien Verlagsgesellschaft, ehemals Ölschläger, München.

30. Schatz/Schulz, a.a.O. (Anm. 12).

Lutz M. Hagen

Wie krank war Honecker wirklich?

Zur Richtigkeit von Agenturmeldungen

Richtigkeit ist ein zentrales journalistisches Qualitätskriterium. Für Nachrichten ist sie konstitutiv. Dennoch wird Richtigkeit im Vergleich zu anderen Qualitätsmerkmalen nur sehr selten untersucht, weil sie sich vergleichsweise schwer überprüfen läßt. Im folgenden wird ein Überblick zu Methoden der empirischen Messung von Richtigkeit gegeben und die Berichterstattung der fünf deutschsprachigen Universal-Nachrichtenagenturen inhaltsanalytisch auf Richtigkeit überprüft. Zunächst soll aber der Begriff erörtert werden.

„Richtigkeit"

Mit Richtigkeit ist das Ausmaß gemeint, in dem Information dazu beiträgt, die beabsichtigten Effekte einer Handlung zu erreichen. Wahrheit und Genauigkeit sind die Voraussetzungen von Richtigkeit. Zugleich sind Wahrheit und Genauigkeit einer Aussage unter Unsicherheit konfligierende Ziele: Je genauer eine Proposition, desto größer die Wahrscheinlichkeit, sie könnte falsch sein. Dennoch dienen beide Kriterien einem gemeinsamen Oberziel: Richtigkeit. Ein Beispiel soll das verdeutlichen: Die Proposition „Neun wurden verletzt" ist nicht wahr, wenn es tatsächlich zehn Verwundete gab. Sie ist allerdings wesentlich genauer als die wahre Aussage „weniger als Hundert wurden verletzt" und weicht nur geringfügig von der Wahrheit ab. Die erste Aussage ermöglicht ein effektiveres Verhalten als die zweite, etwa im Hinblick auf die Frage, wieviele Krankenwagen es zu entsenden gelte. Man kann sie daher als die richtigere bezeichnen. Richtigkeit in der skizzierten Bedeutung ähnelt Viabilität, einem wichtigen Qualitätskriterium von „Wirklichkeitskonstruktionen" im radikalen Konstruktivismus.[1] Genauigkeit, die Stärke der Übereinstimmung mit einer Vergleichsgröße, ist ein relativ unproblematischer Begriff. Wahrheit ist dagegen mit einigen epistemologischen Problemen behaftet. Sie wird in der Alltagssprache als Bezeichnung für Merkmale von verschiedenen Beziehungen innerhalb des Tripels Realität, Vorstellung, Bezeichnung verwendet. Diese Beziehungen können die drei denkbaren Paarungen von Einheiten der drei Typen sein oder der Bezug von Bezeichnungen oder Vorstellungen untereinander (vgl. Abbildung).

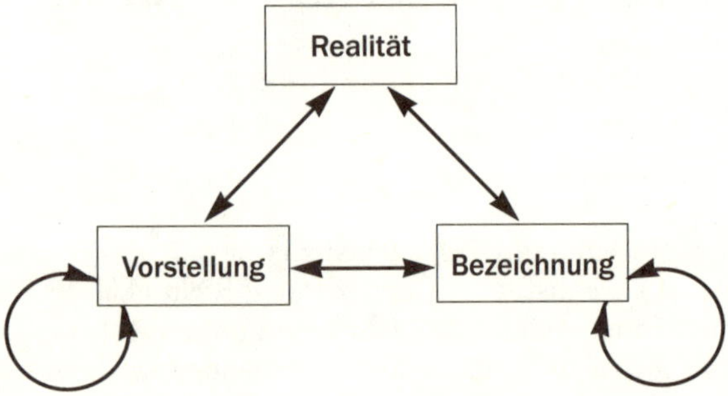

Abb.: Fünf Relationen, als deren Merkmal Wahrheit bezeichnet werden kann

Orientiert man sich am Wahrheitsbegriff des kritischen Rationalismus[2] und geht davon aus, daß Menschen allein Zugang zu ihren Kognitionen, nicht zu den Dingen an sich haben, so muß man die Wahrheit von Beziehungen zwischen Bezeichnung bzw. Vorstellung und Realität (Relationen 1 und 2) als nicht überprüfbar ansehen. Bei der Wahrheit von Nachrichten kann es folglich nur um ein Merkmal der Beziehung zwischen Vorstellung und Bezeichnung (Relation 3) oder zwischen verschiedenen Bezeichnungen (Relation 5) gehen. Im letzten Fall ist die Wahrheit logischer Aussagen gemeint. Sie ist deshalb relativ einfach festzustellen, weil sie jeder Rezipient theoretisch aus dem Nachrichtentext heraus selbst beurteilen kann, da sie allein von der Unwidersprüchlichkeit verschiedener Aussagen abhängt.

Problematischer ist Wahrheit als Kongruenz von Vorstellung und Bezeichnung (Relation 3), da Menschen ihre Kognitionen an nichts anderem als an ihren Kognitionen messen können. Nun sind Kognitionen aber nicht willkürlich gestaltbar und insofern von der Realität beeinflußt. Zugleich hängen sie aber auch vom Beobachter ab, von seinen Wahrnehmungskategorien, den Unterscheidungen, den Schemata, mit denen er wahrnimmt. Das gilt natürlich auch, wenn er sich selbst oder die Beobachtung anderer beobachtet. Folglich kann es keine Beobachtung geben, die nicht durch die Perspektive des Beobachters geprägt wäre. Das bedeutet zum einen, daß Beobachter mit identischer Perspektive bzw. gleichen Wahrnehmungskategorien in gleicher Situation das gleiche beobachten. Es bedeutet aber auch, daß ein Beobachter nie mit absoluter Sicherheit sagen kann, ob ein anderer Beobachter genauso beobachtet wie er selbst und was jener mit einer bestimmten Bezeichnung meint. Doch induktiv läßt sich feststellen, welche Vorstellungen mit bestimmten Bezeichnungen verbunden werden. Nur auf diese Weise wird Denotation, also situations- und kommunikantenunabhängige Bedeutung von Sprachzeichen, möglich. Es ist eine alltägliche Erfahrung, daß Sprache auf dieser Grundlage tatsächlich funktioniert. Daß also Mitglieder einer Sprach- und Kulturgemeinschaft mit bestimmten Zeichen auch gleiche Vorstellungen verbinden. „Wahrheit ist also ... Ausdruck eines Konsens innerhalb der Sprache.“[3]

Daher bedeutet die Forderung nach Wahrheit von Aussagen in Nachrichten nicht mehr und nicht weniger, als daß Journalisten ein Phänomen so bezeichnen, wie es ein anderer Beobachter nach ihrer Kenntnis als zulässig (nicht: als einzig zulässig) angesehen hätte.

Informationsqualität

Von einer Mitteilung wird, wenn sie als informationshaltig bzw. informativ bezeichnet werden soll, generell erwartet, daß sie Orientierung in der Umwelt gestattet, also Wissen vermittelt.[4] Je mehr Wissen eine Mitteilung vermittelt, desto mehr teilt sie über die Umwelt mit, als desto informativer wird sie ceteris paribus bezeichnet. Zusätzlich hängt die Informationsqualität einer Mitteilung aber noch von drei weiteren Merkmalen ab, die sich ebenfalls aus dem alltagssprachlichen Gebrauch des Begriffs „Information“ erschließen lassen: Um als informativ bezeichnet zu werden, muß eine Mitteilung immer auch relevant sein, d.h. bestimmten Zielen und Erwartungen des Empfängers entsprechen, wichtige Bereiche der Umwelt betreffen. Außerdem kann eine Mitteilung um so informativer genannt werden, je verständlicher sie ist. Denn je mehr verstanden wird, desto mehr Wissen wird vermittelt. Schließlich wird von informativen Mitteilungen allgemein Richtigkeit erwartet. Definitionsgemäß kann nur eine richtige Mitteilung dazu beitragen, die beabsichtigten Effekte von Handlungen zu erreichen. Eine Mitteilung vermittelt keine Information, wenn sie statt richtigen Vorstellungen (also Wissen) falsche Vorstellungen auslöst.

Journalistische Norm

Die vier allgemeinen Informationsqualitäten sind auch zentrale Kriterien der Nachrichtenqualitätsforschung. Wobei Richtigkeit als Wesensmerkmal von Nachrichten besonders bedeutsam ist.[5] Wahrheit ist der zentrale Begriff im journalistischen Standesrecht: Sie wird im *Pressekodex des deutschen Presserates* als „oberstes Gebot der Presse bezeichnet“.[6] Richtigkeit wird in den Landespressegesetzen gefordert, die die Presse in den §§ 3 und 6 der Sorgfaltspflicht unterwerfen.[7] Dies ist so zu verstehen, daß sich Journalisten mit den ihnen zu Gebote stehenden Mitteln um richtige Berichterstattung zu bemühen haben.[8] Journalisten halten Wahrheit für das wichtigste journalistische Qualitätsmerkmal.[9] Sie ist außerdem ein zentrales Gütekriterium für die Nutzer, wie empirisch belegt werden kann.[10] In Beschwerden beim amerikanischen *National News Council* - vergleichbar dem deutschen *Presserat* - war faktische Richtigkeit das bislang am häufigsten angesprochene Qualitätskriterium.[11]

Richtigkeit ist einer von mehreren Aspekten der journalistischen Objektivität.[12] Darunter werden alle Qualitätsmerkmale zusammengefaßt, die zur intersubjektiven Akzeptanz von Berichterstattung beitragen sollen. Die Beachtung einiger Objektivitätsregeln - vor allem Transparenz, Ausgewogenheit und Vielfalt - wird insbesondere dadurch notwendig, daß die Richtigkeit von Sachverhalten häufig nicht geklärt werden kann, etwa weil ein Sachverhalt nicht direkt zu beobachten ist, weil der Zeitdruck oder die Entfernung zum Geschehen zu groß ist.

Für die Agenturberichterstattung ist Richtigkeit ein noch wichtigeres Kriterium als für andere Medien. Der ungeheuere Zeitdruck, unter dem Agenturjournalisten arbeiten, führt zu hohen Fehlerhäufigkeiten. Die Falschmeldung der *dpa* vom vermeintlichen Tode Chruschtschows ist nur eines der Beispiele mit denen der langjährige *dpa*-Mitarbeiter Stefan Zickler (Pseudonym: Manfred Steffens) die Fehleranfälligkeit des Agenturjournalismus veranschaulicht. Die Agenturen, so Steffens, verbreiteten daher „mehr Falschmeldungen als selbst Skeptiker zu vermuten geneigt sind".[13]

Accuracy-Forschung

Im Mittelpunkt der Tradition der publizistischen Qualitätsforschung stehen inhaltsanalytisch leicht zu messende Merkmale wie Vielfalt, Ausgewogenheit oder Neutralität.[14] Richtigkeit wird dagegen nur sehr selten untersucht.

Wie aus den bisherigen Überlegungen hervorgeht, läßt sich die Richtigkeit empirischer Aussagen in Nachrichten als Übereinstimmung mit bzw. als Ausmaß der Abweichung von Aussagen aus anderen Quellen ermitteln. In der Qualitätsforschung sind dies: andere Medien, Quellen bzw. Akteure der Berichterstattung, Experten, systematische Aufzeichnungen (Statistiken, Archive ...).

Bei den drei letztgenannten Quellen kann, wenn sie der Berichterstattung widersprechen, eine höhere Validität vermutet werden als bei Nachrichten. Die Gründe hierfür liegen in der unmittelbaren Beteiligung, dem Expertenstatus oder dem geringeren Zeitdruck. Der Inter-Media-Vergleich macht dagegen als Wahrheitsprüfung nur Sinn, wenn mehr als zwei

Medien einbezogen werden und die Wahrscheinlichkeit mehrheitlichen (übereinstimmenden) Irrtums geringer eingeschätzt wird als die Wahrscheinlichkeit mehrheitlich richtiger Berichterstattung. Während systematische Aufzeichnungen als Vergleichsmaßstab vorwiegend in Relevanzuntersuchungen, andere Medien in Ausgewogenheitsanalysen verwendet werden, beruht die Accuracy-Forschung auf den Urteilen von Experten, Quellen und Akteuren.

Als Urheber der Accuracy-Forschung gilt Charnley. 1936 versandte er 1 000 aus Zeitungen ausgewählte Nachrichten an Personen, die darin genannt worden waren, und bat darum, Ungenauigkeiten zu melden.[15] Nach dem nämlichen Verfahren ließen Ryan/Owen Zeitungsnachrichten über soziale Themen von deren Quellen auf 36 verschiedene Fehlertypen hin beurteilen.[16] Die meisten erhobenen Fehlertypen fallen allerdings in den Bereich Relevanz bzw. Transparenz der Berichterstattung. Als eigentliche Falschinformationen wurden falsche Zitate, falsche Zahlenangaben, falsche Namensangaben, Rechtschreibfehler sowie falsche Definitionen von Begriffen erhoben. Blankenburg maß mit gleicher Methode neben vier „subjektiven" zehn „objektive" Fehlertypen: Falsche Zitate, falsche Zahlenangaben, falsche Namensangaben, Rechtschreibfehler, falsch angegebene Titel, falsche Altersangaben, falsche Adressangaben, falsche Ortsangaben, falsche Zeitangaben und falsche Datumsangaben.[17]

Mit der vorgestellten Methode werden auch Agenturen beurteilt. So stellen Ryan/Owen in der Berichterstattung von acht amerikanischen Tageszeitungen eine während einer Woche signifikant niedrigere Fehlerhäufigkeit in Artikeln mit der Quellenangabe *AP* oder *UPI* fest als bei selbstgeschriebenen Nachrichten oder Korrespondentenberichten.[18] Pulford findet mit gleicher Methode, daß Nachrichten mit der Quellenangabe *AP* im Verhältnis zum Umfang mehr Fehler enthielten als *UPI*-Nachrichten. Nachrichten von anderen (amerikanischen) Diensten enthielten noch weniger Fehler.[19]

Die Einschätzung der Richtigkeit durch Quellen wird ebenfalls bei der Beurteilung von Wissenschaftsberichterstattung angewandt.[20] In diesem Forschungsbereich wird Richtigkeit außerdem häufig durch Experten beurteilt.[21]

Durch inhaltsanalytische Einstufung mißt Bell die Fehlerhäufigkeiten in einer mehrstufigen Input-Output-Analyse von Agenturen und Radiosendern in Neuseeland und Australien. Dabei verfolgt er die Entstehung von falschen Angaben im Nachrichtenfluß bei der Umformulierung von Meldungen. In den Agenturen mißt er einen „inaccuracy index" von durchschnittlich 1,6 pro bearbeiteter Meldung, in den Radioredaktionen nur von 0,6. In den Index geht z.B. jeder „extreme" Fehler bei der redaktionellen Überarbeitung mit 6 Punkten ein. Fehlerfreie Meldungen erhalten 0 Punkte. Als Fehler gelten: „falsification“, „over-assertion“, „overscope“, „refocus“ und „addition“.[22]

Per Datenbankrecherche gingen Meyer/Arant vor, die vier vorher ausgewählte Grammatik-, Rechtschreib- und Syntaxfehler in der kompletten Berichterstattung von 58 amerikanischen Zeitungen im Zeitraum vom 1. Januar bis zum 30. Juni 1989 suchten.[23] Die Beschränkung auf bestimmte Fehler ermöglichte durch maschinelle Suche nach falschen Formulierungen ein sehr großes Sample.

Deutsche Qualitätsforscher befassen sich kaum mit Richtigkeit. Empirische Realitätsvergleiche beziehen sich praktisch durchweg auf Relevanz. Eine der wenigen Ausnahmen findet sich bei Schröter. Er überprüft die Übereinstimmung von Meldungen in vier überregionalen Tageszeitungen, einer Wirtschaftszeitung, und fünf Wirtschafts- bzw. Nachrichtenmagazinen mit Originalaussagen durch Interviews mit den Quellen.[24]

Da in den vorgestellten Accuracy-Studien durchaus erhebliche Fehlerquoten ermittelt wurden, kann das mangelnde Interesse an dieser Art Forschung nicht an ihrer Ergebnislosigkeit liegen.[25] Ein Problem der vorgestellten Methoden, Richtigkeit zu prüfen, liegt eher darin, daß die Richtigkeit von Experten-, Quellen-Urteilen oder anderen Medien als Vergleichsmaß nicht mehr als eine plausible Vermutung sein kann. Ein weiteres Problem liegt darin, daß sich Richtigkeit für eine größere Stichprobe von Nachrichten nur für leicht verifizierbare Fakten überprüfen läßt. Daher kritisiert McQuail den „trivialen“ Charakter der meisten in der Accuracy-Forschung gemessenen Fehler.[26] Doch müssen nicht alle leicht verifizierbaren Fakten von geringer Relevanz sein, und schließlich ist die Häufigkeit geringfügiger Fehler in einer repräsentativen Stichprobe ein guter Indikator für die allgemeine Sorgfalt eines Mediums.

Um aber die Validität der Einstufung schwer verifizierbarer psychischer und sozialer Fakten zu veranschaulichen, scheint ein hermeneutisches Vorgehen unerläßlich. Ein gutes Beispiel hierfür liefert Röhl, der zeigt, wie in Meldungen einiger Nachrichtenagenturen ein Appell von Papst Johannes Paul II. an katholische Apotheker als Aufruf überinterpretiert wird, keine empfängnisverhütenden Mittel zu vertreiben.[27]

Auf ähnliche Weise vergleicht Straßner unterschiedliche Interpretationen in der Berichterstattung von *AFP, AP, ddp, dpa* und *rtr* nach dem Militärputsch in Portugal im Jahr 1975.[28]

Analyse der Agenturberichterstattung

Im folgenden werden alle deutschsprachigen universellen Dienste von Nachrichtenagenturen untersucht.[29] Es sind dies die Dienste der Agenturen *Allgemeiner Deutscher Nachrichtendienst* (*ADN*), *Agence France-*

Presse (*AFP*), *Associated Press* (*AP*), *Deutscher Depeschen Dienst* (*ddp*), *Deutsche Presse-Agentur* (*dpa*) und *Reuters* (*rtr*).[30] Fünf Ereignisse aus der Woche vom 22. bis 28. Februar 1992 wurden ausgesucht und die diesbezügliche Berichterstattung in dieser Woche analysiert. Die Ereignisse wurden so ausgewählt, daß einerseits die Schauplätze der ausländischen Ereignisse einigermaßen gleichmäßig über die Domänen der Agenturen verteilt waren. Zugleich sollten die Ereignisarten insgesamt einigermaßen nachrichtentypisch sein. Schließlich mußte jedes Ereignis einen politischen Aspekt haben und in allen Diensten vorkommen. Zu den beiden ausländischen Ereignissen ohne deutsche Beteiligung gab es keine Berichterstattung der rein national ausgerichteten Agentur *ddp*.

Als Richtigkeitsmaß wurden Aussagen zwischen verschiedenen Agenturen verglichen.[31] Dieses Vorgehen beruht auf der Annahme, wahr seien grundsätzlich solche Fakten, über die in allen Diensten nach Abschluß der Berichterstattung über ein Ereignis Einigkeit herrscht. Schließlich verwenden Agenturjournalisten Nachrichten von Massenmedien oder sogar die Dienste anderer Agenturen zur Kontrolle. Wilke/Rosenberger finden in einer Redaktionsstudie, daß die Redakteure von *AP* regelmäßig Radio-nachrichten abhören, um kein wichtiges Thema zu verpassen. Morgens werden Zeitungen ausgewertet, in der Spätschicht die Hauptnachrichtensendungen im Fernsehen verfolgt.[32] Es wird zudem als wichtiges Selektionskriterium angesehen, wenn eine Meldung von Konkurrenzagenturen angeboten wird.[33] Außerdem tauschen Agenturen ihre Dienste untereinander aus.[34] Steffens spricht also zu Recht vom „Karussell der Nachrichtenagenturen".[35]

Unstimmigkeiten müssen folglich Anlaß zum Recherchieren geben. Je länger das Ereignis vergangen ist, desto korrekter dürfte die Berichterstattung auch deshalb sein, weil mehr Information aufgenommen und sorgfältiger verarbeitet werden konnte und weil um so eher Reaktionen auf vermeintlich falsche Meldungen erfolgen konnten.

Zu allen Ereignissen wurden über den Analysezeitraum hinaus Meldungen aus der *dpa*-Nachrichtendatenbank daraufhin untersucht, ob sich nachträglich Veränderungen in der Faktenlage ergeben haben. Widersprüche, die auch unter Berücksichtigung der späteren (*dpa*)-Berichterstattung bestehen blieben, mußten durch persönliche Recherche geklärt werden.

Bombenexplosion auf dem Bahnhof *London Bridge*

Am 28.2.1992 explodierte auf dem Bahnhof *London Bridge* eine Bombe und verwundete einige Personen. Im Bahnhof entstand erheblicher Sachschaden.

Zu dem Anschlag bekannte sich im Berichterstattungszeitraum niemand. Doch ein Anruf relativ kurz vor dem Attentat deutete daraufhin,

Mitglieder der *Irisch-Republikanischen Armee* (*IRA*) hätten die Bombe gelegt. Der Anrufer hatte angeblich einen Code der *IRA* verwendet. Die kurze Frist vom Anruf bis zur Detonation gestattete jedoch keine vorbeugenden Maßnahmen.

Es gab drei zeitweise Widersprüche, die sich bis zum Ende der Berichterstattung auflösten: Eine Bombe wurde als Ursache der Explosion am Ende in allen Diensten ebenso als Tatsache genannt wie die Zahl von 28 Verletzten. Auch die Täterschaft der *IRA* war am Ende Konsens - wenn die verschiedenen Agenturen dies auch teils unterschiedlich belegten. So wurde in den jeweils letzten Meldungen die *IRA* „verantwortlich gemacht" (*ADN*) oder mit Worten wie „offenbar" (*dpa*), „Spekulationen zufolge" (*AFP*), „nach Angaben der Polizei" (*AP*) oder „nach britischen Angaben" (*rtr*) als Täter bezeichnet. Bis auf *AFP* erwähnten alle Agenturen, der Warnanrufer sei von der *IRA* gewesen. *ADN, AP* und *rtr* begründeten dies mit dem *IRA*-Code, den der Anrufer verwendet habe; *dpa* tat dies nicht. Einigkeit herrschte von Anfang an über den Zeitpunkt der Explosion „am Freitag morgen" (*ADN, dpa, rtr*). *AFP* und *AP* gaben den Zeitpunkt genauer, mit 9.30 Uhr (MEZ) an.

Uneinigkeit bis zum Ende herrschte darüber, ob vier (*AFP, AP*) oder zwei (*ADN, rtr*) Personen schwer verletzt worden waren. Die Angaben von *AFP* und *AP* scheinen glaubhafter, da sich beide auf spätere Angaben der Polizei beriefen, während *ADN* keine Quelle nannte, *rtr* nur eine relativ frühe Information von *British Rail* erwähnte. *dpa* machte keine Angaben zu Schwerverletzten. Im Hinblick auf die externe Relevanz des Ereignisses ist der Unterschied zwischen zwei und vier Schwerverletzten als gering einzuschätzen. Bei einer Explosion mit hohem Sachschaden und 28 Verletzten gar keine Angaben zur Schwere der Verletzungen zu machen, ist dagegen ein vergleichsweise unpräziseres Vorgehen.

Weitere Differenzen gab es hinsichtlich der Vorwarnzeit. Es blieb unklar, ob es ungefähr 20 (*ADN, rtr*) oder 9 (*AP*) Minuten waren, *AFP* und *dpa* machten keine genauen Angaben. Doch alle Dienste veröffentlichten die Ansicht, die Vorwarnzeit sei zu kurz gewesen, um vorbeugende Maßnahmen zu ergreifen.

Insgesamt waren die Angaben von *dpa* etwas weniger genau als die der anderen Agenturen.

Der Bundeswirtschaftsminister und das Vermittlungsmonopol der Bundesanstalt für Arbeit

Am 25.2.1992 forderte der damalige Bundeswirtschaftsminister Möllemann in einem Interview mit der *Neuen Osnabrücker Zeitung*, den deutschen Arbeitsmarkt zu deregulieren. Um das Vermittlungsmonopol der

Bundesanstalt für Arbeit (BfA) aufheben zu können, müsse ein Abkommen mit der *Internationalen Arbeitsorganisation* der *UN* (*ILO*) gekündigt werden. Er hatte den zuständigen Bundesarbeitsminister Blüm in einem Brief am Vortag aufgefordert, Vorstellungen zu einer privaten Arbeitsvermittlung vorzulegen.

Blüm reagierte auf Möllemanns Forderungen noch am Tag der Veröffentlichung. Er verteidigte die Leistung der *BfA* und bezweifelte die Nützlichkeit von Deregulierungsmaßnahmen.

Eine Schar von Interessenvertretern, voran die der Arbeitgeber- und Arbeitnehmerverbände und der im Bundestag vertretenen Parteien, reagierte am selben und an den folgenden drei Tagen auf die Forderungen Möllemanns. Zahlreiche Argumente für und gegen Aspekte der Deregulierung wurden genannt und die Leistungen der *BfA* oder die Protagonisten Blüm und Möllemann kritisiert oder gelobt.

Strittig waren nicht Fakten des Ereignisverlaufs, sondern Prognosen von Auswirkungen rechtlicher Veränderungen. Dies sind zwar Aussagen mit einem Wahrheitsanspruch, doch lassen sie sich gleichwohl nicht verifizieren - zumindest nicht in der Zeit und mit den Mitteln, die einem Journalisten im Tagesgeschäft zur Verfügung stehen. So hängt z.B. die Prognose, private Arbeitsvermittler würden effektiver vermitteln als die *BfA*, die Arbeitslosigkeit würde daher bei Deregulierung des Arbeitsmarktes sinken, von der Gültigkeit zahlreicher Randbedingungen und Hypothesen ab, deren Gültigkeit selbst in einer wissenschaftlichen Arbeit schwer zu überprüfen wäre.

Man kann daher von den Agenturen nicht verlangen, die Richtigkeit solcher schwer verifizierbarer Behauptungen zu beurteilen. Was man verlangen kann, ist, daß widersprüchliche Prognosen, Bewertungen und Forderungen gegenübergestellt und Fakten, mit denen Behauptungen gestützt werden, präsentiert werden. Ebenso wichtig ist es, die Quellen unterschiedlicher Behauptungen sorgfältig zu dokumentieren. Relevanz, Transparenz und Ausgewogenheit sind also die zentralen Kriterien für die Berichterstattung über Diskussionen zu schwer zu beurteilenden politischen Alternativen.

Einige kleinere Widersprüche und Unrichtigkeiten zum Ereignisverlauf kamen allerdings in der Berichterstattung über die Diskussion um Möllemanns Forderungen auch vor. So titelte *rtr* am 25.2. um 13.01 Uhr in der ersten Meldung über die Reaktion des Arbeitsministers: „Blüm nicht gegen private Arbeitsvermittlung“. Dies folgerte man offenbar aus der Gesprächsbereitschaft und der Äußerung Blüms, die *BfA* könne durch Kooperation mit „Institutionen außerhalb der Bundesanstalt“ ihre Arbeit effektivieren. Diese Interpretation erscheint unrichtig, da Blüm von allen Agenturen als wichtigster Antagonist Möllemanns mit zahlreichen Argumenten ausschließlich gegen private Vermittler zitiert wurde. Schließlich stellte auch *rtr* (Überschrift am 26.2. um 8.17 Uhr) fest: „Blüm gegen Konzept privater Arbeitsvermittlung".

AP verwechselte Bundesfrauenministerin Angela Merkel mit dem ostdeutschen *SPD*-Politiker Markus Meckel. Unter der Überschrift „Meckel wirft Möllemann Verunsicherung vor" wurde im ersten Satz der Meldung vom 27.2. um 15.01 Uhr zwar auf die Frauenministerin verwiesen, ansonsten aber nur noch von Äußerungen „Meckels" geschrieben. Es erfolgte keine Korrekturmeldung. In den Diensten von *AFP* und *dpa* war am gleichen Tag nur von Äußerungen Merkels die Rede.

AP meldete (25.2., 13.46 Uhr) außerdem fälschlicherweise, Möllemann habe im Interview mit der *Neuen Osnabrücker Zeitung* angekündigt, Blüm schriftlich zu einer Stellungnahme aufzufordern. Alle anderen Agenturen, selbst *AP* zu einem früheren Zeitpunkt (25.2., 3.02 Uhr), hatten jedoch gemeldet, Möllemann habe Blüm bereits in einem Brief seine Aufforderung übermittelt.

dpa schrieb in einer Meldung am 26.2. um 15.20 Uhr zunächst, *EG*-Kommissar Bangemann habe sich in Brüssel geäußert, um im nächsten Absatz darauf zu verweisen, es sei in Antwerpen gewesen. *AFP* dagegen hatte (unter der Dateline „Brüssel, 26. Februar") 13 Minuten zuvor berichtet, Bangemann habe in der Handelshochschule in Antwerpen gesprochen.

Man kann also zusammenfassen: Es gab Unrichtigkeiten bei *rtr, AP* und *dpa*. Wobei der Fehler von *rtr* inhaltlich am bedeutsamsten erscheint.

Honecker wird in die Botkin-Klinik eingeliefert

Die Einlieferung Honeckers wurde nur für den 23. und 24.2. analysiert, den Vortag und den Tag der Einlieferung (der zugleich der Tag war, an dem alle Agenturen die meisten Meldungen enthielten). Am frühen Morgen des 24.2.1992 verließ der ehemalige Staats- und Parteichef der DDR die chilenische Botschaft in Moskau und wurde in die *Botkin-Klinik* chauffiert. Noch am Morgen wurde er erstmals untersucht.

Die Einlieferung war vorwiegend aus zwei Gründen interessant: Zum ersten versprach der Klinikaufenthalt eine Klärung des Gesundheitszustandes. Es hieß zwar, Honecker sei schwer krebskrank; er machte aber äußerlich einen guten Eindruck. Zum zweiten verließ der Exilant erstmals seit Monaten seinen Zufluchtsort, die chilenische Botschaft in Moskau.

Im Januar 1990 war Honecker nach seiner Entmachtung in die Ostberliner Universitätsklinik *Charité* eingeliefert worden, wo man ihm am 10.1. einen Tumor aus der linken Niere operierte.

Nach seiner Flucht nach Moskau bemühte sich die Bundesregierung um seine Auslieferung. Im Dezember 1991 stellte Rußland den Honeckers schließlich ein Ultimatum, das Land zu verlassen. Daraufhin flohen die beiden am 11.12. in die chilenische Botschaft.

Die Bundesregierung bestand weiterhin auf Auslieferung, während Rußland den Standpunkt vertrat, nichts tun zu können, solange Honecker auf exterritorialem Gelände sei und sich Deutschland und Chile nicht einigten. Die chilenische Regierung bemühte sich unterdessen um eine Ausreise Honeckers nach Chile. Am 19.2.1992 erklärte sie sogar, Honecker könne auch ohne deutschen Paß einreisen, d.h. ohne Zustimmung der Bundesregierung.

Das diplomatische Hin und Her wurde begleitet von immer neuen Meldungen, Honeckers Gesundheitszustand verschlechtere sich sehr. Schließlich einigten sich Chile, Rußland und die Bundesrepublik am 20.2. darauf, Honecker in ein Krankenhaus und anschließend zurück in die Botschaft zu bringen.

Nicht alle Sachverhalte, die in der obigen Chronologie klar erscheinen, lagen von Anfang an offen zutage. Schließlich waren sehr viele Akteure an unterschiedlichen, teils fernen Orten beteiligt. Vieles, was später bekannt wurde, drang den Gepflogenheiten der Diplomatie gemäß zunächst nicht nach außen. So war die Einlieferung anfangs trotz zahlreicher Vorzeichen zweifelhaft, Informationen zum Gesundheitszustand Honeckers widersprüchlich, und die Haltungen der drei beteiligten Staaten zum Teil für Interpretationen offen.

Die veränderte Haltung Chiles: Einheitlich berichteten *ddp, dpa,* AFP und *rtr,* die chilenische Regierung habe am 19.2. erstmals erklärt, Honecker könne auch ohne gültigen deutschen Paß, d.h. ohne deutsches Einverständnis, nach Chile kommen, solange nur Rußland einwillige. Im Verlauf der Ereignisse vom 23. und 24.2. gab es nun zwei chilenische Erklärungen, die auf einen Wandel dieser Haltung hindeuteten. Deren erste wurde von *AP* überinterpretiert, von *dpa* und *AFP* nicht genau genug übermittelt. *ADN* und *AP* berichteten übereinstimmend (23.2., 8.49 Uhr bzw. 23.2., 21.50 Uhr), der Botschafter Chiles in Moskau, Clodomiro Almeyda, hätte an diesem Tag im russischen Fernsehen mitgeteilt, Honecker dürfe nach Chile einreisen, um seine Tochter zu besuchen, wenn nur Rußland einwillige. Das bedeute jedoch nicht, daß Honecker in Chile politisches Asyl erhalten würde. *AP* veränderte dann aber in zwei weiteren Meldungen am 24.2. um 9.26 Uhr und um 13.43 Uhr die Formulierung: „Die chilenische Regierung hat unterdessen erklärt, er könne nach Chile reisen, um seine dort lebende Tochter zu besuchen, solle aber kein politisches Asyl erhalten." Dies erscheint als unrichtige Interpretation der am 23.2. um 21.50 Uhr wörtlich wiedergegebenen Äußerung. Denn daß eine Besuchserlaubnis für Honecker noch kein Asylrecht bedeutet, heißt ja nicht, daß er grundsätzlich kein Asyl erhalten solle. *dpa* dagegen übermittelte (24.2., 16.05 Uhr) nur den ersten Teil der Äußerung: „Almeyda hatte noch am Sonntag im russischen Fernsehen bekräftigt, daß Chile Honecker aus humanitären Gründen aufnehmen wolle." *dpa* berichtete nicht weiter über Äußerungen Almeydas. Die wichtige Einschränkung, Honecker würde mit einer Besuchserlaubnis nicht automatisch Asyl erhalten, fehlte hier also. Noch ungenauer war *AFP*. In diesem Dienst war, wie auch in *ddp* und *rtr*, gar nicht von den Äußerungen Almeydas die Rede. So muß bei der ungenauen Angabe „Chile will Honecker auch ohne deutsche Papiere die Einreise zu seiner in Santiago lebenden Tochter ermöglichen" (24.2., 15.12 Uhr) unklar bleiben, ob die Erklärung vom 19.2. oder die vom 23.2. gemeint war.

Der chilenische Sinneswandel zeichnete sich relativ deutlich in einer zweiten Äußerung ab, nämlich einer Presseerklärung des chilenischen Botschafters in Bonn, Carlos Huneeus. Wie alle sechs Dienste übereinstimmend mitteilten, enthielt diese Erklärung den Passus: „Die Regierung von Chile ist weiterhin darum bemüht, eine abschließende Lösung für diese Situation zu finden, die auf dem Einverständnis aller Beteiligten beruht." Dies mußte bedeuten, daß im Gegensatz zu den früheren Erklärungen Chile nun auch das Einverständnis der Bundesrepublik erlangen wollte. Die Äußerung läßt sich so verstehen, als habe sich Chile schon immer um das Einverständnis aller Seiten bemüht. Dies wäre aber eine unrichtige Aussage, da Chile ja bislang expressis verbis immer nur das Einverständnis Rußlands, nicht jedoch das der Bundesrepublik als notwendig bezeichnet hatte. Dies zu erläutern, hätte man von einer genauen Darstellung erwarten können. Doch nur eine einzige Agentur, *dpa,* gab eine genaue Interpretation der Presseerklärung (24.2., 16.05 Uhr): Es zeichne sich eine neue Haltung der Regierung in Santiago ab. Die Erklärung bedeute, „daß eine Reise Honeckers nach Chile ohne die Zustimmung Bonns für die chilenische Regierung nicht mehr aktuell ist". *ddp* interpretierte die Erklärung zwar nicht explizit in dieser Weise, stellte sie aber immerhin noch einer früheren Äußerung gegenüber und macht so den Unterschied sichtbar (24.2., 11.53 Uhr). Das Vorgehen der vier übrigen Agenturen, die die Erklärung unerläutert übermittelten, ist vergleichsweise unpräzise.

Die weitere Entwicklung sollte die Interpretation von *dpa* bestätigen. Am 29.7.1992 verwies die chilenische Regierung Honecker aus der Moskauer Botschaft. Er wurde direkt der deutschen Justiz überstellt.

Honeckers Gesundheitszustand: Wie die Recherche in der *dpa*-Datenbank ergab, wurde bei der eingehenden Untersuchung Honeckers in der *Botkin-Klinik* keine schwere Erkrankung festgestellt. Ärzte der Klinik teilten mit, Metastasen der früheren Krebserkrankung seien nicht gefunden worden. Der Zustand des 79jährigen sei „für sein Alter relativ gut" (*dpa* am 3.3., 20.45 Uhr). Die chilenische Regierung nannte den Gesundheitszustand, wie ihn die Untersuchungen ergeben hatten, „völlig zufriedenstellend" (*dpa,* 4.3., 4.34 Uhr). Bereits am letzten Tag, für den das Material von allen sechs Agenturen vorliegt (28.2.), hatte sich in allen Diensten abgezeichnet, daß keine Krebserkrankung Honeckers festgestellt wurde. *ADN* (28.2., 14.15 Uhr) und *ddp* (28.2., 18.03 Uhr) zitierten den stellvertretenden Chefarzt der *Botkin-Klinik,* Alexander Borodulin: der Gesundheitszustand Honeckers sei „praktisch gut". Zwar sollte im Januar 1993 der Prozeß gegen Honecker in Berlin wegen eines erneut aufgetretenen Krebsleidens eingestellt werden und Honecker als freier Mann nach Chile ausreisen, um dort eineinhalb Jahre später an Krebs zu sterben, doch im März 1992 deutete alles darauf hin, daß er kein schweres Leiden hatte.

Im Lichte dieser Entwicklung lassen sich die unterschiedlichen Angaben der Agenturen zum Gesundheitszustand Honeckers im Untersuchungszeitraum betrachten. Alle Agenturen berichteten übereinstimmend, Honecker sei krebskrank und sein Zustand habe sich in den vergangenen Wochen verschlechtert. Am dramatischsten stellte *AFP* die Situation dar: Honeckers Leben hänge „am seidenen Faden" (24.2., 9.00 Uhr). Er habe „Krebs im Endstadium" (24.2., 9.22 Uhr), könne in der Botschaft nicht mehr ausreichend versorgt werden und müsse schnell behandelt werden (23.2., 2.18 Uhr). In einigen Meldungen wurde auch ohne Hinweis auf Quellen bemerkt, Honeckers Krebsleiden sei weit fortgeschritten (24.2., 9.00 Uhr). Auch *dpa* nannte Honecker ohne Quellenangabe „schwerkrank" (23.2., 1.04 Uhr), russische Ärzte hätten bei ihm Krebs im fortgeschrittenen Stadium (23.2., 14.00 Uhr) festgestellt. Letzteres gab auch *ADN* an (24.2., 8.45 Uhr). Zugleich veröffentlichte diese Agentur jedoch widersprüchliche Aussagen, wonach einerseits die medizinische Versorgung in der Botschaft nicht mehr gewährleistet werden könne, andererseits mitgeteilt wurde, Honecker könne in der Botschaft ein normales Leben führen (23.2., 8.49 Uhr). *AP* bezeichnete Honecker ohne Quellenangabe lediglich als krebskrank (23.2., 9.29 Uhr) und zitierte Aussagen, wonach er Nieren- und Leberkrebs habe (24.2., 7.53 Uhr). Auch *ddp* nannte Honecker (ohne Quellenangabe) „an Krebs erkrankt" (23.2., 0.39 Uhr). *rtr* dagegen distanzierte sich relativ deutlich von den Krebsdiagnosen. So war dort zwar einmal auch ohne Quellenangabe vom „krebskranken Honecker" die Rede (23.2., 12.16 Uhr), doch wurde er auch als „angeblich todkrank" (23.2., 11.39 Uhr) und als einer „der an Krebs leiden soll" (24.2., 23.53 Uhr) bezeichnet. Mit Bezug auf einen Spaziergang der Honeckers im Garten der Botschaft am 22.2. schrieb *rtr* sogar, der Ex-Staatschef mache „nicht den Eindruck eines vom Tode gekennzeichneten Mannes“ (23.2., 11.39 Uhr), ob er mit dem Tode ringe, sei „zweifelhaft“ (24.2., 14.28 Uhr). Diese vorsichtige, ja kritische Haltung entpuppte sich im nachhinein als richtig.

Weitere Fehler und Ungenauigkeiten: Wie bereits oben erläutert, hatten außer *ddp* alle Agenturen am 23.2. bereits über Ereignisse berichtet, die eine baldige Einweisung Honeckers in eine Klinik als sehr wahrscheinlich erscheinen ließen. Die Frage ist nun, wie genau diese angekündigt wurden. Am genauesten war die Vorhersage von *dpa* (23.2., 14.00 Uhr), Honecker werde „vermutlich an diesem Montag“ (dem 24.2.) eingeliefert. Eine Quelle hierfür wurde nicht angegeben. Etwas weniger genau war *AFP*. Deren Dienst prognostizierte „Anfang der Woche“ (23.2., 2.18 Uhr) und berief sich dabei auf den chilenischen Innenminister Enrique Krauss. Das Gleiche meldete *ADN* mit Berufung auf Margot Honecker. Zusätzlich wurde der Botschafter Chiles in Moskau, Clodomiro Almeyda, mit den Worten zitiert, es werde noch „zwei oder drei Tage“ dauern.

Ähnlich präzise die Prognose von *AP* (23.2, 21.50 Uhr): „Regierungskreise in Santiago de Chile“ rechneten frühestens am Montag mit der Einlieferung Honeckers in ein Moskauer Krankenhaus. Ungenauer war *rtr* (23.2., 12.16 Uhr): „der krebskranke Honecker soll bald in einem Hospital behandelt werden“. Im Dienst von *ddp* fanden sich sonntags und montags gar kein Hinweise auf die bevorstehende Einlieferung.

AFP leistete sich um 9.00 Uhr mit der Meldung, Honecker sei am Donnerstag in eine Moskauer Klinik eingeliefert worden, noch einen Fehler. Um 9.45 Uhr wurde dann in einer Korrekturmeldung klargestellt, es sei am Montag gewesen, wie um 8.47 Uhr bereits richtig berichtet.

Einige Dienste enthielten noch kleinere sachliche Fehler. So berichtete *ddp* (24.2., 13.19 Uhr), die Honeckers seien am 12.12.1991 in die chilenische Botschaft geflohen. Alle anderen Agenturen gaben den 11.2. an, was auch die Meldungen der *dpa*-Datenbank vom 11.12.91 bestätigen.

Gleich zweimal übermittelte *AFP* falsche Namen: Der chilenische Botschafter in Bonn, Carlos Huneeus, wurde durchweg „Hunneus“ geschrieben (23.2., 2.18 und 13.41 Uhr), während dpa richtig „Huneeus“ schrieb. Den Botschafter Chiles in Moskau nannte *AFP* „Clodomiro Almeyra“ statt richtig „Almeyda“ (24.2., 9.00 Uhr und 9.50 Uhr). *rtr* nannte den russischen Vize-Außenminister einmal (23.2., 12.16 Uhr) falsch „Kolokow“, später (21.10 Uhr) dann richtig „Kolokolow“ – es gab aber keine Korrekturmeldung. *rtr* schrieb auch den Vornamen von Honecker-Anwalt Nicolas Becker stets falsch mit k: „Nikolas“ (24.2., 11.21 Uhr und 16.32 Uhr). *rtr* bezeichnete außerdem den Vize-Außenminister von Chile, Edmundo Vargas, in den ihn betreffenden Meldungen (23.2., 12.16 Uhr; 24.2., 8.23 Uhr und 11.21 Uhr) fälschlicherweise als Außenminister. Dabei wurde in anderen Meldungen Enrique Silva Cimma richtig als Außenminister genannt (24.2., 21.10 Uhr).

An den letzten Beispielen zeigt sich, daß der Wahrheitsgehalt von Aussagen manchmal nur mit Hilfe von Extra-Media-Daten eingeschätzt werden kann. Da in drei Fällen zwei Agenturen widersprüchliche Informationen enthielten, in einem Fall sich eine Agentur selbst widersprach, gab es nämlich keine Anhaltspunkte, welches die richtige Version sei. Namen und Status chilenischer Politiker wurden daher bei der chilenischen Botschaft in Bonn, der Name des Berliner Anwalts bei der zuständigen Anwaltskammer erfragt. In beiden Fällen kann die Richtigkeit der Auskunft als wahrscheinlicher gelten als die einer davon abweichenden Aussage in einem der Dienste.

Die Berichterstattung über die Einlieferung Honeckers zeigt, wie leicht es ist, Fehler zu machen, wie schwer, genau zu berichten, wenn Fakten nicht durch Öffentlichkeitsarbeit offen präsentiert werden, wenn die Sachverhalte komplex sind und die Beteiligten ein Interesse an Geheimhaltung oder gar Desinformation haben könnten.

Die verschiedenen Agenturen schnitten meist einmal schlechter, einmal besser ab. Die Ausnahme ist *AFP*, die in fast allen betrachteten Fällen zu den Diensten gehörte, die am ungenauesten berichteten, und außerdem zweimal falsche Informationen lieferte. Außerdem läßt sich feststellen, daß *ADN*, *dpa* und *rtr* mehrmals zu den Agenturen mit den vergleichsweise genauesten Informationen gezählt werden konnten, nicht jedoch *ddp* und *AP*. *rtr* enthielt allerdings die meisten falschen Bezeichnungen.

Der Richter und das Verbot von Drogen

Am 26.2.1992 erklärte Wolfgang Neskovic, Vorsitzender Richter der zweiten kleinen Strafkammer des Landgerichts Lübeck, öffentlich, das Verbot von Cannabis-Drogen wie z.B. Haschisch sei grundgesetzwidrig.

Das Amtsgericht Lübeck hatte zuvor eine Frau, die ihrem Mann Haschisch ins Gefängnis geschmuggelt hatte, zu zwei Monaten Gefängnis ohne Bewährung verurteilt. Die zweite Kammer unter Vorsitz von Neskovic setzte in einer Berufungsverhandlung das Urteil aus und rief das *Bundesverfassungsgericht* an, das Cannabis-Verbot zu überprüfen. Am 26.2. sandte man dem *Bundesverfassungsgericht* die entsprechenden Unterlagen zu.

Politiker und Vertreter von Interessenverbänden reagierten auf die Argumente des Gerichts mit allerhand Prognosen, Bewertungen und Forderungen. Es gab z.B. Vorhersagen dazu, ob eine Legalisierung von Cannabis-Produkten Drogenkonsum und -kriminalität fördern würde oder wie sich eine Legalisierung auf das Umstiegsverhalten zu harten Drogen auswirken würde.

Strittig waren - wie schon bei der Diskussion um die Forderungen Möllemanns - nicht die Fakten von Ereignisverläufen, sondern schwer oder nicht verifizierbare Prognosen, Bewertungen und Forderungen von Auswirkungen rechtlicher Veränderungen.

Der diskutierte Beschluß wurde von den Agenturen zeitlich sehr unterschiedlich genau verortet. *AFP* und *AP* gaben als einzige die Zeitpunkte an, zu denen die Kammer entschieden hatte, das Verfahren auszusetzen bzw. das *Bundesverfassungsgericht* anzurufen. Bei *AFP* hieß es: „Neskovic teilte am Mittwoch mit, ... am Mittwoch seien die Unterlagen an das Bundesverfassungsgericht abgeschickt worden“ (26.2., 16.13 Uhr). *AP* machte ähnliche Angaben (26.2., 15.16 Uhr): Neskovic „rief am Mittwoch das Karlsruher Verfassungsgericht an, wie er am Mittwoch in Lübeck erklärte“. Später (27.2., 14.19 Uhr) formulierte die Agentur: „Das Landgericht ... hatte am Mittwoch ein Berufungsverfahren zum Betäubungsmittelgesetz ... ausgesetzt.“ *dpa* und *rtr* gaben lediglich den Zeitpunkt der Äußerungen Neskovics an: „Es verstoße gegen den Gleichheitsgrundsatz, den Handel und Konsum mit Cannabis Produkten zu bestrafen ... sagte ... Neskovic am Mittwoch“ (*dpa*, 26.2., 13.00 Uhr), „Die Kammer habe deshalb das Bundesverfassungsgericht angerufen, erklärte ... Neskovic am Mittwoch“ (*rtr*, 26.2., 16.49 Uhr). *ADN* und *ddp* machten keinerlei Zeitangaben zum Hauptereignis und der Vorgeschichte.

Zwei Agenturen bezeichneten den Beschluß des Landgerichtes, das Urteil auszusetzen und das *Bundesverfassungsgericht* anzurufen, fälschlicherweise als Urteil. *AFP* sprach am 27.2., um 16.17 Uhr vom „Urteil des Lübecker Landgerichts“, *ddp* am 27.2. um 17.19 Uhr vom „Urteil einer Lübecker Strafkammer“. *AFP* ging ab der Meldung vom 27.2., 17.44 Uhr auf die Bezeichnung „Beschluß“ über, ohne auf die bis dahin verwendete falsche Bezeichnung hinzuweisen. *ddp* verband dagegen den Wechsel zur korrekten Bezeichnung mit einer Korrekturmeldung (27.2., 18.12 Uhr): „Bitte ersetzen Sie in der Zusammenfassung durchgängig das Wort ‚Urteil‘ durch ‚Beschluß‘“.

dpa nannte Neskovic einmal fälschlicherweise „Nekovic“ (28.2., 15.47 Uhr), machte darauf aber in einer Korrekturmeldung aufmerksam (28.2., 16.20 Uhr).

ddp gab fälschlicherweise die *CDU* als Partei von Norbert Geis an, dem rechtspolitischen Sprecher der *CDU/CSU*-Bundestagsfraktion (28.2., 16.48 Uhr, 18.16 Uhr). Alle anderen Agenturen, die Geis zitierten, ordneten ihn richtig der *CSU* zu.

AFP schrieb einen Vornamen falsch: Willfried Penner, MdB und innenpolitischer Experte der *SPD*, wurde Wilfried genannt (28.2., 10.23 Uhr).

Bis auf *rtr* und *AP* enthielten also alle Agenturen zumindest kleinere Fehler. Bis auf *AFP* und *AP* berichteten alle ziemlich ungenau über den zeitlichen Ablauf der juristischen Vorgänge. Insgesamt hebt sich *ddp* etwas negativ, *AP* etwas positiv von allen übrigen Agenturen ab.

Gipfeltreffen zur Bekämpfung des Drogenproblems

Die Präsidenten der USA, Boliviens, Ecuadors, Kolumbiens, Mexikos, Perus und der Außenminister von Venezuela trafen sich am Mittwoch, den 26.2., und am Donnerstag, den 27.2. 1992, in San Antonio im US-Bundesstaat Texas und formulierten dort die *Erklärung von San Antonio*. Darin verpflichteten sie sich, energische Maßnahmen gegen Schmuggel per Flugzeug und gegen Geldwäsche in die Wege zu leiten, sowie zum Austausch von Geheimdienst-Erkenntnissen.

AP vergaß in der ersten Meldung im Untersuchungszeitraum (25.2., 19.57 Uhr), Bolivien als Gipfelteilnehmer zu erwähnen. In dieser Meldung war nur von den Präsidenten der übrigen Teilnehmerländer die Rede. Erst in der Meldung vom 26.2. um 10.23 Uhr wurden alle teilnehmenden Staaten vollständig aufgezählt. Es gab keine Korrekturmeldung.

Ein ähnlicher Fehler unterlief *rtr* am 27.2. um 23.56 Uhr, als man meldete, der Gipfel der „USA und fünf lateinamerikanischer Länder" sei zu Ende gegangen. *rtr* fuhr fort, George Bush habe die Kooperationsbereitschaft der Vertreter Boliviens, Mexikos, Perus und Venezuelas gelobt. Kolumbien wurde nicht erwähnt. Möglicherweise hatte der amerikanische Präsident Kolumbien als einzigen Teilnehmerstaat tatsächlich nicht gelobt. Dies erscheint aber nicht plausibel. Die Berichterstattung enthält keinerlei Anhaltspunkte dafür, daß es etwa besondere Streitigkeiten Kolumbiens mit den USA gegeben hätte. In vorangegangenen und nachfolgenden Meldungen zählte *rtr* stets alle sechs Teilnehmer aus Lateinamerika korrekt auf. Es gab keine Korrekturmeldung.

ADN, *AP* und *dpa* schrieben den Namen von Ecuador mehrfach falsch mit k: Ekuador. *dpa* ging allerdings mit der Meldung vom 28.2., 2.18 Uhr ohne Korrekturmeldung zur richtigen Schreibweise über.

ADN nannte den Präsidenten Perus, Alberto Fujimori, durchweg falsch Fujimoro.

Insgesamt enthielten alle Agenturen außer *AFP* mindestens einen Fehler. *AP* und *ADN* enthielten je zwei Fehler.

Wie gut sind die Agenturen?

Alle hier vorgetragenen Verallgemeinerungen zur Qualität der einzelnen Dienste stehen unter dem Vorbehalt der geringen Zahl analysierter Ereignisse. Insgesamt war die Anzahl von Fehlern und Ungenauigkeiten bei allen Agenturen einigermaßen gleich groß. Es gibt zwei Ausnahmen:

Der Dienst von *rtr* zeichnet sich durch besondere Richtigkeit aus. Bei allen Ereignissen war *rtr* unter den Agenturen mit den wenigsten Fehlern und Ungenauigkeiten. Dies bestätigt die gute Beurteilung der Zuverlässigkeit von *rtr* durch Redakteure in einer Befragung durch Hagen und Evers.[36] Außerdem finden sich Anhaltspunkte dafür, warum nach den Ergebnissen dieser Befragung die Zuverlässigkeit von *ddp* am ehesten angezweifelt werden kann.[37] Insgesamt war die Richtigkeit von *ddp* bei allen drei deutschen Ereignissen am geringsten. Bemerkenswerterweise waren die *ddp*-Meldungen über die Cannabis-Diskussion nicht richtiger, sondern eher etwas unrichtiger als die der übrigen Dienste. Dabei widmete *ddp* diesem Ereignis, gemessen am Berichterstattungsumfang, mehr Aufmerksamkeit als alle anderen Agenturen.

Alle Dienste enthielten bei den meisten Ereignissen Fehler und/oder Ungenauigkeiten. Die Einschätzung von Steffens scheint also nicht völlig falsch zu sein, wonach Agenturen Quellen von einem „ständigen Strom von mehr oder minder falschen Nachrichten" sind.[38] Die entdeckten Fehler betrafen zwar überwiegend Kleinigkeiten, doch ist es einer Befragung von Resing und Höhne zufolge vielen Chefredakteuren und Chefs vom Dienst ein Anliegen, daß von den einzelnen Agenturen „bei Recherchen deutlich mehr auf Korrektheit bei Namen und Schreibweisen geachtet werde".[39]

Die Berichterstattung über die Einlieferung Honeckers legt zudem die Vermutung nahe, daß es in unübersichtlichen Situationen auch häufig zu inhaltlich bedeutsamen Unrichtigkeiten kommt. Die hohe Schnelligkeit und der offenbar geringe Rechercheaufwand der Agenturen begünstigen Fehler. Das berücksichtigen auch alle von Hagen und Evers befragten Nachrichtenredakteure. Diese gaben an, Informationen in der Regel nur zu veröffentlichen, wenn sie übereinstimmend von mindestens zwei Agenturen gemeldet worden sei.[40]

In methodischer Hinsicht läßt sich festhalten, daß viele wesentliche Aspekte von Richtigkeit nur hermeneutisch analysiert werden können. Vor allem in den Meldungen über die von diplomatischem Geplänkel begleitete Einlieferung Honeckers hat sich gezeigt, wie wichtig subtile Formulierungsunterschiede für die Beurteilung von Richtigkeit sein können.

Anmerkungen

1. S. Weischenberg, *Die Verantwortung des Beobachters,* in: *Rundfunk und Fernsehen,* 1992, S. 507–527, hier S. 519.
2. Vgl dazu K. R. Popper, *Objektive Erkenntnis,* Hamburg 1973.
3. E. Straßner, *Fernsehnachrichten,* Tübingen 1982, S. 90.
4. Vgl. dazu L. M. Hagen, *Informationsqualität von Nachrichten,* Opladen 1995, S. 32–35.

5. Wallisch bezeichnet das „Aufgreifen sozialer Wirklichkeit“ als Grundlage jeder journalistischen Qualifizierung: G. Wallisch, *Journalistische Qualität,* München 1995, S. 148.

6. *Pressekodex,* 1992, S. 3.

7. K. Mathy, *Das Recht der Presse,* Köln 1988, S. 59-64.

8. M. Löffler / R. Ricker, *Handbuch des Presserechts,* München 1986, S. 251.

9. L. Hagen / A. Evers, *Richtig, relevant, aktuell und verständlich,* in: *M – Menschen machen Medien,* 1994, Heft 11, S. 16f.

10. G. Bentele, *Wirklichkeitsrekonstruktionen,* Opladen 1995.

11. S. Braman, *Public Expectations of Media Versus Standards in Codes of Ethics,* in: *Journalism Quarterly,* 1988, S. 71-77, hier S. 74.

12. Vgl. dazu Hagen, *Informationsqualität,* a.a.O. (Anm. 4), S. 32-35.

13. M. Steffens, *Das Geschäft mit der Nachricht,* Hamburg 1969, S. 198.

14. Vgl. dazu Hagen, *Informationsqualität,* a.a.O. (Anm. 4), S. 32-35.

15. M. V. Charnley, *Preliminary Notes on a Study of Newspaper Accuracy,* in: *Journalism Quarterly,* 1936, S. 394-401.

16. M. Ryan / D. Owen, *Accuracy Survey,* in: *Journalism Quarterly,* 1977, S. 27-32.

17. W. B. Blankenburg, *News Accuracy,* in: *Journal of Communication,* 1970, S. 375-386.

18. Ryan / Owen, *Accuracy,* a.a.O. (Anm. 16), S. 31.

19. D. L. Pulford, *An Investigation of Accuracy in Newspaper Science Reporting,* Unpublished M.a. Thesis, Austin 1975. Zitiert nach ebd.

20. Z.B. B. Moore / M. Singletary, *Scientific Sources' Perceptions of Network News Accuracy,* in: *Journalism Quarterly,* 1985, S. 816-823.

21. Z.B. K. G. Johnson, *Dimensions of Judgement of Science News Stories,* in: *Journalism Quarterly* , 1963, S. 315-322.

22. A. Bell, *Telling It Like It Isn't,* in: *Gazette,* 1983, S. 191-198.

23. P. Meyer / D. Arant, *Use of an Electronic Database to Evaluate Newspaper Editorial Quality,* in: *Journalism Quarterly,* 1992, S. 447-454.

24. D. Schröter, *Qualität im Journalismus,* München/Mühlheim 1992.

25. Ryan/Owen fanden durchschnittlich knapp vier Fehler pro Nachricht und 31 Prozent fehlerfreie Nachrichten: Ryan/Owen, *Accuracy,* a.a.O. (Anm. 16), S. 30. Blankenburg, der wesentlich weniger Typen „subjektiver“ Fehler erfaßte, fand durchschnittlich gut einen Fehler pro Nachricht und 40 Prozent fehlerfreie Nachrichten: Blankenburg, a.a.O. (Anm. 17), S. 375-386.

26. D. McQuail, *Media Performance,* London u.a. 1992, S. 207.

27. H. Röhl, *Die Macht der Nachricht,* Berlin/Frankfurt a.M. 1992, S. 60f.

28. Straßner, a.a.O. (Anm. 3), S. 124f.

29. Die Landesdienste von *ADN* und *dpa* wurden nicht untersucht, nur die Basisdienste.

30. Inzwischen haben *ddp* und *ADN* zur Agentur *ddp/ADN* fusioniert.

31. Wie Straßner in teilnehmender Beobachtung und Gesprächen in Fernsehnachrichtenredaktionen ermittelt, findet außer dem Agenturvergleich in der täglichen Redaktionsarbeit praktisch keine andere Richtigkeitskontrolle statt; Straßner, a.a.O. (Anm. 3), S. 94.

32. J. Wilke / B. Rosenberger, *Die Nachrichtenmacher,* Wien u.a. 1991, S. 88f.

33. Ebd., S. 86.

34. So hatten z.B. *AP* und *ADN* einen Austauschvertrag und bezogen wechelseitig ihre Dienste, ebd., S. 86.

35. Steffens, a.a.O. (Anm. 13), S. 234.

36. Hagen/Evers, a.a.O. (Anm. 9).

37. Fünf von sechs befragten Redakteuren, deren Redaktion *ddp* abonniert hatte, nannten *ddp* als Agentur mit der geringsten Zuverlässigkeit; ebd.

38. Steffens, a.a.O. (Anm. 13), S. 182.

39. C. Resing / H. Höhne, *Nutzung von Nachrichtenagenturen,* in: Bundesverband Deutscher Zeitungsverleger (Hrsg.), *BDZV-Jahrbuch 1994,* Bonn 1994, S. 300.

40. Hagen/Evers, a.a.O. (Anm. 9).

Martin Gläser

Transparenz zahlt sich aus

Zum Qualitätsmanagement von Multimedia-Produkten

Qualität und Transparenz

Qualität kostet Geld. Qualität hat ihren Preis. Hohe Qualität und niedrige Kosten stehen im Widerspruch zueinander. Zum Beispiel kostet ein tiefschürfend recherchierter Beitrag im Fernsehen mehr als ein oberflächlich recherchierter, da mehr Ressourcen für dessen Produktion nötig waren. Oder: Ein sorgfältig aufbereitetes interaktives Computerspiel auf CD-ROM wird teurer sein als ein weniger gut aufbereitetes. Solche Gedanken fallen uns ein, wenn wir an das Thema Qualität und Ökonomie denken. Kein Zweifel, dieser konfliktäre Zusammenhang zwischen Qualität und Kosten läßt sich nicht wegdiskutieren. Im Projektmanagement spricht man - die Dimension Zeit hinzunehmend - vom *„magischen Dreieck"*, das die Projektabläufe maßgeblich beeinflusse: Die Ziele hohe Qualität, niedrige Kosten und kürzestmöglicher Fertigstellungstermin lassen sich nur mit Abstrichen gleichzeitig realisieren. Man sagt, es gebe „Trade Offs" (d.h. Austauschbeziehungen) zwischen diesen Zielen.

Üblicherweise wird ein Aspekt eher vernachlässigt, der aber für die Qualitätssicherung von enormer Bedeutung ist. Es handelt sich um den Aspekt der *Transparenz*. Nur wenn es gelingt, über alle Projektausreifungsphasen hinweg nachvollziehbare und zwischen Auftraggeber und Auftragnehmer kontrollierbare Abläufe sicherzustellen, wird beste Qualität möglich sein. Transparenz heißt Veröffentlichung der Prämissen, Bewertungen, Voraussetzungen, Informationen innerhalb der Gruppe der Projektbeteiligten. Das sind zum einen das Projektteam selbst sowie die Vertreter des Auftraggebers, zum anderen externe Partner. Veröffentlichung ist das Gegenteil von „information hiding", dem absichtlichen Zurückhalten oder bewußt selektiven Weitergeben projektrelevanter Informationen. Transparenz setzt den Willen und die Fähigkeit der Beteiligten voraus, eine Haltung der Offenheit, der Wahrhaftigkeit und der gegenseitigen Förderung und Fairneß zu praktizieren. An dieser Hürde scheitern viele Projekte. Umgekehrt: Erfolgreiche Projektteams zeichnen sich typischerweise durch ein hohes Maß an Transparenz in den Abläufen aus. *Transparenz zahlt sich aus.*

Nachfolgend soll anhand des Beispiels einer Multimedia-Produktion (etwa der Herstellung einer komplexen CD-ROM, die als kommunikationspolitisches Instrument im Rahmen der Public Relations oder der Verkaufsförderung eingesetzt wird) gezeigt werden, wie man in der Praxis die Qualität zu sichern versucht bzw. zu sichern versuchen sollte. Im Zentrum steht die Forderung, den Produktionsvorgang überschaubar und damit für alle Beteiligten beherrschbar zu machen. Es gilt, die *Strategie der Transparenz* auf allen Stufen durchzusetzen. *Qualität wird damit prozeßorientiert verstanden und weniger als ein Phänomen, das nach objektiven Kriterien (z.B. Produkteigenschaften) beschreibbar ist; am Ende steht der Kunde, dessen Anliegen bzw. Auftrag bestmöglich erfüllt werden muß.* Qualität wird insofern „kundenzentriert" gesehen und vor diesem Hintergrund sodann als ein dynamischer Vorgang, der entlang der Ausreifungs- oder Wertschöpfungskette des Produkts abläuft.

Ein Acht-Schritte-Konzept für wirkungsvolles Qualitätsmanagement

In der Praxis geht es darum, allseits akzeptable Handlungsanleitungen zu finden, um die Erreichung des Qualitätsziels zu sichern und diese Handlungsanleitungen „in die Köpfe" der Beteiligten hineinzutragen. Ein „Schritt-für-Schritt-Konzept" bietet sich an, das die Abläufe überschaubar hält.

1. Schritt: Professionelles Projektmanagement einsetzen

Erforderlich ist es, das Projekt klar, sauber, vorurteilsfrei und ohne Illusionen zu planen. Dazu wird man professionelles Projektmanagement einsetzen, das nach einzelnen Realisationsschritten (Phasen) trennt:
- Definition,
- Entwurf,
- Realisation,
- Qualifikation/Test,
- Einführung und Nutzung.

Professionelles Projektmanagement heißt, den „Werkzeugkasten" (die „Tools") anzuwenden, die heute zur Steuerung von Projekten zur Verfügung stehen. Diesem Postulat wird in der Praxis weniger Rechnung getragen, als man vermuten sollte. Bei vielen Projekten wird eher „drauflos gewirtschaftet", und man „wurstelt sich durch" („Muddling-Through-Syndrom"). Links liegen bleiben die *Instrumente professionellen Projektmanagements,* die im Prinzip leicht zu verstehen sind:
- Projektstrukturplan: Zerlegung der Projekt-Gesamtaufgabe in überschaubare Einzelteile, genannt Arbeitspakete,

- Gantt-Diagramm: Übersichtliche Darstellung der Arbeitspakete im Hinblick auf ihren Zeitbedarf,
- Netzplantechnik: zentrales Instrument für die gesamte Zeitplanung im Projekt,
- Projekt-Controlling: Instrumente des „Monitoring" von Terminen, Kosten und Kapazitäten.

Ohne die Anwendung dieser Instrumente kommt es oft zu Qualitätseinbußen, die leicht vermeidbar wären.

Von entscheidender Bedeutung im Projektmanagement ist das *Organisationsproblem*. Wie läßt sich die Zusammenarbeit im Team wirkungsvoll sicherstellen? Welche Rolle kommt dem Projektleiter zu? Welche Methoden gibt es, um das Projektteam zum Erfolg zu führen? Bei einem Multimedia-Projekt sind am Produktionsprozeß regelmäßig die folgenden Funktionsträger beteiligt:
- Produzent/Produzentin: Er/Sie trägt die Gesamtverantwortung für den rechtzeitigen und erfolgreichen Abschluß der Produktion,
- Art Director / Art Directorin: Er/Sie ist verantwortlich für die kreativen Elemente der Botschaft, für das Erscheinungsbild der Anwendung, für deren „Look and Feel" - in Übereinstimmung mit der Corporate Identity des Auftraggebers,
- Grafiker/Grafikerin, Screendesigner/-designerin, 3D-Designer/-Designerin: Er/Sie setzen die Vorgaben der Art Direction in den grafischen Stil um,
- Drehbuchautor/-autorin: Er/Sie stellt den Ablauf einer Anwendung nach didaktischen Anforderungen dar und legt diesen textlich fest, wobei Interaktions- und Navigationsstrukturen zu bestimmen sind,
- Fachexperte/-expertin: Er/Sie ist gefordert, wenn eine komplexe Fachthematik in allgemein verständlicher Form multimedial darzustellen ist,
- Video- und Audioproduzent/-produzentin: Er/Sie leitet die Produktion von Audio- und Videosequenzen für das Multimedia-System, versehen mit einem tiefen Hintergrundwissen über die Digitalisierungstechniken,
- Programmierer/Programmiererin und Tester/Testerin: Er/Sie führt alle Module der Multimedia-Anwendung auf der digitalen Plattform zusammen - unter Verwendung von Autorensystemen oder höheren Programmiersprachen.

Fragen der interdisziplinären Zusammenarbeit und der Kommunikation im Team sind angesichts einer solch bunten Anhäufung unterschiedlicher Projektbeteiligter virulent. Die Strategie der Transparenz vermag viele Probleme, die sich aus der Gestaltung der organisatorischen Seite des Projekts ergeben, „abzuräumen". Offenkundig wird dies z.B. beim Thema Arbeitsteilung im Projekt: Oft wird der Fehler gemacht, die Projektteams zu klein zu definieren und damit automatisch eine Vielzahl von „Personalunionen" im Hinblick auf die Arbeitspakete zu installieren. Dies sorgt für Unübersichtlichkeit und ständigen Reibungspunkten zwischen den Beteiligten. Die These, das Projektteam müsse in jedem Falle möglichst klein sein, ist falsch.

Bei der Zusammenstellung des Teams muß darauf geachtet werden, daß Leute beteiligt werden, die den Willen zur Kooperation mitbringen. Nicht jeder Mitarbeiter ist hierfür prädestiniert, und es bedarf eventuell einer Schulung der betreffenden Mitarbeiter, die allerdings vorrangig am Training sozialer Kompetenz ansetzen sollte.

Die Strategie der Transparenz hat viel mit dem Verfolgen klarer *Ziele* zu tun. Nur wenn das Schiff einen Hafen hat, kommt es an. Nur wenn das Projekt ein Ziel hat, kann es erfolgreich sein. Eine der größten Schwierigkeiten und auch Versäumnisse ist es, wenn im Projektmanagement die Arbeit an der Zieldefinition vernachlässigt oder gänzlich ausgespart wird. Das Führungskonzept „Management by Objectives" hat sich auf breiter Front durchgesetzt und bietet alles, was zum „Führen mit Zielen" dazugehört. Der besondere Reiz des Konzepts liegt darin, daß sich hierarchisch unterschiedlich positionierte Mitarbeiter (z.B. vorgesetzte Stellen und nachgeordnete Mitarbeiter) in einem kooperativen Verständigungsverfahren über die Ziele einigen und damit eine geradezu suggestive Kraft zur Orientierung und Sinnstiftung der Projektarbeit entfalten.

2. Schritt: Gemeinsam zum Ziel - der gute Kontakt zum Kunden

Vom guten Kontakt zum Kunden lebt das ganze Projekt - und vor allem der Auftragnehmer. Isoliertes Vorgehen ohne die ständige Rückkoppelung zum Auftraggeber verursacht riskante Sprachverwirrungen und möglicherweise teure Auseinandersetzungen über die Auftragserfüllung, besonders über die nachträgliche Beurteilung der Qualität. Der Kunde ist als entscheidender Ausgangspunkt der Projektarbeit anzusehen, und Qualität ist stets im Spiegel der Kundenwünsche zu definieren. Eine alte Hausregel sagt: „Wahr ist nie, was Sie sagen. Wahr ist immer, was der andere hört. Für ihn nämlich." Insofern steht der (subjektive) kundenzentrierte Qualitätsbegriff klar im Mittelpunkt.

Diesen Sachverhalt zu verinnerlichen, spielt schon deswegen eine große Rolle, weil die Kundenloyalität im allgemeinen drastisch abnimmt. Der moderne anspruchsvolle Kunde fühlt sich immer weniger an ein Produkt, einen Hersteller oder Anbieter gebunden - er verhält sich immer unverhohlener „multioptional". Um so entscheidender ist also dann der Aufbau einer guten und fruchtbaren Beziehung zum Kunden, die vom Geist der Partnerschaft und gegenseitigen Mitteilsamkeit getragen ist. *Transparenz* in den konstitutiven Bedingungen der Kundenbeziehung wird zum *Erfolgsfaktor*.

Für den Kunden ist der *Kosten-Nutzen-Nachweis* seines Auftrages das zentrale Anliegen. Eine durchschnittlich komplexe CD-ROM kostet heute 100 000 DM mit wenig Chancen, den Preis wesentlich nach unten zu drücken. Schnell gerät man aber in die Zone von 500 000 DM, sobald das Vorhaben anspruchsvoller wird, z.B. durch den Einsatz neu produzierter Video-Sequenzen oder aufwendige 3D-Animationen. Für sein gutes Geld will der Kunde berechtigterweise gute Qualität sehen. Er will sichergestellt wissen, daß er mit seiner CD-ROM einen hohen Wirkungsgrad bei der Profilierung seiner Produkte oder seines Unternehmens erzielt.

Der gute Kontakt zum Kunden wird sich daher an der Nahtstelle des Leistungs- und Kostennachweises mitentscheiden. Transparenz und ungeschminkte Offenheit, eventuell auch konfrontativ dem Kunden gegenüber, muß hierbei sichergestellt werden. Typischerweise macht es in der Praxis große Probleme, die *Kostenseite zu beherrschen.* Eine verläßliche Kostenschätzung ist prinzipiell erst nach einer weit fortgeschrittenen Entwicklung des Stoffes bzw. des Inhaltes möglich. Erst bei Vorliegen eines produktionsreifen Drehbuches läßt sich eigentlich eine präzise Detailkalkulation erstellen. Dieser Zeitpunkt ist freilich für die Kostenvereinbarung mit dem Kunden zu spät, und zwar für beide Seiten. Sie muß grundsätzlich zu einem viel früheren Zeitpunkt erfolgen und bleibt damit auf einer eher unsicheren Grundlage. Die vereinbarten Kostenlinien sind damit stets als risikoreich zu bezeichnen. Hinzu kommt häufig das Begehren des Kunden, während der Projektentstehung Änderungen am Konzept vorzunehmen. – Unter diesen Voraussetzungen ist leicht einzusehen, wie sehr es vom guten Willen, von guter Kommunikation, vom offenen Austausch der Informationen abhängt, wie sich Auftraggeber und Auftragnehmer konstruktiv verständigen können.

Wie läßt sich Qualität in Geldgrößen übersetzen? Ist das, was „gut“ ist, automatisch auch teuer? Was geht auch „billig“ zu machen, ohne die Qualität zu gefährden? Das sind Fragen, die bei jedem Medienprojekt angesprochen sind. Patentrezepte gibt es nicht, um Medienqualität auszudrücken, noch weniger, die Brücke zur Kostenseite herzustellen. Beredtes Beispiel sind die Bemühungen von Recht und Politik, die Festsetzung der Rundfunkgebühren zu regeln. Um „die Luft rauszunehmen“, hat man eine *Kommission zur Ermittlung des Finanzbedarfs der Rundfunkanstalten (KEF)* eingerichtet, in der eine Anzahl von Sachverständigen in geregelten Zwei-Jahres-Intervallen den Anspruch der Rundfunkanstalten auf höhere Gebühren prüfen soll. Die Empfehlung der *KEF* dient den Ministerpräsidenten der Länder als Entscheidungsgrundlage. Die Erfahrungen aus zehn *KEF*-Berichten zeigen, daß es nicht möglich ist, in einem logischen und nachvollziehbaren Verfahren – sozusagen mathematisch präzise – den Finanzbedarf aus der programmlichen Sphäre heraus abzuleiten. Es muß Illusion bleiben, die Kostenfrage neutralisieren und objektivieren zu wollen. Stets spielen die Einschätzungen und Bewertungen der Beteiligten die entscheidende Rolle. So ist es nicht verwunderlich, daß sich in der letzten Gebührenrunde nicht wenige Fachexperten die Meinung zu eigen gemacht haben, daß entscheidend für das Maß der Gebührenfestsetzung die gute Beziehung zwischen der *KEF* und den betroffenen Rundfunkanstalten sei.

3. Schritt: Produktion professionell planen und managen

Entscheidende Hilfsmittel einer professionellen Produktionsplanung und -abwicklung sind:

- Briefing,
- Pflichtenheft,
- Entwicklung des Drehbuchs und Storyboarding,
- Prototyping.

Besonders wichtig ist das *Briefing* als das entscheidende Dokument für den Informationsaustausch zwischen Auftraggeber und Produzent. Das Briefing ist die Dokumentation für die Auftragsvergabe; es soll alle regelungsbedürftigen Elemente enthalten. Der Anspruch an das Briefing ist hoch anzusetzen. Es soll zwar kurz gehalten sein, aber auf einer umfassenden und tiefschürfenden analytischen Grundlage beruhen. Es ist die entscheidende Nahtstelle in der Verständigung zwischen Auftraggeber und Auftragnehmer. Es soll die nötige Transparenz über die Vorstellungen der Beteiligten sorgen, und zwar im vorhinein vor Beginn der eigentlichen Produktion. Nicht selten sind mehrere Versionen des Briefings notwendig, um zueinander zu finden. Im Vorgang des Re-Briefing kommt dies zum Ausdruck.

Das *Pflichtenheft* sollte als Bestandteil des Vertrages nicht fehlen. Es ist die genaue Beschreibung der zu erbringenden Leistungen (Leistungsverzeichnis) und dokumentiert die generellen Anforderungen an das Projekt, die Lieferungen und Leistungen, die Termine usw. Man kann das Pflichtenheft auch als den „krönenden Abschluß" der Definitions- und Entwurfsphase bzw. als Ausdruck der Konzeption verstehen.

Bei Multimedia-Produkten hat – wie beim Film – das *Drehbuch* die Aufgabe, den Inhalt in eine produktionsreife Form zu überführen. Anders als beim Film hat man es allerdings mit interaktiven Drehbüchern zu tun, die anderen „Gesetzen" unterliegen. Der Klarheit dient die Visualisierung des Drehbuchs durch ein *Storyboard*, das die Handlungsanleitung für den Ablauf der Programmierung der Bild-, Ton- und Textmodule darstellt. Es baut auf dem Script auf, das die einzelnen Bilder mit Untertexten und gesprochenen Kommentaren skizziert. Zur Vereinfachung können die einzelnen Screens (Bildschirmseiten) über Autorensoftware, Datenbank-

oder Präsentationsprogramme auf einfache Weise nach Schablonen (Templates) erstellt werden. Auch Bilder können relativ schnell über Scans in das Storyboard integriert werden.

Mit solchen und anderen Verfahren läßt sich die inhaltliche Seite einer Multimedia-Produktion transparent machen. Der Kundendialog wird mit Blick auf die Qualität des Inhalts besser steuerbar. Dabei läßt sich das Verfahren des *Prototyping* oft nutzbringend integrieren. Es hat zum Ziel, möglichst frühzeitig eine Version des zu entwickelnden Multimedia-Produkts auf den Tisch zu bringen, mit der man die Lauffähigkeit der Anwendung, den Aufbau, die Navigation, die Funktionalität usw. verdeutlichen kann.

4. Schritt: Outsourcing nutzen

Multimedia-Projekte werden immer mehr in *virtueller Organisationsform* erbracht. Die für das Projekt notwendige Organisation befindet sich nicht mehr an einem Ort, sondern ist räumlich verteilt. Sie besteht nur für die Zeitdauer des Projekts und ist speziell auf die Projektaufgabe zugeschnitten. Telearbeit und das Auslagern von Funktionen („Outsourcing“) spielen eine zunehmende Rolle in virtuellen Organisationen. Das Unternehmen selbst zieht sich auf seine Kernkompetenzen zurück und kauft die für ein Projekt jeweils benötigten Ressourcen am Markt. Dies betrifft insbesondere freie Mitarbeiter, deren Bedeutung als externe Dienstleister und Zulieferer von Leistungen laufend zunimmt.

Die virtuelle Organisation stellt erhöhte Anforderungen an die Kommunikation zwischen den Beteiligten. Projektmanagement bei virtuellen Strukturen muß die räumliche Trennung der beteiligten Dienstleister berücksichtigen und Methoden an die Hand geben, um die auftretenden Kommunikationsprobleme zu lösen. Transparente Verfahren sind in besonderem Maße gefordert.

5. Schritt: Übersichtlichkeit erzeugen

Der Erfolg eines Multimediaprodukts hängt wesentlich von dessen Bedienerfreundlichkeit ab. Hemmschwellen für den Benutzer sind:

- bedienerunfreundliche Oberflächen, z.B. Tastatur, wenn ein Touch Screen möglich wäre,
- Schnittstellen zwischen Mensch und Maschine (noch) ohne Akzeptanz, z.B. Datenhelm,
- semantisch unlogisch angeordnete Bedienelemente, die den „Style Guides“, den Codices der menschlichen Kommunikationsfaktoren (z.B. Anordnung von Buttons: links = positiv / rechts = negativ) widersprechen,
- nicht eingehaltene Konventionen für die Darstellung von Text und Zahlen,

- zu komplexer Bildaufbau,
- unübersichtliche Menüs,
- fehlende akustische und visuelle Rückmeldungen auf die Aktionen des Benutzers.

Wichtig ist es, die Gewohnheiten und Handlungsmuster der Benutzer als Ausgangspunkt für die Gestaltung der „GUIs“ (Graphic User Interfaces / Grafische Benutzeroberflächen) zu verstehen, und nicht umgekehrt. Der interessierte Benutzer ist das Maß der Dinge. Hat er Probleme mit der Verständlichkeit und Handhabung, liegt Versagen der Multimediaproduzenten vor. Transparenz ist eine „Bringschuld“ des Herstellers des Produkts.

Multimediaprodukte zeichnen sich regelmäßig durch die Möglichkeit der Interaktion, zumindest des selektiven Zugriffs auf multimediale Inhalte wie Text, Daten, Grafik, Video, Audio und Animationen aus. Bei interaktiven Medien kommt der *Navigation* eine besondere Relevanz zu. Wie gelingt es, in einem erheblich ausgedehnten Informationsfeld, wie es eine CD-ROM oder aber auch ein Online-Angebot bietet, die Übersicht zu behalten? Wie schafft man Orientierung? Eine leicht zu handhabende Navigationshilfe ist vonnöten. Im Online-Bereich (*Internet / World Wide Web*) sind Suchmaschinen wie *Yahoo!* oder *web.de* heißbegehrte Instrumente, mittels derer man sich auf dem Daten-Highway zurechtfinden kann. Transparenz wird zum marktfähigen Gut, mit dem man Handel treiben kann, was sich z.B. in den lebhaften Werbebuchungen auf eben diesen Suchmaschinen ausdrückt.

6. Schritt: Ästhetische Logik sicherstellen

Auch bei Multimediaprodukten gibt es gestalterisch die Logik des „goldenen Schnitts“. Psychologische Aspekte sind zu beachten:
- bei der Gestaltung des Vordergrundes und des Hintergrundes,
- bei der farbpsychologisch fundierten Farbgebung der Oberflächen,
- bei der Frage des Kontrasts (hell - dunkel / Komplementärkontrast - Qualitätskontrast),
- bei der Frage typographischer Regeln für den Text (Lesbarkeit / Übersichtlichkeit),
- bei der Dramaturgie, die den roten Faden des Inhalts realisieren muß.

Viele andere Gesichtspunkte spielen eine Rolle. Transparenz heißt in diesem Zusammenhang, alle diese Punkte einzubeziehen. So wird beispielsweise selbst die Gestaltung der Sounds die Struktur und Funktionalität der Anwendung maßgeblich beeinflussen. Falsche Gestaltungsregeln sorgen für Verwirrung, Ablehnung und Unzufriedenheit beim Benutzer.

7. Schritt: Funktionalität garantieren

Der Einsatz des Computers muß sich für den Auftraggeber lohnen, sei es direkt meßbar durch erhöhten Gewinn bzw. Umsatz, sei es - dies die wahrscheinlichere Variante - durch nur indirekt nachzuweisende positive Effekte, z.B. einen Imagezuwachs. Funktionalität heißt, durch geeignete Verfahren diese positiven Wirkungen den verfolgten Zielen entsprechend sicherzustellen. Beispielsweise ist es wenig zweckmäßig, eine Verkaufs-CD-ROM, d.h. einen „elektronischen Katalog", ohne Suchfunktionen auszustatten, mit denen man die präsentierten Informationen flexibel abrufen kann, sowie ohne den Hinweis auf Bestellmöglichkeiten. Bei sogenannten interaktiven Kiosk- und Auskunftssystemen am Verkaufsort (dem „Point of Sale") bei Banken, Reisebüros, Baumärkten, auf Messen u.a.m. wird die Protokollierung der Abfragen durch interessierte Nutzer vom Auftraggeber als besonders attraktiv empfunden. Eine sonst teuer zu bezahlende Marktforschung ist auf diese Weise möglich. Mehr Transparenz über die tatsächlichen und potentiellen Zielgruppen wird möglich.

Viel Phantasie ist notwendig (und große Chancen sind gegeben), will man die technischen Möglichkeiten ausschöpfen und ein hohes Maß an Funktionalität garantieren.

Transparenz schafft auch ein modularer Aufbau der Produktion, die auch in einem späteren Stadium des Projekts noch die Anpassung an die Vorstellungen des Auftraggebers möglich macht. Entwickelt das Produktionsstudio beispielsweise einen funktionsfähigen Prototypen, der für erste „Impact Checks", d.h. Feldversuche, gute Dienste leistet, bleibt genügend Spielraum für die Entscheidung darüber, wie weit das System letztendlich ausgebaut werden soll. Ein modularer Aufbau läßt es zu, daß Inhalte wie z.B. visuelle Produktdarstellungen oder Texte ohne große Schwierigkeiten ausgetauscht und aktualisiert („up-ge-datet") werden können. Für viele Produktionen kann man Standardversionen erstellen, die ein skeptischer Auftraggeber erst einmal testen kann, bevor dann entsprechende Module mit integriert werden.

Interessant sind sogenannte Cross-Multimedia-Konzepte, bei denen die wenig veränderlichen Informationen z.B. eines Großhändlers oder eines Reisebüros auf einer CD-ROM (Offline) gespeichert und beim Einzelhandel oder am Verkaufsort abrufbar sind, während die zeitsensiblen Informationen wie Verkaufspreise, Konditionen, Kurse usw. via Online (ISDN, Modem) zugespielt werden. Multimedia macht ganz neue Wege der gezielten Information möglich.

Funktionalität umfaßt aber noch mehr: Sie reicht hin bis zur didaktisch-methodischen Aufbereitung des Lernstoffes z.B. bei der Verwendung von Multimedia für Lehr- und Lernzwecke (CBT / Computer Based Training).

8. Schritt: Einsatzbedingungen beherrschen

Oft wird bei Multimediasystemen ein Full-Service durch den Hersteller vereinbart, der dann die Installation, die Wartung, die Behebung von Fehlern und den Update vornimmt. Wird dieser Full-Service nicht gewünscht, steht das anwendende Unternehmen vor der Frage, wie es selbst die Einsatzbedingungen beherrschbar macht. Information tut not. Unverzichtbar ist ein ausgereiftes, verständliches Handbuch, das alle notwendigen Schritte eingehend und nachvollziehbar erklärt. Das Thema „Gebrauchsanleitungen" ist angesprochen. Immer noch wird von vielen Firmen der hohe Rang verständlicher und lesbarer Botschaften für den Anwender unterschätzt. Schon um das vielen Kaufhandlungen auf dem Fuße folgende Unbehagen abzubauen und nicht noch zu schüren, sollten Gebrauchsanleitungen mit äußerster Sorgfalt und didaktischer Intelligenz aufbereitet sein.

Stets von großer Bedeutung sind Hotlines. Ein gut funktionierender „Stand-by-Service" z.B. beim Messeeinsatz von Multimedia, aber auch im Consumer-Bereich, kann ein entscheidender Erfolgsfaktor für den Produktabsatz sein. Der Hersteller tut gut daran, von sich aus alles daran zu setzen, um die ein hohes Maß an Erreichbarkeit sicherzustellen, wenn der Anwender sich in einer Problemsituation befindet.

Stark vertreten ist in der Management-Diskussion das Thema der Qualitätssicherung: „Total Quality Management" oder die Richtlinien nach *ISO 9000ff.* usw. beherrschen geradezu die Diskussionen um mehr Effizienz in den Betrieben.

Im Gegensatz zu dieser starken Betonung der Qualität steht die eher kümmerliche Behandlung der Transparenz-Thematik. Auch Transparenz und Ökonomie sind eng miteinander verknüpft. Es lohnt sich, Transparenz zu schaffen. Es lohnt sich, auf allen Stufen des Wertschöpfungsprozesses innerhalb der Unternehmen und zwischen Auftraggeber und Auftragnehmer konsequent eine Strategie der Transparenz zu verfolgen.

Literatur

Gläser, M., *Multimedia – Was kommt da auf uns zu? Aspekte, Beispiele und Fragen der digitalen Weiterentwicklung*, in: *Informationen der Aktion Jugendschutz Baden-Württemberg*, 1995, Heft 6, S. 1–9.

Graf, J. / D. Treplin, *Multimedia. Das Handbuch für interaktive Medien.* Loseblatt-Sammlung, München/Ulm, Stand: April 1996.

Litke, H.-D., *Projektmanagement. Methoden, Techniken, Verhaltensweisen*, München/Wien, 2., überarb. u. erw. Auflage 1993

Madauss, B. J., *Handbuch Projektmanagement. Mit Handlungsanleitungen für Industriebetriebe, Unternehmensberater, Behörden*, Stuttgart, 5., überarb. u. erw. Auflage 1994.

Peter Marchal

Wege zur Wirklichkeit

Dokumentarfilm als Chance für das Fernsehen

„In Anbetracht der wachsenden Komplexität der gesellschaftlichen Verhältnisse und der zunehmenden Fragmentierung von Erfahrung und Wahrnehmung lassen sich zwei generelle Tendenzen des Umgangs mit Medien und der mit ihnen zu entwickelnden Kunst, die Welt zu zeigen, unterscheiden, die in der Trennung voneinander allerdings nur idealtypisch sind: die eine, die den Oberflächeneindruck von Wirklichkeit, wie er sich der Alltagserfahrung darstellt, verdoppelt oder verstärkt und allenfalls auf seiner Basis die Synthetisierung von Sinn versucht; die andere, die diesen Oberflächeneindruck auf seine Ursprünge befragt; die seiner Brüchigkeit und Widersprüchlichkeit nachgeht und Vorschläge und Möglichkeiten für ein tieferes Verständnis von Zusammenhängen und eine begreifende Sinngebung anbietet."

Aus: Gabriele Hübner-Voss, Die Kunst die Welt zu zeigen. Theoretische Grundlagen für den Umgang mit Medien, Frankfurt a.M. 1980, S.44

Eine belastete Beziehung

Nie konnten sich die Menschen in Mitteleuropa schneller, bequemer und so weltweit informieren wie heute. Frei Haus bekommt man über Antenne, Kabel oder Satellit neben deutschsprachigen auch internationale Fernsehprogramme geliefert. Das schon immer attraktivere Seh-Medium hat damit auch hinsichtlich seiner Aktualität mit dem einstigen Vorreiter in dieser Hinsicht, dem Hörfunk, gleichgezogen. Die Welt scheint zum Dorf geworden zu sein, in dem sich der Zuschauer zu jeder Stunde und zurückgelehnt im Sessel, bei Schnittchen oder Kräckern, spazierenfahren lassen kann. Das Fernsehen scheint omnipräsent zu sein in dieser Welt, immer bereit, unter den Bedingungen eines freien Nachrichtenmarktes und vollständiger Konkurrenz der Anbieter das Beste an „news" und stets vom Ereignisort aus bereitzustellen.

Bei der Live-Berichterstattung von Fußballspielen erlaubt die heutige TV-Technik ungeheure Flexibilität und Annäherung an das Geschehen. Sie bringt Bilder, die man als Zeuge eines Fußballspiels, als Mensch in der Fankurve nicht sehen könnte. Im Theater gibt es eine festgeschriebene Distanz zur Bühne. Das Fernsehen scheint jede Distanz zu überwinden, von links nach rechts, von nah zu fern beliebig springen zu können. Vermittelt es also mehr Realität?

Das Fernsehen liefert den Ton zum Bild gleich mit. Mikrofone bilden die Wirklichkeit mehrdimensional ab, anders als Kameraobjektive. Dadurch ist die von ihnen übermittelte Information vielschichtiger, reicher. Doch was macht das Nachrichtenfernsehen aus dieser Chance? Man spürt den akustischen Wechsel, etwa von Innen nach Außen, vom Sitzungssaal zur Straße. Meist aber wird das Akustische dort durch Kommentar „zugeredet."

Hier geht es nicht darum, noch einmal auf die Klagen über selten gewordene Sendeplätze für Dokumentarfilme in den öffentlich-rechtlichen Fernsehprogrammen einzugehen. Aus den Kinos als traditioneller Abspielstätte fast ganz verschwunden, sind sie bei ihrer Verwertung heutzutage ganz auf das Fernsehen angewiesen. Vielmehr stehen Fragen der Realitätsnähe von Fernsehjournalismus einerseits und und Dokumentarfilm andererseits zur Diskussion. Vielleicht läßt sich über diesen Umweg auch die Frage mitbeantworten, warum genuiner Dokumentarfilm es im Fernsehen so schwer hat - oder sich damit so schwer tut. - Zu verhandeln ist auch nicht ein weiteres Mal die Frage, ob überhaupt Wirklichkeit mit filmischen oder Fernsehmitteln auch nur annäherungsweise 'reproduziert' werden - also im Sinne der Realismus-Debatte: ob überhaupt den zunehmend komplexeren Wirklichkeiten audiovisuell-adäquat Ausdruck verliehen werden kann. Schließlich sollen auch nicht allseits bekannte Vorurteile gegenüber Dokumentarfilmen wiederholt und diskutiert werden - sie seien langweilig, traurig, meist zu lang oder politisch fragwürdig; daran scheiterten bereits frühe Versuche, dokumentarische Kurzformen im Fernsehen zu etablieren.[1]

Vom Fernsehen in publizistischer Hinsicht und als heutzutage „zentralem Medium der Realitätsdarstellung und -vermittlung"[2] ist hier die Rede, und vom Dokumentarfilm als filmischem Genre. Fernsehen als Leitmedium erlebt nach Ansicht mancher Beobachter derzeit eine „Renaissance" seiner Informationsprogramme.[3] Das eine ist als etabliertes Medium gerade mal 50 Jahre alt, das andere so alt wie die Filmgeschichte - also 100 Jahre. Es erstaunt, wie sich beide Seiten gleichsam als „Lager" in Bezug auf Arbeitsweise, Formenspektrum, Selbstverständnis und Thematik einander gegenüberstehen, sich so wenig aufeinander beziehen. Dabei haben beide sich mit teilweise deckungsgleichen Dauer-Problemen auseinanderzusetzen. Sie tangieren das Selbstverständnis von Fernsehjournalisten wie Dokumentarfilmern in ganz direkter Weise und sollen hier angesprochen und jeweils spezifisch konkretisiert werden.

Die Beziehung von Fernsehen und Dokumentarfilm unter inhaltlichem Aspekt ist zunächst einmal terminologisch belastet. Beide reklamieren teilweise dieselben Begriffe für sich. Neben kürzeren und kurzen Sendeformen informiert das Fernsehen sein Publikum in seinem Sprachgebrauch mit „Features“, „Dokumentationen“ und „Dokumentarfilmen.“ Feature wird in einem Wörterbuch definiert als eine „aufgelockerte Berichtsform, im Fernsehen meist ein Film von gewöhnlich 45 Minuten Dauer, in dem Information (Nachricht und Kommentar) und Unterhaltung mit variablen Schwerpunkten gemischt sind“[4]. Die einzelnen fernsehjournalistischen Genres (Nachrichtenfilm, Live-Einspielung, Hintergrundbericht, Interview, Statement, Magazinbeitrag usw.) sind mit genormten Durchschnittslängen gekoppelt: ein Nachrichtenfilm darf 30 Sekunden lang sein, ein Beitrag in einem politischen Magazin acht Minuten, ein Feature dreißig oder gar 45 Minuten. Fernsehpraktiker benutzen „Dokumentation“ und „Dokumentarfilm“ synonym: „Eine Dokumentation will an Hand von Dokumenten, also von Zeugnissen, beschreiben, was ist oder was war. Schlußfolgerungen, die oft nicht einmal ausgesprochen werden müssen, ergeben sich auf Grund des vermittelten Materials. Der dokumentarische Film oder die Fernsehdokumentation geht der Tendenz nach synthetisch vor ... Der Dokumentarfilmer muß ein geduldiger, einfühlsamer Beobachter sein, vor allem bei bestimmten Sparten. Augenfällig ist dies bei Tierfilmen oder bei Langzeitdokumentationen.“[5] – Dagegen stellt der „Außenseiter“ Alexander Kluge über die Sendeform „Dokumentation“ fest: „Das Prinzip der Dokumentation gehört von Anfang an zum Film. Es bedeutet nichts anderes als Sachlichkeit ... Dieses Prinzip Dokumentation, das für alle Filme gilt, ist nicht das gleiche wie das Genre des Dokumentarfilms.“[6] Mit anderen Worten: Wenn bei Fernsehpraktikern von „Dokumentarfilm“ die Rede ist, ist damit noch nicht gesagt, daß sie damit das Gleiche wie Dokumentarfilmer meinen.

Es wäre eine Tautologie, den Dokumentarfilm realitätsbezogen zu nennen – er will und wollte es stets sein! – aber wird er in der Wahl seiner Arbeitsweise, seiner Formen und seines Auftrags auch schon der Realität gerecht? Es bringt nicht weiter, das Nebeneinander in der Entwicklung von Fernsehen einerseits und Dokumentarfilm andererseits zu leugnen, wie es hier und da geschieht.[7] Wie kommt es also, daß Fernsehpublizistik und Dokumentarfilm sich so wenig gegenseitig befruchten, was Wirklichkeitsannäherung und -darstellung anlangt? Wie sich im einzelnen noch zeigen wird, sind diese „alten“ Fragen mit der Beschleunigung und Omnipräsenz der audiovisuellen Informationsgewinnung, -verarbeitung und -distribution keineswegs schon gelöst. Im Gegenteil: die üblichen Pfade publizistischer Annäherung an die Realität sind heute im Fall des Fernsehens fragwürdiger denn je; das Fernsehen sieht sich außerdem dabei mit neuen Problemen konfrontiert, die es gewiß nicht selbst verschuldet hat.

Lagerdenken statt Symbiose

Die Antworten auf die Frage, wie wichtig der Dokumentarfilm im Fernsehen genommen wird, sind durchaus kontrovers. Redakteure der öffentlich-rechtlichen Sender weisen auf die ihrer Ansicht nach erstaunlich hohe Zahl der Dokumentarfilmtermine in den Programmen hin.[8] Die rein quantitative Fernsehprogramm-Bedeutung des Dokumentarfilms hilft allerdings inhaltlich nicht weiter. Unbestritten und für die weiteren Überlegungen bedeutsam ist: Als Kurzfilme kommen Dokumentarfilme im Unterschied zur frühen Filmgeschichte und zu den sechziger und siebziger Jahren[9] im Fernsehen überhaupt nicht mehr vor, sind nicht einmal Gegenstand der Theoriebildung. Denn: „Die im Fernsehen ‚anerkannte' Dokumentarfilm-Länge beginnt bei 45 Minuten"[10]. Allgemeiner formulierte die Fernsehkritikerin Cornelia Bolesch: „Die öffentlich-rechtliche Hierarchie hat das Prinzip dokumentarischen Arbeitens nicht erkannt und es erst recht nicht verstanden, es zu einem selbstbewußten Pluspunkt des eigenen Systems zu machen, weil Qualitätsdiskussionen auf dieser Ebene schon längst nicht mehr geführt werden."[11]

Bereits 1980 wies Klaus Wildenhahn eine „Verteufelung des Fernsehens" mit dem Argument zurück, er selbst habe einen Hauptteil seiner Filme im Fernsehen unterbringen können.[12] Als Festangestellter des *NDR* war dieser bekannteste westdeutsche Dokumentarfilmer seit Beginn seiner Arbeit als Realisator und Autor von Beiträgen für das politische Fernsehmagazin *Panorama* eine Ausnahme unter seinen Kollegen; Wildenhahn selbst hat immer wieder auf die Freiräume und Experimentierfreude der Redaktionen hingewiesen, für die er seit Anfang der sechziger Jahre tätig wurde. Er ist auch als lebende Querverbindung zwischen Fernsehen und Dokumentarfilm eine Ausnahme gewesen. – Achim Heimbucher und Günther Hörmann nannten Wildenhahn den einzigen „namhaften deutschen Dokumentarfilmer", den sich die deutschen Fernsehanstalten leisteten (was sicher übertrieben ist, da auch andere weiterhin bei fixen Einzelterminen oder unter Reihentiteln wie *Unter deutschen Dächern* [*Radio Bremen*] und *Menschen und Straßen* [*Südwestfunk*] berücksichtigt werden). Sie forderten von den Dokumentarfilmern, sich an den „Defiziten" des Fernsehens zu orientieren: „An die Stelle zerfaserter Information muß dokumentarische Filmarbeit versuchen, langfristige Projekte durchzusetzen, die die Wirklichkeit analytisch und im Zusammenhang darstellen. An die Stelle oberflächlicher journalistischer Überflüge über gesellschaftliche Probleme muß er mit den Menschen, die er abbildet, zusammenarbeiten und sie als Subjekte, nicht als Objekte und Datenträger verstehen."[13] Hier wird die Perspektive des Dokumentarfilms im Fernsehen auf lange Filmformen verengt, außerdem das Problem des Umgangs mit der Realität formelhaft und verkürzt bezeichnet.

Einer derjenigen Fernsehredakteure, die sich um den Dokumentarfilm - und zwar mit der Reihe *Unter deutschen Dächern* - verdient gemacht haben, ist Elmar Hügler (*Radio Bremen*). Er wirft dem „dominanten" Partner Fernsehen in der Ehe „Fernsehen und Film" vor, unter seinen Fittichen sei der Dokumentarfilm zum sogenannten „Feature" verkümmert, außerdem betreibe das Fernsehen Etikettenschwindel, indem es diese Sendeform dennoch weiter als „Dokumentarfilm" bezeichne.[14] Der Apparat Fernsehen neige „zur Politur der Außenseite": „Das ideologische Vorurteil, der Dokumentarfilm habe es im Fernsehen nur deshalb schwer, weil er die Realität so radikal entblöße, daß sie politisch nicht mehr präsentierbar sei, trifft also nur die halbe Wahrheit. Richtig ist, daß die dokumentarisch dargestellte Wirklichkeit sehr oft des Charmes entbehrt, der es erlaubt, sie aufgeteilt oder flott verpackt problemlos an den Mann zu bringen."[15] - In einem von Alexander Kluge 1983 herausgegebenen Sammelband wird von der „Beheimatung" des heimatlos gewordenen Dokumentarfilms im Fernsehprogramm gesprochen, die jener u.a. durch „erdrückende sprachliche Dominanz, z.B. der Kommentar zerredet die Bilder", „Stoffüberhang, z.B. Absicherung der inhaltlichen Aussagekraft durch permanente Verkürzung der filmischen Bögen" und durch Verlust ganzer „Ketten von filmischen Ausdrucksweisen" das Diktat der 45-Minuten-Länge bezahlt habe.[16]

Andere Filmgenres, vor allem der Spiel- bzw. Zeichentrickfilm, sind längst eine Symbiose mit dem Fernsehen eingegangen, wie immer man die Verwertung von Filmrechten einschließlich der Präsentationsweise auch bewerten mag. Die Notwendigkeit, die vielen neuen Sendezeiten kostengünstig und massenattraktiv füllen zu können, stand dabei sicher an vorderster Stelle. Mit dem Fernsehspiel ist eine fernseheigene neue Gattung entstanden, wobei die in langen Jahrzehnten entwickelte stilistisch-ästhetische Vielfalt der Spielfilmtradition darin mediengerecht Pate gestanden hat. Anders beim Dokumentarfilm: er hat eine ebenso lange Geschichte wie der Spielfilm, kommt aber dennoch allenfalls im Fernsehen „vor", statt es in dessen publizistischer Funktion zu bereichern und zu beleben. Schließlich ist doch der Dokumentarfilm eine außerhalb des Fernsehens voll anerkannte, selbständige Filmgattung, die ihre Autoren, ihre Festivals, ihre (internationale) Lobby und Theorienbildung hat - wenn auch aktuell keine allseits anerkannte Definition. Ein Fernsehen, das sich nicht im Fiktiven erschöpft, dürfte ebenso einen Anspruch auf Realitätsbezug haben wie der Dokumentarfilm - und damit auch ein Interesse an Sendeformen und Programmen, die das aktuelle Newsfernsehen durch „Hintergrund" ergänzen, möglicherweise eine ganz eigene, unverwechselbare Farbe ins Programm bringen, unterscheidbar auch von den rein journalistischen Sendeformen „Feature“ und „Dokumentation.“

Realitätsaneignung in der Fernsehinformation

Zu fragen ist, wie das Fernsehen faktisch seinen Informationsauftrag qualitativ erfüllt, welcher Mittel und Wege es sich also bedient, um heutige Realität „abzubilden“, zu analysieren, zu bewerten.[17] Zunächst kann gesagt werden, daß es eine Kritik am Fernsehen in Bezug auf seine Wirklichkeitsnähe genaugenommen nicht gibt. Es wird kaum untersucht, wie sich in der Praxis Fernsehreporter, -autoren und -kameraleute der Realität nähern, wie sie drehen und was sie aus dem Gedrehten machen. Eine ideale Analyse der Realitätsgerechtigkeit setzte voraus, sowohl das Geschehen selbst - die vorfilmische Realität - als auch die Drehsituation sowie die Stadien der Weiterverarbeitung (Schnitt, Vertonung, Kommentierung) im einzelnen Fall jeweils zu kennen. Nur selten ist der Kritiker oder Forscher am Ort des Geschehens, nur selten bekommt er das Rohmaterial aus den Dreharbeiten in die Hand. Direkte Produktionsbeobachtungen des Fernsehens sind Mangelware, noch seltener, so läßt sich vermuten, werden sie veröffentlicht.

Der Fernsehreporter Dagobert Lindlau sprach 1984 vom „medialen Rost, durch den ein schwer kalkulierbarer Teil der Realität“ falle und zählte - neben fernsehspezifischen Erscheinungen wie Schnitt und Kommentar - u.a. folgende Varianten des Realitätsverlustes im Fernsehen auf: Verlautbarungsjournalismus, Beschränkung auf einplanbare Themen „unter dem Druck von Etat und Arbeitszeitregelungen“, Schönfärberei infolge von PR-Einflüssen.[18] Ein großer Teil der Realität dürfte auch deshalb, könnte man hinzufügen, nicht wahrgenommen werden, weil er nicht dem Aktualitäts- und Nachrichtenwert-Gebot tages- oder mittelfristig-aktueller Fernsehsendungen entspricht. Im folgenden soll die Kritik am Fernsehen in Bezug auf seine Informationsleistung detailliert dargestellt und hinterfragt werden (auf die zunehmend restriktiven Arbeits- und Produktionsbedingungen beim Fernsehen, auf finanzielle bzw. organisatorische Vorgaben „von oben“ - etwa in Bezug auf Drehverhältnisse, Schnittplatz-Disposition und Team-Bildung - und auf unausgeschöpfte Kreativitätspotentiale von Fernsehmitarbeitern wird später eingegangen). Diese Kritik läßt sich so zusammenfassen:

1. das Fernsehen bedient sich vorfixierter Konzepte und Arrangements bei seinen Drehterminen;

2. das Fernsehen geht bei der Fertigstellung von Nachrichtenfilmen, Berichten und anderen vorproduzierten Informationssendungen einseitig textorientiert vor;

3. das Fernsehen greift auf konventionelle Stereotype bei der Bildgestaltung im Sinne von „Schönheit“ und „Perfektion“ zurück.

Vorfixierter Konzepte und Arrangements

Journalistisches Fernsehen benutzt im wesentlichen Interview und Statement als Mittel, wenn es zu direkten Aussagen als Ausgangsmaterial für Beiträge unterschiedlichster Art kommen will. Auf diese Aussagen ist es um so mehr angewiesen, als es in der Regel nicht auf die Möglichkeit zurückgreift, seine Gegenstände zu beobachten. „Das Interview ist eigentlich eine extrem künstliche Form des Dialogs – der Fragende ist ja in der Regel keinem persönlichen Interesse verpflichtet, sondern versteht sich ganz altruistisch nur als Medium im Medium.“ Mit dieser Form der Realitätsaneignung aber macht man sich abhängig von der „Bildpräsenz der Agierenden und ihrem Sprachgestus, also damit, inwieweit diese ihre Worte überzeugend (originell, authentisch in der Wirkung) für den Zuschauer vermitteln können.“[19] Mit Interview und Statement greifen Fernsehteams und -autoren nicht nur in die reale Situation verändernd ein, die sie eigentlich darzustellen vorgeben, sondern stülpen ihr auch noch fernseheigene Muster auf: Realsituationen werden fernsehgerecht arrangiert, Umbau und Kunstlicht sollen für „schöne“ Bilder sorgen. John Simpson, der außenpolitische Leiter des BBC-Fernsehens, hat den Fernsehalltag plastisch so beschrieben:

„Das Fernsehen ist heute genau so schnell wie das Radio, und die Entwicklung der Satellitentechnik bedeutet, daß zwischen dem Nachrichtenkorrespondenten und dem Zuschauer keine vermittelnde Instanz mehr nötig ist ... Die besten Fernsehberichte sind die, die möglichst natürlich ausfallen. Ich mag sie nicht mehr, alle die schrecklich aufgesetzten Einstellungen, die zur Gewohnheit geworden sind: den Interviewten zum Beispiel, der an der Kamera vorbeigeht und angestrengt so tut, als sehe er sie nicht und der dann unvermittelt stehen bleibt und zu reden beginnt. Ich mag sie nicht, die anderen kleinen Täuschungsmanöver, die Einstellungen, die nach Beendigung des Interviews geschossen werden: die den Reporter mit gefurchter Stirne zeigen oder wie er sein Kinn auf die Hand stützt. Ich mag sie nicht, die Kameraperspektive, die den Reporter und den Interviewpartner erfaßt, damit ein Schnitt aufgefangen wird. Der Zuschauer sollte ruhig merken, daß etwas herausgeschnitten worden ist.“[20]

Man mag dies alles mit Zeitdruck begründen – dennoch bleibt die Befürchtung, daß große Teile oder Dimensionen der Realität mit Hilfe solcher Verfahren nicht einmal ansatzweise angesprochen werden können. Man macht sich vor dem Gang in die Realität ein Konzept von dem Bild, das man von ihr bieten will - das visuelle Ergebnis steht eigentlich damit vorher schon fest.

Einseitige Textorientierung

Eine andere Kritik am Fernsehen, wie es sich zumindest in Westdeutschland in den letzten 40 Jahren entwickelt und etabliert hat, zielt auf das Primat der Textvorlage gegenüber den Bildern und Tönen. Der typische Fernsehredakteur und -autor sei im Grunde seines Herzens „Pressemann", denke also vom geschriebenen Text her, zu dem dann erst im zweiten Schritt das passende audiovisuelle „Beiwerk" gefunden werden müsse. Es sei typisch, so der frühere Rundfunkchefredakteur und Medienwissenschaftler Harry Pross, „daß die Einzelmeldungen sprachlich eingeleitet werden und die Sprache dem Bild voraus ist. Nimmt man als Extreme des Bild-Ton-Verhältnisses im Fernsehen das besprochene Bild auf der einen Seite und das illustrierte Radio auf der anderen Seite an, so tendiert diese Berichterstattung mehr zum illustrierten Radio. Das ist erklärlich, weil Worte schneller zu machen sind als Bilder, erst recht als Bilder, die auf einen Blick alles beantworten."[21] Bilder werden zur Illustration von Kommentaren herabgewürdigt, dem Zuschauer keine Zeit gegeben, sich die Fernsehbilder in Ruhe anzuschauen und sich auf sie einzulassen. Oft kommen dramatisierende Bilder dem aufgesprochenen, abstrakt analysierenden Kommentar in die Quere, wie Wember schon 1976 an Berichten von Auslandskorrespondenten nachwies.[22]

Diese Textdominanz im aktuellen Fernsehen wird biografisch erklärt: „Viele Mitarbeiter des deutschen Fernsehens der ersten Jahre waren von der schreibenden Zunft in das neue Medium übergewechselt, viele argumentierten unverdrossen mit der Feder auf Papier und bekamen dann, damit sich überhaupt auch etwas auf dem Bildschirm ereignen konnte, eigene ‚Realisatoren' an die Seite gestellt"[23]. Empirisch wurde diese Vermutung nie hinreichend belegt, allenfalls an Einzelpersonen dingfest gemacht.

Die Kritik bezog sich außer auf das Verfahren auch auf das Produkt - die Dominanz des Kommentars gegenüber den Bildern und Tönen. Übrigens scheint der Verdacht nicht neu, daß die Kombination von Originalaufnahmen mit späteren „Zutaten", sei es Musik oder Kommentar - worauf die meisten Dokumentarfilmer am liebsten verzichten - auch unterschiedliche inhaltliche Tendenzen ermöglicht. So erklärte der US-Dokumentarfilmer Leacock in einem Interview 1991 in Bezug auf die Dokumentarfilme der 30er Jahre, sie seien so zusammengefügt, „daß sie den Kommentar unterstreichen, der dann wiederum von der Musik verstärkt wurde. Wenn man nach dieser Technik arbeitete, war es verblüffend einfach, dem Film beinahe jede gewünschte Aussage zu geben."[24] Insofern ist die Einführung des Tonfilms Anfang der dreißiger Jahre durchaus zweischneidig, befürchtete man damals doch, damit die „visuelle Basis" des Films zu verlieren. „Wenn ich auf die Ergebnisse zurückblicke, ist mir klar, daß die visuelle Stärke größtenteils deshalb erhalten blieb, weil das Interview vermieden wurde, das ich immer noch als die Totenglocke filmischer Geschichtenerzählung betrachte." Das Interview sei bei den Fernsehpraktikern „die Lieblingsmethode im Umgang mit der ‚wirklichen' Welt. Dieser Ansatz unterliegt in hohem Maße dem Mißbrauch, ist leicht auf eine beliebige Absicht hin beeinflußbar."[25]

Stereotype bei der Bildgestaltung

Die Fernseh-Nachrichtenleute greifen in ihrem Tagesgeschäft auf immer wiederkehrende Einstellungen und Symbole ihrer Schauplätze zurück. Die Bildsprache bietet wenig Variationen: eine orientierende Totale am Anfang einer Sequenz, eine Halb-Nah-Einstellung zur Konkretisierung, eine Nahaufnahme mit dramatisierender Funktion usw. usf. Störende harte Bild-im-Bild-Schnitte werden durch Zwischenschnitte (Inserts) aufgefangen, neuerdings finden zunehmend elektronische Tricks Anwendung (Zeitlupe, -raffer usw.). Bei der Bildverarbeitung am Video-Schnittplatz wird ausgebügelt, was bei den Aufnahmen draußen nicht bedacht wurde (etwa Anschlüsse der einzelnen takes) oder in der Hektik nicht möglich war. Die fertigen Produkte scheinen folglich in hohem Maße von nicht mehr hinterfragten, mit professionellem Anschein legitimierten Gestaltungsnormen bestimmt (Kameraführung, Montagestil usw.). So erklärt sich der Déjà-vu-Eindruck des Zuschauers nach so manchem Fernsehbericht, so vertraut kommen einem die immer wiederholten Einstellungen beispielsweise von und in Parlamenten und zu öffentlichen Anlässen vor.

Solche Klagen, etwa über die Fernsehbilder des Bosnien-Krieges, sind bekannt: Alles wirkt wie schon einmal gesehen, nichts erschüttert mehr. Selbst das Sensationelle, Auffällige, Exotische, Extreme übt keinen Sinnenreiz mehr aus, keine Erschütterung beim Zuschauer. Die Bildern scheinen „leer" geworden - jeweils neu scheint nur der Kommentar zu den Bildern. „Da die Bedeutung von Wirklichkeit eher der signifikanten Abbildung als dem vor-filmisch Realen zukommt, ziehen es (Fernseh- usw.) Dokumentationen vor, in der Realität wiedergefundene Bilder der Realität beziehungsweise ihre Einbildungen abzubilden, also Situationen, deren Stereotype bekannt sind und daher als ‚real' gelten. Der Vorzug einer Wirklichkeit, die in ihrer Abbildung aufgeht, ist, daß sie sich ‚zukunftssicher' als pure Gegenwart schier unendlich ausdehnen läßt."[26] Man müßte etwas wissen über die Herkunft mancher (Kriegs-)Bilder, die konkreten Bedingungen ihres Entstehens, um sagen zu können, ob nicht auch andere möglich wären. Das wäre möglich - siehe weiter unten - , zumindest könnte man es aber unter bestimmten Voraussetzungen versuchen.

Zu diesen drei Punkten, in denen sich die Kritik an informierenden Sendungen des Fernsehens zusammenfassen läßt, kommen weitere hinzu, die die Erfüllung des Informationsauftrags des Fernsehens von außen her, sozusagen „exogen“ erschweren und die Dokumentarfilmer seit je problematisiert haben:

Große Bereiche des öffentlichen Lebens (namentlich der der Politik) stellen gegenwärtig inszenierte Medienöffentlichkeit dar. Wie man Nachrichten ins Fernsehen trägt, haben sich - erstens - Stabsabteilungen und Agenturen mit dem nötigen Know-how zur Aufgabe gemacht. Das Fernsehen soll mehr und mehr in den Dienst nichtjournalistischer Interessen, sprich: Selbstinszenierungen gestellt werden; man erinnere sich an Politikerempfänge auf dem immer wiederkehrenden gleichen Sofa in der immer wiederkehrenden Kameraperspektive. Keineswegs also sind es nur Unternehmen und Interessengruppen, die fachmännisch das Fernsehen „bearbeiten“ lassen - auch Staat und öffentliche Verwaltung sind diesen Weg längst gegangen.[27]

Andere Bereiche der Gesellschaft, wie etwa der Alltag in Betrieben und Verwaltungen, sind schon immer - zweitens - der Medienöffentlichkeit so gut wie entzogen.[28] Dies zu ändern, war und ist eines der Hauptmotive vieler Dokumentarfilmer. Sie haben sich teilweise geradezu darauf spezialisiert, hier allen Widrigkeiten zum Trotz „Öffentlichkeit herzustellen.“ Und zu guter Letzt werden - drittens - bisher frei zugängliche Ereignisbereiche, allen voran der Sport (vgl. Verwertung von Übertragungsrechten), unter den Bedingungen verschärfter Konkurrenz zwischen den Fernsehsystemen zunehmend dem Gesetz des Marktes unterworfen.

Das betrifft sehr direkt einen zentralen Teil des herrschenden Rollenverständnisses auch von Fernsehjournalisten: das Gebot der Neutralität, also letztlich die Annahme der Möglichkeit objektiver Berichterstattung. Um nicht mißverstanden zu werden: Wahrheitssuche muß Teil des journalistischen Berufsethos sein, doch die Anmaßung, die damit einhergehen kann, ist unter den genannten schwierigen Umständen in Zweifel zu ziehen. Paradoxerweise hat es lange gedauert, bis sich die meisten deutschen Dokumentarfilmer dazu durchrangen, das Credo, ja die Anmaßung der „Objektivität“ abzustreifen und entsprechend auch neue, „subjektive“ Ausdrucksformen für den Dokumentarfilm zu entwickeln; und zwar aus der Erkenntnis heraus, daß technische Apparaturen (Foto- und Filmkamera) keinerlei Gewähr dafür bieten, eben weil sie nur scheinbar objektiv Wirklichkeit „widerspiegeln“ (diese Diskussion kann an dieser Stelle nicht vertieft werden). „Parteilich“ wollten immer schon viele von ihnen sein und beriefen sich gleichwohl auf die von ihnen ermittelten „Fakten“. Vereinzelt haben der Annahme, „Objektivität“ sei möglich und also erstrebenswert, auch Fernsehreporter selbst widersprochen. So vertrat Georg Stefan Troller, Schöpfer des *Pariser Journal* und der *Personenbeschreibung* und wie der frühe Wildenhahn ein Mittler zwischen Fernsehen und Dokumentarfilm, die Ansicht, Dokumentarfilm per se sei immer schon „Auslegung der Wirklichkeit, kann auch gar nichts anderes sein, denn Filmen heißt ja schon verfremden.“[29] Ähnlich zweifelt auch die Fernsehkritikerin Barbara Sichtermann an diesem Teil des Berufsethos von Fernsehjournalisten:

„Der Vorwurf, das Medium lüge ..., verkennt und vergißt, daß die medial vermittelte Bilder- und Nachrichtenwelt immer zugleich eine Welt subjektiver Interpretationen ist, in der es so etwas wie die nackte Wahrheit nicht gibt. Was es gibt, ist der Streit der Versionen, der Wettbewerb der Interpretationen; und das, wozu sie sich alle in Beziehung setzen, die Wahrheit, ist zumindest bekleidet, wenn nicht gar verschleiert oder verborgen. Auch ‚die Wirklichkeit‘ ist nur scheinbar eine eindeutige Kategorie. Zur Diskussion des Themas Fernsehen taugt sie nur sehr beschränkt. Der televisionäre Schein ist selbst eine Stück Wirklichkeit, die Wirklichkeit ist voller Abbilder.“[30]

Ich fasse zusammen: Je mehr und schneller und weltumfassender das Medium Fernsehen informiert, um so mehr müßte es auch Deutungs- und Orientierungsfunktionen übernehmen; dies auch deshalb, weil mit der Verkürzung des zeitlichen und räumlichen Abstands zwischen (weltweitem) Ereignis und Berichterstattung darüber auch die Nachvollziehbarkeit durch den Rezipienten schwindet. Die Schauplätze, von denen die „Bühne“ Fernsehen berichtet, liegen dem Erfahrungshorizont und der Lebenswelt – dem „Alltag“ – des Zuschauers ferner denn je. Das Bruchstückhafte der Information nimmt zu, Zusammenhänge werden kaum noch sichtbar. Der Zwang zur Visualisierung, dem sich das Fernsehen unterwirft, verbaut die Suche nach alternativen Formen auch in der aktuellen und mittelfristig angelegten Berichterstattung. – Um so wichtiger wären also Sendeformen, die die nötige Verarbeitung thematisch zersplitterter Beiträge des aktuellen Fernsehens leisten würden. Doch die Fernsehpublizistik „bremst“ sich gleichsam selbst auf dem Weg dahin durch Festhalten an hergebrachten Gewohnheiten beim Zugriff auf die Realität und bei der Gestaltung ihrer Informationen. Die Formen der Berichterstattung werden nicht etwa vielfältiger, sondern eintöniger. Die Fernsehpublizistik weigert sich offenbar, neue Wege auch nur zu versuchen. Immer mehr vom Althergebrachten, als Live-Reportage oder Themenschwerpunkt in immer kürzeren Abständen serviert, kann sie nicht weiterbringen. Aktualität und Exklusivität, der unreflektierte Vor-Ort-Bericht, werden unter Konkurrenzbedingungen (bei zunehmender Einschaltquotenorientierung?) bestimmend für die Programmphilosophie. Die Nachrichtenmenge wächst und wächst - aber das neue Fernsehen hilft dem Zuschauer weniger denn je, sich darin zurechtzufinden, Wichtiges vom Unwichtigen zu unterscheiden, Entwicklungen zu begreifen, Nachricht von Fiktion (siehe z.B. die Berichterstattung über den Golfkrieg) noch trennen zu können.

Realitätsaneignung im Dokumentarfilm

Der „Dokumentarfilm" hat mit Fernsehjournalismus den Anspruch gemeinsam, sich am realen Geschehen zu orientieren. Manche bevorzugen, um einen hohen Anspruch auf Objektivität zu umgehen, stattdessen den Begriff „non-fiction"-Film.[31] Er findet wie jener seine Gegenstände vor, „erfindet" sie nicht. Die Stoffe existieren, als „vor-filmische Realität", unabhängig von ihnen. Doch darin erschöpft sich bereits die Verwandtschaft beider „Lager."

In allen anderen Punkten hebt sich der Dokumentarfilm wesentlich vom Fernsehüblichen ab: in Bezug auf die Definition der eigenen Berufsrolle, auf Aneignung von Realität und Themenwahl, im Umgang mit dem aufgenommenen Material, im filmischen Anspruch überhaupt. Debatten über die Möglichkeit realistischer Darstellung überhaupt und die verschiedenen Wege dorthin gehören zum gewohnten Bild auf Tagungen und Festivals - nicht aber unter Fernsehleuten. Für das Auffinden des eigenen Standorts freilich hat dieses Genre traditionell vor allem die Auseinandersetzung mit dem Spielfilm gesucht, da man sich ja zuallererst als Filmemacher sah. Diesen Standort hat der Dokumentarfilmer Klaus Wildenhahn griffig in folgender Formel zusammengefaßt, die bei aller Kritik anderer Dokumentarfilmer an seinem „Purismus" dennoch für die meisten von ihnen recht zutreffend ist: „Vieles ist geblieben von der vor 25 Jahren zum ersten Mal beschriebenen Methode: kein Personalaufwand beim Drehen, sondern ein Zwei-Mann-Team. Kein vorgefaßtes Drehbuch und keine Aufsichtskontrolle, sondern Improvisieren vor Ort. Kein Lichtaufbau, kein Dirigismus, sondern ausholende, langanhaltende Passagen der filmischen Registrierung von Menschen und ihrem täglichen Tun und Dasein, oft sind es scheinbare Nebensächlichkeiten."[32] Den damit angesprochenen Fragen soll nun im einzelnen nachgegangen werden.

Autorenrolle

Zwar sehen sich die meisten Dokumentarfilmer als „Künstler", die ein Werk schaffen; doch zugleich nehmen sie sich in dieser Rolle zurück, indem sie, wie Wildenhahn, ihre Abhängigkeit von ihrem Stoff betonen:

„Der Dokumentarist ist abhängig von seiner Umgebung, er kann sie nicht nach seiner Autorenvorstellung ummodeln. Damit geht Glätte verloren. Kamerabewegung, Lichtverhältnisse, Gespräche, Aktionen lassen sich nicht vorherbestimmen; die Filmmacher sind keine Arrangeure von Aufnahmematerial, sie laufen dem Material nach; das macht sie im wörtlichen Sinne manchmal atemlos, und diese Spannung schlägt sich in der Form nieder."[33] Dokumentarfilme beanspruchen, mehr als „Abbildung" zu sein, sollen zugleich Geschichte, Entwicklungen enthalten - und zwar dargestellt mit genuin filmischen Mitteln, also allein durch Bild und Ton und möglichst ohne kommentierenden Text. Dokumentarfilmer setzen sich denn auch gern vom Journalismus ab, sehen sich stattdessen als Künstler; nur wenige, wie etwa der frühe Wildenhahn, haben für politische Fernsehmagazine gearbeitet. Was die Berufsrollen von Fernsehreportern und Dokumentarfilmern anlangt, so können sich erstere auf den Kodex von Normen journalistischen Selbstverständnisses berufen - woher aber leiten Dokumentarfilmer ihren Auftrag ab? „Der Journalist kann sich als Augenzeuge für Millionen, als objektiver Tatsachenübermittler oder als Kommentator seine Daseinsberechtigung ablisten", stellt Georg-Stefan Troller, selbst Fernsehautor, fest.[34] Für Dokumentarfilmer gibt es einen solchen gesellschaftlichen Konsens nicht, schon lange auch nicht mehr den Glauben an ihre Objektivität, hinter dem etwa bei Wertow noch das ungebrochene Vertrauen stand, die Kamera selbst als neutral-technische Vorrichtung sei hinreichende Gewähr dafür. Sie sind dafür bekannt, als „Rucksackproduzenten", also Kleingewerbetreibende eher isoliert voneinander zu arbeiten, was Lobbyarbeit, wie sie die *Arbeitsgemeinschaft Dokumentarfilm* (*AG Dok*) für sie leistet, nicht gerade erleichtert. Vorstöße, diese Vereinzelung zu durchbrechen und kollektiv zu arbeiten (vgl. z.B. das *RuhrFilmZentrum* Ende der siebziger Jahre), wurden nach kurzer Zeit wieder eingestellt. Durchweg arbeiten Dokumentarfilmer wenig arbeitsteilig: meist bezeichnen sie sich zuständig gleichermaßen als Autor und Regisseur, oft auch noch für Ton, Kamera oder Schnitt.[35]

Sujets

Aus purer Neugier, häufig aber auch aus dem Eindruck heraus, sie würde von Öffentlichkeit und Medien vernachlässigt, kommen Dokumentarfilmer zu ihrer Thematik. Nur wenige sind so prominent, daß sie mit Themenvorschlägen von Sendern oder anderen Institutionen rechnen können. „Unpolitisch" sind die Sujets der in Deutschland produzierten Dokumentarfilme selten. Die Stoffe der Dokumentarfilme werden aber aus einem Verständnis heraus gesucht und angepackt, das politische bzw. gesellschaftliche Momente im Alltäglichen mit Subjektivität, Konflikt und Erinnerung in Verbindung zu bringen sucht. Verborgenes soll an die Oberfläche geholt, Entwicklungen sollen nachvollziehbar werden - doch nie im Sinne von Sensation. Es wäre wohl auch falsch, die typischen Sujets deutscher Dokumentarfilmautoren global als sozialkritisch geprägt, ihre Machart als „trocken“ zu etikettieren oder gar in die Nähe sozialwissenschaftlicher Momentaufnahme zu bringen.

Einige Hinweise auf Autoren und thematische Präferenzen bzw. Schwerpunkte mögen hier genügen: Klaus Wildenhahn umreißt die Thematik seiner Filme durchgehend mit „Arbeitswelt“ und „kleine Leute“, was auch Künstlerporträts einschließt. In seinen *Yorkshire*-Filmen gibt es ganze Passagen, die voller visueller und akustischer Komik sind (z.B. die Fahrten der Streikenden im Bus, das Versteckspiel mit der Polizei). Peter Heller hat sich im wesentlichen mit Fragen des Kolonialismus beschäftigt. Dietrich Schubert hat als Schwerpunkt die Region Westeifel, Christoph Hübner das Ruhrgebiet. Hans-Dieter Grabe hat immer wieder, in zum Teil langen zeitlichen Abständen, das Thema Vietnamkrieg aufgegriffen. Peter Krieg ist thematisch kaum einzuordnen, ebenso vielseitig ist auch Peter Nestler, der, als das Fernsehen sich ihm verweigerte, bereits in den sechziger Jahren nach Schweden emigrierte. Theo Gallehr / Rolf Schübel ebenso wie Eberhard Fechner legten ihren thematischen Akzent auf die Auseinandersetzung mit der faschistischen Vergangenheit in Deutschland. Jürgen Böttcher zeichnete Arbeitsalltag in DDR-Betrieben nach - auch er ohne erhobenen Zeigefinger; Winfried Junge, ebenfalls aus der DDR, stellte Langzeitbeobachtungen eines Dorfes an, Volker Koepp einer märkischen Kleinstadt. Oft entstanden aus solchen thematischen Schwerpunkten Filmzyklen. Frauen wirken oft als Co-Autoren, an der Kamera und vor allem beim Schnitt mit (so z.B. Gisela Tuchtenhagen als Kamerafrau bei Klaus Wildenhahn oder Gabriele Voss als Co-Autorin und Cutterin bei Christoph Hübner).

Ursprünglichkeit und eigener Standpunkt

„Es gibt ganz wenige journalistische Filme, die den Mut zu ihrem eigenen dokumentarischen Material haben und zu der Poesie, die in diesem manchmal angedeutet ist: dem Geräusch, dem Gesicht, der Geste, dem unbeholfenen Ausdruck. Die den Mut haben, eine Situation, die in Fluß gerät, einfach für sich sprechen zu lassen. Fast alle Filme schrecken davor zurück, auf die Neugierde und Erkenntnisfähigkeit des Zuschauers zu setzen. Im entscheidenden Augenblick wird der Kommentar benutzt.“ Wildenhahn tritt für den parteilichen Dokumentarfilm ein, ja, schließt sogar andere Möglichkeiten aus: „Objektivität hat seit Beginn der dokumentarischen Filmarbeit nie existiert. Jeder nennenswerte Dokumentarist ergreift Partei in seinem Produkt, durch sein Produkt.“ Wie aber läßt sich diese Absicht mit dem Anspruch auf Authentizität verbinden?

„Ich denke, es zeigt das eigentliche Können eines Dokumentaristen, daß er sein eingefangenes Rohmaterial respektieren kann, daß er es in der Montage zur Geltung bringen kann; und zwar so, daß seine eigene Stellungnahme rüberkommt, ohne daß dadurch das Material in eine andere als in die in ihm angelegte Richtung getrieben wird. Dieser Versuchung widerstehen zu können, macht die Stärke des Dokumentaristen aus. Das ist allerdings keine einfache Regel, die jedesmal leicht anzuwenden ist. Es ist eine Anstrengung, die immer wieder neu geleistet werden muß. Sie verweist gleichzeitig auf die Begrenzung der dokumentarischen Methode."[36]

Noch differenzierter und voller Skrupel beschreibt die Dokumentarfilmerin Gabriele Voss den eigenen Umgang mit dem gedrehten Material – und damit letztlich auch mit der in ihm „abgelagerten" Realität: „Etwas, das unsere Arbeit prägt und ganz stark von Christoph kommt: ästhetische Moral. Es ist schwierig, sich mit dem am Ort Vorgefundenen zu identifizieren. Alles ist eher zwiespältig. Die eine Seite des Zwiespalts nehmend, könnte man vieles lächerlich machen. Man könnte aus dem Stoff des Lebens eine Satire machen. Diesen Weg haben wir nicht beschreiten wollen. Das ist der eine Teil der Moral. Dem Leben das Schillernde lassen." Gabriele Voss fragt weiter:

„Was aber heißt Moral in Fragen der Ästhetik? Es ist nicht nur das Ausreden-lassen, es sind nicht nur die langen, ruhigen Einstellungen, die fehlenden Zooms und die fehlende Werbeästhetik. Es ist eine Haltung zur Realität; daß man die Realität nicht künstlich vereinfacht; daß man kein einfaches Bild dieser Realität zeigt; daß man keine Abziehbilder schafft; daß man mit dem Film nicht so tut, als wäre alles bare Realität, was man zeigt. Das ist eine Moral, die nicht so sehr in den Inhalten zum Ausdruck kommt, sondern im Umgang mit ihnen. Auch Ehrlichkeit gehört dazu. Zunächst ist das eine moralische und keine ästhetische Kategorie. Dennoch gibt es auch so etwas wie Ehrlichkeit im Ästhetischen. Das ist vielleicht der Versuch, in der Form ehrlich zu sein; zum Beispiel: nicht glätten, wo es keine Glätte gibt; nicht Übergänge schaffen, wo keine sind; nicht etwas zu Ende erzählen, was in der Realität nicht zu Ende gegangen ist: keine Anfänge behaupten, wo keine Anfänge sind; statt dessen so etwas wie ‚mitten hinein' und ‚mitten drin wieder heraus' zum Ausdruck bringen. Die formalen Lösungen, die man für diese Dinge findet – sie gehören auch zur ästhetischen Moral und Verantwortlichkeit."[37]

Grenzen des Dokumentarischen

Hübner-Voss zweifelt generell an der Darstellbarkeit des Privaten im Dokumentarfilm.[38] Der polnische Dokumentarfilmer Jerzy Bossak seinerseits markiert die Grenzen des dokumentarischen Zugriffs auf die

Realität so: „Der Spielfilm, der vor allem unter dem Einfluß des Dokumentarfilms gelernt hat, ebenso klar zu sehen wie zu erzählen, ist in vielen Fällen eine reichere, vollere Widerspiegelung der Wirklichkeit ... als der Dokumentarfilm in reiner Form ... In Wirklichkeit besitzt der Dokumentarfilm kein Monopol auf realistische und getreue Interpretationen des realen Lebens, schon ganz zu schweigen, daß, wie sich herausgestellt hat, seine Möglichkeiten im Bereich einer verlogenen Interpretation zumindest ebenso groß sind wie diejenigen des Spielfilms.“ Bossak spielt damit auf Schattenseiten der Dokumentarfilmgeschichte an, auf die Nutzung des Glaubwürdigkeitsvorsprungs und der Eindringlichkeit des „Tatsachenfilms“ zu propagandistischen Zwecken durch die Nazis. Er hält dem Dokumentarfilm aber zugute:

„Es kann nur davon die Rede sein, daß es Gebiete der Wirklichkeit gibt, die im Dokumentarfilm tiefer, ergreifender, wahrer gezeigt werden können als im Spielfilm. Gleichzeitig gibt es jedoch ganze Gebiete des Lebens, die dem Dokumentarfilm weniger zugänglich sind und sogar ganz und gar unzugänglich, während dem Spielfilm, besonders dem realistischen Spielfilm, so einem, welcher den das Leben vom Spektakel trennenden Raum auf ein Minimum beschränkt, reichere Möglichkeiten ihrer Vermittlung zu Gebote stehen. Wir können annehmen, daß im Bereich der spezifischen Aussagemittel des Films, die Fabel alle Errungenschaften der Dokumentarkunst ausnutzen kann. Andererseits aber ist dem Dokumentarfilm das psychologische Element, vor allem die Sphäre der Gefühle und inneren Erlebnisse des Individuums verschlossen. Schwerlich kann man jedoch einer Kunst einräumen, daß sie volles Wissen um die zeitgenössische Welt vermittelt, wenn sie aus prinzipiellen Gründen der Möglichkeit, die tieferen Empfindungen des zeitgenössischen Menschen zu untersuchen, entsagen muß.“[39]

Auch hier wieder bringt es Wildenhahn auf eine griffige und knappe Formel, worin sich seiner Meinung nach Dokumentar- und Spielfilm, Beobachtung und Inszenierung unterscheiden: „Eine ganz simple Feststellung, den Unterschied von dokumentarischem und synthetischem Film betreffend: Der synthetische Film bringt Mitteilung von Orten und Personen, in die der Dokumentarfilm aufgrund realer Machtverhältnisse nicht herankommt. Es ist außerdem schon gesagt worden, daß der synthetische Film Mitteilungen aus dem privaten Bereich bringt, auf den der Dokumentarfilm zu verzichten hat, um keine voyeuristische Funktion auszuüben. Synthetischer Film stellt also dar, was dokumentarischem Film versagt ist: Herrschaft und Privatleben.“[40]

Die Frage ist eben, ob nicht unter Umständen das Nachstellen der Wirklichkeit - etwa im Fernsehspiel - mehr Möglichkeiten bietet, durch „künstliche“, am Schreibtisch entworfenen Figuren und Handlungen das

Nicht-Beobachtbare - schlicht Unzugängliche oder nicht Vermittelbar-Abstrakte - filmisch darzustellen; ganz abgesehen von der Möglichkeit des Spielfilms, mit Zuspitzung und satirischer Überhöhung Sozialcharaktere und Handlungsmuster deutlicher zu treffen als mit Bildern und Tönen, die der Realität selbst entnommen sind.

Wo beginnt bei beiden Filmgenres die Inszenierung? Liegt sie schon vor, wenn der Autor/Regisseur eines Films seine Protagonisten bittet, eine Handlung zu wiederholen oder eine bestimmte Haltung einzunehmen? Ist das beim Fernsehen häufig genutzte Mittel des Interviews bereits so ein Eingriff ins Vorgefundene? Greift nicht auch der Dokumentarfilm darauf zurück, wenn auch eher auf die Variante Gespräch?

Der oft widerholte „Widerspruch von Realität und Fiktion" ist wohl in dieser Verkürzung einfach zu grob formuliert. Als Beispiel einer solchen Verkürzung folgendes Zitat aus einem Aufsatz von Achim Heimbucher und Günther Hörmann: „Im Gegensatz zum Spielfilm, der von der Inszenierung lebt, gehört es zu den Tugenden des Dokumentarfilms, die soziale Wirklichkeit so zu belassen, wie sie ist".[41] „Fiktiv" im Sinne von „manipulativ" und eingreifend in die Realität ist schon immer auch die dokumentarische Praxis gewesen. Was nachgestellt, lediglich „an-inszeniert" wurde, bemerkt später kein Zuschauer mehr. „Der Dokumentarfilm, der sich an das unmittelbar Beobachtbare klammert, hat für die innere Realität des Menschen, für seine Traum- und Phantasiewelten, kaum Formen entwickelt ... Im bloßen Abbild vermissen wir eher eine Dimension unserer eigenen Erfahrungswelt: den Traum, die Phantasie, unser eigenes, immerwährendes, phantastisches Spiel mit den Gegebenheiten der Außenwelt", schreibt Gabriele Voss und verweist auf den „Vater des Dokumentarfilms", Robert Flaherty: er habe sich nicht gescheut, mit „Kunstkniffen" zu arbeiten, „die für uns nicht unbedingt ins Repertoire der dokumentarischen Methoden gehören" - eben die Dramatisierung eines Stoffes durch Inszenierung. „Für mich ist die Frage der Inszenierung überhaupt nur interessant zu diskutieren unter dem Gesichtspunkt, ob dabei etwas deutlich werden kann, das ohne sie in der dokumentarischen Abbildung unsichtbar bleiben würde, das aber zu Realität der Menschen gehört. Diese Frage wird ganz besonders interessant, wenn nicht wir die Bilder inszenieren, sondern die Menschen vor der Kamera. Wenn sie uns zeigen, wie sie ihren Alltag mit den Augen der Wünsche sehen."[42]

Ähnlich hat auch der französische Filmregisseur Jean-Luc Godard dem Inszenierungsverbot entgegengehalten:

„Man glaubt zu wissen, was das heißt, fiktiv und dokumentarisch. Ich glaube, in Wirklichkeit sind es nur zwei verschiedene Momente, ich ahne das ein bißchen, es ist sehr kompliziert. Wann ist die Geste eines Arbeiters Fiktion oder die Geste einer Mutter, wenn sie ihr Kind berührt oder eine Frau ihren Liebhaber, wann ist sie dokumentarisch und wann fiktiv? Man sagt, etwas ist dokumentarisch, wenn die Person im Augenblick, wo sie gefilmt wird, selbst etwas gesagt hat, wenn man es ihr nicht in den Mund gelegt hat, der Regisseur es ihr nicht vorgesagt hat. Aber wenn ein Kind Mama zu seiner Mutter sagt, vielleicht hat die Mutter ihm das vorgesagt, in dem Fall wäre die Mutter der Regisseur."[43] Godard weiter: „Ich versuche, das Dokumentarische und das Fiktive nicht als Gegensätze zu gebrauchen. Meine Feinde sind nämlich die, die sich nicht der Bilder bedienen oder die sich der Bilder mehr zum Verbergen als zum Zeigen bedienen."[44]

Festzuhalten ist: Kein Dokumentarfilmer verzichtete von sich aus auf den Anspruch des Gestaltens. Immer wurde ja auch hier verdichtet, umgestellt, versucht, den chaotischen Materialbergen durch Montage eine filmische Form gegeben. Filme in Echtzeitlänge blieben absolute Ausnahme. Dokumentaristen waren immer genuin Filmemacher, d.h. sie dachten stets vom aufzunehmenden oder aufgenommenen (Bild- und Ton-)Material her. Daß jede Montage in das Material eingreift, wird auch Wildenhahn nicht bezweifeln. Doch ist bei der Herstellung des Ausgangsmaterials, bei den Dreharbeiten Verzicht auf Inszenierung und Wiederholung für ihn heutzutage zwingend, weil, anders als zu Flahertys Zeiten, keine unzulängliche Technik mehr als Entschuldigungsgrund herhalten kann: „Nichts wird wiederholt. Hat man eine gute Situation verpaßt, weil man geschlafen hat, kein Film eingelegt war, dann ist sie verpaßt und bleibt das. Nichts wird nachgestellt, rein gar nichts. Kein einfacher Gang, kein Gespräch, kein Drama, das nicht vor dem Aufnahmeapparat stattgefunden hat."[45] Das ist wohl das, was man als Puritanismus à la Wildenhahn bezeichnen kann: an der Fiktion des Unbeteiligtseins festzuhalten, also Situationen und Entwicklungen, Personen und ihre Sprache, Gestik und Mimik gleichsam wie unter dem Mikroskop in der Tradition des Behaviorismus diagnostizieren zu können. Das steht in eigenartigem Widerspruch zum Anspruch, sich als Dokumentarfilmer und Person den Protagonisten zu nähern. Und sich dafür auch die nötige Zeit zu nehmen, um alles zu tun, daß die Drehsituation eben keine künstliche mehr ist.

Zuschauersouveränität

In klassischen Dokumentarfilmen darf der Zuschauer eine aktive Rolle spielen, indem ihm Schnittrhythmus und -tempo, dann auch die großformatige Projektion im Kino erlauben, sich vom Dargebotenen seinen eigenen Film zu machen, den Blick in Ruhe wandern zu lassen – statt mitgerissen zu werden wie von der Spielfilmdramaturgie hollywoodscher Prägung. Sie kennen nicht die gerasterten Standardlängen des Fernsehens heute von 30, 45 oder 60 Minuten. Filme dieser Art trifft meist zu Unrecht der Vorwurf der Langeweile, des Spröden, gar der Zumutung für die Geduld der Zuschauer. Ihre Autoren wollen das Leben in seiner vollen Widersprüchlichkeit zeigen, seine Darstellung soll keinesfalls glätten. Einstellungen dehnen sich, von keinen Schnitten unterbrochen, bis in die Realzeit hinein. Die ganze Kunst besteht in diesen Filmen darin, im Banalen wieder das Besondere, Dokumentierenswerte auszumachen - also eine Kamera- und Mikrofonführung zu wählen, die aus der Mitte des Geschehens heraus agiert, statt lediglich distanziert von außen zu beobachten.[46] Der Kamerablick darf schweifen, war nicht vor-fokussiert auf vermeintliches Hauptgeschehen; anders das Fernsehen: „Die Blickführung ist niemals die des Zuschauers", schreibt Barbara Sichtermann, „er muß mit der Kamera mitgehen und hat keine Chance innezuhalten, wo ihn ein Detail besonders fasziniert."[47] Die unscheinbare Begebenheit am Rande kann auf diese Weise unerwartet zur Hauptsache der Handlung werden. Man läßt sich auf sein Sujet auch insofern ein, als es selbst unsichtbar Regie führt.

Von daher mögen Zweifel an der oft von Dokumentaristen selbst geäußerten These angebracht sein, der Film sei schließlich erst am Schneidetisch entstanden. Denn schon die Dreharbeit ist ja nicht nur Kompilieren von Realitätsspiegelungen, vielmehr selbst eine im Spielfilm unübliche, später im Fernsehen unter anderem Vorzeichen abgelehnte Praxis, und daher genretypisch. Oft werden im Zuge der Montage diese Darstellungen des Banalen mit Bedeutungen aufgeladen, die Bewußtseinsbildung, ja Aufklärung intendieren - sofern sie überhaupt von Dokumentarfilmern angestrebt wurde.[48] Als Mittel dazu - außer der Montage - werden, unter den Dokumentarfilmern durchaus umstritten, Zwischentitel, Musiken, Textzitate oder auch Kommentare eingefügt. Einer der rigorosesten ist auch hier wiederum Wildenhahn:

„Zusätzliche Texterläuterungen sollen so sparsam wie überhaupt nur möglich beigegeben werden. Wichtigstes Gebot für den Einsatz von Text ist Verständlichmachen. Der zusätzliche Text soll nicht mehr (allerdings auch nicht weniger) bewirken, als die beobachteten Szenen, die beobachteten Menschen, ihr Reden, die Zeit und den Ort der Handlung begreifbar zu machen ... Auf jeden Fall soll zusätzlicher Text sich dem dokumentarischen Geschehen unterordnen. Benötigt ein Dokumentarfilm ständige Erläuterungen, Interpretationen seines Materials, dann hat der Filmmacher seine Arbeit nicht richtig gemacht oder er hat sein Thema falsch gestellt oder der Film ist etwas anderes als er vorgibt. Hier sage ich: Schlußfolgerungen sollen nicht als verbales Anliegen des Autors mitgeliefert werden. Ein Dokumentarfilm soll so aufgenommen und montiert sein, daß der Empfänger die Folgerungen selber ziehen und diskutieren kann."[49]

Wildenhahn grenzt sich kraß von der Fernsehpraxis ab:

„Ich weise nochmal darauf hin, daß Filmarbeit, die so vorgeht, nicht darin bestehen kann, für Texte, wie sie oben zitiert wurden, einen Bildteppich anzuliefern. Das ist Stümperei. Der Dokumentarist muß sich in Situationen hineinbegeben, für die die angeführten Zitate nur Hinweise geben können. Aus solchen und ähnlichen Situationen heraus muß er filmen und darstellen und Menschen herausfinden, die beispielhaft werden. Nicht 'besondere Menschen', sondern Kollegen, die als Teil der Masse eine Entwicklung an entscheidenden Punkten vertreten und weitertreiben, um dann wieder in den allgemeinen Zusammenhang zurückzutreten."[50]

Wohl das wichtigste Vorbild für den Dokumentarfilm in Deutschland ist bis heute die amerikanische Schule des „direct cinema". Neben Richard Drew, Albert und David Maysles, Donn Alan Pennebaker und Frederick Wiseman zählte Richard Leacock zu ihren Begründern in den sechziger Jahren. Abschließend ein Zitat Leacocks, das das spezifisch Dokumentarische recht gut auf einen Nenner bringt:

„Der traditionelle Kameramann ist eigentlich ein Fachmann für Beleuchtungseffekte. So gesehen sind wir keine Kameraleute. Natürlich müssen wir wie Photographen Gefühl für Bildkomposition haben. Aber im Grunde sind wir Beobachter, kritische Beobachter. Wir stellen uns mit der Person, die wir filmen, auf die gleiche Ebene. Wir respektieren und vertrauen uns. Es ist nicht die Beziehung zwischen Kameramann und Objekt. Oft legen wir die Kamera weg und sind nur Gesprächspartner."[51]

Trennendes und Verbindendes

So umfassend und schnell Fernsehen heutige Wirklichkeit darzustellen scheint - und das auch noch ständig selbst suggeriert - , so klar sind ihm doch auch thematische Grenzen gezogen. Dies gilt allerdings zunächst auch für den Dokumentarfilm. Wie etwa läßt sich die Willensbildung auf einem Parteitag in Bild und Ton einfangen und präsentieren? Kann man Fragen des europäischen Binnenmarktes oder Umweltschutzes mit seinen divergierenden einzelstaatlichen Interessen und unterschiedlichen gewachsenen Rechtssystemen überhaupt auch nur annähernd - ohne ständig auf kommentierende Texte zurückzugreifen - in audiovisuellen Medien gerecht werden? Hilfskonstruktionen, wie z.B. Torten-Diagramme oder abfotografierte Fassaden von Tagungs- oder Sitzungsstätten mit hochangereichertem Symbolgehalt sind gängige Praxis, um dem Dilemma abzuhelfen, daß solche Abstrakta die Visualisierungskraft des Mediums überfordern müssen. Es bleibt daneben noch der Ausweg in das plastische Fallbeispiel, den von der europäischen Marktordnung betroffenen Landwirt z.B. oder die sichtlich kranke Fichtenkrone. Dem Dokumentaristen verbietet sich von selbst, was etwa Featureautoren an solchen Visualisierungsmöglichkeiten einsetzen können. Es bleibt ihm nur die Wahl, entweder ganz auf solche Themen zu verzichten (was ihm um so leichter fallen dürfte, solange er sich nicht, wie seine journalistischen Kollegen, dem Aktualitätsdruck oder der Chronistenpflicht unterwerfen muß) oder, da nicht an den fernseheigenen Informationsauftrag gebunden, das gleiche Thema ganz anders anzupacken (man denke z.B. an die Rekonstruktion eines Autobahnunfalls im Vergleich zur aktuellen Unglücksreportage).

Stärker als andere Medien (z.B. die Presse) ist das Fernsehen abhängig von seinen Gegenständen, weil es - sofern es sich nicht um Gegenstände des öffentlichen Raums handelt - auf Drehgenehmigungen angewiesen ist. Insofern müssen Fernsehautoren bei der Vorbereitung von Dreharbeiten oft genug auch Beziehungspflege betreiben - zusätzlich zu Sachrecherche und Motivsuche (darauf gehen übrigens einschlägige Bücher über journalistische Praxis nicht ein[52]). Der Dokumentarfilmer stellt sich das Problem des Zugangs zu seinen Gegenständen nicht nur unter dem Aspekt von Drehgenehmigung und Sachkenntnis, sondern auch deshalb, weil ja der Aufbau von Beziehungen zu seinen Protagonisten zu seinem erklärten Konzept gehört: er will nicht über, sondern mit ihnen einen Film machen.

„Journalistisches Recherchieren besteht darin, sich in erster Linie sachkundig zu machen, nicht Beziehungen zu Menschen und Gruppen zu entwickeln ... Anders bei dokumentarischer Arbeit: sie geht über die Tagesaktualität hinaus und zieht sich über mehrere Wochen, ja Monate oder Jahre hin. Man versucht, vom Thema des Films Betroffene dazu zu bringen, nicht nur Zuschauer zu sein, sondern an der Gestaltung des Endprodukts aktiv teilzunehmen. Statt abzufragen und Statements zu sammeln, werden ausführliche Gespräche geführt. Man bringt sich als Dokumentarfilmer, anders als bei rein journalistischer Recherche, auch als Person ein, was soweit gehen kann, auch dort zu wohnen, zumindest vorübergehend, wo man arbeitet.“[53]

Gemeinsam betroffen sind Fernsehjournalisten wie Dokumentarfilmer, die mit dem Fernsehen zusammenarbeiten, von aktuellen ökonomischen und technischen Entwicklungstrends dieses Mediums. Die Klagen von Dokumentarfilmern über den Produktionsdruck und andere Bedingungen der Fernseharbeit sind Legion. Festes Team und lange Drehzeiten konnten nur wenige von ihnen durchsetzen.[54] Die Zusammenarbeit in einem festen Team (Autor, Kameramann, Cutter/Cutterin wird von Wildenhahn geradezu als Merkmal dokumentarischen Arbeitens ausgegeben.[55] Er führt die Verkürzung der Dreh- und Schnittzeiten auf die moderne Fernseh-(Video-)Technik und die Amortisierungsinteressen der eingesetzten hohen Investitionskosten zurück.[56] „Politische und ästhetische Freiräume und Laboratorien wurden ausgetrocknet"[57], dem einzelnen Filmemacher in Zukunft alles aufgebürdet: Kamera zu machen, den Schnitt usw.[58] Darin stimmen ihnen auch andere, Fernsehredakteure z.B., zu: „Die Rasanz im Bereich des Informationsfernsehens nimmt weiter zu. Die technische Möglichkeit, schnell zu sein, ist zum Zwang geworden, schnell zu sein. Also: immer schneller - immer kürzer." Nur: Diese Feststellung läßt auch die Konsequenz zu, als Ausgleich dafür dem Dokumentarfilm mehr denn je einen Platz im Programm zu geben - zum „Nachdenken und Mitdenken"[59] ...

Möglichkeiten und Grenzen der Annäherung

Wo Hintergrund im Fernsehen zur Ergänzung der aktuellen Information nötig wäre, wo die „zerfaserten" Informationshäppchen des Tages in große Zusammenhänge gebracht, konkret und plastisch aufbereitet werden - da könnte man - abgesehen vom eher analysierenden Feature - die große Stunde des Dokumentarfilms erwarten. Das Ende einer Produktionsstätte etwa, in vielen Einzelmeldungen über mehrere Tage serviert - und dann, von langer Hand vorbereitet, die Geschichte dieses Zusammenbruchs, seine Auswirkungen auf die Betroffenen - Wildenhahn hat es in seinem Film *Rheinhausen. Herbst 1988* geleistet. Nicht noch mehr Information, wie es die *ARD* in ihren *Brennpunkt*- Sendungen versucht - sondern: die vor-Ort-Beobachtung mit langem Atem unter Verzicht auf Informationsmaximierung, in ungewohnter Perspektive, nah bei den Menschen, den Zuschauern Zeit lassend für eigene Urteilsbildung.

Doch längere Programmbeobachtung läßt vermuten, daß diese Chance nicht genutzt wird. Bei längeren Hintergrundberichten verläßt sich das Fernsehen weiterhin auf seine eigenen Sendeformen und Korrespondenten bzw. Fachautoren, statt sich an Dokumentarfilmer zu wenden. Wo das doch geschehen sein sollte, mag es auch an der Unfähigkeit oder Weigerung von Dokumentarfilmern gelegen haben, sich auf das Fernsehen und seine mittelfristig-aktuellen Bedürfnisse und Programmdispositionen einzustellen. Thomas Mitscherlich, selbst Dokumentarfilmer, wirft seinen Kollegen vor, die Medienrealität - sprich: die Erfordernisse aktueller Berichterstattung im Fernsehen - kaum zu reflektieren: „Eine prinzipiell andere Form als den Fernsehbericht hat der Dokumentarfilm jedoch bisher selbst nicht durchgängig entwickelt."[60] Der kurze, mittelfristig geplante Dokumentarfilm von weniger als 15 Minuten Länge fristet heute ein Schattendasein. Ausnahmen sind die wöchentlichen Sechseinhalb-Minuten-Filme Wildenhahns im *Regionalmagazin* des *NDR*-Fernsehens mit Alltagsszenen aus dem Hamburger Stadtteil St.Pauli und Semi-Kurzdokumentarfilme von Hans-Georg Ossenbach im *Südwestfalen*-Fenster des

WDR-Fernsehens. Dem Argument, Fernsehinformation sei nun einmal aktualitätsbezogen, der Dokumentarfilm könne es sich dagegen leisten, langfristig zu arbeiten, läßt sich entgegenhalten: auch Fernsehfeatures pflegen langfristig geplant zu werden. Viele Vorkommnisse sind vorhersehbar, „liegen in der Luft" - man könnte sich also rechtzeitig auf sie einstellen. Bleibt als Hinderungsgrund ein technischer: daß selbst das öffentlich-rechtliche Fernsehen - vom kommerziellen einmal ganz abgesehen - auch bei längeren Produktionen inzwischen fast ganz auf Magnetband setzt; demgegenüber halten viele Dokumentarfilmer und -festivals am Ursprungsmedium Film und seinen Projektionsmöglichkeiten auf der Kinoleinwand fest - und damit an filmspezifischen Produktionsmethoden. Es mag sein, daß mit herkömmlichem Film bei der Montage mehr ausprobiert, experimentiert produziert werden kann als unter den Bedingungen einer Fernsehanstalt mit Videoband, wie Wildenhahn behauptet hat.[61] Doch fragt sich, ob das bei digitalem Video-Schnitt noch stimmt, der sich am herkömmlichen Montageverfahren des 16-mm- und 35-mm-Films orientiert und Nachteile des analogen Videoschnitts nicht mehr kennt. Es ist auch nicht richtig zu sagen, lange Drehzeiten und damit etatsprengend hohe Kosten sowie unkalkulierbare Risiken hinsichtlich der fristgerechten Fertigstellung seien beim Dokumentarfilm zwingend. Daß viele Dokumentarfilme erst am Schneidetisch oder Schnittplatz ein „Gesicht" bekommen, also konzipiert werden, ist eine Tatsache und hat zur Konsequenz, daß vor Drehbeginn allenfalls ein Exposé im Sinne einer groben Filmbeschreibung, nicht aber ein fertiges Skript präsentiert werden kann. Doch ließe sich dieses Problem auf Seiten von Redaktion und Programmwirtschaft durch flexiblere Planungsverfahren durchaus lösen.

Es fehlt nicht an Utopien, was die Zusammenarbeit des Dokumentarfilms mit dem Fernsehen anlangt. So meinte z.B. der Schweizer Dokumentarfilmer Alexander J.Seiler schon 1977: „Das Frustrierende für einen Dokumentaristen ist ganz generell, daß er keine Möglichkeiten hat, über längere Zeiträume kontinuierlich zu arbeiten. Wenn ich beim Fernsehen etwas zu sagen hätte, würde ich dafür sorgen, daß gute Dokumentaristen mit Serien betraut werden, die ihnen ermöglichen, sich über zwei, drei Jahre einem Thema zu widmen. So könnte man die Erfahrungen und Erkenntnisse aus einem Film in den nächsten einbringen, was heute nur sehr indirekt möglich ist."[62] Die vom Fernsehen gesendeten Filmzyklen von Dokumentarfilmern sind ein Beweis, daß diese Idee der Serialisierung umsetzbar ist. Darin kommen sich das Interesse der Filmemacher an Themenschwerpunkten und das Interesse von Fernsehredaktionen an großflächiger Planung bei der Besetzung ihrer Sendeplätze entgegen. Nur ist damit nicht die Kernfrage angesprochen, ob und wie es möglich ist, den ganzen methodischen und auch handwerklichen Reichtum des Dokumentarfilms dafür zu nutzen, der tendenziellen Selbstentleerung des Fernsehens durch „unverbrauchtes" Material entgegenzuwirken.

Wenn also dokumentarische Formen in ihren vielfältigen Variationen und Mischformen (einschließlich Doku-Drama, dokumentarischem Essay, essayistischem bzw. satirischem Dokumentarfilm) mehr als bisher Eingang ins Fernsehprogramm finden sollen, müßte sich auf beiden Seiten manches ändern. Insbesondere wäre dabei - abgesehen von den hier nicht diskutierten finanziellen Fragen - an größere Aufgeschlossenheit der für die Fernsehprogramme Verantwortlichen einerseits und an größere Flexibilität von Dokumentarfilmern gegenüber kürzeren Formen und fernsehspezifischen Bedürfnissen andererseits zu denken. Selbst dann aber bliebe noch der „aufklärerische Anspruch des Dokumentarfilms" als Hindernis, der im Fernsehen oft auf politische Bedenken stoßen mag. Es fragt sich, wenn dieser Anspruch denn so durchgehend bei allen Dokumentaristen besteht, ob er wirklich aufgegeben werden sollte. Immerhin wird er als größtes Handicap in Deutschland und anderswo bezeichnet.[63] Querdenker, die unverbrauchte Bilder und Töne auf der Grundlage eines anderen Realitätszugangs liefern, könnten möglicherweise neue Zuschauerschichten erschließen, wenn man sie nur ließe.[64] Das Festhalten an eigens so ausgewiesenen speziellen Dokumentarfilmleisten im Fernsehprogramm mag richtig sein, nur kann es auch als Alibi dienen, ihn und seine Potenzen im übrigen Programm zu ignorieren. Ich meine, daß Dokumentarfilmer sehr wohl einen weit größeren Beitrag als bisher zum Qualitätsfernsehen leisten könnten, indem sie die berechtigten Interessen und Bedingungen des Mediums Fernsehen bei voller Wahrung des dokumentarischen Methoden- und Formenreichtums anerkennen.

Anmerkungen

1. Vgl. H.-D. Grabe, *Mein Weg zum Gesprächsfilm,* in: P. Zimmermann, *Fernseh-Dokumentarismus. Bilanz und Perspektiven,* München 1992, S. 184.

2. J. Paech, *Zur Theoriegeschichte des Dokumentarfilms,* in: *Filmjournal. Die Zeitschrift für das andere Kino,* 1990, Heft 23, S. 28.

3. Vgl. C. Bolesch, *Fernseh-Dokumentarismus zwischen Dokumentarfilm und Sensationsjournalismus,* in: Zimmermann (Hrsg.), a.a.O. (Anm. 1), S. 312f.

4. Bayerischer Rundfunk (Hrsg.), *Gebrauchswörterbuch Fernsehen,* München 1972, S. 68.

5. H. Renner, *Dokumentation,* in: G. Schult/A. Buchholz (Hrsg.), *Fernseh-Journalismus. Ein Handbuch für Ausbildung und Praxis,* München 1982, S. 228.

6. A. Kluge (Hrsg.), *Bestandsaufnahme: Utopie Film,* Frankfurt a.M., 2. Auflage 1983, S. 535.

7. Vgl. P. Zimmermann, *Der Apparat löscht sein Gedächtnis. Über dokumentarisches Fernsehen und strukturelle Amnesie,* in: Zimmermann (Hrsg.), a.a.O. (Anm. 1), S. 32.

8. Vgl. z.B. die Diskussionsbeiträge in: Zimmermann (Hrsg.), a.a.O. (Anm. 1), S. 249ff.

9. Kluge, a.a.O. (Anm. 6), S. 230.

10. H. Karnick, *Überkurz oder lang ... Zur Situation des Dokumentarfilms in der Bundesrepublik*, in: epd / Kirche und Film, 1981, Heft 10/1981, S.10f.

11. Vgl. Bolesch, a.a.O. (Anm. 3), S. 313

12. Vgl. *Filme*, 1980, Heft 4: *Den Alltag entdecken. Über den Umgang mit Dokumentarfilmen/Protokoll eines Symposiums, VI.* - Vielen Dokumentarfilmern scheint das Fernsehen a priori suspekt zu sein. So bezeichnete z.B. der französische Dokumentarfilmer Jean Rouch das Fernsehen als „oberflächliches Handwerk“ - vgl. B. Hervo, *Jean Rouch: „Wir haben nicht das Recht, unter dem Vorwand, daß wir die Wahrheit besitzen, andere Kulturen nach unserem Modell auszurichten.“ Ein Interview mit Jean Rouch*, in: *Filmfaust*, 1980, Heft 19, S. 52.

13. A. Heimbucher / G. Hörmann, *Dokumentarfilm trifft schon immer auf inszenierte Wirklichkeit*, in: *Filmfaust*, 1981, Heft 23, S. 49.

14. E. Hügler, *Anstiftung zur Vorspiegelung wahrer Tatsachen*, Osnabrück 1994, S. 204f.

15. Ebd., S. 221.

16. Kluge, a.a.O. (Anm. 6), S. 163.

17. Auf das sogenannte Reality-TV wird hier nicht eingegangen, da es eine eher modische, vorübergehende Erscheinung darstellt und die hier diskutierten Zusammenhänge von Fernsehen und Dokumentarfilm nicht berührt.

18. D. Lindlau, *Eine Revision der journalistischen Vernunft. Der Realitätsverlust des Fernsehens und seiner Kritiker*, in: epd / *Kirche und Rundfunk*, 1984, Heft 87, S. 22ff.

19. V. Siebel, *Foucaults Splitter im Auge. Anmerkungen zum Dokumentarfilm in Deutschland zu Beginn der 90er Jahre*, in: *Filmwärts*, 1992, Heft 24, S. 14.

20. Vgl. *Süddeutsche Zeitung* vom 30.9.1993.

21. H. Pross, *Jeder sein Karl Martell. Wie informieren die aktuellen Informationssendungen im Fernsehen?*, in: *Süddeutsche Zeitung*, vom 13./14.11.1976.

22. B. Wember, *Wie informiert das Fernsehen? Ein Indizienbeweis*, München 1976.

23. C. Bolesch (Hrsg.), *Dokumentarisches Fernsehen. Ein Werkstattbericht in 48 Porträts*, München 1990, S. 24.

24. R. Leacock, *Das Leben auf der anderen Seite des Mondes*, in: *Blimp*, 1991, Heft 17, S. 5. - Die amerikanische Schule des „direct cinema“, von Leacock mitbegründet, kann es sich zugute halten, erstmals - außer Technikern des *NDR Hamburg* - Anfang der sechziger Jahre eine tragbare, tonsynchronisierte Filmkamera entwickelt zu haben, die aktuelles Fernsehen erst ermöglichte.

25. Ebd., S. 9.

26. Paech, a.a.O. (Anm. 2), S.29

27. Vgl. U. Röhm, *Werbefilme in „Tagesschau“ und „heute“? Vom Umgang mit Werbe- und PR-Filmen in deutschen Fernsehsendern*, in: *M. Menschen machen Medien*, 1995, Heft 11, S. 18ff.

28. Vgl. z.B. T. Mitscherlich, *Stirbt der Dokumentarfilm?*, in: *Frankfurter Hefte / Neue Gesellschaft*, 1986, Heft 5, S. 419.

29. G.S. Troller, *Wie man Welt zu Bild macht. Anmerkungen zur Diskussion „Realismus und Fiktion im Film“*, in: *Filmfaust*, 1981, Heft 22, S. 59.

30. B. Sichtermann, *Fernsehen*, Berlin 1994, S. 28.

31. Vgl. z.B. E. Leiser, *Dokumentarfilm und Geschichte*, in: Zimmermann (Hrsg.), a.a.O. (Anm. 1), S. 37. - Der amerikanische Filmhistoriker Barsam bevorzugt ebenfalls den Begriff „non-fiction film“, der für ihn die Gattungen „documentary“, „factual film“, „ethnographic film“, „film of exploration“, „wartime propaganda film“, „cinéma verité“ und „films on art“ einschließt, vgl. das Vorwort von R. M. Barsam, *non-fiction film. A critical history*, Bloomington/Indianapolis, 2.Auflage 1992.

32. K. Wildenhahn, *Teilstücke. Über mein dokumentarisches Arbeiten in einer öffentlich-rechtlichen Rundfunkanstalt,* in: Zimmermann (Hrsg.), a.a.O., S. 156. Vgl. auch die Betonung, die Wildenhahn auf das Erhalten der „Natürlichkeit" der Situation legt, weshalb er auf Klappen-Schlagen und Kunstlicht verzichtet - vgl. K. Wildenhahn, *Arbeitsalltag und Kunst,* in: *Filmwärts* ,1992, Heft 24, S. 22.

33. Vgl. Wildenhahn, *Teilstücke,* a.a.O. (Anm. 32), S. 150.

34. G. S. Troller, *Zur Psychologie des Dokumentaristen,* in: Zimmermann (Hrsg.), a.a.O. (Anm. 1), S. 179.

35. Vgl. ausführlich über die Autorenrolle beim Fernsehen: J. Wermke, *„Autorschaft" unter den Produktionsbedingungen des Fernsehens? Beitrag zu einer Konfliktgeschichte,* in: L. Jäger / B. Switalla (Hrsg.), *Germanistik in der Mediengesellschaft,* München 1994, S. 159-196.

36. K. Wildenhahn, *Über synthetischen und dokumentarischen Film. 12 Lesestunden,* Frankfurt a.M. 1975, S. 71.

37. G. Voss, *Der zweite Blick. Prosper Ebel. Chronik einer Zeche und ihrer Siedlung,* Berlin 1983, S. 205.

38. Ebd., S. 191.

39. Zitiert bei: Wildenhahn, *Über synthetischen und dokumentarischen Film,* a.a.O. (Anm. 36), S. 91f.

40. Ebd., S. 191.

41. A. Heimbucher / G. Hörmann, *Dokumentarfilm trifft schon immer auf inszenierte Wirklichkeit,* in: *Filmfaust,* 1981, Heft 23, S. 52.

42. Voss, a.a.O. (Anm. 37), S.161

43. J.-L. Godard, *Einführung in eine wahre Geschichte des Kinos,* Frankfurt a.M. 1984, S. 126.

44. Ebd., S. 226.

45. Vgl. Wildenhahn, *Teilstücke,* a.a.O. (Anm. 32), S. 154.

46. Als Beispiele werden hier stellvertretend genannt: *Moana* (1925) von Robert J. Flaherty, *Don't look back* (1967) von Donn Alan Pennebaker, *Die Einwanderer* (1981/82) von Christoph Hübner und *10 Tage. Juli 1984. Yorkshire* (1984/85) von Klaus Wildenhahn.

47. Sichtermann, a.a.O. (Anm. 30), S. 121.

48. Der amerikanische Dokumentarfilmer Frederick Wiseman, bekannt durch seine Institutionenporträts, hat z.B. für sich bestritten, mit seinen Filmen Aufklärung betreiben zu wollen, vgl. B. Hervo, *Frederick Wiseman und die Institutionen der USA. Interview mit Frederick Wiseman,* in: *Filmfaust,* 1979, Heft 14, S. 32.

49. Wildenhahn, *Über synthetischen und dokumentarischen Film,* a.a.O. (Anm. 36), S. 112.

50. Ebd., S. 185.

51. Interview von Klaus Wildenhahn mit Leacock, Pennebaker, Maysles 1964 für *NDR III Der Filmclub,* zitiert aus: Wildenhahn, *Über synthetischen und dokumentarischen Film,* a.a.O. (Anm. 36), S. 153.

52. Vgl. z.B. M. Haller, *Recherchieren. Ein Handbuch für Journalisten,* München, 2. Auflage 1987.

53. P. Marchal, *Dokumentarfilmarbeit und Aufbau einer Medienarbeit „von unten",* hrsgg. von Forschungsschwerpunkt Massenmedien und Kommunikation (MuK) der Universität-Gesamthochschule-Siegen, *Schriftenreihe* Nr. 34, Siegen 1985, S. 11f.

54. Vgl. Wildenhahn, *Teilstücke,* a.a.O. (Anm. 32), S. 151f.

55. Ebd., S. 150f.

56. Vgl. ebd., S. 155.

57. Vgl. ebd., S. 160.

58. Vgl. Klaus Wildenhahns Diskussionsbeitrag in: Zimmermann (Hrsg.), a.a.O. (Anm. 1), S. 261.

59. Vgl. Grabe, a.a.O. (Anm. 1), S. 196; vgl. auch der Leiter der ZDF-Sendung *Kleines Fernsehspiel*, Eckart Stein, in: ebd., S. 341.

60. Mitscherlich, a.a.O. (Anm. 28), S. 418.

61. Wildenhahn, *Arbeitsalltag und Kunst*, a.a.O. (Anm. 32), S. 10.

62. Vgl. M. Fehr / B. Giger, *Der Onkel des Luzerner Architekten. Eine Dokumentation über Alexander J. Seiler*, in: *Cinema*, 1977, Heft 1, S. 20.

63. Siebel, a.a.O. (Anm. 19), S. 15.

64. Vgl. Grabe, a.a.O. (Anm. 1), S. 182.

AutorInnenverzeichnis

Günter Bentele, Prof. Dr. phil., geb. 1948. Seit 1994 Inhaber des Lehrstuhls für Öffentlichkeitsarbeit/PR an der Universität Leipzig und derzeit Geschäftsführender Direktor des Instituts für Kommunikations- und Medienwissenschaft. Studium der Germanistik/Linguistik, Soziologie, Publizistikwissenschaft, Philosophie in München und Berlin. 1974 Staatsexamen. 1975 bis 1990 Assistent für Publizistikwissenschaft, Wissenschaftlicher Mitarbeiter im Modellversuch „Journalisten-Weiterbildung" und Hochschulassistent im Studiengang Publizistik der Freien Universität Berlin. Seit 1980 Tätigkeit als freier Journalist und PR-Experte. Promotion 1984, Habilitation 1989 an der FU Berlin. 1989 bis 1994 Professor für Kommunikationswissenschaft/Schwerpunkt Journalistik an der Universität Bamberg. Seit 1995 Erster Vorsitzender der Deutschen Gesellschaft für Publizistik- und Kommunikationswissenschaft (DGPuK). Seit 1993 Jury-Vorsitzender des Albert-Oeckl-Nachwuchspreises für Public Relations.
Über 20 Buchpublikationen, darunter: *Semiotik – Grundlagen und Probleme* (mit I. Bystrina), 1978; *Semiotik und Massenmedien* (Hrsg.), 1981; *Wie objektiv sind unsere Medien?* (Hrsg., mit R. Ruoff), 1982; *Zeichen und Entwicklung – Vorüberlegungen zu einer genetischen Semiotik,* 1984; *Berlin in Presse und Fernsehen* (zus. mit D. Storll), 1986; *Medienstadt Berlin* (Hrsg., mit O. Jarren), 1988; *Medienlandschaft im Umbruch. Medien- und Kommunikationsatlas Berlin* (mit O. Jarren u. U. Kratzsch), 1990; *Public Relations in Forschung und Lehre* (Hrsg.), 1991; *Theorien öffentlicher Kommunikation* (Hrsg., mit M. Rühl), 1993; *Public Relations in Forschung und Lehre II* (Hrsg.), 1994; *Publizistik in der Gesellschaft. Festschrift für Manfred Rühl* (Hrsg., mit K. R. Hesse), 1994; *PR-Ausbildung in Deutschland* (Hrsg., mit P. Szyszka), 1995; *Dialogorientierte Unternehmenskommunikation* (Hrsg., mit H. Steinmann u. A. Zerfaß), 1996. Außerdem etwa 80 wissenschaftliche Aufsätze. Herausgeber von zwei Buchreihen: *vistascript* (zus. mit O. Jarren), bislang 10 Bände, und *serie öffentlichkeitsarbeit/public relations und kommunikationsmanagement (serie öa/pr),* bislang 4 Bände.

Giso Deussen, Dr. theol., geb. 1940. Nach dem Studium der Philosophie, Theologie, Publizistikwissenschaft und Soziologie zunächst als Redakteur bei der „Aachener Volkszeitung". Ab 1974 Leiter der Presse- und Öffentlichkeitsarbeit der Konrad-Adenauer-Stiftung. Seit 1. Januar 1984 Amt des Pressesprechers beim Norddeutschen Rundfunk (NDR). Zwei Jahre später als Programm- und Medienreferent in der Intendanz des RIAS Berlin. Von 1987 bis 1994 Leiter der Pressestelle des RIAS (ab 1994: Deutschland Radio Berlin). Ab September 1994 als Redakteur bei der Abteilung „Kultur aktuell".

Christian Doelker, Prof. Dr. phil. habil., geb. 1934. Professor für Medienpädagogik an der Universität Zürich und Lehrbeauftragter der Eidgenössischen Technischen Hochschule ETH Zürich, Leiter des Fachbereiches Medien & Kommunikation am Pestalozzianum Zürich. Projektleiter „Medienpädagogik" des Kantons Zürich.

Zahlreiche Publikationen zu Mediendidaktik, Medienpädagogik und Medienkultur. Autor von Fernseh- und Hörfunksendungen zur Medienerziehung. Redakteur der Beilage „medien medien" der Zeitschrift „Achtung Sendung". Mitglied der Zentralen Arbeitsgruppe „Medienerziehung" des Südwestfunks; Mitglied des Arbeitskreises „Medienerziehung in Wissenschaft und Bildungspraxis" des Staatsinstituts für Schulpädagogik und Bildungsforschung München; Mitglied des Projektbeirats des BLK-Modellversuchs „Differenzierte Medienerziehung als Element allgemeiner Bildung", Nordrhein-Westfalen/Sachsen.
Ausgewählte Publikationen: *„Wirklichkeit" in den Medien,* 1979 (übersetzt ins Französische und Spanische); *Immer dieses Fernsehen* (mit anderen), 1983; *Kulturtechnik Fernsehen – Analyse eines Mediums,* 1991; *Bild und Bedeutung. Visuelle Kompetenz in der Informationsgesellschaft,* 1997 (in Vorbereitung).

Klaus Eder, Prof. Dr. rer. soc., Professor für Soziologie an der Humboldt-Universität zu Berlin. Von 1971 bis 1983 wissenschaftlicher Mitarbeiter am Max-Planck-Institut für Sozialwissenschaften (Starnberg). Seit 1983 Forschungstätigkeit an der Münchner Projektgruppe für Sozialforschung. Von 1985 bis 1989 Privatdozent an der Universität Düsseldorf. Von 1989 bis 1994 Professor für Soziologie am Europäischen Hochschulinstitut in Florenz. Seit 1994 Professor für Soziologie an der Humboldt-Universität zu Berlin. Hauptarbeitsgebiete: Soziologische Theorie, politische Soziologie, historisch-vergleichende soziologische Strukturanalyse.
Buchveröffentlichungen: *Die Entstehung staatlich organisierter Gesellschaften. Ein Beitrag zu einer Theorie sozialer Evolution,* 1976, ²1980; *Geschichte als Lernprozeß? Zur Pathogenese politischer Modernität in Deutschland,* 1985, ²1990; *Die Vergesellschaftung der Natur. Studien zur sozialen Evolution der praktischen Vernunft,* 1988; *The New Politics of Class. Social Movements and Cultural Dynamics in Advanced Societies,* 1993; *The Spirit of Environmentalism. Studies in the Social Construction of Nature,* 1995.
Wichtige Aufsätze: *Prozedurale Legitimität. Moderne Rechtsentwicklung jenseits von formaler Rationalisierung* (in: *Zeitschrift für Rechtssoziologie),* 1986; *Der Gleichheitsdiskurs und soziale Ungleichheit. Die kulturellen Grundlagen der modernen Klassengesellschaft* (in: H. Haferkamp [Hrsg.], *Kultur und Sozialstruktur),* 1990; *Au-delà du sujet historique: vers une construction théorique des acteurs collectifs* (L'homme et la société), 1991; *Il paradosso della cultura. Oltre una teoria consensualista della cultura* (Fenomenologia e societé), 1992; *Rationality in environmental discourse: A cultural approach* (in W. Rüdig [Hrsg.], *Green Politics Three),* 1994.

Eduard W.P. Grimme, Dr. phil., geb. 1951. Studium der Politischen Wissenschaften, Publizistik und Geschichte in Mainz und Berlin. 1977 Diplom im Fach Politologie am Otto-Suhr-Institut Berlin. Promotion in Kommunikationswissenschaft 1988 in München. Tutor für Innenpolitik am Institut für Innenpolitik (Berlin). Mitarbeit am Institut für Demoskopie Allensbach, beim Süddeutschen Rundfunk Stuttgart und im Landratsamt Lindau (Bodensee). 1978 wissenschaftliche Forschungstätigkeit im Projekt „Humanisierung der Arbeitswelt" in Lübeck. 1979 Ausbildung zum Tageszeitungsredakteur; Aufbau der Zeitschrift „Report" der Umwelt-Systeme-Gesellschaft München. Seit 1980 Zeitschriften- und Zeitungsredakteur. 1990 bis 1992 auch Lehrbeauftragter am Institut für Soziologie und

Kommunikationswissenschaft der Universität Augsburg. Seit 1994 Seminare für Öffentlichkeitsarbeit bei der Siemens AG Berlin-München.
Veröffentlichungen: *Zwischen Routine und Recherche,* 1991, sowie Aufsätze und Artikel in wissenschaftlichen Zeitschriften und Organen journalistischer Organisationen zur Wirkung von Massenmedien, zu Determinanten der Nachrichtenproduktion und zur medialen Realitätsrekonstruktion.

Martin Gläser, Prof. Dr., geb. 1947. Lehrt die Fachgebiete Medienwirtschaft und Medienmanagement an der Fachhochschule Furtwangen im Schwarzwald. Praktische Erfahrungen als langjähriger Mitarbeiter des Süddeutschen Rundfunks, bei diesem bis 1993 Leiter der Abteilung „Programmwirtschaft Hörfunk". Durch zahlreiche Publikationen und durch Mitgliedschaft im „Fribourger Arbeitskreis für die Ökonomie des Rundfunks (FAR)" als Experte in Fragen der Medienökonomie ausgewiesen. Tätigkeit u.a. als Berater einer Reihe von Radio- und Fernsehgesellschaften im In- und Ausland, u.a. in Vietnam.

Lutz M. Hagen, Dr. rer. pol., geb. 1962. Wissenschaftlicher Assistent am Lehrstuhl für Kommunikations- und Politikwissenschaft der Friedrich-Alexander-Universität Erlangen-Nürnberg. Studium der Betriebswirtschaftslehre in Nürnberg. Promotion 1994 über Informationsqualität von Nachrichten. Sonstige Forschungsschwerpunkte: Nachrichtenproduktion, Nachrichtenagenturen, Medienökonomie, Inhaltsanalyse.
Veröffentlichungen u.a.: *Informationsqualität von Nachrichten,* 1995; *Relevanz von Nachrichten* (in: *Rundfunk und Fernsehen),* 1995; *Richtig, relevant, aktuell und verständlich – Qualität von Nachrichtenagenturen aus der Sicht von Nachrichtenredakteuren* (mit Anke Evers, in: *M – Menschen Machen Medien),* 1994; *Opportune Witnesses. An Analysis of Balance in the Selection of Sources and Arguments in the Leading German Newspapers' Coverage of the Census Issue* (in: *European Journal of Communication),* 1993; *Moderne Zeiten. Werbemittelforschung aus kommunikationswissenschaftlicher Sicht* (mit H. Scherer, in: *Media Spectrum),* 1992; *Wirkungskontrolle von Öffentlichkeitsarbeit. Teil 1: Publikumsbezogene Kontrollinstrumente* (mit C. Oberle, in: *pr magazin),* 1994.

Michael Haller, Prof. Dr. phil, geb. 1945. Professor für Allgemeine und Spezielle Journalistik an der Universität Leipzig. Neben dem Studium der Philosophie-, Sozial- und Politikwissenschaften als Journalist in Freiburg und Basel. Ab 1969 leitender Redakteur bei der „Basler Zeitung". Ab 1974 Autor bei der Zürcher „Weltwoche". Ab 1976 beim „Spiegel" in Hamburg als Reporter des Auslandsressorts, Thema: westeuropäische Nachbarländer. Ab 1987 Leiter des Ressorts „Dossier" bei „Die Zeit". Von 1991 bis zum Ruf an die Universität Leipzig 1993 Mitglied der Geschäftsleitung der „Gesellschaft für Medienentwicklung" mit Sitz in Hamburg und München.
Neben dem Journalismus verschiedene Forschungsprojekte zur lokalen Medienkommunikation. Wichtigste Buchveröffentlichungen: *System und Gesellschaft,* 1980; *Recherchieren. Ein Handbuch für Journalisten,* 1983, ^{4}1991; *Die Reportage. Ein Handbuch für Journalisten* 1987, ^{3}1995; *Das Interview. Ein Handbuch für Journalisten,* 1991, ^{3}1996; *Medien-Ethik* (Hrsg., mit H. Holzhey), 1992, ^{2}1994.

Hans-Dieter Kübler, Prof. Dr. rer. soc., geb. 1947. Studium der Germanistik, Geschichte, Politologie und Kulturwissenschaft in Tübingen. Lehrerexamina für das Gymnasium; Promotion. Von 1975 bis 1985 wissenschaftlicher Assistent und Professor am Institut für Deutsche Sprache und Literatur und ihre Didaktik an der Universität Münster. Seit 1985 Professor für Publikations- und Medienkunde und Sozialwissenschaften an der Fachhochschule Hamburg, Fachbereich Bibliothek und Information. Arbeitsschwerpunkte: Medienforschung und -pädagogik, Kulturwissenschaft. Zahlreiche Veröffentlichungen zu medienwissenschaftlichen und medienpädagogischen Themen.

Wolfgang R. Langenbucher, Prof. Dr. phil., geb. 1938. Studium der Zeitungswissenschaft und Soziologie in München. Habilitation 1974 über das Thema „Journalismus als Beruf“. Bis 1984 Professor und geschäftsführender Vorstand am Institut für Kommunikationswissenschaft (Zeitungswissenschaft) der Universität München. Seit 1984 Ordinarius und Vorstand des Instituts für Publizistik- und Kommunikationswissenschaft der Universität Wien; Mitherausgeber der Zeitschrift „Publizistik“. Forschungsschwerpunkte: Journalistenausbildung, Kommunikationspraxis, „Neue“ Medien.
Publikationen u.a.: *Projektdesign Kabelkommunikation Berlin: Designbericht,* 1981; *Kulturpolitisches Wörterbuch Bundesrepublik Deutschland/DDR im Vergleich* (Hrsg., mit R. Rytlewski u. B. Weyergraf), 1983; *Programmforschung für die Telekommunikation – Folgenabschätzung einer neuen Infrastruktur,* 1984; Herausgeber der Reihe *Studienbücher zur Publizistik- und Kommunikationswissenschaft,* 1986ff. (bislang 9 Bände); *Wege zur Kommunikationsgeschichte* (Hrsg., mit M. Brobowsky), 1987; *Paul F. Lazarsfeld* (Hsrg.), 1990 ; *Sensationen des Alltags* (Hrsg.), 1992; *Vertriebene Wahrheit* (Hrsg., mit F. Hausjell), 1995.

Peter Marchal, Prof. Dr., geb. 1939. Nach Abitur in Hamburg (1959) Studium der Wirtschaftswissenschaften, Soziologie, Psychologie und Kommunikationswissenschaften in Frankfurt a.M. und Gießen (dort 1969 Promotion über Gewerkschaftstheorie bei Helge Pross). 1969 bis 1973 Volontariat u. Redakteurstätigkeit beim Südwestfunk. 1973 bis 1975 Redakteur bei „Die Zeit“. Seitdem Hochschullehrer an der Universität-Gesamthochschule Siegen für Medienwissenschaft (mit Schwerpunkt Medienpädagogik, Kommunikatortheorie, Radiotheorie u. Dokumentarfilm).
Veröffentlichungen u.a.: *Gewerkschaften im Zielkonflikt. Gesellschaftsbild und Selbstverständnis,* 1972; *Öffentlichkeitsarbeit im sozialen Bereich* (mit U. K. Spura), 1981; *Lokale Öffentlichkeit. Ein Resümee alter und neuer Medien* (in: *Sozial extra),* 1987; *Ein Konzept für die Aus- und Weiterbildung im Bereich (Massen-) Medien (*in: P. Marchal [Hrsg.], *Einführung in das Fach „Ästhetik und Kommunikation“),* 1989; *Medienpädagogik in publizistischen Berufen. Zur Professionalisierung der Aus- und Fortbildung in publizistischen Berufen durch Medienpädagogen* (in: *GMK-Rundbrief),* 1989; *Freizeitkultur und Medienalltag* (in: Deutscher Kulturrat [Hrsg.], *Notwendigkeit oder Luxus – Perspektiven kultureller Bildung),* 1994; *Frauenberufe im Fernsehen. Zur Datenlage und ihrer Problematik* (in: J. Wermke [Hrsg.], *„Frauenberufe“ im Fernsehen, Frauen in Fernsehberufen. Untersuchungen aus psychologischer, soziologischer, sprachkritischer und produktionsästhetischer Sicht*), 1994.

Dietmar Mieth, Prof. Dr. theol., geb. 1940. Studium der Theologie, Philosophie und Germanistik, Promotion in Würzburg, Habilitation in theologischer Ethik in Tübingen. Von 1974 bis 1981 Professor für Moraltheologie in Freiburg/Schweiz. Seit 1981 Professor für theologische Ethik an der katholisch-theologischen Fakultät der Universität Tübingen. Direktor der Sektion Moraltheologie und Mitglied des Stiftungsrates der Internationalen Katholisch-Theologischen Zeitschrift „Concilium". Seit 1986 Sprecher des Zentrums „Ethik in den Wissenschaften", Universität Tübingen. Seit 1994 Mitglied der Beratergruppe der Europäischen Union, Brüssel: „Ethische Implikationen der Biotechnologie".
Veröffentlichungen zum Themenkreis dieses Buches: *Wahrhaftigkeit - Aufrichtigkeit - Glaubwürdigkeit. Die Idee einer ethischen Kultur der Politik* (in: *Die neuen Tugenden. Ein ethischer Entwurf*), 1984; *Der Beitrag der Kirche zur öffentlichen Kommunikation. Theologische Begründungsversuche* (=Tagungsbericht der Zentralstelle Medien der Deutschen Bischofkonferenz, 1988; auch in: A. Holderegger [Hrsg.], *Ethik der Medienkommunikation)*, 1992; *Warum das Lügen so schön ist. Ein Anleitung zu den feineren Formen der Unmoral* (in: *Orientierung*; auch in : *Alpina)*, 1989.

Lothar Mikos, Dr. phil., Dipl.-Soz., geb. 1954. Studium der Soziologie, Psychologie, Publizistik und Theaterwissenschaft in Berlin. 1984 bis 1986 Redakteur in der ARD/ZDF-Videotext-Zentrale. Seit 1987 freier Autor, Journalist, Medienkritiker und Medienwissenschaftler. Lehraufträge und Gastprofessuren zu den Themenbereichen Film- und Fernsehanalyse, Medientheorie, Filmgeschichte und Drehbuchschreiben an verschiedenen Hochschulen und Universitäten in Berlin, Florenz, Kassel, Potsdam-Babelsberg, Rostock; z.Zt. Vertretung einer Professur für Medienpädagogik an der Universität-Gesamthochschule Kassel. Arbeitsschwerpunkte: Kultursoziologie, Medientheorie und -forschung, Populäre Kultur, Trash, Filmgeschichte als Rezeptions- und Wirkungsgeschichte, Film- und Fernsehanalyse.
Wichtige Veröffentlichungen: *Es wird dein Leben! Familienserien im Fernsehen und im Alltag der Zuschauer*, 1994; *Fernsehen im Erleben der Zuschauer*, 1994; sowie zahlreiche Beiträge in Sammelbänden und Fachzeitschriften.

Horst Pöttker, Prof. Dr. phil., geb. 1944. Studium der Soziologie, Philosophie und deutschen Philologie in Hamburg, Zürich, Kiel und Basel. 1972 bis 1982 Zeitschriftenredakteur. 1982 bis 1985 wissenschaftlicher Mitarbeiter an der Universität Siegen. 1985 bis 1995 verantwortlicher Redakteur der Fachzeitschrift „medium". 1992 bis 1995 Projektprofessor für Kommunikationswissenschaft (Schwerpunkt Medienethik) an der Universität Leipzig. Seit dem Wintersemester 1996/97 Professur für Theorie und Praxis der Journalistik an der Universität Dortmund im Institut für Journalistik.
Publikationen u.a.: *Zum demokratischen Niveau des Inhalts überregionaler westdeutscher Tageszeitungen. Wissenschaftstheorie und Methodologie - Normative Demokratietheorie - Quantitative Inhaltsanalyse)*, 1980; *Das Fernsehen und die Krise der Parteien* (in: *Publikzistik)*, 1985; *Informelle Politiksteuerung. Zur Interaktion zwischen Politikern, Journalisten und Publikum* (in: *Rundfunk und Fernsehen)*, 1991.

Gabriele Siegert, Dipl. oec., Dr. rer. pol., geb. 1963. Studium der Betriebswirtschaftslehre, Volkswirtschaftslehre, Psychologie und Soziologie. 1992 Promotion über die Bedeutung der Empirischen Medien- und Publikumsforschung im Medienwettbewerbssystem. 1987 bis 1995 wissenschaftliche Mitarbeiterin am Lehrstuhl für Soziologie und empirische Sozialforschung der Universität Augsburg. Seit 1995 Universitätsassistentin am Institut für Publizistik- und Kommunikationswissenschaft der Universität Salzburg. Arbeitsschwerpunkte: Rezipienten- und Rezeptionsforschung, Medienökonomie, Methoden und Methodologie.
Veröffentlichungen u.a.: *Marktmacht Medienforschung. Die Bedeutung der Empirischen Medien- und Publikumsforschung im Medienwettbewerbssystem,* 1993; *Zum Status Quo der Quote. Zur Marktmacht von Einschaltquoten* (in: *Agenda),* 1994.

Peter J. Velte, geb. 1941. Studium der Rechtswissenschaften in Berlin und Bonn. 1968 Erstes juristisches Staatsexamen. Seit 1967 Redakteur mit den Spezialgebieten Wirtschafts-, Finanz- und Sozialpolitik. Von 1969 bis 1994 Korrespondent für mehrere Tages- und Fachzeitschriften sowie Rundfunk in Bonn. Seit 1994 Wirtschaftskorrespondent des „Bonner General-Anzeigers“. Seit 1985 Mitglied des Deutschen Presserates. Vorsitzender des Beschwerdeausschusses des Deutschen Presserates in den Jahren 1985 bis 1986, 1989 bis 1990 und 1993 bis 1994.

Wolfgang Wunden, Dr. theol., geb. 1942. 1972/73 Referent an der Akademie der Diözese Rottenburg in Stuttgart-Hohenheim. Seit 1973 beim Süddeutschen Rundfunk Stuttgart; bis 1979 Persönlicher Referent des Intendanten. 1980 bis 1987 Leiter der Redaktion „Kursprogramme-Medienpädagogik“; dann Referent in der Hörfunkredaktion. Seit 1992 Leiter des Referats „Planung und Koordination Hörfunk“, Koordinator (SDR) des Hörfunkprogramms „S4 Baden-Württemberg“.
Veröffentlichungen u.a.: *Das Recht des Intim,* 1975; *Medienpädagogik – Führerschein fürs Fernsehen?* ^{2}1984; *Funkkolleg Religion* (Redaktion), 1985; *Medien zwischen Markt und Moral. Beiträge zur Medienethik* (Hrsg.), 1989; *Öffentlichkeit und Kommunikationskultur. Beiträge zur Medienethik, Band 2* (Hrsg.), 1994.

Register

Durch fette Ziffern sind besonders wichtige Textstellen hervorgehoben.